Juan Ignacio POZO MUNICIO

# Adquisición de conocimiento

## Cuando la carne se hace verbo

**EDICIONES MORATA, S. L.**

Fundada por Javier Morata, Editor, en 1920
C/ Mejía Lequerica, 12 - 28004 - MADRID
morata@infornet.es - www.edmorata.es

Esta obra ha sido publicada con la ayuda de la Dirección General del Libro, Archivos y Bibliotecas del Ministerio de Educación, Cultura y Deporte.

© de la presente edición:
EDICIONES MORATA, S. L. (2003)
Mejía Lequerica, 12. 28004 - Madrid

Derechos reservados
Depósito Legal: M-31.849-2003
ISBN: 84-7112-489-0

Compuesto por: Ángel Gallardo
*Printed in Spain* - Impreso en España
Imprime: ELECE. Algete (Madrid)
Ilustración de la cubierta: *Artista pintando un autorretrato*,
    en Giovanni Boccaccio, *Livre des cleres et nobles femmes*.
    Francia, siglo xv.

# Contenido

© Ediciones Morata, S. L.

*A Beatriz y Ada, que esperaron a que
volviera sin hacerse muy mayores,
para que un día sepan a dónde fui;*

*y a Puy, que tejía cada noche
lo que yo destejía por el día*

*¹En el principio ya existía el Verbo;*
*y el Verbo estaba con Dios;*
*y el verbo era Dios...*

*⁹El Verbo era la luz verdadera;*
*la que viene al mundo*
*para iluminar a todos los hombres...*

*¹³Cuya generación no es carnal,*
*ni fruto del instinto,*
*ni de un plan humano,*
*sino de Dios*

*¹⁴Y el Verbo se hizo carne.*
*Y fijó entre nosotros su tabernáculo.*

SAN JUAN, 1

*El hombre no puede saltar fuera de su sombra*

PROVERBIO ARABE

# Agradecimientos

"Es tan corto el amor y tan largo el olvido", decía Pablo Neruda en uno de sus versos. No sólo el amor, sino muchos de nuestros actos suelen tener consecuencias que son más duraderas que los actos en sí. También, cuando uno escribe un libro, lo hace con el deseo de que perdure al propio acto de escribirlo, espera que el tiempo de la lectura sea más largo que el de la escritura y que el libro no caiga fácilmente en el olvido. En el caso de este libro yo quisiera que ese olvido fuera aún más lento si cabe, para recordar así la voz y los gestos, los *e-mail* y los ánimos de todas las personas, que mientras lo escribía, han creído que merecía la pena que lo hiciera y, además, me han ayudado a hacerlo. Es ese olvido el que quisiera más largo, más tendido en el horizonte, de modo que cuando las palabras se difuminen, el tiempo ingrato no haya borrado del todo esas voces de mi memoria, que duren también ellas más que el propio texto.

Durante el lento escribir de este texto, muchas son las personas que me han ayudado, y no a todas las podré recordar aquí. Pero sí recuerdo a Florentino Blanco, Margarita Diges, Juan Antonio Huertas, Asunción López Manjón, Mar Mateos, María del Puy Pérez Echeverría y Nora Scheuer, que, con sus comentarios a borradores previos del texto, me ayudaron a explicitar mejor las ideas, a ordenarlas mejor, o incluso a veces a desordenarlas mejor. Pero hicieron mucho más. Marga Diges, además de devolverme las hojas escritas con ese inequívoco olor a tabaco que deja *su* lectura, siempre creyó en ellas, incluso cuando aún estaban en blanco. La voz de Asun en estos últimos tiempos ha llegado en serie, más que en paralelo, pero ha llegado siempre, por lejos que estuviera; al igual que los comentarios de Nora, lejanos pero tan próximos, siempre sutiles, un paso, o una mente, más allá de lo que yo escribía. Juan Antonio y Mar siempre han estado ahí, unas veces de forma implícita y otras más explícita, pero constante/mente. Pero sobre todo ha estado necesaria/mente Puy, con su presencia a tiempo completo, o repleto, ya se sabe, tejiendo en silencio de tantas formas distintas lo que yo cuidadosamente iba deshaciendo. Ha estado antes, durante y después, o sea, siempre está.

También tengo que recordar otras presencias más intangibles, pero sin las cuales tampoco hubiera escrito lo que he escrito. Cada uno a su manera, animándome a terminarlo, preguntando desde lejos cómo va, escuchando de cerca mis obsesiones, corrigiendo mis errores, o *graficando* mis ideas, Montserrat de la Cruz, Silvia Español, Elena Martín, Carles Monereo, Yolanda Postigo, María Rodríguez Moneo o David Travieso me han ayudado en uno u otro momento. Finalmente mis estudiantes, sobre todo de doctorado, han compartido las ideas que aquí se expresan *on line*, mientras se producían. Las han visto nacer o incluso las han hecho nacer, porque las discusiones con ellos me han ayudado a darles forma o, si se quiere, a redescribirlas y, por tanto, a conocerlas. Por ejemplo, gracias a Lorena Medina, esas ideas han adoptado la extraña forma de una elipse, o de una hélice, que, como se verá, redescribe mucho de lo que en este libro se escribe, esas palabras para las que yo quisiera un largo olvido. Pero quisiera aún más no olvidar cuándo, cómo y con quién las escribí.

Por último, debo recordar también un apoyo institucional más inmediato. Este libro se inscribe en un Proyecto de Investigación, del que soy coordinador, en el que participan algunas de las personas antes mencionadas y que ha sido financiado por la MCyT (BSO2002-01557). Es también un libro escrito en, desde y para el Departamento de Psicología Básica de la Universidad Autónoma de Madrid.

# Aprender en la sociedad del conocimiento: De la biología a la cultura

Se dice que vivimos en una *sociedad del conocimiento*, pero para muchos es más bien una *sociedad de la información*, ya que quien no puede acceder a las múltiples formas culturales de representación simbólica (numéricas, artísticas, científicas, gráficas, etc.) está social, económica y culturalmente empobrecido, además de vivir confundido, agobiado y desconcertado ante una avalancha de información que no puede traducir en conocimiento, a la que no puede dar sentido. Y es que el acceso a ese conocimiento culturalmente generado, acumulado y en parte distribuido no es fácil, como muestran las continuas crisis que viven nuestros sistemas educativos, enfrentados a crecientes demandas de *alfabetización* —es decir de universalización de sistemas culturales de representación y conocimiento— ya no sólo literaria y numérica, sino también científica, artística, económica, etc. En este sentido, el creciente valor del conocimiento y su gestión social en nuestra sociedad debería revalorizar también la importancia de los procesos de adquisición de conocimiento, ya que son una de las herramientas más poderosas para extender o distribuir socialmente esas nuevas formas de gestión del conocimiento, y en suma para democratizar el saber, en el genuino sentido de hacerlo más *popular*, más horizontal y accesible para todos. Pero, al igual que sucede con el resto de los bienes sociales, estas herramientas culturales para la adquisición de conocimiento están repartidas de forma muy poco equitativa, por lo que el derecho al conocimiento, que nadie discute ya como un bien social, debería incluir también el derecho a *adquirir* esos *kit* o herramientas cognitivas para aprender nuevos conocimientos en dominios específicos.

Apropiarse de esa cultura simbólica que demanda la sociedad del conocimiento exige, por tanto, nuevas formas de adquirir conocimiento. Y es que de hecho entre los conocimientos culturales que esos procesos permiten aprender está incluida o implícita a su vez una *cultura del aprendizaje*, que entre sus muchas herramientas multimedia incluye a su vez un *kit* de supervivencia cognitiva, compuesto por nuevos procesos de adquisición de conocimiento. Los acelerados cambios en la sociedad del conocimiento (que para quien no dispone de esas herramientas cognitivas se queda sólo en una *sociedad de la información*) requieren nuevas formas de aprender, de adquirir ese conocimiento, que son diferentes, cuando no contrarias a los dispositivos de aprendizaje que todos nosotros tenemos, como consecuencia de la evolución, como parte de nuestro equipamiento cognitivo de serie. Aprender es una propiedad de ciertos organismos, aunque tal vez pueda ser emulada por algunos sistemas artificiales, siempre con notables y significativas dificultades. El aprendizaje puede entenderse como una *función biológica* desarrollada en los seres vivos de una cierta complejidad, que implica producir cambios en el organismo para responder a los cambios ambientales relevantes, conservando esos cambios internos para futuras interacciones con el ambiente, lo que exige disponer también de diferentes sistemas de memoria o representación de complejidad creciente (Pozo, 2001). Como veremos en el Capítulo IV, en realidad el *ambiente* en que vive un organismo no depende tanto de la configuración física de los estímulos como de la organización cognitiva que el propio organismo impone a esos estímulos, es decir, que los ambientes son "nichos cognitivos" construidos por los propios organismos (Tooby y de Vore, 1987) como consecuencia de las propias presiones selectivas del ambiente, de tal modo que organismo y ambiente se construyen mutuamente. Cuanto más estable sea ese ambiente construido —es decir cuanto menor sea el número de variables que lo componen y menos compleja sea su organización— menos relevante será la función adaptativa de aprendizaje, es decir, la necesidad de cambiar con cierta flexibilidad ante la presión ambiental. Lo que caracteriza a los ambientes humanos, en cuanto ambientes *culturales,* es precisamente su extraordinaria variabilidad y complejidad, en comparación con los "nichos cognitivos" del resto de las especies, lo que exige nuevas formas de aprender, de cambiar para adaptarse a esas nuevas *demandas ambientales* generadas por la cultura. Pero esas nuevas formas de aprender, específicamente humanas, de acuerdo con la lógica de la *mutua construcción* entre ambiente y organismo, son no sólo resultado de nuevas exigencias culturales —por ej., de la sociedad del conocimiento— sino una de las vías esenciales para acceder a ese mismo conocimiento.

En un reciente libro, Martínez y Arsuaga (2002) plantean que nuestra comprensión de la naturaleza, reflejada en el desarrollo del conocimiento científico, es posible gracias a tres *maravillas* que, dado lo improbables que resultan para la organización de la materia en el universo, casi podemos considerar tres *milagros*: *1)* que la naturaleza tenga un orden, en lugar de ser un sistema totalmente caótico, es decir, que se rija por leyes relativamente simples que puedan ser aprehendidas, *2)* que la mente humana tenga la capacidad igualmente extraordinaria o improbable de desentrañar ese orden, de conocer el mundo y las leyes que lo rigen; y *3)* que además esa misma mente tenga la capacidad, tan improbable como la anterior en términos de organización de la materia, de comunicarse con otras mentes y aprender de ellas, de tal manera que podamos acumular los conocimientos adquiridos de generación en generación en forma de cultura simbólica. Dejando de lado la primera de estas maravillas, excelentemente mostrada en el texto citado, este libro intenta acercarse a lo que podríamos llamar los dos grandes logros cognitivos de la mente humana, que nos definen como *especie cognitiva*, y que, tal como intentaré mostrar en las próximas páginas, constituyen un proceso único e indisoluble: nuestra capacidad de conocer es producto de las formas específicas en que aprendemos, que a su vez, son resultado de nuestra capacidad de conocernos a nosotros mismos, y a través de nosotros, conocer el mundo.

En mi opinión, la *adquisición de conocimiento* es el rasgo más característico de nuestro sistema cognitivo, ese que nos diferencia no sólo de otros organismos que aprenden, sino también de otros sistemas cognitivos artificiales. Aunque la frontera que nos separa psicológicamente de otras especies suele situarse característicamente en el lenguaje (por ej., DIAMOND, 1995; MAYNARD-SMITH y SZATHMÁRY, 1999; ROITBLAT, 1995) o en el propio pensamiento consciente (por ej., GOLDBERG, 2001; TONONI, 2002), tanto la comunicación mediante un lenguaje simbólico como el acceso consciente a los propios pensamientos o representaciones estarían estrechamente relacionados con nuestra capacidad de conocer y de acumular los conocimientos adquiridos. Como señala TOMASELLO (1999; TOMASELLO, KRUGER y RATNER, 1993), otras especies, especialmente otros primates, son capaces de inventar como nosotros nuevas soluciones adaptativas e incluso de compartirlas socialmente, pero sólo los humanos logramos acumular esas soluciones culturalmente en forma de *conocimiento*, transmitiéndolas de generación en generación, porque disponemos de sistemas de aprendizaje y representación que nos diferencian del resto de los organismos y sistemas que aprenden. El *homo sapiens* tendría de alguna forma su origen psicológico en el *homo discens*, ya que los conocimientos y saberes elaborados culturalmente requerirían procesos específicos de aprendizaje que permitieran no sólo acumular las propias experiencias y las de los congéneres, sino también, como veremos, hacerlas explícitas y, a través de esos procesos de aprendizaje explícito, reconstruirlas y compartirlas.

El estudio de los procesos psicológicos mediante los que las personas adquirimos el conocimiento es, por tanto, una ventana privilegiada para reflexionar sobre nuestra especificidad cognitiva, sobre qué es lo que nos diferencia en cuanto sistemas mentales o cognitivos, del resto de los organismos, una de las preguntas que han ocupado desde siempre a científicos, intelectuales y humanistas y, más recientemente, uno de los problemas nucleares de las nuevas ciencias cognitivas. El presente texto está dedicado a mostrar que el proceso de *hominización*, que se inicia con la construcción, en el proceso evolutivo, de nuevas funciones cognitivas, y en concreto de la función de *conocer* o representar explícitamente las propias representaciones cognitivas, sólo se completa en un proceso de *humanización* mediante el acceso, culturalmente mediado, a nuevos sistemas de representación y conocimiento, en continua evolución cultural, que conllevan también nuevas formas de conocer y en definitiva nuevas funciones cognitivas. Así, el *homo sapiens* se transforma en *homo discens* en la medida en que los nuevos sistemas de conocimiento culturalmente dados hacen posibles y necesarios nuevos procesos cognitivos, nuevas funciones de conocimiento que van más allá de ese funcionamiento cognitivo de serie del que la evolución nos ha dotado.

Si el acceso al conocimiento en el *homo discens* es una propiedad compleja, producto de la propia evolución de las formas de organización de la materia, pero también del desarrollo de sistemas culturales de gestión del conocimiento de complejidad también creciente, para comprender el carácter específico de la adquisición de conocimiento hay no sólo que atender a los procesos más complejos, específicamente humanos, sino también apoyarse en una continuidad necesaria con las formas más elementales de aprendizaje y procesamiento cognitivo, compartidas con otras muchas especies y organismos. Si, como señalaba antes, el aprendizaje debe entenderse como una *función biológica* desarrollada en los seres vivos de una cierta complejidad, cabe diferenciar, como veremos en el Capítulo Primero, entre un sistema de *aprendizaje implícito* —asociativo y de naturaleza inconsciente— que, según ha mostrado la investigación cognitiva reciente, compartimos con otras muchas especies, y un sistema de *aprendizaje explícito*, específica, si no exclusivamente, humano. El aprendizaje humano puede, de hecho, abordarse desde diferentes niveles de análisis (conducta, información, representación, conocimiento) que implicarían una complejidad creciente, ya que cada uno de ellos, según la lógica de la *integración jerárquica de sistemas*, requiere de los niveles anteriores o, mejor aún, los redescribe en un nuevo nivel jerárquico. Pero como veremos a lo largo de estas páginas, sólo en los dos últimos niveles —de representación y conocimiento— tiene sentido el aprendizaje como un proceso cognitivo de cambio de las representaciones mantenidas con respecto al mundo; y sólo en el último de estos niveles de análisis, el de las representaciones explícitas o conocimiento propiamente dicho, encontramos la especificidad cognitiva del *homo discens*, los procesos que nos identifican como *especie cognitiva*, que están íntimamente ligados a la *adquisición de conocimiento,* ese vehículo esencial para acceder a la sociedad del conocimiento que, a su vez, es en buena medida un producto de las formas sociales de gestionar el conocimiento. Sólo se puede aprender la cultura, participar de ella, en la medida en que se adquiera una cultura del aprendizaje acorde con ella (POZO, 1996a). Y es que la cultura —o el conocimiento— y el aprendizaje son dos procesos, o sistemas, que se construyen mutuamente.

## Estructura del libro

La Primera Parte de este libro estará dedicada a justificar la idea ya avanzada de que la adquisición y utilización de conocimiento es un logro evolutivo y cultural que nos diferencia de otras especies, que requiere nuevos procesos cognitivos, al tiempo que hace posibles nuevas formas de representación y relación psicológica con el mundo. Así, en el Capítulo Primero se analizan varias alternativas para comprender las diferencias entre los procesos de aprendizaje exclusivamente humanos y aquellos que compartimos con otros organismos o sistemas de aprendizaje. Tradicionalmente se ha diferenciado entre el aprendizaje *conductual*, compartido por muchas especies animales, y el aprendizaje *cognitivo*, que sería específico de las personas. También se han distinguido los procesos de aprendizaje más elemental, de naturaleza *asociativa*, de los mecanismos específicamente humanos, de carácter supuestamente *constructivo*. Pero una distinción más reciente, en la que se basará el marco teórico aquí desarrollado, sostiene la existencia de un continuo desde el aprendizaje *implícito* (consistente en procesos asociativos comunes a muchas especies) y los procesos de aprendizaje *explícito* (que identificarían las formas *específica/mente* humanas de aprender, de origen más reciente y que por tanto se apoyan en esos mecanismos más primarios o implícitos de aprendizaje). *De esta forma, la adquisición de conocimiento sería el conjunto de procesos mediante los que se explicitan y, en esa medida, se reconstruyen las representaciones inicialmente implícitas.*

En la Primera Parte intentaré mostrar esta especificidad psicológica de la adquisición de conocimiento, diferenciándola de otras formas de aprendizaje (de conductas, de información y de representaciones) que, siendo necesarias para que se produzca el conocimiento, en mi opinión no pueden dar cuenta de esa especificidad psicológica. Pero antes de analizar lo que constituye el núcleo de este libro, *los procesos de adquisición de conocimiento específica/mente humanos,* que se desarrollan en el Capítulo V, es preciso mostrar por qué esos otros niveles no son suficientes para dar cuenta de la adquisición de conocimiento propiamente dicha. Aunque algunos de los argumentos desarrollados en los Capítulos II, III y IV son ya conocidos, creo necesario repasarlos, ya que permiten entender mejor la propuesta presentada en ese Capítulo V, donde, como digo, se expone la idea central del libro.

Así, el Capítulo II estará dedicado a analizar el aprendizaje como cambio de conductas; el Capítulo III estudiará el acercamiento al aprendizaje desde el procesamiento de la información, mostrando cómo la adquisición de conocimiento no puede reducirse al cómputo de relaciones probabilísticas o informativas. La información carece en sí misma de contenido semántico o significado, por lo que un sistema exclusivamente informativo, sea biológico o cognitivo, difícilmente puede modificarse y, por tanto, aprender. Para que haya verdadero aprendizaje, ese sistema de información debe formar representaciones del mundo y disponer de procesos que permitan ajustar el contenido de esas representaciones a la información extraída del mundo (Capítulo IV). Pero esas representaciones, inicialmente implícitas, responderán a la forma en que el organismo interactúa con su entorno y tendrán por tanto una naturaleza corporal o encarnada. Así, frente al carácter exclusivamente informativo o computacional de los modelos dominantes en la psicología cognitiva reciente, el estudio de las representaciones cognitivas, incluyendo el conocimiento en forma de representaciones explícitas, requiere asumir que las estructuras corporales restringen la información extraída del entorno, que *la información se haga carne* y habite en nosotros, proporcionando así un contenido a esas representaciones que hace posible que los organismos, incluidos los humanos, no sólo generen modelos cognitivos del mundo sino que los modifiquen a través del aprendizaje.

Como culminación de esta Primera Parte, en el Capítulo V analizo los procesos mediante los que esas representaciones inicialmente implícitas se explicitan, convirtiéndose por fin en verdadero conocimiento. Es así como finalmente *la carne se hace verbo.* Para ello se necesita no sólo disponer de procesos, específicos de la mente humana, que permiten una explicitación progresiva de las representaciones, sino también de sistemas culturales, externos, de representación explícita que ayuden a reconstruir esas representaciones implícitas. Tal como se argumenta en detalle en este Capítulo V, la idea central de este texto es que la adquisición de conocimiento debe entenderse en el marco de la *producción y transmisión de representaciones mentales explícitas, mediadas por el uso de sistemas culturales o externos de representación.*

Finalmente, la Segunda Parte, compuesta de un único capítulo, muestra cómo esos procesos de adquisición de conocimiento reconstruyen la mente humana, sus posibilidades y restricciones representacionales, en los dos dominios que constituyen sin duda el núcleo o *esqueleto* desde el que se construyen todos los cuerpos de conocimiento humano: el conocimiento de los objetos (a partir de nuestra física intuitiva) y el conocimiento de las personas (a partir de la psicología intuitiva).

Como ha señalado SPERBER (1996) algunas representaciones culturalmente generadas son más fáciles de distribuir socialmente, de ser compartidas, que otras. Sin duda, algunos de los conocimientos que se pretenden generalizar, en el proyecto alfabetizador, y en último extremo ilustrado, que parece empujar a los sistemas educativos en nuestras sociedades del conocimiento, resultan muy difíciles de *incorporar* —en el sentido literal— a nuestras mentalidades, ya que se oponen fuertemente a algunas de las restricciones ancestrales, encarnadas e implícitas, que rigen el funcionamiento de nuestra mente. En este Capítulo VI, que cierra el libro, se intenta mostrar no sólo la raíz cognitiva de esas resistencias al cambio de mentalidad, o cambio conceptual, que parece exigir esa adquisición de conocimientos científicos, sino también algunas vías por las que podemos transitar para hacer más probable ese cambio, que en ningún caso deberá concebirse como el abandono de esa larga historia biológica, cultural y también personal que nos ha traído hasta aquí, hasta estas páginas. Aunque finalmente *la carne se haga verbo* no por ello podemos ni debemos abandonar a su suerte a las estructuras cognitivas encarnadas, a nuestra *mente incorporada*, que está en el origen de nuestras formas de conocer.

Para mejor comprender esta idea, será necesario, como decía antes, iniciar un viaje hacia nuestros orígenes, que nos permita entender la *función* del aprendizaje como parte de nuestro equipamiento cognitivo de serie. La selección natural nos ha dotado de un fenotipo cognitivo que en parte compartimos con otros muchos animales. Sin embargo, una dotación genética en gran medida común hace posible, construir fenotipos diferentes a partir de esa *función representacional* propia de los sistemas cognitivos, que son de hecho los únicos sistemas capaces de aprender, es decir de autocomplicarse. Emprendamos, pues, ese viaje.

## CAPÍTULO PRIMERO

# Cuando nada de lo animal nos es ajeno: Del aprendizaje animal al aprendizaje humano

*"Hombre soy; nada de lo humano me es ajeno".*

Terencio, siglo II a.C.

*"La conciencia no parece estar relacionada con el mecanismo del cuerpo más que como un producto secundario de su funcionamiento, y no parece que tenga más poder para modificar su funcionamiento de la influencia que tiene el silbido de vapor sobre la maquinaria de una locomotora".*

Thomas Huxley, *Methods and results,* 1901, pág. 241.

*"Si me necesitas. silba".*

Lauren Bacall a Humphrey Bogart en *Tener y no tener.*

Aunque los seres humanos dispongamos, como aquí voy a defender, de sistemas de aprendizaje específicos que hacen posible la adquisición de conocimiento, la investigación ha demostrado sobradamente que también compartimos mecanismos generales (es decir, no específicos) de aprendizaje con otras muchas especies, ya que en aprendizaje, y posiblemente en otros muchos campos de la psicología, parafraseando esa cita de Terencio, podemos decir que realmente *nada de lo animal nos es ajeno.* Se sabe que organismos aparentemente simples (si es que hay algún organismo simple) disponen de mecanismos de aprendizaje asociativo y condicionamiento que no difieren en lo esencial de los que también se han identificado en el *homo discens.* Aunque algunos autores nieguen la existencia de mecanismos generales de aprendizaje y aboguen por módulos de aprendizaje especializados, de modo que *"cada mecanismo constituya una solución particular a un problema particular"* (GALLISTEL, 2000), en general se acepta que deben existir ciertos procesos comunes, muy antiguos en la filogénesis, que permiten a los organismos detectar relaciones en el ambiente y seleccionar las conductas más adecuadas en función de las variaciones ambientales.

La existencia de mecanismos para adquirir adaptaciones específicas no es incompatible desde el punto de vista de la evolución con esos procesos de aprendizaje generales, como veremos de hecho en el Capítulo IV, ya que la selección natural debe conjugar variación específica con continuidad filética (PAPINI, 2002). Si aceptamos que la evolución es un proceso conservador (por ej., ARSUAGA, 2001; CELA CONDE y AYALA, 2001; DONALD, 2001), que se apoya en su historia de éxitos anteriores, sometiéndolos a un lento y paulatino proceso de cambio, las soluciones evolutivas eficaces deben ser muy estables en la filogénesis. Entre esas soluciones evolutivas, que parecen haber permanecido estables desde hace cientos de millones de años, sin duda estarían las formas más elementales de aprendizaje: "*Las formas básicas de aprendizaje no asociativo (por ej., habituación, pseudocondicionamiento y sensibilización) y de aprendizaje asociativo (por ej., adquisición, extinción y discriminación), bajo contingencias paulovianas (es decir, emparejamiento de estímulos independiente de las respuestas) o instrumentales (es decir, refuerzo dependiente de la respuesta), pueden considerarse con seguridad fenómenos generales, comunes tal vez a todos los animales bilaterales*" (PAPINI, 2002, pág. 191).

Sabemos que esa simetría bilateral puede encontrarse en todos los animales que se desplazan para obtener energía o alimento (MARTÍNEZ y ARSUAGA, 2002), desde las lombrices o las abejas a los perros y los humanos, por lo que tanto los vertebrados como los invertebrados compartirían en lo esencial esos mecanismos de aprendizaje preasociativo y asociativo, que serían realmente antiguos en la filogénesis, ya que los vertebrados y los invertebrados se separaron evolutivamente en el Cámbrico, hace al menos 540 millones de años (por ej., PAPINI, 2002). Esta antigüedad sería especialmente remota si asumimos, como hacen algunos autores, que no se trata de fenómenos homopláxicos (producto de evoluciones paralelas) sino de auténticas homologías, resultado de una evolución común, ya que esas formas de aprendizaje implicarían no sólo las mismas estructuras neuronales en los animales que las comparten, sino incluso los mismos mecanismos moleculares en la síntesis de proteínas (CAIRNS-SMITH, 1996). Tal es el caso, por ejemplo, del condicionamiento del miedo, uno de nuestros aprendizajes más ancestrales, más *comunes*, que según LEDOUX (2002) puede inducirse en caracoles mediante mecanismos moleculares similares a los que tienen lugar en humanos. Además, "*en todos los animales que tienen amígdala, desde los lagartos hasta las personas, esta estructura parece estar implicada en esta clase de respuestas defensivas. Esto es extrapolable a los seres humanos, en los que se ha visto que la actividad funcional de la amígdala se incrementa durante el condicionamiento del miedo. Es decir, al menos para este tipo de aprendizaje simple, el cerebro humano parece funcionar igual que el de una rata*" (LEDOUX, 2002, pág. 131). Aunque sabemos que la vida *sentimental* de una persona es más sofisticada que la de un caracol, y que de hecho implica sistemas neurológicos y psicológicos más complejos (por ej., ADOLPHS, 2002; FERNÁNDEZ-ABASCAL, PALMERO y BREVA, 2002; LEDOUX, 2002), podemos asumir que ciertas emociones básicas se basan en mecanismos elementales comunes, como la disposición corporal para alejarse de los estímulos asociados a una amenaza, o la de acercarse hacia una fuente de gratificación, que se remontan a la noche evolutiva de los tiempos.

Pero la homología no se produce sólo en el nivel de análisis molecular y neuronal, sino también en el nivel psicológico, que es lo que más nos interesa aquí.

Aunque, como veremos en su momento (en el Capítulo IV), esos procesos generales de aprendizaje puedan ser insuficientes para explicar adaptaciones específicas de diferentes organismos a sus ambientes particulares (GALLISTEL, 2000; LORENZ, 1996), parece demostrado que existen ciertos mecanismos primitivos de aprendizaje comunes a la mayor parte de esos organismos, en los que los humanos apenas nos diferenciamos del resto de las especies (por ej., ROITBLAT y VON FERSEN, 1992) ¿Pero cómo caracterizar a esos mecanismos de aprendizaje comunes o generales —que por definición no son el objeto central de este texto— por oposición a las formas de aprendizaje *específica/mente* humanas, vinculadas a la adquisición de conocimiento? ¿Cuál es la diferencia esencial entre unos y otros? La historia reciente de la investigación en aprendizaje animal y humano nos ofrece tres formas distintas de caracterizar esa discontinuidad, en forma de tres binomios o dimensiones, que aunque comparten ciertos rasgos en común, conviene diferenciar. Inicialmente se contrapusieron los modelos conductuales a los cognitivos, suponiendo que estos últimos identificaban mejor las formas de aprendizaje humano; también se han contrastado las formas de aprendizaje asociativo con las formas de aprendizaje constructivo, asumiendo que estas últimas son específicas del aprendizaje humano; y en los últimos años se tiende a diferenciar entre los aprendizajes implícitos, comunes a la mayor parte de las especies, y los aprendizajes explícitos característicamente humanos. Pero para llegar a esta última distinción, en la que basaré en lo esencial mi exposición, conviene repasar las dos anteriores, ya que nos ayudarán a entender mejor lo que hay de nuevo en este enfoque, pero también su continuidad con las tradiciones anteriores.

## ¿Del aprendizaje conductual al aprendizaje cognitivo?

De una manera simplificada, suele asumirse que la historia de la psicología durante el pasado siglo XX puede dividirse en dos grandes mitades, una primera dominada por el enfoque conductista y una segunda por la psicología cognitiva, más específicamente por el procesamiento de información. Con la misma simplificación suele asumirse que las formas más simples de aprendizaje humano, esas que compartimos con otras especies, serían, junto con las *conductas* a que dan lugar, manifestaciones de aprendizaje conductual (que se explicaría mediante las leyes del condicionamiento), mientras que las formas más complejas, específicamente humanas, tendrían una naturaleza cognitiva y dependerían de procesos más complejos, tales como la atención, diferentes tipos y sistemas de representación (declarativos, procedimentales, etc.), estructuras de memoria (de trabajo, permanente, episódica, semántica), etc.

Pero esta visión simple dista de ser cierta y, sobre todo, de ser teóricamente relevante para nuestros propósitos. En realidad, mucho después de la supuesta irrupción del cognitivismo en la escena psicológica, la mayor parte de los textos de psicología del aprendizaje han seguido estando dedicados mayoritariamente al estudio de los procesos de condicionamiento. Al menos en el ámbito de la psicología del aprendizaje, no es cierto que la psicología cognitiva haya dominado la segunda mitad del pasado siglo XX. No es hasta bien entrada la década de los setenta, o incluso ya en los ochenta, cuando comienzan a aparecer con fuerza modelos e interpretaciones cognitivas. Pero cuando lo hacen no es sólo para dar cuenta de las formas de aprendizaje complejo, específicas del *homo discens* (adquisición de conceptos, destrezas motoras y estrategias, planes de acción, etc.) (CARRETERO, 1997; CARRETERO y cols., 1991; POZO, 1989; VOSS, WILEY y CARRETERO, 1995), sino también para explicar los clásicos mecanismos de condicionamiento que compartimos con el resto de las especies. Tras los trabajos de DICKINSON (1980), MACKINTOSH (1983) o RESCORLA y WAGNER (1972), los modelos de aprendizaje animal adquieren una impronta decididamente cognitiva, de forma que explican el condicionamiento como una función de la discrepancia entre las expectativas o representaciones que tienen los organismos ante una situación y los sucesos realmente acaecidos, adoptando un asociacionismo cognitivo según el cual lo que se asocia no son conductas sino representaciones (HUERTAS, 1992; POZO, 1989).

Por tanto, hoy en día no sólo todas las teorías del aprendizaje (específicamente) humano, sino la mayor parte de los estudios sobre el aprendizaje animal (o "no específicamente" humano) tienen una orientación decididamente cognitiva (por ej., BOYSSEN y HIMES, 1999; MOWRER y KLEIN, 2001; PEARCE y BOUTON, 2001; ROITBLAT y MEYER, 1995). Retomando la vieja ironía de Bertrand RUSSELL, cuando comparaba la agitada conducta de los animales investigados por los conductistas norteamericanos con la serena reflexión de los primates que estudiaban los gestaltistas alemanes, podemos decir que, tras unas cuantas décadas en las que los humanos nos comportábamos como verdaderos animales, ahora son los animales quienes se comportan casi como personas, dando claras muestras de una cognición humana, o al menos humanoide. La distinción entre aprendizaje conductual y cognitivo no es una buena forma de contrastar los distintos sistemas de aprendizaje humano, aquellos más generales o compartidos con otras especies, y los más específicos dirigidos a la adquisición de conocimiento, ya que tanto unos como otros son sistemas de aprendizaje cognitivo (POZO, 1989), aunque posiblemente basados en diferentes procesos cognitivos. Eso es, al menos, lo que propone la siguiente distinción.

## ¿Del aprendizaje asociativo al aprendizaje constructivo?

Si todas las formas de aprendizaje tienen una naturaleza cognitiva y no sólo las personas sino la mayor parte de los animales, desde los más reactivos a los más complejos, realizan de algún modo cómputos y manipulan representaciones para aprender, la diferencia entre unas y otras formas de aprendizaje debería residir en la naturaleza de esos cómputos y representaciones, en el tipo de procesamiento cognitivo que tiene lugar para aprender. Una de las propuestas más relevantes en este sentido es la de distinguir entre procesos de aprendizaje asociativo (es decir, cómputos meramente estadísticos de la probabilidad de ocurrencia conjunta de sucesos) y procesos de aprendizaje constructivo (basados en la interpretación y la elaboración, en buena medida conscientes, de los propios conocimientos). Según esta distinción, existirían unos procesos básicos que permitirían a los organismos computar las relaciones de contingencia entre sucesos (BAKER, MURPHY y MEHTA, 2001; CHENG y HOLYOAK, 1995; DICKINSON, 1980; PEARCE y BOUTON, 2001), haciendo que el mundo fuera no sólo más predecible sino también más controlable. Perc las personas dispondríamos, además, de otros mecanismos de aprendizaje más complejos que nos permitirían construir nuestra propia visión o representación de ese mundo y vivir en ella. Así, el aprendizaje asociativo, en la vieja tradición empirista, tendería a reflejar la estructura del mundo, extrayendo u optimizando as regularidades que hay en él, por lo que, si se adquiriera así, el conocimiento no podría ser sino un reflejo más o menos preciso del mundo. En cambio, el aprendizaje constructivo generaría nuevos mundos, nuevas formas de conocer, que no se limitarían a recoger el orden externo, sino a generar nuevas formas de organización cognitiva, en suma, nuevos *significados*. Según esta concepción, sería por tanto el mundo el que constituiría un reflejo del conocimiento construido, y no al revés [1].

**Tabla.1.** *Principales diferencias entre concebir el aprendizaje como un proceso asociativo o constructivo.* (Adaptada de Pozo 1989.)

|  | Asociacionismo | Constructivismo |
|---|---|---|
| *Unidad de análisis* | Elementos | Estructuras |
| *Sujeto* | Reproductivo | Productivo |
|  | Estático | Dinámico |
| *Origen del cambio* | Externo | Interno |
| *Naturaleza del cambio* | Cuantitativa | Cualitativa |
| *Aprendizaje por* | Asociación | Reestructuración |

Ambas concepciones del aprendizaje, asociativa y constructiva, difieren entre sí no sólo en este supuesto epistemológico sobre la naturaleza del conocimiento, sino en algunos otros supuestos, que se recogen en la Tabla 1. En general, los modelos de aprendizaje asociativo se basan en un enfoque elementista, analítico, que descompone cualquier ambiente en un conjunto de elementos asociados entre sí con distinta probabilidad, de modo que aprender es detectar con la mayor precisión posible las relaciones de contingencia entre esos elementos o hechos, por lo que los procesos de aprendizaje consisten esencialmente en mecanismos de cómputo de esas contingencias (Pearce y Bouton, 2001). En cambio, las teorías constructivistas asumen un enfoque más holista, organicista y estructuralista, de modo que vinculan el aprendizaje al significado que el organismo atribuye a los ambientes a los que se enfrenta, en función de las estructuras cognitivas y conceptuales desde las que interpreta ese ambiente. Las teorías asociativas del aprendizaje partirían de dos principios esenciales (ver Bolles, 1975; Pozo, 1989): el principio de *equipotencialidad*, según el cual todos los ambientes se computan igual, ya que todos los elementos que los componen son inicialmente

---

[1] Véanse, por ej., para una exposición de estos modelos constructivistas Carretero, 1993; Carretero y Limón, 1997; Claxton, 1984; Delval, 1997; Gelman y Williams, 1997; Pozo, 1989, 1996a; Pozo, Mateos y Pérez Echeverría, 2002; Voss, Wiley y Carretero, 1995.

intercambiables entre sí, y el principio de *correspondencia*, que mantiene que los conocimientos o conductas así generados se corresponden con el ambiente, en el sentido de que son un reflejo de él (en el capítulo próximo volveremos sobre estos principios con un análisis más detallado y crítico). En cambio las teorías constructivistas niegan estos dos principios (por ej., CARRETERO, 1993; POZO, 1989), ya que todo aprendizaje se basa en los *conocimientos previos* del sujeto, que son específicos de dominio y propios de cada sujeto (en contra de la equipotencialidad de los aprendizajes), y además es un proceso de *construcción personal*, por lo que no puede ser un reflejo del mundo (en contra de la correspondencia entre el conocimiento y el mundo). En el enfoque constructivista, sujeto y objeto se construyen mutuamente, de modo que no es sólo que la representación que el sujeto tiene del mundo sea una construcción personal, sino que, a su vez, cada persona se construye a partir de la interacción con diferentes mundos y objetos, de tal modo que las estructuras cognitivas desde las que nos representamos el mundo son, en buena medida, el resultado de ese proceso de aprendizaje constructivo. No construimos sólo los *objetos*, el mundo que vemos, sino también la mirada con la que lo vemos. Nos construimos también a nosotros mismos en cuanto *sujetos* de conocimiento.

Cada una de estas concepciones del aprendizaje goza de un amplio apoyo empírico y desarrollo teórico en su propio ámbito de investigación. Las teorías asociativas permiten dar cuenta razonablemente no sólo de los clásicos fenómenos de condicionamiento y detección de contingencias (BAKER, MURPHY y MEHTA, 2001; PEARCE y BUTTON, 2001), sino también de la adquisición de categorías y conceptos naturales (MARGOLIS, 1998), de la adquisición de conocimientos procedimentales (ANDERSON y LEBIERE, 1998; ANDERSON y SCHUNN, 2000), del aprendizaje implícito de reglas y procedimientos (STADLER y FRENSCH, 1998) e incluso de parte del conocimiento experto en dominios específicos (ANDERSON, 2000). De hecho, como veremos en el Capítulo III, en la medida en que el enfoque dominante del procesamiento de información puede definirse como un asociacionismo cognitivo (POZO, 1989), buena parte de las aportaciones de la psicología cognitiva al aprendizaje, tanto en el nivel simbólico como en el subsimbólico o conexionista, pueden incluirse en este enfoque.

Por su parte, el enfoque constructivista ha desarrollado una amplia investigación en la adquisición de conocimientos específicos de dominio (GLASER, 2001; VOSS, WILEY y CARRETERO, 1995; WELLMAN y GELMAN, 1997), ya sea en el dominio científico (por ej., CARRETERO, 1996; POZO y GÓMEZ CRESPO, 1998), social (CARRETERO, 1995; CARRETERO, POZO y ASENSIO, 1989; CARRETERO y VOSS, 1994; VOSS y CARRETERO, 1998), matemático (NUNES y BRYANT, 1997), en el estudio del conocimiento experto (CHI, GLASER y FARR, 1988; ERICSSON, 1996), así como en la instrucción para la adquisición de conocimiento (CARRETERO, 1993; CARRETERO y cols., 1991; CARVER y KLAHR, 2001; CLAXTON, 1999; REIGELUTH, 1999).

Pero aunque ambas formas de aprender —asociando y construyendo— tengan apoyo empírico y teórico, y puedan de hecho ser claramente diferenciadas entre sí, el significado de la propia distinción resulta menos claro de lo que a primera vista puede parecer, no sólo por las tendencias reduccionistas que aparecen desde cada uno de estos enfoques, negando la relevancia de la *otra* forma de aprender, sino en buena medida debido a la propia ambigüedad o polisemia del concepto de aprendizaje constructivo (CARRETERO y LIMÓN, 1997; POZO, 1996b).

La naturaleza del aprendizaje asociativo es clara, siendo la única diferencia entre los distintos modelos los mecanismos específicos de cómputo postulados y las restricciones impuestas por el conocimiento específico sobre esos cómputos. En cambio, el sentido del aprendizaje constructivo, a pesar de algunos intentos de establecerlo axiomáticamente (DELVAL, 1997), no está claro que sea el mismo para todos los autores que se refieren a él o lo asumen. Para empezar, según señalan CARRETERO y LIMÓN (1997), podemos diferenciar al menos tres sentidos distintos de constructivismo, que suelen confundirse entre sí: *epistemológico* (según el cual todo conocimiento es necesariamente una construcción mediada por la estructura psicológica del sujeto), el *psicológico* (relativo a los procesos mediante los que tiene lugar esa adquisición de conocimiento) y el educativo o *instruccional* (relativo al diseño de espacios sociales con la intención de promover la adquisición de determinados conocimientos).

La idea central del constructivismo epistemológico es la negación del principio de correspondencia. Esta idea quedó genialmente reflejada en la nítida metáfora de BORGES según la cual *nunca* un mapa puede ser exactamente igual al territorio que representa: *toda representación es una construcción*. Sin embargo, de la asunción de este supuesto epistemológico, que como veremos en el Capítulo III es difícilmente rebatible incluso a un nivel neuropsicológico, no se deriva necesariamente aceptar, que es lo que aquí nos interesa, que todos los procesos psicológicos de adquisición de conocimiento sean necesariamente constructivos, en el sentido antes reseñado de ser procesos dirigidos a la interpretación y el significado, alejados del cómputo asociativo de contingencias. De hecho, más bien se deriva lo contrario: si todo acto cognitivo es una construcción, dada la diversidad de la actividad cognitiva conocida, es preciso asumir que hay formas muy diferentes de construir o de aprender construyendo (POZO, 1996b). Si, por poner un ejemplo, el aprendizaje espacial de una abeja o de una hormiga es una construcción, y debe serlo, porque recordemos, *nunca* un mapa puede ser igual al territorio —y de hecho lo es según GALLISTEL (2000)— ¿construye la hormiga su mapa cognitivo mediante los mismos procesos que utiliza el investigador para construir el modelo mediante el que interpreta la construcción de mapas espaciales en las hormigas? ¿Se deben a los mismos procesos la construcción de la intencionalidad en los bebés y el aprendizaje de la segunda Ley de la Termodinámica? O para el caso: ¿son todas las estructuras cognitivas desde las que interpretamos el mundo construcciones producidas por el aprendizaje o más bien restricciones innatas o preformadas que se imponen a nuestro conocimiento, como suponen algunos autores (por ej., LESLIE, 2000; PINKER, 1997; SPELKE, 1994)? Las investigaciones recientes en cognición animal han confirmado que, tal como proponía Konrad LORENZ (1996), las distintas especies disponen de sistemas especializados en el cómputo de determinada información, desde los que construyen su propio ambiente o "nicho cognitivo" (GALLISTEL, 2000; THOMPSON, 1995; TOOBY y DEVORE, 1987; TURVEY y SHAW, 2000). La aplicación de esta "epistemología evolucionista" (LORENZ, 1996) a la adquisición de conocimiento tiene importantes consecuencias sobre las que volveré en el Capítulo IV.

Pero por ahora baste decir que el proyecto epistemológico constructivista, en contra de lo que suponen muchos de sus defensores, especialmente en el ámbito educativo o instruccional, es compatible no sólo con una psicología racionalista (o innatista) sino con un enfoque empirista, como el defendido por el asociacionismo cognitivo. De hecho, cabe pensar que algunos de los mecanismos que permiten construir esas representaciones desde las que interactuar con el mundo pueden tener una naturaleza asociativa, basándose en cómputos de las regularidades observadas en el mundo a partir de ciertas restricciones impuestas por el propio sistema cognitivo, sean preformadas o producto de anteriores aprendizajes o construcciones. El propio concepto de "construcción asociativa" no resulta extraño a la luz de los recientes desarrollos conexionistas que intentan mostrar cómo ciertas estructuras o configuraciones holísticas pueden ser el producto de la asociación entre unidades a un nivel más elemental o subsimbólico (CLARK, 1997, 2001; O'BRIEN y OPIE, 1999). Así, EDELMAN y TONONI (2000) caracterizan la memoria como un sistema constructivo, al tiempo que asociativo y dinámico. De hecho, los llamados modelos cognitivos dinámicos (BIKHARD, 2000; DIETRICH y MARKMAN, 2000; VAN GELDER, 1998) se basan en una lógica de "construcción asociativa", al defender que las representaciones no son locales ni están explícitamente presentes en el sistema, como en los modelos simbólicos clásicos (FODOR, 2000), sino que son el producto de la activación situacional de unidades de información que dan lugar a una nueva representación o construcción contextualmente situada, que por tanto no se puede *corresponder* puntualmente con ninguna representación o ambiente antes procesado.

En realidad, la idea de que la mera asociación entre unidades o representaciones dé lugar a nuevas construcciones es aplicable también a uno de los más clásicos efectos del aprendizaje constructivo, la influencia de los conocimientos previos sobre los nuevos aprendizajes. De hecho, el llamado constructivismo educativo o instruccional, en sus versiones más simples, muchas veces se reduce a esta máxima. Pero es difícil no ver la relación entre esta demostrada influencia de los conocimientos previos en la construcción de nuevos conocimientos y los casi ubicuos efectos de *priming* o primacía en las investigaciones sobre memoria y aprendizaje asociativo. La activación de una representación restringe la interpretación de la información posterior en múltiples tareas y contextos, incluso cuando esa información "primada" se procesa de modo implícito o inconsciente, ya sea en animales, por ejemplo primates (BYRNE y ROUSSOON, 1998), o en humanos (BARGH y CHARTRAND, 1999; KLEIN, COSMIDES, TOOBY y CHANCE, 2002) ¿Qué diferencia hay entre la influencia del conocimiento previo y ese efecto de *priming*? Sin duda la hay, pero no podemos decir que se deba a que en un caso se construye una representación y en el otro no, sino más bien a la naturaleza cognitiva de esa construcción, que en un caso es producto de la activación *implícita* o incidental de ciertas unidades de información que, de acuerdo con la lógica asociativa, hace más probable la activación de otras representaciones, mientras que en el otro caso requiere una búsqueda *explícita* o deliberada del significado de la nueva información.

A tal fin puede ser útil diferenciar entre constructivismo estático y dinámico (POZO, 1989). La construcción *estática* de conocimientos implicaría que la actividad cognitiva en cualquier contexto está restringida por las representaciones o conocimientos activos en ese momento. Este sentido de la construcción de representaciones es asumible desde cualquier enfoque teórico en psicología, ya sea en forma de *priming*, de activación de conocimientos previos, de construcción situacional de un modelo mental o incluso de influencia de la historia de refuerzos anterior (POZO, 1996b). De hecho, podríamos decir que la propia idea de aprendizaje carecería de sentido si la experiencia presente no estuviera de algún modo condicionada o restringida por la experiencia pasada. En cambio la construcción *dinámica* de conocimientos, no siempre diferenciada de la anterior, implicaría asumir el carácter deliberado o intencional del proceso de construcción de nuevas representaciones o conocimientos para la solución de nuevos problemas y tareas, algo que, como veremos en el Capítulo VI, implica la capacidad de representarse las propias metas y procesos de aprendizaje, es decir, convertir el aprendizaje en un acción teleológica —movida por una intención— y no sólo teleonómica o funcional. En este sentido más restringido, la construcción de conocimientos ya no sería asumida por todos los enfoques teóricos anteriores, sin que ello implique que necesariamente tenga que ser incompatible con ellos (POZO, 1996b). De esta forma, dando una nueva vuelta de tuerca, si antes hemos visto que todos los aprendizajes son cognitivos, pero pueden diferir en la naturaleza de los procesos implicados, siendo unos asociativos y otros constructivos, ahora vemos que todos los aprendizajes son también constructivos, aunque debemos diferenciar la construcción estática y dinámica de conocimientos. En todo caso, afirmar que en algunos contextos o tareas el aprendizaje puede ser un proceso constructivo e intencional no implica negar la importancia de los aprendizajes asociativos, ya que ambas formas de aprender no se excluyen sino que, al contrario, se requieren mutuamente (POZO, 1989), si bien eso tampoco evita la necesidad de diferenciar entre ellas. Una buena forma de profundizar en el contraste entre procesos asociativos y constructivos, y de dar sentido a esta distinción entre construcción estática y dinámica, es recurrir a la reciente disociación entre procesos cognitivos implícitos y explícitos. Aunque esta diferenciación es en parte paralela a la presente contraposición, puede añadir más luz en nuestra búsqueda de las formas de aprendizaje que identifican al *homo discens*.

## ¿Del aprendizaje implícito al aprendizaje explícito?

Una de las áreas más pujantes en la investigación sobre el aprendizaje en las dos últimas décadas es sin duda el estudio del aprendizaje implícito. De hecho el interés por los procesos cognitivos implícitos no alcanza sólo al aprendizaje sino que se extiende a otros muchos procesos, de modo que la cognición *implícita* va cobrando una importancia creciente dentro de la psicología cognitiva. En el Prefacio a la segunda edición de su *Dictionary of Psychology,* Arthur REBER (1995) señala que, desde la anterior edición de 1985, en la que esta acepción no estaba incluida, la "memoria implícita" fue la palabra-clave más frecuente en las publicaciones psicológicas entre 1988 y 1992, de acuerdo con un estudio bibliométrico realizado por la *American Psychological Society*. Igualmente, BUCHNER y WIPPICH (1997) muestran que desde mediados de la década de los ochenta hay un incremento exponencial de las investigaciones sobre memoria implícita recogidas en las bases de datos especializadas (en su caso PsycLIT). Pero no es sólo la memoria implícita la que ha cobrado una gran importancia como proceso psicológico sino también, en menor medida, otros procesos implícitos, ante todo el aprendizaje implícito (BERRY, 1997; FRENCH y CLEEREMANS, 2002; REBER, 1993; STADLER y FRENSCH, 1998), pero también el razonamiento implícito (HOGARTH, 2001), las representaciones o conocimientos implícitos (BARGH y Chartrand, 1999; Dienes y Perner, 1999; Pozo, 2001; Pozo y cols., 1992; Rodrigo, 1993; Rodrigo y Correa, 1999) e incluso la percepción o la atención implícita (MacLeod, 1998).

Podemos decir, por tanto, que más allá del ámbito del aprendizaje, la psicología cognitiva ha descubierto el secreto atractivo de lo implícito. Frente al supuesto de que los procesos cognitivos son esencialmente explícitos, que ha regido —de modo implícito, por cierto— la investigación cognitiva en sus primeras décadas, comienza a defenderse la especificidad, cuando no la primacía (Reber, 1993), de la cognición implícita en muchos de estos ámbitos. Sin embargo, este interés por lo implícito en diferentes áreas de la psicología cognitiva, lejos de suponer un intento teórico unificador de la naturaleza implícita de la mente humana, se caracteriza más bien por la dispersión o, en términos de Reber (1993), la *balcanización* de la cognición implícita en diferentes procesos —memoria, aprendizaje, percepción, pericia, automatización, conocimientos— que apenas comparten referentes teóricos y bases de datos empíricos. Por tanto, además de disociar la mente en dos sistemas, implícito y explícito, se disocian entre sí los diferentes procesos que componen cada uno de esos sistemas, dando lugar a un barroco mosaico de procesos difíciles de encajar entre sí. Aunque nuestro interés aquí esta centrado en las relaciones entre aprendizaje implícito y explícito, esas relaciones se producen en el marco de otros procesos cognitivos en los que esta distinción también tiene sentido, por lo que será preciso situarla en ese marco más general del funcionamiento cognitivo implícito y explícito.

A pesar de esta balcanización, comienzan a aparecer ciertos intentos de yuxtaposición o incluso de integración entre esos diferentes procesos implícitos (por ej., Froufe, 1996; Kirsner y cols., 1998; Rosetti y Revonsuo, 2000a; Underwood, 1996) con el propósito de que el apellido *implícito* que acompaña a cada uno de esos procesos —como veremos, el apellido explícito aparece con menos frecuencia, tal vez porque se dé por supuesto o tal vez porque aún se sepa menos sobre él— se convierta finalmente en un sustantivo, un rasgo de identidad del funcionamiento cognitivo. ¿Qué es lo que caracteriza a un proceso para que sea considerado como implícito? Aunque hay numerosas definiciones y criterios distintos (por ej., Frensch, 1998, lista once definiciones distintas sólo para el aprendizaje implícito, podemos aceptar por ahora la definición funcional de Anderson (1996, págs 123-124), según la cual son *"procesos explícitos aquellos de los que se puede informar y procesos implícitos aquellos de los que no (se puede informar)"*. Definido así, hablaríamos de aprendizaje implícito cuando el sujeto no puede informar de aquello que ha aprendido o de cómo lo ha aprendido, mientras que el aprendizaje sería explícito cuando puede informar de lo aprendido. Esa es de hecho la lógica de los clásicos experimentos de aprendizaje implícito, que se basan en mostrar que las personas pueden adquirir representaciones y reglas de las que no pueden informar, o si se prefiere, de las que no son conscientes.

De hecho, el origen de estas investigaciones estaría en el Proyecto Grammarama, emprendido por George Miller (1966) en el célebre Centro de Estudios Cognitivos de Harvard, una de las cunas de la psicología cognitiva, con el propósito de mostrar que la adquisición de reglas abstractas no se basaba en procesos deliberados de formación y comprobación de hipótesis, como suponían los estudios pioneros de Bruner, Goodnow y Austin (1956), sino en un aprendizaje incidental basado en mecanismos inductivos de detección de regularidades. Miller (1966) enfrentó a sus sujetos a serie de estímulos arbitrarios, en su caso series de letras, tales como NXSXG NNXXSXG NNNXXXSXG, y comprobó que aprendían mejor las series regidas por una regla oculta, es decir las series gramaticales frente a las no gramaticales, aunque no fueran capaces de informar de la regla, que de manera implícita o subrepticia, habían aprendido. Aunque Miller (1966) se desengañó de la posibilidad de estudiar la adquisición de la gramática natural mediante materiales exclusivamente arbitrarios, y con ello de estudiar el aprendizaje humano como un proceso sin contenido semántico, algo sobre lo que volveremos en el Capítulo III, estos estudios abrieron el camino a un nuevo ámbito de investigación cuya pujanza ha ido creciendo a lo largo de la última década, a partir sobre todo de los trabajos de Arthur Reber (1993): el estudio del aprendizaje implícito.

## Cuando sabemos más de lo que podemos decir: El aprendizaje implícito

El término "aprendizaje implícito" fue acuñado por Reber en su Tesis Doctoral, realizada en 1967, mediante estudios basados en el aprendizaje de esas "gramáticas artificiales" Lo que hizo Reber (1967), y otros muchos han replicado posteriormente con variantes cada vez más complejas, fue enfrentar a los sujetos experimentales a serie de letras, que debían memorizar, sin informarles que esas series respondían a ciertas reglas "gramaticales" implícitas de carácter arbitrario. Posteriormente, los sujetos experimentales, a diferencia de los sujetos de control que habían sido enfrentados a series aleatorias, eran capaces de reconocer la "gramaticalidad" de nuevas series de letras, aunque fueran incapaces de informar sobre las reglas en que estaban basando sus juicios. Según Reber se había producido un aprendizaje implícito o una "adquisición de conocimiento que tiene lugar en gran medida con independencia de los intentos conscientes por aprender y en ausencia de conocimiento explícito sobre lo que se adquiere" (Reber 1993, pág. 5).

Estos experimentos se basan en la lógica de la disociación entre el aprendizaje implícito y explícito, es decir, en demostrar que puede producirse aprendizaje sin que puedan explicitarse los contenidos del mismo, para lo cual se necesitan dos tipos de medidas, una más directa o explícita y otra más indirecta, o implícita. Al contrario de lo que mostraron Nisbet y Wilson (1977) en aquella célebre investigación que puso en duda el acceso consciente a las propias representaciones, donde los sujetos "informaban más de lo que sabían", en los estudios de aprendizaje implícito las personas tendemos a "saber más de lo que informamos". Aunque no haya una medida única de ese acceso consciente, un punto exacto en el continuo de la explicitación en el que podamos situar el "umbral de conciencia", los datos son abrumadores y contundentes: las personas adquirimos representaciones de las que en un buen número de casos no podemos informar. Así, otras muchas investigaciones posteriores han mostrado cómo las personas podemos adquirir de modo implícito, sin ser conscientes de haberlas aprendido, no sólo esas "gramáticas artificiales" (o reglas sintácticas para conectar símbolos

sin significado) sino también secuencias de acción, control de sistemas complejos y covariaciones de rasgos (ver por ej. las recopilaciones de BERRY, 1997;
FRENCH y CLEEREMANS, 2002; STADLER y FRENSCH, 1998). Pero ello sucede no sólo
en las situaciones experimentales de aprendizaje implícito, sino en muchos contextos cotidianos, lo que da mayor relevancia al concepto de aprendizaje implícito. Como veremos en apartados posteriores, todos los organismos disponemos
de representaciones implícitas desde las que interactuamos con el mundo, y que
son en parte consecuencia de la detección de regularidades en el ambiente
mediante mecanismos de aprendizaje asociativo similares a los estudiados en
estas situaciones de aprendizaje implícito (KEIL y SILBERSTEIN, 1996; POZO, 1996a;
POZO y cols., 1992).

Tras tantos años estudiando supuestamente los procesos y representaciones
explícitas, la psicología cognitiva descubre de pronto en su propio inconsciente el
sistema más primario desde el que se construyen el resto de sistemas. De hecho,
según REBER (1993) nos encontraríamos ante un proceso de aprendizaje básico
que compartirían prácticamente todos los seres vivos en su necesidad de detectar regularidades en el ambiente. REBER (1993) sitúa el aprendizaje implícito en
una perspectiva evolucionista según la cual sería un sistema *primario,* con respecto al aprendizaje explícito, que se caracterizaría por ser:

a) *Más antiguo en la filogénesis*, ya que sería un dispositivo de aprendizaje
   común para la detección de covariaciones en el ambiente, que daría cuenta no sólo de la adquisición de gramáticas artificiales, y más en general,
   de la inducción de reglas en el aprendizaje humano, sino de las formas
   elementales del aprendizaje asociativo y el condicionamiento en todas las
   especies.

b) *Más antiguo en la ontogénesis*, ya que surgiría antes que el aprendizaje
   explícito, en la medida en que los bebés ya detectan regularidades en su
   ambiente de las que, sin embargo, no son conscientes.

c) *Independiente de la edad y del desarrollo cognitivo*, ya que su funcionamiento no dependería de la adquisición de otras funciones cognitivas posteriores.

d) *Independiente de la cultura y de la instrucción*, ya que sería un sistema universal en el que apenas se observarían tampoco diferencias individuales.

e) *Más robusto* que el sistema cognitivo explícito, ya que se preservaría allí
   donde las funciones cognitivas explícitas se ven alteradas o deterioradas
   por lesiones o disfunciones cognitivas permanentes o temporales (amne-
   sias, Alzheimer, estados de anestesia, etc.).

f) *Más duradero* en sus efectos que el aprendizaje explícito y menos susceptible de interferencia con otras tareas.

g) *Más económico* desde el punto de vista cognitivo, o energético, ya que su
   funcionamiento se preserva en condiciones que alteran el funcionamiento
   del sistema cognitivo explícito (enmascaramiento de estímulos, fatiga,
   escasez de recursos atencionales, atención dividida, ausencia de motivación o intención de aprender).

Aunque no todos estos rasgos han sido estudiados experimentalmente en detalle, los datos de las investigaciones sobre aprendizaje implícito confirman en

términos generales esta caracterización (por ej., BUCHNER y WIPPICH, 1998; DIE-NES y BERRY, 1997; O'BRIEN-MALONE y MAYBERY, 1998), mostrando que es un fenómeno experimental es muy robusto. De hecho, los estudios sobre aprendizaje implícito, al igual que sucede con otros procesos cognitivos implícitos, parecen confirmar que no sólo hay una *disociación* entre los procesos explícitos y los implícitos, sino, más allá de ella, esa *primacía evolutiva* y funcional del sistema cognitivo implícito con respecto al explícito, defendida por REBER (1993). Así, los datos obtenidos mediante pacientes con daños localizados en la corteza cerebral muestran que estas lesiones que alteran los aprendizajes explícitos tienden sin embargo a preservar el aprendizaje implícito (por ej., SCHACTER, 1996; SQUIRE y FRANBACH, 1990). Los estudios basados en técnicas de neuroimagen también avalan la diferenciación entre ambos sistemas de aprendizaje. Así identifican por un lado un sistema de representaciones implícitas, vinculado a estructuras más antiguas y primitivas, pero también más robustas, que EDELMAN y TONONI (2000) denominan los "apéndices corticales", que incluirían los ganglios basales o el tálamo (BAYNES y GAZZANIGA, 2000; Hikosaka y cols., 2000; LIEBERMAN, 2000). Y, por otro lado, habrá un sistema de representaciones explícitas, o conocimiento propiamente dicho, vinculado esencialmente al funcionamiento de los lóbulos frontales, los "órganos cerebrales" más recientes en la evolución, los más específicamente humanos y por tanto los más sofisticados, pero también los más vulnerables (DEHAENE y NACCACHE, 2001; GOLDBERG, 2001; REVONSUO y ROSETTI, 2000a).

La primacía de lo implícito se ve apoyada también por las investigaciones recientes sobre la filogénesis de la mente, que, como veremos en el Capítulo V, conciben su evolución como un proceso de construcción paulatina de la conciencia, de explicitación progresiva y acceso gradual al conocimiento desde representaciones inicialmente implícitas (CARRUTHERS y CHAMBERLAIN, 2000a; DONALD, 1991, 2001; MITHEN, 1996; SPERBER, 2000). También es coherente con los datos de las propias investigaciones evolutivas, que muestran la existencia de aprendizajes implícitos en bebés y niños que aún no pueden informar de lo que aprenden (THELEN y cols., 2001) Por la misma lógica, podríamos afirmar que la inmensa mayoría, si no la totalidad, de los aprendizajes animales tienen, según esta distinción, una naturaleza implícita, en la medida en que se producen sin una capacidad para explicitar los aprendizajes obtenidos.

Estos estudios sobre el aprendizaje implícito están, no obstante, sujetos a numerosas controversias metodológicas y teóricas (véanse DIENES y BERRY, 1997; STADLER, 1997), la más importante de las cuales es establecer el "umbral de conciencia" que separa a las medidas explícitas de las implícitas, ya que por definición el aprendizaje implícito se mide "en negativo", como un aprendizaje *sin* conciencia, por lo que nunca puede haber pruebas positivas de que se ha producido (siempre podría ser que hubiera algún tipo de conciencia aunque el sujeto no pudiera informar de ella.... o que nosotros no fuéramos capaces de interpretarla correctamente, como puede ser el caso de los bebés, los primates, o incluso las palomas de SKINNER, aunque en estas últimas, la verdad, parece poco probable).

Todos estos efectos, en conjunto, hacen del sistema de aprendizaje implícito un mecanismo especialmente eficaz para generar representaciones estables, duraderas y generalizables del entorno, un rasgo esencial de todo buen aprendizaje (POZO, 1996a), con la ventaja añadida de hacerlo con muy escaso coste cognitivo, dada la economía de recursos del sistema y su independencia de las interferencias de otros sistemas y funciones cognitivas. De hecho, tal como lo define REBER (1993), el sistema de aprendizaje implícito tendría casi todos los rasgos de los sistemas modulares fodorianos —encapsulamiento, automaticidad y compulsividad en su funcionamiento, dependencia del estímulo— con la excepción de que los procesos de aprendizaje implícito no son específicos de dominio, sino al contrario son mecanismos de carácter general, multipropósito.

Lo que REBER propone, y la investigación en lo esencial ha confirmado, es en suma un sistema de aprendizaje asociativo e implícito que sería previo, en la ontogénesis y la filogénesis, pero también en el funcionamiento natural de la mente, al aprendizaje explícito. O, en sus palabras, *"la conciencia es una aparición tardía en el escenario evolutivo. Las sofisticadas funciones cognitivas y perceptivas inconscientes preceden a esa aparición por un amplio margen"* (REBER, 1993, pág. 86), con lo que en relación con el aprendizaje podemos asumir que *"los procesos estudiados bajo la etiqueta del aprendizaje implícito, que operan con independencia de la conciencia, son más primitivos y básicos que los que dependen, en alguna medida, de la conciencia y del control consciente"* (REBER, 1993, pág. 7). De hecho, vemos que esos procesos de aprendizaje implícito serían básicamente las formas tradicionales del aprendizaje asociativo, que hemos reconocido ya en el apartado anterior como sistemas filogenéticamente muy antiguos, esas formas de aprendizaje animal que no nos son ajenas. Lo que esta propuesta añade es la tardía aparición de la conciencia en el escenario de la evolución, tanto filogenética como ontogenética, de forma que esos procesos asociativos son *funcionalmente independientes* de la experiencia consciente, que sería lo que, en su caso, se añadiría en el aprendizaje humano.

De hecho, ese es el supuesto básico de la propuesta inicial de REBER (1993), el que, en mi opinión, la hace realmente atractiva: la existencia de un mecanismo de aprendizaje básico desde el punto de vista evolutivo que permite, de forma económica, detectar regularidades en el ambiente sin necesidad de ejercer funciones conscientes, un proceso que se preservaría en el caso de los sistemas cognitivos más complejos, como la mente humana, pero se integraría en el funcionamiento de nuevos procesos conscientes, que generarían nuevas formas de aprender. Pero es aquí donde surge la principal debilidad de estas investigaciones, que se limitan a *acreditar* el fenómeno del aprendizaje implícito sin, en general, elaborar un modelo de cómo su integración en las funciones conscientes puede afectar progresivamente a ese sistema implícito (POZO, 2003a).

## Si me necesitas, silba: La explicitación del conocimiento

Es sin duda en el análisis de los procesos de aprendizaje explícito donde más débil resulta el modelo de REBER (1993) y en general las teorías del aprendizaje implícito (por ej., FRENCH y CLEEREMANS, 2002; FROUFE, 1996; O'BRIEN-MALONE y MAYBERY, 1998; STADLER y FRENSCH, 1998). No es exagerado afirmar que en los estudios sobre el aprendizaje implícito se carece de una teoría del aprendizaje explícito, o, si se quiere, de las funciones conscientes en el aprendizaje (para una excepción véanse por ej., CLEEREMANS y JIMÉNEZ, 2002; DIENES y PERNER, 1999, 2002). Para estas teorías, el aprendizaje explícito parece basarse en los mismos procesos que el aprendizaje implícito, pero hechos conscientes, con lo que la aportación de la conciencia al funcionamiento cognitivo es irrelevante: *"no hay razón para asumir que los sistemas implícito y explícito sean funcionalmente distintos"* (REBER, 1993, pág. 50). La diferencia entre las formas más complejas de aprendizaje, de carácter explícito, y las formas más elementales, de naturaleza implícita, es únicamente de grado, no cualitativa: *"no hay necesidad de introducir ningún mecanismo diferente para la adquisición cuando nos fijamos en los principios fundamentales del aprendizaje a lo largo de toda la escala filogenética. Las capacidades de los humanos, sin duda más sofisticadas en comparación con especies más primitivas, se explicarían en función de la capacidad para codificar covariaciones con contingencias menores y más complejas y con propiedades estadísticas predictivas más débiles"* (REBER, 1993, pág. 105).

Según esta idea, la introducción de instrucciones explícitas en una tarea de aprendizaje únicamente sirve para orientar la atención sobre las regularidades más relevantes del complejo estimular, de modo que los procesos explícitos no añaden en realidad nada específico al aprendizaje, que una vez más quedaría reducido a esos procesos de detección de covariaciones, que eso sí, en los humanos tendrían una mayor potencia computacional. O sea que las diferencias en el aprendizaje entre el *Homo discens* y otros animales serían similares a la que hay entre un Pentium IV y un Pentium II: aumenta la velocidad de procesamiento, las prestaciones cognitivas, y con ellas, sin duda, los programas que pueden correr en el sistema, pero se trata básicamente del mismo dispositivo de procesamiento, únicamente aumentado o actualizado. De ser así, todo el aparato cognitivo necesario para adquirir conocimientos expertos en dominios específicos quedaría reducido a esos mecanismos asociativos implícitos. Nos encontramos una vez más con los principios clásicos del asociacionismo (POZO, 1989): la equipotencialidad (todo se aprende igual, con independencia de su contenido) y la correspondencia (el resultado del aprendizaje es una copia de la estructura del mundo), aunque este último matizado, ya que el "conocimiento tácito" adquirido implícitamente *"es un isomorfismo parcial, razonablemente verídico de las pautas estructurales de invarianzas relacionales que muestra el ambiente"* (REBER, 1993, página 64).

Aunque tal vez no todos los autores estén de acuerdo en que haya un solo proceso de aprendizaje implícito (por ej., SEGER, 1998) o incluso en la propia idea de que existe el aprendizaje implícito o inconsciente (por ej., PERRUCHET y VINTER, 1998, 2002; SHANKS y ST. JOHN, 1994), llama poderosamente la atención la escasa articulación teórica de los procesos de aprendizaje explícito en estas teorías sobre el aprendizaje implícito. Se trata de una polaridad ciertamente desequilibrada, ya que, incluso en un manual como el STADLER y FRENSCH (1998) que reúne a los investigadores más relevantes del área, apenas hay entradas, en el índice temático, bajo el epígrafe "aprendizaje explícito", y las que aparecen apenas son relevantes. Se asume, como señalaba anteriormente, que el aprendizaje explícito no es sino "aprendizaje implícito con conciencia", pero donde esa conciencia de lo aprendido, como es tradición en la psicología cognitiva reciente (por ej., DONALD, 2001; POZO, 2003b), no es un proceso —en este caso no es un proceso de *aprendizaje*— que modifique cualitativamente el funcionamiento de otros procesos, sino sólo un epifenómeno o, por recordar la metáfora usada en su momento por William JAMES (1890), la espuma de los procesos cognitivos. La diferencia entre el aprendizaje implícito y el explícito estaría sólo en el acceso, consciente o no, a los productos del aprendizaje, en que se asignara atención o recursos cognitivos a esos resultados (por ej., CLEEREMANS y JIMÉNEZ, 2002) pero no en la naturaleza cognitiva del propio *proceso* de aprender.

Esta es una idea que en realidad la psicología científica ha heredado de la propia tradición de la ciencia mecanicista en la que se inscribe. Hace poco más de un siglo HUXLEY ya sostenía, como muestra el texto que abre este capítulo, que las funciones conscientes, de acuerdo con esta idea, son *sólo* un efecto de los mecanismos mentales. Según hemos visto, para REBER (1993) son de hecho un efecto de los cómputos realizados sobre las contingencias, que, si acaso, se vuelven más potentes y discriminativos al hacerse conscientes. La conciencia, en cuanto explicitación, no se concibe como una posible causa, a su vez, del funcionamiento de esos mismos mecanismos. Es simplemente el silbido de la mente, el ruido que hace la mente al funcionar. Nada que merezca ser estudiado. Pero si la materia llegó a organizarse, en el curso de su evolución orgánica, de forma tal que produjo esos efectos subjetivos de la conciencia, cabe pensar que estos tengan alguna función en la propia organización de esa materia, deben de tener, por decirlo con la contundencia de CAIRNS-SMITH (1996), un efecto físico sobre ella. O, como dice LEWONTIN (2000), la célebre invitación de Lauren Bacall a Humphrey Bogart en *Tener y no tener* ("si me necesitas, silba") no serviría de mucho en esa locomotora cognitiva, esa máquina de computar imaginada por el asociacionismo cognitivo.

Frente a esta idea que reduce todas las formas de aprendizaje a cómputos de covariaciones, sean implícitas, es decir automáticas, o explícitas, dirigidas por otros procesos cognitivos, hay otro enfoque del aprendizaje bien alejado de esta tradición asociacionista que mantiene que los procesos conscientes, o metacognitivos, tienen como función esencial reorganizar las representaciones previas (KARMILOFF-SMITH, 1992; MARTÍ, 1995; MATEOS, 2001; MORENO, 1989). En suma, podríamos decir que los procesos de aprendizaje explícito tienen una función constructiva, ya que producen nuevas formas de aprendizaje *por reestructuración* (POZO, 1989, 1996a) que no serían posibles sin la explicitación de los aprendizajes anteriores. Según esta idea, explicitar una representación no es encender la luz en una habitación oscura, sino dotarla de un *nuevo significado* en la medida en que, más allá de su estructura asociativa previa, se relaciona explícitamente con otras representaciones, generando nuevas estructuras conceptuales que le proporcionen ese nuevo significado. Siguiendo a DIENES y PERNER (1999), podemos decir que conocer es hacer explícita una representación y por tanto que *sólo hay conocimiento en la medida en que se explicitan algunos componentes de una representación*. Aunque en el Capítulo V analizaré en mayor detalle esta distinción entre representación y conocimiento (ver también POZO, 2001), podemos por ahora asumir que las formas explícitas de aprendizaje, esas que supuestamente nos diferencian de otros aprendizajes animales, generan un nuevo producto cognitivo específicamente humano, *el conocimiento*, y que la adquisición de ese nuevo producto cognitivo requiere también nuevos procesos, ahora ya específicamente humanos, de aprendizaje.

Ese proceso evolutivo de explicitación, como veremos en el Capítulo V, hace posible a su vez una independencia cognitiva creciente con respecto al medio físico y social, o, si se prefiere, con respecto a las regularidades implícitamente detectadas en ese medio, para lo que se requiere disponer de nuevos formatos y sistemas de representación cultural, sistemas *por medio de los cuales se explicitan* esas representaciones en forma de conocimiento, desde las acciones y los códigos miméticos, al lenguaje oral y las memorias culturales externas (DONALD, 1991). Por tanto, esa explicitación de lo aprendido cuando da lugar a esa reestructuración, suele implicar una *doble reconstrucción*, la de esas representaciones culturales, externas, que deben redescribirse en representaciones mentales, internas, y la de las representaciones implícitas que, por la mediación de esos sistemas culturales, se redescriben en representaciones explícitas (POZO, 2001). Para que una representación se haga explícita es necesario traducirla a otro código distinto, por lo que la explicitación, y con ella el aprendizaje consciente, requiere de la mediación cultural de sistemas de representación crecientemente complejos (POZO, 2001, ver también más adelante el Capítulo V).

Pero esos nuevos procesos de aprendizaje explícito, o de *adquisición de conocimiento* propiamente dichos no sólo se diferencian de las formas de aprendizaje implícito, sino que, de acuerdo con el principio de primacía enunciado por REBER (1993), deben apoyarse en esas formas más simples, de modo que la adquisición de conocimiento no puede separarse o *disociarse* de los mecanismos de aprendizaje implícito en los que tiene su origen. Además, esos procesos explícitos de adquisición de conocimiento deben cumplir una función cognitiva nueva de reconstrucción de los resultados del aprendizaje implícito. En este sentido, podemos asumir con KARMILOFF-SMITH (1992) que el aprendizaje explícito es un proceso de *redescripción representacional* de nuestros aprendizajes implícitos previos. De esta forma, de acuerdo con los modelos de estratificación jerárquica de sistemas (LORENZ, 1996; MESAROVIK, MACKO y TAKAHARA, 1980; POZO, 2001; ROSA, HUERTAS y BLANCO, 1993), el sistema de aprendizaje explícito estaría restringido por el funcionamiento del sistema de aprendizaje implícito, pero al mismo tiempo la explicitación tendría como función la reestructuración de las representaciones implícitas previas.

El viaje que iniciamos al comienzo de este capítulo en busca del *homo discens*, de las formas específicas del aprendizaje humano, que nos diferencian de otros sistemas de aprendizaje más elementales, nos ha conducido finalmente a la necesidad de integrar ambas formas de aprendizaje en un sistema compuesto por distintos niveles jerárquicos. Frente a la tradición de *disociar* esas formas de aprender, que está en el origen, teórico y metodológico, de la diferenciación entre aprendizaje implícito y explícito, para comprender los procesos de adquisición de conocimiento debemos optar más bien por integrar esas distintas formas de aprendizaje en una jerarquía de sistemas o niveles de aprendizaje (POZO, 1989, 1996a, 2001).

## La adquisición de conocimiento: Una jerarquía de niveles de aprendizaje

Según el argumento hasta ahora desarrollado, la selección natural ha dispuesto que los organismos que nos movemos en este mundo de apariencia tridimensional, dotado de atmósfera y gravedad, tengamos un sistema de aprendizaje implícito, consistente en procesos de cómputo para la detección de las regularidades. Los organismos podemos así desarrollar una conducta más adaptativa ante las variaciones ambientales, optimizando las probabilidades de supervivencia. Aunque es probable que ese sistema de aprendizaje implícito no tenga los mismos componentes o procesos en todos esos organismos, sino que vaya aumentando en complejidad y sensibilidad computacional a medida que los ambientes en que se mueven esos organismos se hagan más complejos, es decir más variables, su naturaleza básica seguramente permanece estable a lo largo de esa evolución filogenética (PAPINI, 2002; REBER, 1993). Ese sistema de aprendizaje implícito permite generar representaciones implícitas que tienen una función adaptativa de predicción y control de esos cambios ambientales. Pero no permite generar conocimiento, ya que el conocimiento implica hacer explícito el contenido de las representaciones, lo que requiere procesos cognitivos explícitos o conscientes, cuya aparición evolutiva es muy reciente, ya que casi con certeza son específicos de la mente humana, o como máximo parcialmente compartidos con algunos otros primates (por ej., CARRUTHERS y CHAMBERLAIN, 2000a; DONALD, 1991, 2001; MITHEN, 1996; POVINELLI, BERING y GIAMBRONE, 2000; SPERBER, 2000). Los procesos de aprendizaje explícito serían por tanto posteriores evolutiva y funcionalmente al sistema de aprendizaje implícito, en el que se apoyarían, pero al mismo tiempo permitirían reestructurar el funcionamiento de ese sistema más primario.

Pero, para ello, se necesitan no sólo procesos cognitivos individuales sino también la mediación de sistemas culturales de representación y conocimiento que hagan posible la *redescripción representacional* de los aprendizajes implícitamente adquiridos. La mente humana, a diferencia de lo que sucede con otras especies, se construye o desarrolla en un contexto de acumulación cultural de conocimientos, que permite lo que TOMASELLO, KRUGER y RATNER (1993) han denominado el *efecto ratchet* —o efecto "engranaje"— de forma que los conocimientos acumulados por una generación se apoyan, como ruedas en un engranaje, en los conocimientos culturales anteriores, produciendo un efecto multiplicador. Ello permite, como defienden algunos autores (por ej., CLARK, 1997, 2001; DRAAISMA, 1995; WILSON, 2000), que la mente explícita sea una *mente extendida,* dotada de verdaderos amplificadores cognitivos, conocimientos que están ahí fuera y que amplían las posibilidades cognitivas de la mente. Pero más allá de esas *prótesis cognitivas,* la adquisición del conocimiento culturalmente acumulado requerirá el dominio de nuevos sistemas explícitos de representación, sobre los que se constituye en buena parte esa cultura y que de hecho *formatean* la cultura y, con ella, la propia mente. La interiorización de esos nuevos sistemas de representación explícita (o conocimiento) hará posible así una reestructuración de la propia mente, mediante la adquisición no sólo de nuevos conocimientos sino también de nuevos procesos cognitivos que generarán nuevas formas de representar el mundo; y, con ellas, nuevos mundos mentales desde los que reconstruir la propia mente a la vez que se reconstruye la cultura.

Este planteamiento de una interdependencia asimétrica, o jerárquica, entre los niveles de aprendizaje implícito y explícito supone un rechazo de cualquier posición reduccionista, tanto del clásico reduccionismo empirista según el cual todas las formas de aprendizaje pueden reducirse al establecimiento de asociaciones entre elementos (ésa es, por ejemplo, la posición de REBER, 1993, según acabamos de ver, y también la de la mayor parte de los investigadores en aprendizaje implícito), como el más sutil reduccionismo constructivista según el cual todas las formas de verdadero aprendizaje implican un cambio de las estructuras cognitivas (POZO, 1996b). De hecho, podríamos interpretar esta jerarquía de niveles de aprendizaje en términos de lo que MESAROVIC, MACKO y TAKAHARA (1980) denominan *jerarquías estratificadas* dentro de un sistema de niveles de análisis (ver también ROSA, HUERTAS y BLANCO, 1993). Estas jerarquías se caracterizan no sólo por establecer diferentes niveles, o estratos, de análisis de un problema, con marcos conceptuales propios y funciones epistémicas diferentes, sino sobre todo porque, en cada nivel, el funcionamiento del sistema está restringido por la operación de los niveles inferiores, por lo que deben ser compatibles con las leyes que rigen en esos niveles más elementales. En palabras de ROSA, BELLELLI y BAKHURST (2000b, págs 53-54), "*la misma acción puede ser descrita desde el punto de vista de cada uno de los niveles de análisis, de manera que desde cada uno de ellos se describan fenómenos y prediquen sistemas explicativos diferentes que deban ser tenidos en cuenta desde los niveles adyacentes... las operaciones que se describen desde cada nivel de análisis señalan los límites de las condiciones de posibilidad para las operaciones del nivel inmediatamente supraordenado, mientras que las operaciones que se llevan a cabo en los supraordenados actualizan algunas de las posibilidades de cambio de los infraordenados*". Por ejemplo, el funcionamiento de cualquiera de los sistemas biológicos que componen un organismo debe ser compatible con las leyes físicas y químicas que rigen las interacciones entre sus componentes materiales, pero el propio organismo como tal no puede reducirse, o explicarse sólo, en términos de esas interacciones físicas y químicas. La verdadera comprensión o significado de esos niveles inferiores dentro de un sistema (por ej., un organismo) sólo se puede obtener de los análisis más molares de los niveles superiores. En otras palabras, cuanto más *descendemos* en el análisis, obtenemos una descripción más detallada del sistema, y cuanto más *ascendemos* en esos niveles, mayor será la comprensión o explicación que tengamos de su funcionamiento. Esta naturaleza jerárquica e integradora de los sistemas de representación en la mente humana es, en realidad, similar a la que se produce entre otros sistemas biológicos o complejos (DAWKINS, 1976b; LORENZ, 1996; SIMON, 1962).

De alguna manera, el resto de capítulos que componen esta Primera Parte están dedicados a justificar las relaciones jerárquicas, de interdependencia asimétrica, entre los sistemas de aprendizaje implícito y explícito, intentando mostrar que la adquisición de conocimiento no puede en ningún caso reducirse a los clásicos modelos de aprendizaje asociativo, centrados en la detección de regularidades en el ambiente, pero que tampoco puede entenderse sin ellos, sino que es precisamente en la integración entre ambos niveles, en las restricciones que el sistema implícito impone al conocimiento explícito y en la redescripción de las representaciones implícitas por procesos de explicitación, donde podemos empezar a encontrar la llave que abra el enigma. Como muchos de nosotros oímos decir en alguna ocasión a Ángel RIVIÈRE, refiriéndose las más de las veces a la aportación del procesamiento de información para la comprensión de la mente humana, "ni contigo ni sin ti tienen mis males remedio". Ni (sólo) con el aprendizaje asociativo ni sin él podemos entender la adquisición de conocimiento. Por tanto, debemos comenzar nuestro viaje de ida y vuelta a través de estos distintos niveles de análisis del aprendizaje y, para ello, nada mejor que preguntarnos por el objeto del aprendizaje en cada uno de esos niveles, desde la conducta a la información y la representación, para llegar al conocimiento, ya que esto nos permitirá entender la diferente naturaleza de las teorías psicológicas que pueden explicar la adquisición de esos diferentes "objetos" de aprendizaje.

# PRIMERA PARTE

# Niveles de análisis en la adquisición de conocimiento

INTRODUCCIÓN

# Las monedas del intercambio cognitivo

En el capítulo anterior hemos visto que aprender es "una *función biológica* desarrollada en los seres vivos de una cierta complejidad, que implica producir cambios en el organismo para responder a los cambios ambientales relevantes, conservando esos cambios internos para futuras interacciones con el ambiente, lo que exige disponer también de diferentes sistemas de memoria o representación de complejidad creciente". ¿Pero en qué consisten esos cambios? ¿Qué es lo que cambia con el aprendizaje? ¿Es lo mismo lo que cambia en todos los organismos que aprenden? Más concretamente, ¿los cambios producidos por la adquisición de conocimiento tienen la misma naturaleza y se rigen por los mismos procesos que rigen otros cambios aprendidos? En el capítulo anterior me he ido refiriendo en diferentes momentos a los cambios producidos por el aprendizaje en términos de nuevas *conductas*, de adquisición de *información*, de modificación de *representaciones* o de adquisición de *conocimiento*. ¿Es lo mismo lo que cambia en todas estas situaciones?, ¿es lo mismo lo que se aprende? En otras palabras, ¿podemos hacer equivalentes, desde el punto de vista psicológico, cada uno de esos conceptos que acabo de destacar, las conductas, la información, las representaciones y el conocimiento? ¿O es preciso hacer distinciones importantes entre ellos tanto desde el punto de vista de su naturaleza psicológica como de los procesos de aprendizaje implicados en su adquisición?

Como ya avancé en el capítulo anterior, en mi opinión la adquisición de conocimiento es un rasgo psicológico que identifica al *homo discens* frente a otros sistemas que aprenden, por lo que el conocimiento como resultado del aprendizaje sería también un logro *específica/mente* humano (Pozo, 2001, 2003b). Para demostrarlo será necesario diferenciar el conocimiento de otras entidades psicológicas, como la conducta, la información o la representación. Sin embargo, en la psicología reciente estos términos se utilizan en general de forma indistinta y posiblemente equívoca. Mientras que centrar el aprendizaje en cambios de conducta suele servir para diferenciar el aprendizaje conductual del cognitivo, en este último se usan indistintamente información, representación y conocimiento, como si fueran el mismo tipo de monedas de cambio cognitivo (Pozo, 2001). Así, en su

*Dictionary of Psychology*, REBER (1995, pág. 401) define el conocimiento como "*el cuerpo de información poseído por una persona o, por extensión, por un grupo de personas o una cultura*". ¿Pero el conocimiento es sólo información acumulada? ¿Puede reducirse el conocimiento a información y, por tanto, explicarse la adquisición de conocimiento en términos de procesamiento de información tal como asume la psicología cognitiva al uso? Se habla también indistintamente de representaciones o conocimientos declarativos o procedimentales y se atribuyen estos no sólo a las personas, sino a los sistemas artificiales de cómputo. Es significativo que uno de los ámbitos en los que más se investiga la "adquisición de conocimiento" o la "organización del conocimiento" últimamente sea la inteligencia artificial. ¿Pero puede tener un sistema artificial de cómputo, en suma una calculadora, por sofisticada que sea, representaciones y más aún conocimiento? ¿Es lo mismo tener una representación que tener conocimiento? ¿Es posible tener representaciones sin conocimiento? Y más allá aún, ¿pueden atribuirse representaciones y conocimiento a otros animales, como las palomas o incluso los insectos?

Eminentes científicos están convencidos de ello: "*Los seres vivos venimos al mundo dotados de grandes conocimientos en ciencias naturales. Esta sabiduría es casi enciclopédica en el caso de los animales que nos son más próximos en nuestra vida cotidiana: aves y mamíferos... Saben perfectamente qué cosas deben comer y cuáles no. Son capaces de reconocer a los miembros de su especie de entre los demás animales... Muchos animales son capaces de emigrar a lugares situados a enormes distancias, y conocen tanto el camino a seguir como el momento de emprender el viaje. Hay aves que demuestran grandes conocimientos de arquitectura en la construcción de sus nidos y las arañas podrían impartir cursos sobre el arte de tejer*" (MARTÍNEZ y ARSUAGA, 2002, pág. 115). De hecho, según los mismos autores, incluso organismos sin sistema cognitivo alguno tendrían estos conocimientos innatos: "*Podría parecer que los microbios no pueden incluirse entre los seres vivos con **conocimientos**, pero esto no es así. También ellos distinguen lo que es el alimento de lo que no es, o reconocen perfectamente qué región de su entorno es más favorable para la vida*" (MARTÍNEZ y ARSUAGA, 2002, pág. 116, énfasis de los autores)

Sin duda, estas figuras tienen, en una obra de divulgación científica, un carácter retórico que, de hecho, los propios autores matizan al señalar que ese conocimiento animal es diferente del humano puesto que no implica verdadera comprensión. Pero la idea de que cualquier conducta adaptativa implica conocimiento está de hecho muy extendida, no sólo en la "psicología popular" (no conozco a nadie que tenga en casa un animal doméstico, no humano se entiende, que no le atribuya conocimientos sofisticados, tanto físicos como sociales) sino también entre los propios científicos (MARTÍNEZ y ARSUAGA, 2002; RIEDL, 1981). ¿Pero realmente tienen conocimiento los perros y los gatos domésticos? ¿Y las arañas, las cucarachas o las cigüeñas? ¿Si lo tienen, en qué se diferencia psicológicamente del conocimiento humano? Y si no lo tienen, ¿por qué no lo tienen? ¿Y qué relación hay entre la capacidad de conocer y los sistemas de aprendizaje con que está dotada cada especie? Y, ya que estamos, ¿implica siempre el conocimiento humano comprensión? ¿O hay formas de conocimiento humano que no difieren, en el sentido de MARTÍNEZ y ARSUAGA (2002), del *conocimiento* de las aves o las arañas?

Aunque la atribución de representaciones o conocimiento a diferentes especies y comportamientos puede parecer una cuestión terminológica relativamente arbitraria, en mi opinión no lo es, ya que refleja concepciones más profundas sobre la naturaleza del conocimiento y su adquisición y, en suma, sobre su función adaptativa y su origen. Creo que las conductas, la información, las representaciones y el conocimiento son unidades de análisis distintas que se corresponden con diferentes enfoques del aprendizaje, o si se prefiere, siguiendo con la hipótesis de integración jerárquica defendida en el primer capítulo, con diferentes niveles de análisis de la adquisición de conocimiento (Pozo, 2001). Por ello, la Primera Parte del libro estará dedicada a analizar estos cuatro niveles de análisis en otros tantos capítulos (del II al V), discutiendo los supuestos que subyacen a cada uno de ellos así como las consecuencias teóricas de su adopción para el estudio de la adquisición de conocimiento. Para diferenciar más claramente estos distintos niveles (conductual, informacional, representacional y de conocimiento) será necesario detenernos en todos ellos, si bien, en el marco de la psicología cognitiva, son los tres últimos niveles los que resulta más relevante diferenciar, por lo que el análisis será más extenso o detallado a medida que nos acercamos a nuestro objeto de estudio, el conocimiento humano, del que trata específicamente el Capítulo V.

**CAPÍTULO II**

# El aprendizaje como adquisición de conductas

_En aquel tiempo, el mundo de los espejos y el mundo de los hombres no estaban, como ahora, incomunicados. Eran, además, muy diversos; no coincidían ni los seres ni los colores ni las formas. Ambos reinos, el especular y el humano vivían en paz; se entraba y se salía de los espejos. Una noche, la gente del espejo invadió la tierra. Su fuerza era grande, pero al cabo de sangrientas batallas las artes mágicas del Emperador Amarillo prevalecieron. Este rechazó a los invasores, los encarceló en los espejos y les impuso la tarea de repetir, como en una especie de sueño, todos los actos de los hombres. Los privó de su fuerza y de su figura y los redujo a meros reflejos serviles. Un día, sin embargo, sacudirán ese letargo mágico._

_El primero que despertará será el Pez. En el fondo del espejo percibiremos una línea muy tenue y el color de esta línea será un color no parecido a ningún otro. Después, irán despertando las otras formas. Gradualmente diferirán de nosotros, gradualmente no nos imitarán. Romperán las barreras de vidrio o de metal y esta vez no serán vencidas._

Jorge Luis BORGES: Animales de los espejos.
_El libro de los seres imaginarios_, 1967.

El aprendizaje ha sido, por tradición, el estudio de la adquisición y el cambio de conductas. Aunque hoy en día, como veíamos en el primer capítulo, se asume que incluso las palomas y las ratas procesan información y activan representaciones cuando resuelven las tareas que les plantean los psicólogos experimentales (por ej., AGUADO, 1990; ROITBLAT y MEYER, 1995), aprendizaje sigue siendo sinónimo de conducta en muchos ámbitos de la psicología, si no académica, al menos profesional. ¿Pero qué quiere decir que lo que se adquiere o se modifica con el aprendizaje son _conductas_? Dejando a un lado cualquier consideración sobre la génesis histórica del conductismo en psicología, que merecería un análisis que aquí no puede hacerse (véase, por ej., BOAKES, 1984; CAPARRÓS, 1980; LOGUE, 1985), su propósito de hacer una ciencia "objetiva" de la conducta adoptaba las ciencias físicas no sólo como modelo metodológico sino también teórico.

Nadie expresó mejor este propósito *fisicalista* que el propio SKINNER (1938, pág. 6) cuando definió la conducta como "*el movimiento de un organismo o de sus partes en un marco de referencia proporcionado por el propio organismo o por varios objetos externos o campos de fuerza*". Por tanto, la conducta es movimiento (externo o interno) en respuesta a fuerzas (externas o internas). Y la mejor manera de analizar esa conducta es reduciéndola a parámetros físicos: "*Las variables independientes deben también ser descritas en términos físicos. Con frecuencia se hace un esfuerzo para evitar el trabajo de analizar una situación física adivinando lo que "significa" para un organismo o haciendo una distinción entre el mundo físico y el mundo psicológico de la experiencia... los hechos físicos a los que hay que recurrir para una explicación tal nos proporcionarán el material informativo conveniente para un análisis físico*" (SKINNER, 1953, págs. 60-61 de la trad. cast.).

SKINNER pensaba, como siguen por cierto pensando muchos científicos aún hoy (entre ellos químicos tan eminentes como ATKINS, 1992; o físicos como PEN-ROSE, 1989), que la psicología podría considerarse en cierto modo como una rama de la física, a la que por tanto deberían ser aplicables las leyes físicas que sirven para explicar el funcionamiento de la materia. Más recientemente KILLEEN (1992) ha hecho un esfuerzo notable y sugerente por mostrar cómo las leyes del aprendizaje no son sino una aplicación al ámbito de la conducta (o sea del movimiento de los organismos) de las leyes de la física clásica, en concreto las leyes que rigen el movimiento de los objetos en la mecánica newtoniana (hay también algunos intentos, no menos laboriosos y abstrusos, de mostrar que la mente podría ser explicada por la física moderna, cuántica, por ej., CAIRNS-SMITH, 1996; PENROSE, 1989). Así, para KILLEEN (1992) los estímulos no son sino "configuraciones de energía" que pueden ser medidas mediante parámetros físicos, los impulsos (*drives*), fuerzas que motivan al sujeto (en el sentido literal de moverle hacia las fuentes de energía), siendo la motivación (la fuerza para moverse) una ganancia de energía, de forma que la "fuerza (de un motivo) sería una función inversa de la distancia", con lo que los efectos de contigüidad en el aprendizaje serían análogos de la ley gravitatoria de Newton, según la cual los cuerpos se atraen con una fuerza que es directamente proporcional a sus masas respectivas e inversamente proporcional al cuadrado de la distancia que las separa. De esta forma, según esta concepción fisicalista, la conducta sería el movimiento de los cuerpos (orgánicos) y el aprendizaje sería el cambio en el movimiento de un organismo. Al igual que la física newtoniana asume como objeto de explicación el cambio en la cantidad de movimiento, y no el movimiento en sí mismo, que quedaría reducido a una explicación formal la psicología conductual debe asumir el aprendizaje (el cambio de movimiento) como objeto de estudio, explicable de acuerdo con principios análogos a los de la física clásica.

Aunque obviamente las especulaciones de KILLEEN (1992) no tienen que ser asumidas por todos los estudiosos de la conducta, ni siquiera por todos los conductistas, tras ellas hay un proyecto consistente de intentar reducir el aprendizaje a un fenómeno físico, como muestran claramente las ideas de SKINNER (1953). De hecho, más allá de los intentos de reformular las leyes psicológicas en términos mecánicos, de convertir el aprendizaje en el *espejo* fiel que refleja siempre los cambios energéticos, el mundo, el conductismo asumió dos principios —ya mencionados, de equipotencialidad y correspondencia— que son también una consecuencia del proyecto fisicalista que está en su origen (Pozo, 1989). El conductismo intentó establecer leyes psicológicas basadas en la covariación entre los cambios energéticos que tenían lugar en el ambiente (estímulos) y en el organismo (respuestas). El principio de equipotencialidad sostiene que las leyes psicológicas del aprendizaje se aplican por igual a todos los sujetos psicológicos y en todas las situaciones, del mismo modo que las leyes físicas se aplican por igual a todos los objetos materiales y en todas las situaciones, a todos los intercambios de energía. El principio de correspondencia entre esos cambios viene a ser el equivalente psicológico del principio de conservación de la energía, o Primera Ley de la Termodinámica. Esta Ley es uno de los pilares de la física, y es por tanto de obligado cumplimiento para todos los objetos materiales. Afirma que, en cualquier sistema cerrado, la cantidad total de energía se mantiene constante a través de todos sus intercambios. Así, en un sistema cerrado —como son, en términos psicológicos, las situaciones de laboratorio— la conducta debe ser un reflejo preciso de los cambios estimulares (o en términos de KILLEEN, 1992, la cantidad de movimiento debe corresponderse con las fuerzas actuantes).

No es aquí el lugar para evaluar, desde la perspectiva de la nueva psicología cognitiva, los logros y las debilidades del programa de investigación conductista (ver por ej., BOLLES, 1975; FERNÁNDEZ y LÓPEZ RAMÍREZ, 1990; POZO, 1989), pero en relación con los argumentos que aquí nos interesan, las razones de su declive, al menos en la investigación sobre aprendizaje asociativo y condicionamiento, habría que buscarlas no tanto en la emergencia de un nuevo enfoque cognitivo alternativo como en los datos empíricos obtenidos en las propias investigaciones de condicionamiento animal, que ponían en duda esos principios de equipotencialidad y correspondencia y, en definitiva, rompían el espejo de la física en que quería mirarse la psicología.

## Contra el principio de equipotencialidad o no todo se aprende igual

El principio de equipotencialidad comenzó a ponerse en duda a partir de las célebres investigaciones de GARCÍA y KOELLING (1966) sobre aversiones gustativas, o de los trabajos de BRELAND y BRELAND (1961) sobre la imposibilidad de establecer ciertas asociaciones arbitrarias o caprichosas con diferentes animales. Estos estudios mostraban que no todos los estímulos podían asociarse entre sí con la misma probabilidad y que los animales tenían disposiciones o "preferencias" a establecer ciertas asociaciones, que difícilmente podían ser explicadas en términos de los parámetros físicos presentes en los ambientes experimentales. No era una cuestión de "configuraciones de energía" en el ambiente, ni de fuerzas impulsando el movimiento, sino de que los organismos debían tener, en su dotación genética, otros sistemas psicológicos además de los mecanismos de detección de contingencias, que el propio SKINNER (1974, pág. 47-48 de la trad. cast.) reconocía que estaban genéticamente determinados ("*el condicionamiento operante forma parte de la dotación genética tanto como lo son la ingestión y la gestación*"). Los estudios mostraban que los animales tenían preferencias asociativas que no podían explicarse como fenómenos de condicionamiento o, como sostuvo SELIGMAN (1970), que estaban genéticamente preparados para ciertos aprendizajes más que para otros. Sin embargo, este concepto de "preparatoriedad" biológica no daba cuenta de los mecanismos mediante los que se producían esas preferencias y seguía manteniendo que el aprendizaje se producía mediante procesos asociativos generales, si bien estos se aplicaban preferentemente a aquellos estímulos, o configuraciones de energía, para los que los animales tenían una disposición favorable (AGUADO, 1983; DICKINSON, 1980).

Ha sido la investigación con una orientación más etológica la que ha intentado desentrañar la naturaleza de esos mecanismos específicos de aprendizaje. Desde esta perspectiva, frente al fisicalismo conductista, se asume que el aprendizaje es una forma compleja de adaptación al ambiente producto de una historia evolutiva, de modo que los organismos están *"moldeados por la evolución para hacer posible la obtención de energía y explotar fuentes de energía altamente **específicas**"* (LORENZ, 1996, pág. 1, el énfasis es mío). En este excelente trabajo, LORENZ analiza la *filogenia del aprendizaje* como la selección de soluciones adaptativas específicas a los problemas de supervivencia de cada especie en su propio ambiente. LORENZ (1996) plantea que la evolución de esas soluciones adaptativas implicaría una integración jerárquica en sistemas cada vez más complejos, desde los primitivos mecanismos de regulación química, a la irritabilidad o la movilidad, hasta alcanzar en los organismos complejos el aprendizaje. Cada una de estas soluciones específicas ha sido conservada en forma de dotación genética, paquetes de *información* que acumulan los éxitos adaptativos de cada especie. Como dicen SCHNEIDER y KAY (1995, pág. 235 de la trad. cast.) *"los genes son un registro de autoorganización exitosa"*. El propio aprendizaje sería para LORENZ (1996) un sistema para adquirir información y no sólo para producir cambios conductuales o energéticos. Así, a diferencia de la concepción fisicalista de SKINNER (1938), define la conducta como *"todas aquellas actividades en las que la movilidad y la irritabilidad combinan sus funciones para obtener **información** y por lo tanto para incrementar la probabilidad de obtener energía de modo inmediato"* (LORENZ, 1996, pág. 13, el énfasis es también mío).

LORENZ, a diferencia del fisicalismo conductista, no entiende el aprendizaje como un proceso de propósitos generales, *equipotencial* para todos los ambientes y organismos, sino como un conjunto de mecanismos específicos para dar solución a problemas adaptativos igualmente específicos (en el sentido literal de propios de cada especie), algo que ha sido avalado por la investigación reciente sobre aprendizaje asociativo animal, que muestra la especificidad de esos mecanismos. Sin embargo, en contra de las posiciones radicales en la psicología evolucionista, que defienden la especificidad o modularidad de todos los mecanismos psicológicos (por ej., COSMIDES y TOOBY, 1994a, 2000), esa especificidad no es incompatible con la existencia también de mecanismos generales, ya que, como sabemos, la evolución debe combinar la estabilidad, o la conservación en la filogenia de soluciones adaptativas eficaces (ARSUAGA, 2001; CELA CONDE y AYALA, 2001; PAPINI, 2002), con la variabilidad o adaptación específica a nuevas exigencias adaptativas (GALLISTEL, 2000; LORENZ, 1996), problema sobre el que volveremos en el Capítulo IV.

Pero, a los efectos de la presente argumentación, vemos que tanto esos mecanismos específicos como los aprendizajes a que dan lugar no pueden entenderse en términos puramente físicos, energéticos, sino como cambios biológicos, o mejor aún, informativos. Aprender es, según esta idea, adquirir información, no sólo cambiar conductas. En la medida en que los aprendizajes animales (y también humanos, porque, recordemos, nada de lo animal nos es ajeno) no son equipotenciales, sino específicos, deben estar codificados en forma de paquetes informativos, modificables en mayor o menor grado por la experiencia. Por tanto, como señala LORENZ (1996), la unidad de análisis de la psicología del aprendizaje debe ser la *información*, si bien al tratarse de información con un contenido específico, se plantean nuevos problemas de los que nos ocuparemos en el Capítulo IV ya que, según reconoce el propio LORENZ (1996), el concepto de información, por sí mismo, no puede dar cuenta del contenido específico de esas especializaciones.

## Contra el principio de correspondencia o aprender no es mirarse en el espejo del mundo

Si la crisis del principio de equipotencialidad debe conducir a un abandono de la conducta como unidad de análisis de la psicología del aprendizaje, en favor, al menos inicialmente, de la información, otro tanto puede decirse con respecto al otro principio básico del aprendizaje conductual, la correspondencia entre los cambios físicos del ambiente (fuerzas) y los cambios físicos en el organismo (movimiento). Como en los espejos dominados por el Emperador Amarillo, las conductas están, según este principio, condenadas a ser "reflejos serviles" de la estructura del ambiente.

Pero la rebelión anunciada por BORGES ya ha comenzado. Numerosos fenómenos experimentales han puesto en duda este principio de correspondencia, entre ellos el bloqueo de KAMIN (1969) o las investigaciones de RESCORLA (1968) mostrando que los animales no procesan todos los cambios energéticos sino sólo aquellos que son informativos, es decir que tienen un valor predictivo. A partir de éstas y otras investigaciones, han surgido nuevas teorías del aprendizaje animal basadas, de una u otra forma, en modelos de procesamiento de información (por ej., DICKINSON, 1980; MACKINTOSH, 1983; PEARCE y BOUTON, 2001; RESCORLA y WAGNER, 1972). Según estos modelos, y más allá de sus diferencias, los animales no adquieren conductas sino más bien *expectativas* de sucesos y conductas (TARPY, 1985). Aprenden a esperar ciertos acontecimientos, y es la violación de esa expectativa —o la distancia entre el suceso esperado y el realmente acontecido— la que produce aprendizaje, de forma que los organismos no aprenden sobre los cambios en las "configuraciones de energía" sino sobre el valor *informativo* de esos cambios (RESCORLA, 1980), es decir, sobre el grado en que sirven para predecir y/o controlar otros sucesos relevantes. El aprendizaje consistiría así básicamente en la adquisición de información sobre la estructura causal del entorno, pero esa información no se correspondería con la estructura física del mundo (DICKINSON, 1980), sino con aquellos parámetros físicos, o cambios energéticos, que resultan informativos, es decir causalmente predictivos para un organismo, de forma que hay ciertos cambios físicos redundantes o no informativos que no se reflejan en la conducta de los organismos, como sucede en el bloqueo de KAMIN (1969) o en las investigaciones del propio RESCORLA (1968) sobre el valor informativo de los estímulos.

Las nuevas teorías del aprendizaje asociativo son por tanto decididamente cognitivas en su orientación. En palabras de RESCORLA (1985, pág. 37): "*las modernas teorías del aprendizaje en organismos infrahumanos se ocupan principalmente de cómo llegan los animales a representarse su mundo de una manera precisa".* De hecho, la investigación sobre el aprendizaje animal ha importado del procesamiento de información buena parte de sus marcos teóricos, de forma que se asume que aprender implica cambiar la información, las representaciones o el conocimiento animal, ya que todos estos términos se usan, como sucede de hecho en el procesamiento de información humano, de forma indistinta y, en mi opinión, equívoca.

Pero antes de intentar desentrañar las diferencias entre esos conceptos, y así poder establecer en qué medida los organismos (especialmente las personas) adquieren información (Capítulo III), representaciones (Capítulo IV) o conocimientos (Capítulo V), podemos preguntarnos por qué es imposible, como parece, reducir el aprendizaje a un fenómeno meramente físico, tal como pretendía el conductismo original. Hay dos razones esenciales por las que el propósito de reducir la conducta humana a cambios físicos, en los que la moneda de cambio era la energía, no logró sus propósitos. La primera dificultad seria fue encontrar y definir parámetros energéticos precisos mediante los que estudiar esos cambios en los estímulos y las respuestas, que, en cuanto los modelos neoconductistas comenzaron a complicarse, acabaron por ser estructuras demasiado molares como para ser definidas mediante parámetros energéticos precisos desde el punto de vista físico (YELA, 1980).

El segundo problema, más importante aún, se deriva del supuesto fundamental del fisicalismo, según el cual la conducta debe regirse por los mismos principios que rigen el devenir de toda la materia. De entre todos los conceptos de la física, sin duda el más general, el que mejor permite comprender ese universo de la materia es la *energía* (por ej., BARROW, 2000; CAIRNS-SMITH, 1996; HEWITT, 1992). Desde el punto de vista de las ciencias físicas, todas las interacciones entre objetos, todos los cambios en la materia, pueden comprenderse en términos de intercambios de energía. La principal moneda de cambio en el mundo material es por tanto la energía. En palabras de CAIRNS-SMITH (1996, pág. 36 de la trad. cast.) *"la energía podría considerarse la sustancia fundamental del mundo, siendo las partículas diferentes modos de empaquetarla".* Finalmente todos estamos compuestos de "paquetes de energía". Y ello es así porque esos intercambios energéticos se rigen por las dos Leyes de la Termodinámica, el principio de conservación de la energía, al que me he referido anteriormente (pág. 48) y el principio de entropía, o Segunda Ley de la Termodinámica, según la cual, en esos cambios, la energía tiende a degradarse o, si así se prefiere, a adoptar formas de organización cada vez más desordenadas, de modo que crece la entropía. En otras palabras, de acuerdo con este principio —*"la más desalentadora de las leyes científicas"* según MARTÍNEZ y ARSUAGA, (2002, pág. 78)—, la materia tiende al desorden, de forma que cada intercambio energético —sea encender un fuego, dar una patada a un balón o acariciar a un niño— producirá una disipación o degradación de la energía en forma de calor.

Pero si todos los intercambios físicos pueden ser reducidos a estas dos leyes, es dudoso que suceda lo mismo con los intercambios psicológicos, e incluso biológicos, ya que constituyen en términos físicos "sistemas abiertos" (SCHRÖEDINGER, 1944). Si los intercambios entre el organismo y el medio fueran reducibles a energía, la conducta del organismo debería responder fielmente a la estructura de los cambios físicos producidos, reflejando, en el mundo de los espejos, los cambios energéticos que hayan tenido lugar. Utilizando un símil, una máquina termodinámica —ya sea un automóvil, una central hidroeléctrica o el cuerpo humano— no puede nunca, de acuerdo con el principio de conservación, producir más energía de la que recibe. Es más, dado que cualquier máquina no sólo no produce energía, sino que la pierde o la degrada, en forma de calor, la conducta de un organismo debería tender, al igual que el ambiente físico del que supuestamente es un reflejo, a aumentar su entropía, a desorganizarse, debería de ir hacia estados más entrópicos y no hacia estados o niveles de mayor organización.

Y sin embargo, en la inmensa mayoría de los casos, el aprendizaje produce mayores niveles de organización, como consecuencia de la interacción con el ambiente, pero también de las propias restricciones internas del sistema cognitivo. La conducta de los organismos, y muy especialmente la adquisición de conocimiento, no puede ser un reflejo degradado del ambiente, sino al contrario. Finalmente *los animales del espejo* no reflejan la estructura del mundo, sino que suponen un nuevo nivel de organización. De hecho, para cumplir su función adaptativa, los sistemas cognitivos deben reducir su entropía interna, autoorganizarse, a medida que aumenta, según las leyes físicas, la entropía del mundo/realidad que representan, del mismo modo que, como hemos visto, los genes son una base de datos que registra los "éxitos autoorganizativos" (SCHNEIDER y KAY, 1995) de la materia orgánica (es decir organizada). Todo acto de conocimiento tiene por función disminuir la entropía interna (representacional), a costa de aumentar la entropía externa (física), ya que, debido a esa tiranía ineludible de las leyes físicas, todo acto de conocimiento es también un acto físico que consume o degrada energía.

Además, en los intercambios psicológicos, la información y el saber, lejos de conservarse como supone la Primera Ley de la Termodinámica, se multiplican. Cuando nos preparamos un café con hielo, el café transfiere buena parte de su energía en forma de calor al hielo, que, como consecuencia, acaba convirtiéndose en agua. El intercambio de energía entre el café y el hielo conduce a un estado de equilibrio térmico, el café helado, por el que la energía que gana una parte del sistema (el hielo) la pierde otra parte (el café), que se enfría. La energía total del sistema es la misma (suponiendo que fuera un sistema totalmente cerrado), pero ahora está distribuida de modo aleatorio o entrópico, es decir en un estado de equilibrio térmico. Sin embargo, cuando intercambiamos información o conocimiento, cuando le explicamos a otra persona qué debe hacer para convertir un "fichero.doc" en un "fichero.pdf" o cómo puede conseguir que la salsa de las cocochas ligue mejor, no perdemos nuestro conocimiento para que la otra persona lo gane, sino que, de algún modo, multiplicamos ese conocimiento. Si analizamos el proceso de escribir este texto como un fenómeno físico debemos pensar que producir estas ideas y escribirlas degrada energía, en forma del calor que difunde el ordenador y de la energía que consume, o degrada, el autor al hacer el esfuerzo de hilvanarlas. En cambio, si analizamos este mismo proceso en términos cognitivos —o si se quiere, por ahora, informativos—, cabe esperar que el texto no degrade las ideas que expresa, sino al contrario, las organice, alejándolas en lo posible de cualquier entropía conceptual. Finalmente, no deja de ser un misterio biológico, pero también cultural, el proceso por el que tanto una hamburguesa como, mejor sería, unas cocochas puedan transformarse en un juego de palabras o en un soneto.

Incluso si situamos el problema en el marco del nuevo fisicalismo de las neurociencias, aunque sin duda la actividad cognitiva tiene un correlato físico —que se puede rastrear ya mediante las modernas técnicas de neuroimagen (ver la revisión de CABEZA y NYBERG, 2000)— difícilmente podemos admitir que esas huellas físicas explican o dan cuenta de la actividad cognitiva, entre otras cosas porque se ha demostrado que una misma idea, recuerdo o imagen, en suma una misma acción cognitiva repetida en varias ocasiones, puede tener correlatos neurológicos diferentes: las redes de neuronas que la soportan pueden apoyarse en componentes o unidades diferentes en cada ocasión (EDELMAN y TONONI, 2000). Los contenidos mentales, y entre ellos el conocimiento, tampoco pueden reducirse a los intercambios de *energía* —porque no es otra cosa lo que esas técnicas de neuroimagen rastrean— dentro de los sistemas neuronales, como parecen suponer algunos desarrollos recientes en neurociencia, que intentan recuperar el proyecto fisicalista según el cual el conocimiento puede reducirse o medirse en parámetros físicos, es decir finalmente energéticos. La actividad neuronal que acompaña a la lectura de unos versos ("el pie de un niño aun no sabe que es pie/ y quiere ser mariposa o manzana") no puede explicar las sensaciones, y en suma el conocimiento, que esos versos producen en nosotros. Finalmente las cocochas no son versos, aunque o parezcan.

Por tanto, los sistemas psicológicos, y más específicamente los sistemas de conocimiento, no son reducibles a principios físicos, ya que no pueden explicarse por las leyes fundamentales de la física (POZO, 2001), lo cual no quiere decir obviamente que violen esas leyes, ya que esos sistemas de conocimiento están siempre "montados" sobre un sistema físico (sea una calculadora, un reloj digital o un cuerpo) sujeto a las inexorables leyes de la conservación y la entropía ("la más desalentadora de las leyes científicas"). Los sistemas psicológicos son también sistemas físicos. Su funcionamiento tiene que ser compatible con las leyes de la física —finalmente sí somos, en cierto nivel de análisis, "paquetes de energía" en forma de partículas, que acaban componiendo complejas redes neuronales, y estamos condenados, ya lo sabemos, a un final entrópico— aunque no sea reducible a ellas, de acuerdo con la lógica de la integración jerárquica de sistemas (DAWKINS, 1976b; LORENZ, 1996; SIMON, 1962).

Los niveles jerárquicamente inferiores restringen las posibles soluciones en el nivel superior —sólo son viables los sistemas cognitivos compatibles con nuestra organización fisicoquímica, o sea energética— pero no determinan soluciones específicas, no permiten explicarlos. Esas explicaciones habría que buscarlas en niveles de análisis superiores. Y el nivel de análisis superior al cambio conductual que se ha propuesto desde distintas perspectivas teóricas –la etología, el asociacionismo cognitivo y, sobre todo, el procesamiento de información— es, como hemos visto, el nivel informativo. Así, no se aprendería sobre los cambios energéticos que tienen lugar en el ambiente físico, como suponía SKINNER (1953; también KILLEEN, 1992), sino sobre la *información* que esos cambios proporcionan al sistema cognitivo. Si hay cambios de conducta es *porque* hay cambios en la información procesada por el organismo. No es el valor energético de los estímulos, sino sus propiedades informativas las monedas de intercambio mental.

Esta idea de utilizar la información en lugar de la energía como moneda de cambio es, de hecho, el núcleo de las tres grandes revoluciones científicas ocurridas, con diferente éxito, en la segunda mitad del pasado siglo XX y que suponen un cambio radical con respecto al viejo mecanicismo científico (RIVIÈRE, 1991). Se trata de tres *revoluciones digitales* en cierto modo paralelas —la genética, la informática y la cognitiva— que tienen en común la idea de utilizar la *información* como unidad de análisis, que se traduce en un intento de reducir la vida y el conocimiento no ya a "paquetes de energía" sino a "paquetes de información", en suma el proyecto de *digitalizar* la vida y el conocimiento (POZO, 2001). Esta digitalización o informatización del conocimiento resuelve algunos de los problemas que no podía superar el enfoque estrictamente conductual, con su reducción del aprendizaje a un fenómeno físico, pero a su vez plantea nuevos problemas de difícil solución para el procesamiento de información como enfoque cognitivo, al plantear un nuevo reduccionismo, esta vez informacional.

## CAPÍTULO III

# El aprendizaje como adquisición de información

> Un hombre de genio, Raymundo Lulio, que había dotado a Dios de ciertos predicados (la bondad, la grandeza, la eternidad, el poder, la sabiduría, la voluntad, la virtud y la gloria), ideó una suerte de máquina de pensar hecha de círculos concéntricos de madera, llenos de símbolos de los predicados divinos y que, rotados por el investigador, darían una suma indefinida y casi infinita de conceptos teológicos. Hizo lo propio con las facultades del alma y con las cualidades de todas las cosas del mundo. Previsiblemente, todo ese mecanismo combinatorio no sirvió para nada. Siglos después, Jonathan Switf se burló de él en el Viaje Tercero de Gulliver. Leibniz lo ponderó pero se abstuvo, por supuesto, de reconstruirlo.
>
> La ciencia experimental que Francis Bacon profetizó nos ha dado ahora la cibernética, que ha permitido que los hombres pisen la luna y cuyas computadoras son, si la frase es lícita, tardías hermanas de los ambiciosos redondeles de Lulio.
>
> Jorge Luis BORGES: Ars Magna, *Atlas*, 1984, pág. 85.

En el capítulo anterior hemos visto la imposibilidad de reducir el aprendizaje a una interacción entre sistemas físicos, o energéticos, ya que ésta debería estar regida por leyes que no se cumplen en los sistemas psicológicos, que, sin dejar de ser sistemas físicos, deben ser entendidos como *sistemas cognitivos* que intercambian o procesan información con el ambiente con el fin de optimizar sus posibilidades de obtener energía (LORENZ, 1996). Por tanto, la unidad de análisis de los sistemas cognitivos, como también de los sistemas biológicos y cibernéticos es, como acabamos de ver, la *información*. Ahora bien, ¿son todos los sistemas que manejan información sistemas cognitivos? Y si así fuera, ¿todos los sistemas cognitivos manejan conocimiento? En otras palabras, ¿podemos reducir el conocimiento a información? La psicología cognitiva dominante, basada en el procesamiento de información, ha aceptado de modo más o menos explícito esta reducción, pero en mi opinión hay razones para dudar de que el conocimiento, e incluso los procesos cognitivos en general, puedan reducirse a información (POZO, 2001, 2003b), como muestran las dificultades del procesamiento de información para dar cuenta de algunos de los fenómenos cognitivos más complejos, o más humanos, singularmente aquellos que implican, precisamente, la adquisición o el uso efectivo del conocimiento.

## De la energía a la información: La entropía negativa

Para entender mejor este nivel informativo, y sus diferencias con el nivel conductual, podemos comenzar por el origen de esa nueva moneda de intercambio psicológico que, lejos de ser acuñada por la nueva psicología cognitiva, se importó de otras ciencias en el marco de las revoluciones digitales ya mencionadas. De hecho, no es la ciencia cognitiva la que descubre o formula por vez primera la existencia de "sistemas abiertos" que escapan al rigor de las leyes físicas, sino que la primera referencia explícita a esos sistemas no reducibles a mecanismos energéticos la encontramos precisamente en las conferencias que Erwin SCHRÖDINGER, Premio Nobel de Física en 1933, impartió en Dublín en 1943 durante su exilio del furor nazi, en las que planteó las peculiaridades que los seres vivos tienen en cuanto sistemas físicos. En el librito publicado a partir de aquellas conferencias, SCHRÖDINGER (1944) se preguntaba cómo es posible que los seres vivos, con su extraordinario nivel de autoorganización y complejidad, eludan aparentemente la tiranía del principio de entropía y vivan "lejos del equilibrio termodinámico", es decir de la tendencia a la degradación de la materia. La solución propuesta por SCHRÖDINGER tendría una influencia directa sobre el desarrollo de la genética digital moderna, e indirecta también sobre el concepto de información manejado por la psicología cognitiva:

> "todo lo que pasa en la Naturaleza significa un aumento de la entropía de aquella parte del mundo donde ocurre. Por lo tanto, un organismo vivo aumentará continuamente su entropía o, como también puede decirse, produce entropía positiva —y por ello tiende a aproximarse al peligroso estado de entropía máxima que es la muerte—. Sólo puede mantenerse lejos de ella, es decir, vivo, extrayendo continuamente entropía negativa de su medio ambiente... De lo que un organismo se alimenta es de entropía negativa".
>
> (SCHRÖDINGER, 1944, págs. 111-112 de la trad. cast.)

Para ello, según SCHRÖDINGER, los sistemas vivos deben disponer de dos mecanismos, uno para extraer orden del desorden (metabolismo) y otro para extraer orden del orden (es decir para hacer réplicas genéticas de sí mismo). Esta última idea anticiparía la concepción del código genético como un sistema *informativo,* que unos años después culminaría en el "descubrimiento" de la doble hélice por WATSON y CRICK (aunque la contribución de SCHRÖDINGER al desarrollo de la Genética es bastante controvertida, véase MURPHY y O'NEILL, 1995). A su vez, el primero de los mecanismos enunciados, relacionado con su concepto de "entropía negativa", se vinculará con el desarrollo de las teorías de información, cuyo lenguaje adoptarán las tres revoluciones cognitivas mencionadas. Será WIENER (1948), uno de los fundadores de la cibernética, quien defina la información, al igual que SCHRÖDINGER la vida, como entropía negativa: *"entropía e información son términos opuestos, la información mide orden y la entropía mide desorden.*

*Es de hecho posible concebir todo orden en términos de mensaje'.* El propio SHANNON (1948), uno de los padres de la teoría de la información, consideraba que en un sistema informativo la entropía podía tomarse como una "medida de la ausencia de conocimiento" (SHEPPARD, 1994).

Los sistemas informativos no sólo no pueden ser reducidos a sistemas físicos sino que, de hecho, tienen propiedades opuestas a esos sistemas físicos. En lugar de tender a la entropía, tienden al orden, a la información, es decir, a alejarse de la entropía. En los seres vivos los mensajes que codifican esa información genética vienen escritos en un código binario simple, un alfabeto bioquímico cuyas posibilidades combinatorias son casi ilimitadas y para cuyo descifrado se ha recurrido al lenguaje de la teoría de la información (MAYNARD-SMITH y SZATHMÁRY, 1999). La cibernética a su vez utiliza otros códigos digitales basados también en el desarrollo de la teoría de la información (ver DUPUY, 2000). Las propias pautas de actividad neurológica en el cerebro se entienden hoy en términos de la información, o reducción de entropía, entre "agrupamientos funcionales" de redes neurales (EDELMAN y TONONI, 2000).

Por su parte, la psicología cognitiva, aunque con mayores controversias, optará también por un código digital como sustrato del procesamiento cognitivo, por lo que los sistemas cognitivos pasarán también a ser *procesadores de información*, es decir sistemas que extraen orden (o entropía negativa) a partir de los cambios energéticos que se producen en su entorno. Por tanto, la función de los sistemas cognitivos, y con ellos de los mecanismos de aprendizaje, es reducir la entropía (cognitiva) interna a cambio, como todos los sistemas físicos, de incrementar la entropía externa (POZO, 2001). El aprendizaje no es un proceso de cambio de conducta, sino, según la psicología cognitiva, de adquisición de información, que permite reducir la incertidumbre o entropía del mundo, el carácter aleatorio o impredecible de los sucesos. De acuerdo con esta noción de información como "entropía negativa", todos los sistemas de aprendizaje tendrán como función hacer el mundo más predecible y controlable, cognitivamente menos entrópico, aunque algunos sistemas logren este objetivo de forma más eficaz que otros (POZO, 1996a). Pero el concepto de información que se asume en el marco de esas revoluciones digitales tiene también consecuencias para las teorías cognitivas del aprendizaje.

## La psicología cognitiva del procesamiento de información: La máquina de pensar

Aunque el concepto de información suela utilizarse en un sentido muy laxo, próximo al sentido cotidiano, como *"cualquier conocimiento que es recibido, procesado y comprendido"* (REBER, 1995, pág. 369), en la ciencia cognitiva la información se define estrictamente en términos matemáticos como *"el número de opciones que tenemos al tratar con una serie de ítems"* (*ibid*). Según el propio REBER (1995) es ese sentido laxo el que ha acabado predominando en la investigación cognitiva basada en el enfoque del procesamiento de información, dada la dificultad de medir la demanda informativa exacta contenida en cada tarea. Pero en un sentido estricto la información es un concepto puramente estadístico, matemáticamente computable y, como tal, estrictamente formal, carente de contenido y de significado (BRUNER, 1990; DUPUY, 2000; FODOR, 2000; OYAMA, 1985; PYLYSHYN, 1984; RIVIÈRE, 1991). A partir de la idea de SHANNON (1948) de relacionar los dos estados posibles de cualquier dispositivo eléctrico con los valores de verdad de la lógica booleana, en la nueva ciencia los sistemas cognitivos computan, calculan las relaciones probabilísticas entre diferentes unidades de información, y a partir de esos cómputos generan representaciones que les permiten reducir la incertidumbre o entropía ambiental.

Un sistema informativo no responde a los cambios externos en términos de energía, sino que transforma esos cambios energéticos en *información*. Los sistemas cognitivos, nos recuerda PYLYSHYN (1984), no responden a los parámetros físicos del entorno sino a la información que extraen de él, lo cual, como hemos visto, son malas noticias para el conductismo. Un sistema cognitivo, que responde a cambios en la información y no a parámetros energéticos, no se limita a responder según el principio de correspondencia (o co-responder) a los cambios de energía en el ambiente; es, antes que nada, un sistema de memoria, en el que "*cualquier estado presente es una huella de lo sucedido en el pasado*" (ROSA, BELLELLI y BAKHURST, 2000b, pág. 43). Por poner un ejemplo simple y claro, cuando me dirijo con toda cautela a sacar una fuente del horno, mi prudencia (o directamente temor) puede deberse a la memoria explícita o implícita de una experiencia reciente, de la que aún conservo literalmente la herida; pero la probabilidad de que la fuente me queme realmente depende de las condiciones físicas del sistema presente (la temperatura del horno, el material de la fuente, los materiales aislantes con los que me protejo, etc.), no de la historia pasada de ese mismo sistema en episodios recientes. Los sistemas psicológicos —y también, según veremos, los sistemas biológicos— procesan información en sus sistemas de memoria, son producto de una *historia*; en cambio los sistemas físicos responden únicamente a los intercambios de energía presentes. Para comprender el aprendizaje, y más concretamente la adquisición de conocimiento, será necesario situarnos en esa perspectiva histórica, tanto personal, como social y filogenética. Si, como sostienen MAYNARD-SMITH y SZATHMÁRY (1999 pág. 20 de la trad. cast.), "*la única forma que tenemos de distinguir entre un ser vivo y un artefacto es conocer su historia*", posiblemente la única forma de distinguir a un ser con conocimiento —el *homo discens*— de otro que no lo tiene —el ordenador en el que escribo o la mosca que sobrevuela la pantalla— sea también conocer su historia.

Pero la opción adoptada por la psicología cognitiva la ha alejado de ese análisis histórico o genético, y con ello, en mi opinión, de dar cuenta de la adquisición de conocimiento. Si para el conductismo, el aprendizaje podía reducirse a cambios energéticos, para la psicología cognitiva dominante se reduciría a la información extraída de esos cambios mediante cálculos estadísticos. En el funcionalismo computacional, la información es una medida puramente formal de la probabilidad de un suceso en presencia de otro, en definitiva una función matemática de la relación entre sucesos (DUPUY, 2000; SHANON, 1993). Por tanto, las teorías computacionales, basadas en este concepto de información, asumen que todo el procesamiento cognitivo puede ser reducido a reglas formales o *sintácticas*, totalmente ajenas al contenido semántico de esos cómputos, como señalara RIVIÈRE (1991, pág. 72, énfasis suyo), "*una máquina formal, del tipo de una máquina de Turing o un programa de ordenador, se guía en su procesamien-*

*to exclusivamente por su sintaxis. No actúa, en realidad, en función de los contenidos semánticos, de los significados de sus estructuras 'de conocimiento' sino en virtud de la pura forma de las representaciones".*

La información requiere un código o lenguaje digital (o sea binario o discreto) en el que realizar esos cómputos. De la misma forma que la genética o la informática tienen sus propios códigos digitales, la psicología cognitiva necesita disponer de un código computacional. En el procesamiento de información clásico, el llamado "enfoque de computaciones sobre representaciones" (RIVIÈRE, 1991), cuyo máximo exponente teórico sería FODOR (1975, 1983, 2000), todo lo que necesita un sistema cognitivo para representar mundos complejos y actuar en ellos es un potente sistema de cómputo que permita establecer *reglas formales* que predigan los sucesos en ese mundo y las interacciones con él. El cómputo de esa información se basaría en códigos "lingüiformes" (CLARK, 1997), una especie de *mentalés*, la "lingua franca' de la mente, a la que se traduciría toda la información: *"los procesos mentales cognitivos son operaciones definidas sobre representaciones mentales estructuradas sintácticamente, que son como frases"* (FODOR, 2000, pág. 5). Un sistema cognitivo reducido a esos cómputos formales sólo es sensible a los componentes sintácticos de las representaciones y no a los semánticos o a los contextuales (una elegante, aunque no por ello fácil, argumentación de esta naturaleza *intrínsecamente* sintáctica del procesamiento de información puede encontrarse en FODOR, 2000, Cap. 3).

Como consecuencia, los cómputos se realizan con símbolos vacíos, sin contenido, como exige el concepto de información en el que se apoyan: *"la teoría de la información no se ocupa de signos, de significantes portadores de sentido, sino de señales, es decir, de signos vacíos"* (GUIRAUD, 1955, pág. 99 de la trad. cast.). Y es que *"el concepto de información, tal como lo definen los teóricos de la información, se establece intencionadamente sin considerar el nivel semántico, haciendo abstracción consciente del* **significado** *que esa información con respecto al ambiente pueda tener para el organismo en interés de su supervivencia. En el lenguaje de los teóricos de la información, es imposible hablar de información* **sobre** *algo"* (LORENZ, 1996, pág. 2, énfasis del autor). Como mostrara la ya clásica parábola de la habitación china inventada por SEARLE (1984), por más símbolos (chinos) que baraje el sujeto computacional, no entenderá una palabra de chino a menos que pueda salir alguna vez de esa habitación, de su encierro computacional, de su mentalés, y se enfrente al mundo exterior, de que haya algo, *ahí fuera* de la habitación, sobre lo que trate esa información (ver POZO, 2001). Pero, como nos recuerda LORENZ (1996), la información no tiene referentes ni por tanto significado, porque no es *sobre nada*. Sin embargo, las representaciones tienen necesariamente que tener referentes o contenidos, porque, como veremos más adelante, una representación es algo que está en lugar de otra cosa, que tiene una función semántica que es *sobre algo*[1].

¿Pero cuál es el contenido o referente de las representaciones en los sistemas computacionales, si éstos se limitan a manejar información, es decir a hacer cálculos estadísticos? El problema, como señala RUSSELL (1984), está en la pro-

---

[1] Véase BICKHARD (2000), DENIS (1991), GUIRAUD (1955), LYONS (1977). Con respecto a las implicaciones para la psicología cognitiva véase POZO (1989, 2001), RIVIÈRE (1991), SHANON (1993)

pia naturaleza de los *símbolos* que maneja el sistema cognitivo en el enfoque computacional: *"la lógica computacional es plenamente sintáctica, en el sentido de referirse a la forma y no al contenido de los datos. Y decir que los datos de esas estructuras computacionales no tienen contenido significa que carecen de referencias al mundo externo y por lo tanto las estructuras de datos no pueden ser verdaderas ni falsas, de la misma forma que 'todos los F son G' no es ni verdadero ni falso cuando ni F ni G se refieren a nada en particular"* (RUSSELL, 1994, página 89). ¿Pero si esos símbolos computacionales carecen de referentes externos, a qué se refieren, a qué entidad sustituyen? Según el propio RUSSELL (1984 página 91*), "los símbolos que manipulan los computadores no tienen significado en el sentido de referirse a alguna cosa del mundo externo sino que tienen significado en el sentido de tener un papel formal que desempeñar en el programa, un significado funcional"*. Los símbolos computacionales no se refieren por tanto al mundo, no representan el mundo, sino que sólo tienen significado dentro del sistema, dentro de esa habitación china en la que están encerrados. Según GLENBERG (1997, pág. 2) es *"como intentar aprender el significado de una palabra en un idioma extranjero usando un diccionario escrito únicamente en ese lenguaje"*. Las representaciones se reducen así a mera información (POZO, 2001), y la semántica a sintaxis (DE VEGA, 1981; FODOR, 1975, 2000; RIVIÈRE, 1987, 1991), de forma que los símbolos del procesamiento de información son símbolos vacíos, burbujas estadísticas, que sólo tienen significado dentro del sistema que los procesa, dentro de la habitación china, ya que el "mentalés" no ha surgido, como sucede con el lenguaje natural, con la *función* de representar el mundo externo e interno en un contexto de comunicación o intercambio con otros hablantes, con otros sistemas, sino de la propia lógica interna, solipsista, del sistema.

Sin duda, como ya avanzara George MILLER (1966), adoptar el formalismo de la teoría de la información y olvidarse de que finalmente las representaciones se refieren a algo que ha hecho posible las grandes aportaciones del enfoque cognitivo a nuestra comprensión de la mente humana. Entender la mente y la actividad humanas en términos de representaciones regidas por reglas formales de cómputo ha proporcionado marcos teóricos y recursos metodológicos para enfrentarse a un nuevo tipo de sistemas u objetos de estudio, más allá de los tradicionales sistemas *físicos* (o de energía) y de los sistemas *biológicos* (dotados de información genética): los sistemas *cognitivos* (aquellos que manejan representaciones). Pero junto a esta aportación, los "símbolos vacíos" usados por el procesamiento de información tienen también ciertas propiedades que van a imponer serias limitaciones al propio desarrollo de la psicología cognitiva (CARRETERO, 1997; DE VEGA, 1984; RIVIÈRE, 1987, 1991; SHANON, 1993) y, para nuestros propósitos, especialmente de las teorías cognitivas del aprendizaje (POZO, 1989).

Así, los símbolos en estos sistemas son *amodales* (es decir, traducen cualquier cómputo a ese mentalés, con independencia del lenguaje, o código sensorial, en que esa información fuera originalmente procesada) y *arbitrarios* (su codificación no guarda ninguna analogía con los cambios energéticos que están en el origen de esa información, del mismo modo que las palabras no suelen guardar similitud alguna con el objeto que representan) (BARSALOU, 1999; DE VEGA, 2002; GLENBERG, 1997). Estas representaciones amodales y arbitrarias constituirían un código digital adecuado para satisfacer las demandas no sólo teóricas sino empíricas del procesamiento de información. Por una parte, al reducir la cognición a cómputos formales se aseguraba una exigencia teórica básica del funcionalismo computacional, según FODOR (2000, pág. 4): *"la sistematicidad y la productividad del pensamiento eran supuestamente remitidas a la composicionalidad de las representaciones mentales, que a su vez depende de su estructura sintáctica constituyente"*. En otras palabras, al reducir toda la cognición a códigos finitos, de carácter digital, basados en una lógica binaria, se aseguraba la generación de un número ilimitado de combinaciones o representaciones sintácticamente válidas a partir de un número finito de unidades (por ej., BICKHARD, 2000; FODOR, 2000; SHANON, 1993), igual que sucede por ejemplo con el código genético (MAYNARD-SMITH y SZATHMÁRY, 1999), con el propio lenguaje natural (CHOMSKY, 1957; FODOR, 1975), o el funcionamiento del cerebro, capaz de construir casi ilimitadas redes neuronales a partir de la conexión de un número finito de neuronas (GOLDBERG, 2001).

De esta forma los sistemas computacionales son potencialmente capaces de representar cualquier cosa, si bien el precio paradójico de esa potencia representacional es que cualquier cosa que representen es igualmente probable, dado que todas las combinaciones son igualmente arbitrarias. Con ello, a nivel empírico, el carácter amodal y arbitrario de las representaciones así generadas seguía respetando el principio de equipotencialidad en el que se había basado la tradición experimental en psicología, a partir de EBBINGHAUS, por el que se preferían sistemáticamente materiales elementales (ya que el principio de composicionalidad permite a la inversa la descomposición recursiva de cualquier estructura en los elementos que la componen, POZO, 1989) y arbitrarios o neutros, carentes, como el propio concepto de información en que se basaba este enfoque cognitivo, de significado. Aún hoy la mayor parte de la investigación cognitiva sigue, por conveniencia, usando materiales sin significado o excluyendo el significado de sus análisis. Por ejemplo, las investigaciones sobre aprendizaje implícito, a las que me he referido en el Capítulo Primero, siguen utilizando masivamente tareas artificiales, sin contenido semántico (POZO, 2003a), a pesar de las cautelas de George MILLER (1966), al comentar los resultados obtenidos en su Proyecto Grammarama, en el que estudiaba cómo aprendían las personas reglas sintácticas artificiales, sin significado alguno, un proyecto pionero de los estudios sobre aprendizaje implícito: *"Por lo menos desde Ebbinghaus los psicólogos han argüido que los materiales sin sentido ofrecen muchas ventajas para los estudios experimentales, y esta huida del significado no es específica de la psicología. Bertrand Russell (1948) señaló una vez que 'la lógica y las matemáticas no habrían prosperado como lo hicieron si los lógicos y los matemáticos hubieran recordado siempre que los símbolos deben significar algo'... En algún punto, sin embargo, debemos reconocer que tales ventajas se obtienen sacrificando algunos problemas psicológicos muy reales, importantes e interesantes. El trabajo futuro en el Proyecto Grammarama debería introducir, por lo tanto, los componentes semánticos y fonológicos en los lenguajes artificiales"* (MILLER, 1966, página 149 de la trad. cast.). La reducción del sistema psicológico a un sistema matemático (en este caso informativo) supone la reducción del contenido psicológico a estructuras formales. Y esto es algo que ni siquiera la física, a pesar de su alto nivel de formalización, se ha podido permitir, como nos recuerda BARROW (2000, pág. 289): *"De cualquier enunciado matemático que fuera lógicamente consistente se decía que 'existe'... Este es claramente un concepto de existencia mucho más amplio que el de la existencia física. No todas las cosas que son lógicamente posibles pueden ser físicamente posibles".* Otro tanto pude decirse de los sistemas *psico/lógicos,* cuya realidad debe definirse no sólo en términos de cómputos formales sino de los mundos a los que se refieren esos cómputos, de su contenido referencial. Pero la mayor parte de las investigaciones cognitivas realizadas en las décadas posteriores no siguieron el consejo de MILLER (1966), como muestra el auge de las investigaciones sobre aprendizaje implícito basadas en el estudio de gramáticas artificiales. Ya sea por conveniencia o convicción, gran parte de la investigación cognitiva ha seguido asumiendo que la mente humana manipula sólo información estadística, símbolos arbitrarios (BARSALOU, 1999).

Así, en cada uno de los debates representacionales surgidos en la psicología cognitiva en estos años, el procesamiento de información ha optado por las opciones presentadas más a la izquierda de la Tabla 2, que reflejan en general una mente proposicional, simbólica, semántica, declarativa, abstracta, explícita e individual. Sin embargo, poco a poco, y más bien a regañadientes, los datos empíricos han ido obligando a los psicólogos cognitivos a aceptar una mente con imágenes, episodios y acciones situadas, pero sobre todo con representaciones distribuidas e implícitas y, por si fuera poco, interpersonal o socialmente distribuida (POZO, 2001). Desde el procesamiento sintáctico de información, basado en el cómputo de representaciones lógicas, abstractas, se ha acabado aceptando mal que bien una mente fuertemente dependiente de los contenidos y los contextos en los que tiene lugar ese procesamiento, lo que ha llevado a una crisis a los modelos computacionales clásicos (DE VEGA, 1998).

**Tabla 2.** *Debates sobre las representaciones y los sistemas de memoria en la reciente Psicología Cognitiva.* (Tomada de POZO, 2001.)

| 1965-1980 | Proposicional | En imágenes |
|-----------|---------------|-------------|
| 1975-1985 | Semántica | Episódica |
| 1975-1985 | Declarativa | Procedimental |
| 1980-1990 | Esquemas | Modelos mentales |
| 1985-2000 | Simbólicas | Distribuidas |
| 1985-2000 | Explícita | Implícita |
| 2000- ¿? | Individual | Cultural |

Se ha intentado buscar respuesta a esa crisis, dentro del procesamiento de información, mediante los modelos conexionistas (RUMELHART, MCCLELLAND y grupo PDP, 1986), pero en mi opinión el problema no tiene sólo que ver con la traducción de la información a representaciones simbólicas, de carácter proposicional, por parte del enfoque del procesamiento de información clásico, ni se soluciona sustituyendo esas representaciones simbólicas y abstractas por representaciones distribuidas en redes de unidades de información, como hacen los modelos conexionistas. Se trata de un problema más fundamental, relacionado con el propio funcionalismo computacional y el concepto de información en que está basado, común a ambas posiciones (Pozo, 2001). Aunque los modelos conexionistas, con sus *pautas de conexión* probabilísticas entre unidades de información sean más dinámicos que los modelos clásicos (Clark, 1997, 2001; Dietrich y Markman, 2000) y permitan avances allí donde los modelos clásicos han fracasado (y seguramente viceversa), siguen estando sujetos a la lógica computacional que hace muy difícil su éxito como modelos para la adquisición de conocimiento.

Quien es muy consciente, con su habitual lucidez, de las limitaciones intrínsecas a *cualquier* enfoque computacional es Fodor, el "cognitivista completo" para Gardner (1985). Según Fodor (2000), la psicología computacional, que adopta la información como unidad de análisis, puede dar cuenta de lo que él llama las representaciones *locales*, que serían computables de acuerdo con la lógica descrita, pero no de las operaciones cognitivas *globales* (entre las que, como es sabido, Fodor, 1983, incluye los procesos cognitivos no modulares, que permiten acceder a los cómputos realizados por otros procesos). Mientras los procesos locales (entre los que se incluiría el lenguaje y los sistemas de entrada de la información) tendrían una naturaleza modular y, por tanto, serían explicables en términos computacionales, es decir de información, las funciones cognitivas globales se caracterizarían, según Fodor (1983), por ser "isotrópicas", es decir, por recurrir a otras funciones cognitivas para completar sus cómputos, y "quineanas", al ser sensibles al funcionamiento del resto del sistema cognitivo. Estos procesos globales, que según Fodor (1983) no serían reducibles a la lógica computacional, y por tanto a información, incluirían procesos generales como el razonamiento, la formación de analogías y también sin duda, los mecanismos de aprendizaje asociativo, ya que por naturaleza se apoyan en los productos representacionales de otros procesos cognitivos. Como ya avanzara Vygotski (1931) muchos años antes, un enfoque "atomístico" en psicología hace imposible el estudio de los "procesos psicológicos superiores", es decir, en términos fodorianos, los sistemas no modulares.

Por consiguiente, los procesos de aprendizaje en general, y los de adquisición de conocimiento en particular, se verían sometidos a lo que Fodor (1983) dio en llamar "la Primera Ley de Fodor sobre la inexistencia de la ciencia cognitiva" que mantiene que "*cuanto más global (isotrópico) es un proceso cognitivo menos se comprende*" (Fodor, 1983, pág. 151 de la trad. cast.). Así que, en términos computacionales, el aprendizaje es incomprensible, o peor aún imposible. Todo lo que permite la experiencia es la fijación de creencias, es decir la selección o generación de combinaciones nuevas entre las ya disponibles innata e implícitamente en el sistema cognitivo. El aprendizaje, como tal, simplemente no es posible en un sistema fodoriano: "*Me parece que en cierto sentido no existe teoría alguna del aprendizaje, y ello es perfectamente compatible con la idea de Chomsky de que no hay ningún mecanismo general de aprendizaje que pueda aplicarse indistintamente a la percepción, el lenguaje, etc. Por mi parte, pondré de relieve no sólo que no existe ninguna teoría del aprendizaje, sino que, en cierto sentido, no podría existir ninguna; la idea misma de un aprendizaje de conceptos es, a mi juicio, confusa*" (Fodor, 1979, págs. 187-188 de la trad. cast.; el énfasis decididamente pesimista lo pone en este caso el propio Fodor).

Como señalara Rivière (1987) este pesimismo no es sino una muestra más de la lucidez teórica de Fodor, de modo que el solipsismo implícito en el innatismo antievolucionista de FODOR (2000) y del propio CHOMSKY no sería sino una consecuencia necesaria de la aceptación del concepto de información, con su carácter discreto y composicional, por parte de la psicología cognitiva. No es por tanto casualidad que el aprendizaje fuera aceptado tan tardíamente como un problema relevante por la psicología cognitiva (CARRETERO, 1997; RIVIÈRE, 1987), ya que en la campana de cristal que había construido con sus representaciones amodales y arbitrarias, aprender no era un problema ni una necesidad, porque no había nada que aprender. Encerrada en su habitación china, la psicología cognitiva había construido su propio universo, en el que no hace falta aprender porque ya se conoce todo de antemano, y en el que cualquier resultado empírico, de acuerdo con la hipótesis de la indeterminación de ANDERSON (1978), puede explicarse *post hoc* aunque no se haya predicho (BARSALOU, 1999), ya que en el fondo cualquier suceso, todos los sucesos, son igualmente probables y por tanto igualmente improbables, siendo como son arbitrarios o aleatorios. De este modo, la psicología emulaba una vez más una de las metáforas de Jorge Luis BORGES, en este caso una de sus más lúcidas creaciones, ese asombroso juego de metáforas y de espejos que es su Biblioteca de Babel.

## La psicología en la Biblioteca de Babel o ¿puede un sistema de información aprender?

Años antes de que FODOR (1983) argumentara el carácter isotrópico y quineano del conocimiento humano, y por tanto la imposibilidad de reducirlo a unidades discretas conectadas entre sí mediante reglas sintácticas, con palabras menos espesas y metáforas más cristalinas, BORGES había imaginado ya un universo cerrado, similar a esa mente computacional, pero más brillante y pleno en matices aunque no por ello menos pesimista:

> "El universo (que otros llaman la Biblioteca) se compone de un número indefinido, y tal vez infinito, de galerías hexagonales, con vastos pozos de ventilación en el medio, cercados por barandas bajísimas. Desde cualquier hexágono, se ven los pisos inferiores y superiores: interminablemente. La distribución de las galerías es invariable: veinte anaqueles, a cinco largos anaqueles por lado...."

Pero esa geometría repetida, siempre igual a sí misma, que algunos llaman el universo, contiene a su vez incontables libros, cuya composición o escritura se basa en unas pocas reglas bien definidas, fácilmente contables:

> "También se descifró el contenido: nociones de análisis combinatorio, ilustradas por ejemplos de variaciones con repetición ilimitada. Esos ejemplos permitieron que un bibliotecario de genio descubriera la ley fundamental de la Biblioteca. Este pensador observó que todos los libros, por diversos que sean, constan de elementos iguales: el espacio, el punto, la coma, las veintidós letras del alfabeto. También alegó un hecho que todos los viajeros han confirmado: No hay en la vasta Biblioteca dos libros idénticos. De esas premisas incontrovertibles dedujo que la Biblioteca es total y que sus anaqueles registran todas las posibles combinaciones de los veintitantos símbolos ortográficos (número, aunque vastísimo, no infinito) o sea todo lo que es dable expresar: en todos los idiomas. Todo: la historia minuciosa del porvenir, la autobio-

*grafía de los arcángeles, el catálogo fiel de la Biblioteca, miles y miles de catálogos fal-*
*sos, la demostración de la falacia de esos catálogos falsos, la demostración de la fala-*
*cia de esos catálogos verdaderos.*

*Cuando se proclamó que la Biblioteca abarcaba todos los libros, la primera impre-*
*sión fue de extraordinaria felicidad. Todos los hombres se sintieron señores de un*
*tesoro intacto y secreto. No había problema personal o mundial cuya solución no exis-*
*tiera: en algún hexágono."*

Así, los hombres se lanzaron por los corredores de la Biblioteca en busca de
aquel libro que contuviera la verdad definitiva y, por tanto, también su propio por-
venir. Pero en una Biblioteca que contiene todos los libros es vano buscar un solo
libro verdadero y más aún discernirlo de aquellos que no lo son:

*"Cada ejemplar es único, irreemplazable, pero (como la Biblioteca es total) hay*
*siempre varios centenares de miles de facsímiles imperfectos: de obras que no difie-*
*ren sino por una letra o una coma... Lo repito: basta que un libro sea posible para que*
*exista. Sólo está excluido lo imposible".*

Y dado que todo es posible, cualquier combinación arbitraria de símbolos es
igualmente probable y significativa:

*"No puedo combinar unos caracteres*
            *dbcmrlchtdj*
*que la divina Biblioteca no haya previsto y que en alguna de las lenguas secretas no*
*encierren un terrible sentido".*

Esa Biblioteca interminable construida a partir de un número finito de símbolos
contiene ya, en sí misma, todas las posibles combinaciones de esos símbolos. Todos los libros están ya escritos *ad initio*. Pero al estar escritos todos por
igual, no es posible conocer cuál es el significado de ninguno de ellos:

*"Admiten que los inventores de la escritura imitaron los veinticinco símbolos*
*naturales, pero sostienen que esa aplicación es casual y que los libros nada signifi-*
*can en sí".*

Con esta alegoría genial, BORGES (1941) anticipa la paradoja de los sistemas
computacionales, *fodorianos*, y nos permite entender *por qué es imposible el*
*aprendizaje en un sistema estrictamente computacional*, o en otras palabras por
qué los sistemas de información no pueden "autocomplicarse" en la expresión de
RIVIÈRE (1987, Cap. 4), es decir alejarse por sí mismos de los estados de equilibrio entrópico. Aunque la información pueda definirse como "entropía negativa"
(WIENER, 1948), los sistemas informativos, en sí mismos, no pueden mantenerse
alejados de esa entropía exigida por el Segundo Principio de la Termodinámica.
Sólo pueden mantenerse lejos de esos estados de equilibrio, es decir, alcanzar
niveles de organización, como parte de sistemas más complejos. Como veremos
más adelante, sobre todo en el Capítulo IV, esta idea es central para nuestros
propósitos, ya que nos obligará a buscar esos sistemas más complejos en un
nivel de análisis superior, el nivel *verdaderamente representacional* de los sistemas cognitivos.

Según cuenta BORGES en su cuento, basta un número finito de signos escritos en un lenguaje arcano y arcaico, anterior a todas las lenguas conocidas (el mentalés) para componer, mediante un número igualmente finito de reglas (la gramática chomskyana) un número casi infinito, incontable de libros (o "representaciones"). Pero la Biblioteca (o la mente computacional), con esa estructura en forma de laberinto propia de los universos borgianos, se contiene sólo a sí misma, es un universo cerrado y repetido, suficiente en sí mismo, de modo que cualquier habitante de la biblioteca decidido a buscar (investigar) un libro, cualquier libro (representación), a través de sus angostos corredores y sus estantes multiplicados tendría la certeza de poder encontrarlo —basta que un libro (representación) sea posible para que exista—, pero nunca estaría seguro de haberlo encontrado, incluso cuando lo tuviera entre sus manos, porque jamás lograría acceder al significado arcano de esos libros, que pueden tener las más variadas traducciones (o significados) en diferentes lenguas. Y sobre todo, si todas las combinaciones posibles, y casi ilimitadas, de esos signos limitados están ya escritas en otros tantos libros, si basta con que algo sea combinatoriamente posible para que exista, *nadie podría nunca escribir un libro que no esté ya escrito* (nadie podría adquirir una nueva representación, *aprender*), sino únicamente encontrarlo o reconocerlo (*fijar una creencia*) en los anaqueles perdidos, múltiples y repetidos, siempre iguales a sí mismos (equipotenciales) de la Biblioteca (o de la mente). Si el sentido de esos signos sólo puede descifrarse en la cábala de sus casi infinitas combinaciones, si no hay un mundo ahí fuera sobre el que los libros estén escritos, cualquier combinación de signos (símbolos) es tan probable y significativa como cualquier otra, de modo que *dbcmrlchtdj* tiene tanto sentido como cualquier otra secuencia de signos que pueda ser enunciada, y por tanto es tan digna de ser escrutada o investigada como cualquier otra secuencia posible en cualquier otra *gramática artificial* que pudiéramos imaginar, como muestra el Proyecto Grammarama y toda la investigación posterior sobre el aprendizaje implícito de esas gramáticas artificiales, su paradigma experimental más prolífico (ver FRENCH y CLEEREMANS, 2002; STADLER y FRENSCH, 1998).

A diferencia de lo que sucede en el mundo físico (como nos recuerda, por ej., BARROW, 2000) y también, como veremos en el próximo capítulo, en el mundo cognitivo o representacional, donde sólo algunos sucesos posibles ocurren realmente, en el universo computacional de la Biblioteca de Babel, todo lo posible es real. De hecho, como sucediera ya con la idea de Julio CORTÁZAR (1968) de reducir la vida mental a conexiones subsimbólicas en el Capítulo 62 de su *Rayuela* (ver POZO, 2001), el universo imaginado por BORGES se ha convertido en realidad en los laboratorios de la psicología cognitiva del procesamiento de información. Por supuesto, asumir esto no implica negar la contribución teórica y sobre todo empírica hecha por la investigación cognitiva reciente. Sin duda nuestra "base de datos" sobre el funcionamiento de la mente ha aumentado considerablemente en los últimos años, por lo que, al menos en este sentido, podemos aceptar, con DE VEGA (1998, pág. 34), que *"en las tres últimas décadas hemos avanzado en el conocimiento de los procesos mentales más que en los tres últimos siglos"*. Y ese avance, como también nos recordara Ángel RIVIÈRE (1991), no hubiera sido posible si la psicología cognitiva no se hubiera encerrado en la Biblioteca de Babel, barajando sus símbolos chinos o sus signos arcanos e intentando explicar la mente y la conducta humanas en términos de representaciones regidas por reglas formales de cómputo. Podremos conseguir entender muchos de los libros —o de las representaciones— que contiene esa Biblioteca, descifrar sin duda muchos de sus enigmas, pero, como advierte lúcidamente FODOR (1983, 2000), siempre que nuestros intereses de comprensión sean *locales* y —yo añadiría— *estáticos,* en el sentido de los procesos de construcción "estática" o reconocimiento (POZO, 1989), a los que me referí en el Capítulo Primero (págs. 28-29); podemos acabar leyendo todos los libros, pero nunca podremos producir ningún libro que no esté ya oculto en alguno de los anaqueles repetidos de la biblioteca, en los casi infinitos pliegues de nuestra memoria. Con un diccionario adecuado de signos podemos descifrar o leer cada uno de esos libros individualmente, por separado, pero no podremos nunca entender su relación con los otros libros (o representaciones), en suma su significado; y tampoco podremos escribir nada nuevo, en suma, *adquirir ningún conocimiento nuevo* en la medida en que seamos sólo un sistema informativo.

Tiene por tanto razón FODOR (2000) cuando asume que el conocimiento para ser tal, debe ser global (o isotrópico), y que ni el verdadero significado ni el verdadero aprendizaje pueden producirse en un sistema exclusivamente computacional. Tiene seguramente razón cuando advierte que no es posible una teoría exclusivamente computacional del aprendizaje, o más allá de ello, exclusivamente asociativa (POZO, 1989). Creo que tiene razón también cuando supone que una parte de la mente no puede funcionar como un sistema de cómputo, al menos tal como hasta ahora lo conocemos (FODOR, 2000). En lo que no está, creo, tan acertado es en asumir que esos procesos globales no pueden ser comprendidos, *no existen*, en los sistemas cognitivos, o más aún en los sistemas de conocimiento. Lo que sucede es que, para entender la mente como sistema cognitivo y no sólo informativo, y más aún como sistema de conocimiento, hay que proporcionar a la mente contenidos que, aunque puedan ser formalizados, no pueden ser reducidos a las formas puras de la mente.

En suma, frente a los sistemas meramente informativos (como, por ejemplo, el código genético o, si se quiere, el procesador de textos con el que escribo estas palabras, que no entiende nada de lo que escribo, lo cual no le impide, local y estáticamente, sugerirme correcciones ortográficas tan ingeniosas como impropias, tales como reemplazar "amodales" por "amorales", "conexionismo" por "coleccionismo", o "quineana" por "guineana"), los sistemas cognitivos, como la mente humana y otras mentes animales, se caracterizan por manipular auténticas representaciones y no sólo información (POZO, 2001). Veíamos antes que la *información* debe entenderse en términos matemáticos, como el "número de opciones" generadas a partir de una serie de variables binarias. En cambio, desde una perspectiva funcionalista, como la definida por DIENES y PERNER (2002) o DRETSKE (1995), la *representación* implicaría no sólo la codificación de esa información en un sistema de memoria, sino sobre todo el uso funcional de la codificación así generada como un sustituto de otro suceso u otro objeto externo a la propia representación (DENIS, 1991; GUIRAUD, 1955; LYONS, 1977; SHANON, 1993). Según DRETSKE (1995, pág. 2), *"un sistema S representa una propiedad F si y sólo si tiene la función de indicar (proporcionar información sobre) la F de un cierto dominio de objetos"*. Para que exista representación tiene que haber información cuya *función* sea representar otra entidad u objeto diferente de sí mismo (DIENES y PERNER, 2002), o dicho con claridad, toda representación debe tener un *contenido*, un referente externo a sí misma (Pozo, 2001). Sin embargo, como hemos visto, la Biblioteca de Borges, o de Fodor, en cuanto biblioteca universal, y la mente que la emula, sólo puede contenerse a sí misma.

En los últimos años, dentro del propio procesamiento de información, ha surgido, o resurgido, una nueva corriente conexionista que, supuestamente, viene a resolver estos problemas que los sistemas computacionales tenían para manejar símbolos formales (su carácter local y estático, es decir los problemas del significado y el aprendizaje). Para ello adoptan un nivel de análisis subsimbólico, que no sólo no necesita manipular esos símbolos formales sino que decididamente acepta el reto de que las representaciones, en forma de "pautas de activación entre unidades", se refieran o sustituyan a entidades del mundo real, como muestra su relativo éxito en tareas cognitivas "periféricas" relacionadas con la percepción y el control motor (por ej., Clark, 1997). Pero, aunque en este punto el conexionismo supere algunas de las limitaciones del procesamiento de información clásico (como sostienen, por ej., Carreiras, 1997; Clark, 1997, 2001) sigue teniendo dificultades para afrontar el problema de los contenidos, dado que sigue manejando la misma moneda formal en sus intercambios con ese mundo exterior: la información.

De hecho, el carácter matemático o puramente formal de la información se hace aún más claro en los modelos conexionistas, que todo lo que tienen son un conjunto de unidades de información conectadas entre sí mediante ciertas reglas estadísticas. Estos sistemas de "representaciones distribuidas" no sólo están vacíos de contenidos sino que aplican los mismos algoritmos o reglas estadísticas a todos sus cómputos. Es en definitiva una manifestación más del principio de *equipotencialidad* o equivalencia entre los elementos que rige el funcionamiento de los mecanismos asociativos (Glenberg, 1997; Pozo, 1989), de los que el conexionismo es hoy sin duda el máximo y más potente desarrollo teórico. Al igual que el conductismo asociaba estímulos neutros, ya que supuestamente cualquier elemento conductual podía asociarse a cualquier otro, el neoconexionismo maneja unidades de información neutras que pueden formar aleatoriamente cualquier red neuronal a partir de todas las conexiones computacionalmente posibles. Pero si las investigaciones de aprendizaje animal mostraron, como se ha recordado en el Capítulo II, que ese principio no se cumplía y los animales tenían sus "preferencias", tampoco es cierto en la mente humana que *cualquier* unidad de información pueda asociarse de *cualquier* modo con *cualquier* otra.

Para un sistema conexionista, en cuanto dispositivo asociativo, cualquiera de los estados informativos del mundo —en términos de esos cómputos binarios— es igualmente probable, cualquier contenido es igualmente representable. Sin embargo, no parece que el sistema cognitivo humano sea indiferente al contenido de sus representaciones, como veremos en detalle en el Capítulo IV. Fuera de los laboratorios de psicología cognitiva, no todos los estados informativos del mundo son igualmente probables. Así, no todas las representaciones son equipotenciales porque no todas son igualmente probables debido a las *restricciones extrínsecas* impuestas por la organización del mundo. De hecho, cuanto menos probable sea un suceso, más informativo resulta, ya que reduce, según veíamos unas páginas más atrás, nuestra entropía representacional o cognitiva. Así, las vacas muertas bailando sardanas que aparecen en *La ciudad de los prodigios* de Eduardo Mendoza son un estado del mundo muy poco probable para cualquiera de nosotros y, por tanto, muy informativo y memorable si la dicha nos depara un encuentro con él. Pero también hay *restricciones intrínsecas* en la representación mental de los contenidos (GLENBERG, 1997), debidas a la propia mente y no sólo al mundo que esta se representa, restricciones que nuestro sistema cognitivo impone a la información que procesa (por ej., en forma de "módulos mentales" o "reglas para el cómputo de contingencias"), sin las cuales no pueden entenderse la naturaleza y el contenido de nuestras representaciones.

Ahora bien, estas restricciones, lejos de reflejar limitaciones en el procesamiento de información, serían un mecanismo imprescindible para convertir aquella entropía del ambiente físico en orden representacional en nuestra mente. Sólo un sistema cognitivo restringido, en el que unas representaciones son más probables que otras, puede ser funcional desde el punto de vista del aprendizaje y el conocimiento. Los sistemas cognitivos no manejan sólo información sino también representaciones porque se refieren a un mundo con sus propias restricciones, en el que ciertos sucesos son más probables que otros. Por tanto, para comprender la naturaleza cognitiva de la mente humana, sin la cual la adquisición de conocimiento no sería posible, tenemos que pasar a un nuevo nivel de análisis y asumir que, además de computar información, las mentes o sistemas cognitivos —la mente humana pero también las mentes de otros animales— tienen una *función representacional*. Eso es lo que diferencia a los sistemas cognitivos de otros sistemas informativos sumamente complejos, como los sistemas biológicos cifrados en el código genético. Eso es, en mi opinión, lo que diferencia a las ciencias cognitivas del resto de las ciencias: la naturaleza representacional de su objeto de estudio.

## CAPÍTULO IV

# El aprendizaje como adquisición de representaciones

*Si es verdad, en fin, que somos propietarios de un depósito lleno de genes, deberíamos conocerlo, como el cajón de los calcetines, para ponernos cada día el que nos diera la gana. Acabo de enterarme de que tenemos un gen de la ataxia, o de la ataraxia, prácticamente sin usar. Algunos insectos depositan sus huevos en el cuerpo de un mamífero, que constituye la despensa de la larva cuando sale. Se ve que a nosotros nos han colocado en este cuerpo para que lo devoremos poco a poco. Si no fumas y lo consumes con prudencia viene a durarte más o menos una vida. Y no te proporciona sólo proteínas o grasas como la mayoría de los organismos, sino que gracias a la especial configuración de su cerebro te provee también de pasiones, ideología y todo aquello, en fin, que nos hace tan desdichados o felices mientras el hígado resiste. Se trata, pues, de un cuerpo con tal variedad de usos y tan manejable que más que una despensa parece un sistema orgánico personal. Sin embargo, el descubrimiento de estos genes de la ataxia, igual que el hallazgo de un casquete polar en Plutón, pone de relieve, a la vez que muestra nuestra ignorancia, nuestra condición de extranjeros en un territorio carnal y cósmico que cada día nos sorprende.*

Juan José MILLÁS: El cuerpo
*Cuerpo y prótesis*, 2000.

Comprender la mente humana, más allá del procesamiento de información, como un sistema verdaderamente representacional —es decir, un sistema que procesa información cuya *función* es representar o estar en lugar de alguna otra cosa— implica abandonar el funcionalismo lógico o formal adoptado por la psicología computacional (el de FODOR, 1975, 1983, 2000; exhaustivamente criticado por SHANON, 1993) en favor de un funcionalismo evolucionista o darwiniano. De esta forma, la mente humana, como no podía ser menos, será un producto de la evolución de las formas de organización de la materia, que por tanto tiene una *historia* que es necesario comprender para lograr diferenciar los aprendizajes *exclusiva/mente* humanos —o la adquisición de conocimiento propiamente dicha (de la que se ocupa *específica/mente* el Capítulo V)— de otros aprendizajes animales y, por tanto, recordemos, también humanos.

## Del funcionalismo computacional al funcionalismo psicológico: ¡Houston, tenemos una solución!

Como ha señalado el neurólogo Gerald Edelman (1987), la asunción de la equipotencialidad por el conductismo —y también como hemos visto por el procesamiento de información, en cuanto asociacionismo cognitivo— supuso dejar de lado la historia evolutiva tanto de los estímulos como de las respuestas y, con ello, alejar a la psicología de un enfoque verdaderamente funcional, que debe ser por fuerza evolutivo o histórico. A pesar del propósito de Skinner (1974) de que la "selección por las consecuencias" de la conducta fuera el análogo psicológico del principio de la selección natural de Darwin, la tradición asociacionista, que persiste en las "máquinas de Turing", de propósitos generales, no puede asumir el carácter restringido o específico de los mecanismos psicológicos, que, según Edelman (1987), deben ser la respuesta a las demandas de nichos ecológicos particulares.

La idea de que los sistemas cognitivos constituyen "máquinas de Turing", capaces de resolver cualquier problema, ha alejado a la psicología cognitiva, presa del funcionalismo computacional, de adoptar un enfoque genuinamente funcionalista. No es casualidad que Chomsky (1980) y Fodor (2000), a pesar de su fe innatista, ejerzan paradójicamente un antidarwinismo o antievolucionismo militante (Carruthers y Chamberlain, 2000b), que ha permitido a Fodor (2000, pág. 96) afirmar sin ningún titubeo que *"no hay ninguna necesidad particular por la que el órgano del lenguaje tenga que haber sido moldeado por la selección natural. Esta es la razón por la que Chomsky puede... mantener que el lenguaje humano es tanto innato como modular pero no es una adaptación. Yo creo que todas estas afirmaciones son ciertas"*. El racionalismo fodoriano, pero también el asociacionismo skinneriano, proponen en realidad una psicología predarwiniana, en el sentido antes mencionado de carecer de una historia evolutiva. Este mismo enfoque estático o solipsista (Rivière, 1987) es el que en buena medida ha venido desarrollando, y sigue desarrollando, la psicología cognitiva dominante al pretender reducir las representaciones a un procesamiento meramente formal de la información. Puede pensarse que el gran avance de la biología en la segunda mitad del siglo xx se basa también en la asunción de ese mismo concepto de información por la teoría genética, pero, como veremos en el próximo apartado, las funciones biológicas, si quieren estudiarse desde una perspectiva histórica o evolutiva, tampoco pueden reducirse sólo a información.

Como vimos, en la Biblioteca de Babel —y en la máquina de Turing— todo lo que es posible es real, pero para la mente humana —y para cualquier otra mente animal— no todo lo posible es real, o al menos relevante, quizá porque, como nos recuerda Barrow (2000), tampoco es físicamente posible. Klein, Cosmides, Tooby y Chance (2002) distinguen entre las *funciones* de un sistema (aquello para lo que está diseñado) y las *capacidades* —o competencias chomskyanas— (lo que es capaz de hacer aunque no esté diseñado para ello). La función de un destornillador, para lo que fue diseñado, es obviamente poner y sacar tornillos, pero, si la necesidad aprieta, un destornillador puede servir como pisapapeles, como martillo, como gancho o soporte, o incluso como buril para grabar un corazón con dos nombres entrelazados en la corteza de un árbol o en una roca (si es que alguien tiene la ocurrencia de salir a pasear con un destornillador, claro). Podemos decir que las funciones de cualquier instrumento son siempre más restringidas y específicas que sus capacidades. Igual sucede, según KLEIN y cols. (2002), con los procesos y sistemas cognitivos, que son capaces de hacer muchas más cosas de aquellas para las que originalmente fueron diseñadas o seleccionadas.

Pero la psicología, atrapada en sus formalismos lógicos y matemáticos, últimamente computacionales, ha tendido a confundir las funciones de los sistemas cognitivos con sus capacidades o posibilidades, lo que ha llevado a convertir la mayor parte de las situaciones de laboratorio en escenarios posibles más que funcionales. Eliminando todo lo que realmente afectaba al sujeto, lo que era funcional en su conducta (las emociones, el significado, los aprendizajes anteriores, etcétera) se evitaba su interferencia, y así se aumentaba el control experimental de la tarea. Como consecuencia, la mayor parte de los escenarios experimentales de la psicología cognitiva ha tendido a usar información neutra o arbitraria, o si se quiere, entrópica, *sin contenido* (KLEIN y cols. 2002 ; POZO, 2001). Sin duda, las personas pueden aprender las reglas implícitas en series como *dbcmrlchtdj*, pueden adquirir gramáticas artificiales, del mismo modo que pueden aprender sílabas sin sentido o cualquier otra de las tareas arbitrarias, sin contenido representacional, que han predominado en los laboratorios de psicología del aprendizaje en el último siglo. Los sistemas de aprendizaje humano nos hacen capaces de aprender tales cosas, pero es claro que no es esa su función evolutiva, no han podido surgir *para* resolver tales problemas artificiales.

Aunque sabemos que la naturaleza —y con ella la mente— es un diseño extraño, teleonómico más que teleológico (MARTÍNEZ y ARSUAGA, 2002), también sabemos que cada proceso psicológico, cada sistema de aprendizaje y representación generado por la evolución debe tener una función, deber ser la *respuesta* del organismo a una *pregunta* del ambiente (aunque, como sabemos que ese "ambiente" es en realidad un "nicho cognitivo", en realidad es una *pregunta* que de algún modo organismo y ambiente se hacen mutuamente). Esta idea básica de la psicología evolucionista debería situarse en el centro de cualquier proyecto psicológico y más aún de cualquier intento de explicar el aprendizaje humano, y por tanto es también una idea central en este libro. Como señala PINKER (1997), hacer psicología cognitiva es de algún modo hacer *ingeniería inversa*. Los ingenieros tienen un problema (por ej., regular las condiciones ambientales óptimas de temperatura, humedad, ventilación, higiene, en un edificio, o conseguir que un artefacto logre comprender esta frase) y deben diseñar un sistema que solucione ese problema. La situación en psicología cognitiva es la inversa. En lugar de un problema (¡Houston, tenemos un problema!) *tenemos una solución pero las más de las veces no sabemos cuál es el problema* que resuelve. En los sistemas informativos todas las soluciones son igualmente probables, o entrópicas, porque todos los problemas son igualmente relevantes o funcionales, en el sentido de KLEIN y cols. (2002). Sin embargo, los sistemas representacionales han desarrollado ciertas soluciones porque ciertos problemas adaptativos son más probables que otros, que es otra forma de decir, como he defendido ya en el capítulo anterior, que las representaciones se refieren necesariamente a un mundo, son *sobre* algo, y que ese contenido de las representaciones es tan importante como su forma (o su in*forma*ción). De hecho, veíamos que lo que diferencia a los sistemas cognitivos del resto de los sistemas conocidos (físicos o biológicos), es precisamente su *función representacional*, el que traten sobre mundos específicos que no pueden reducirse a la lógica computacional (POZC, 2001, 2003b). Eso es lo que hace necesario un enfoque o estudio cognitivo de la mente, lo que hace que los sistemas cognitivos sean *específicos*, en el doble sentido, como ahora veremos, de hacerles distintos del resto de los sistemas estudiados por la ciencia y de ser propios de cada especie, incluido el *homo discens*.

## La especificidad de los sistemas cognitivos: La adquisición de representaciones

Llegados a este punto, se trataría de hacer mutuamente necesarias dos ideas que he sostenido en distintos momentos a lo largo de las páginas anteriores: *1)* que los sistemas exclusivamente informativos no pueden aprender; y *2)* que sólo los sistemas cognitivos tienen representaciones; y lo haré sosteniendo una tercera afirmación que es el nexo entre las anteriores, *3)* sólo los sistemas cognitivos aprenden, ya que *aprender es adquirir y modificar representaciones sobre el mundo (externo e interno)*. El aprendizaje y la representación son dos funciones estrechamente vinculadas que identifican a un nuevo tipo de sistemas que son el objeto de una nueva ciencia, la ciencia cognitiva, que será necesario llevar más allá del procesamiento de información si queremos convertirla en la bandera científica de este nuevo siglo, que puede ser la era de la ciencia cognitiva, o del cerebro-mente (GOLDBERG, 2001), del mismo modo que la primera mitad del siglo XX fue la era de la física (cuántica) y la segunda mitad lo fue de la biología (molecular). Y quizás la mejor forma de hacer comprensible —y necesario— este argumento, sea de hecho comparar el éxito de esta última ciencia, basada en el desarrollo de la genética y por tanto en la teoría de la información, con el éxito limitado de la psicología cognitiva, basada también en el procesamiento de información. ¿Por qué el sistema genético puede ser solo informativo y el sistema cognitivo no?

Hace unas páginas vimos ya que SCHRÖDINGER (1944) se preguntaba cómo pueden mantener los seres vivos su nivel de autoorganización lejos del equilibrio termodinámico, es decir de la entropía. Su respuesta fue que los seres vivos disponían de mecanismos, entonces desconocidos, para extraer orden del desorden (la vida como "entropía negativa") y para producir orden a partir del orden (replicación). Hoy en día se conoce bastante más sobre esos mecanismos, basados en la codificación química de la información genética en el ADN, cuya estructura fue descubierta por WATSON y CRICK (o viceversa) en 1953 en uno de los hallazgos más conocidos de la ciencia moderna (y que el propio WATSON, 1968, narra de forma muy divertida y provocadora). Pero el ADN y la "memoria genética" son sólo una parte de la explicación. El éxito de esa biología molecular, de carácter digital y mecanicista, ha ensombrecido el resto del cuadro evolutivo, haciéndonos olvidar que la codificación informativa del genoma, si se quiere la memoria genética, es una condición necesaria pero no suficiente para esa organización lejos de los estados entrópicos. Dicho de otra forma, si los seres vivos sólo fueran sistemas genéticos o informativos, tampoco podrían mantener esos niveles de autoorganización que les caracterizan frente al resto de los sistemas físicos (EIGEN, 1995; GOULD, 1995).

El sistema de "procesamiento de información molecular", basado en el ADN, se generó hace aproximadamente unos 3.500 millones de años, según las dataciones actuales (por ej., DELIUS, 2002; EIGEN, 1995). La historia de la vida, desde la síntesis del ADN hasta la aparición de los sistemas representacionales, y más tarde de los sistemas de conocimiento, consiste en un incremento progresivo de la complejidad de los sistemas biológicos codificados en esa información genética, o si se prefiere así, en una autoorganización cada vez mayor de esos sistemas que les permite un alejamiento progresivo del equilibrio entrópico. Esa evolución de la complejidad implicaría según DELIUS (2002) siete (otra vez el número mágico siete ¿por qué siete?) pasos o momentos singulares. Desde el ADN se pasaría a construir organismos unicelulares y más tarde pluricelulares hasta alcanzar los sistemas sensoriales, el movimiento, la integración de ambos en forma de sistemas nerviosos y finalmente el ajuste de las estructuras neuronales mediante procesos de aprendizaje y memoria (MAYNARD-SMITH y STZATHMÁRY, 1999 analizan la evolución de esos sistemas de procesamiento de información en "ocho hitos", esta vez son ocho, que coinciden sólo en parte con los propuestos por DELIUS, 2002).

El código genético constituiría, al modo de la Biblioteca de Borges, un alfabeto común a todos los seres vivos, basado en las casi infinitas combinaciones aleatoriamente posibles entre ese número finito de "letras" (CELA CONDE y AYALA, 2001; RIDLEY, 1999). Podríamos decir que el código genético, en cuanto tal, no ha evolucionado en estos miles de millones de años, lo que han evolucionado son los organismos que vienen cifrados en ese código. La vida sólo se ha "inventado" una vez, al menos en nuestro planeta, de modo que todos los seres vivos están hechos con los mismos ingredientes químicos básicos. Ya se sabe que compartimos proporciones sorprendentes de nuestros genes con animales que nos son tan próximos y queridos como la mosca del vinagre (cerca del 70%). Los genes son "recetas codificadas" para producir proteínas: "*la información genética que se transmite de generación en generación consiste básicamente en las **recetas** para sintetizar las adecuadas proteínas*" (MARTÍNEZ y ARSUAGA, 2002, pág. 105-106, énfasis de los propios autores).

De hecho, el organismo "construido" (GOULD, 1995) a partir de esas recetas —porque las recetas no se comen, aun hay que cocinarlas en un ambiente concreto, requieren el consumo o degradación de una gran cantidad de energía tomada del ambiente— es el producto de la organización química de esas proteínas. En Biología se diferencia entre el *genotipo* (la información contenida en el código genético) y el *fenotipo* (el organismo desarrollado o construido a partir de la interacción de ese genotipo con un ambiente dado). Según he definido el concepto de representación en el capítulo anterior, el código genético sería sólo un sistema informativo y no representacional. En contra de lo que sostienen algunos autores (por ej., CLARK, 2000; WHEELER y CLARK, 1999; en cambio para EDELMAN y TONONI, 2000, no sería ni siquiera un sistema de información), su función no es estar en lugar de ninguna otra cosa, sino ayudar a construir o a "catalizar" una estructura química en un ambiente físico concreto.

Pero a su vez ese código genético, en cuanto sistema informativo, puede evolucionar, tiene una historia, en la medida en que tiene un contenido. Podríamos decir que *el fenotipo es el contenido del genotipo*, es de lo que trata el código genético. Los genes informan sobre qué proteínas es necesario sintetizar y cómo.

A medida que los organismos se hacen más complejos, el fenotipo incluye no sólo la estructura anatómica y fisiológica, sino también la conducta y las adaptaciones a que ésta da lugar (JOHNSTON y EDWARDS, 2002). GOTTLIEB (2002) habla de un fenotipo conductual o psicológico, cuya complejidad —cuyos niveles de auto-organización lejos de la entropía— va también aumentando con la evolución. Según DELIUS (2002) de los casi dos millones de especies que hay en nuestro planeta, la mayor parte no tienen conducta (lo que no les impide tener tanto éxito adaptativo como tiene por ejemplo el virus del SIDA), mientras que sólo unas pocas son capaces de tener representaciones y aprendizaje, es decir dan lugar a fenotipos que desarrollan sistemas cognitivos.

¿Pero de dónde procede esta complejidad, esta autoorganización? ¿Puede explicarse en términos informativos, reducirse al código genético que está en su origen? A pesar del éxito de la genética, la explicación del *cambio* no está tanto en el genotipo (la información) como en el fenotipo (el contenido), o más aún en la interacción del fenotipo con un ambiente dado. Lo que el ambiente selecciona en realidad no son "paquetes de información genética" sino estructuras fenotípicas con mayor o menor éxito adaptativo en un determinado ambiente (JOHNSTON y EDWARDS, 2002) y por tanto con mayor o menor probabilidad de reproducir los genes que ese fenotipo, a su vez, contiene o transporta: *"¿Cuáles son los genes que favorecen la eficacia reproductiva? Precisamente aquellos que son útiles como adaptaciones, que facilitan la percepción del ambiente (como los sentidos corporales) y procesan alimentos o toleran la temperatura, o evitan depredadores..."* (CELA CONDE y AYALA, 2001, pág. 60).

La razón por la que la selección se ejerce sobre el fenotipo y no sobre la información genética es que esta tiene muy escasa capacidad de autoorganizarse, ya que los cambios que suceden a nivel genético son estrictamente aleatorios. Tras el rechazo de las posiciones lamarckianas en biología, se asume que *los genes no aprenden* —como tampoco aprenden el resto de los sistemas exclusivamente informativos— es decir no se modifican en función de sus consecuencias, de forma que *"sabemos que la relación entre genotipo... y fenotipo... es unidireccional ... El fenotipo está determinado por las interacciones entre los productos génicos y el ambiente, pero no existe ningún mecanismo por el que el proceso pueda ser inverso"* (CELA CONDE y AYALA, 2001, págs. 41-42). Los únicos cambios en la dotación genética, como en cualquier otro sistema exclusivamente informativo, son por tanto de carácter aleatorio (o sea entrópico) y por sí mismos no podrían producir nunca una mejor adaptación al ambiente, sino más bien al contrario: *"la mutación, la migración y la deriva genética son procesos aleatorios respecto a la adaptación: tienen lugar independientemente de las consecuencias que dichos cambios puedan tener en la adaptación al ambiente y en la eficacia reproductiva de los organismos. Si esos fueran los únicos procesos de cambio evolutivo, la organización de los seres vivos se desintegraría gradualmente... La selección natural revisa, por así decirlo, de forma incesante los efectos desorganizadores de la mutación"* (CELA CONDE y AYALA, 2001, pág. 60).

Por tanto, tampoco en el ámbito de la biología pueden explicarse los procesos dinámicos en términos exclusivamente del "procesamiento de información molecular", porque un sistema carente de contenidos semánticos no puede automodificarse. Así lo entienden los propios bioquímicos, como EIGEN (1995, pág. 25 de la trad. cast.): *"Sólo una teoría dinámica de la selección puede dar cuenta de la* diferencia entre secuencias con sentido y sin sentido, mediante criterios que evalúen su **contenido semántico o fenotípico**" (los términos destacados son ahora míos). En otras palabras, para explicar los procesos dinámicos, realmente constructivos, es necesario salir fuera de la Biblioteca, de ese universo computacional de casi infinitas combinaciones de unas pocas unidades discretas, tal como avisara hace ya tiempo RIVIÈRE (1987, págs. 70-71, esta vez todos los términos destacados son del original):

> "**Las descripciones discretas no pueden, a su vez, ser creadas o interpretadas de forma discreta.** Es decir: el código 'simbólico' (si se me permite esta licencia) de ADN no agota las posibilidades de explicar una cierta dinámica, **de carácter continuo**, a la que controla. La construcción de enzimas cuenta con un alto grado de libertad y, sobre todo, **el significado** del código genético no puede expresarse simplemente por traducción de unos códigos discretos a otros.... Pues bien, cuando los psicólogos cognitivos explicamos la comprensión, por ejemplo, por la traducción de un código lingüístico discreto a otro código proposicional también discreto, hacemos algo parecido a lo que haría un biólogo que, para explicar los procesos genéticos, se limitara a transcribir cadenas de ADN a ARN, etc., sin explicar realmente el proceso".

Por tanto, aunque la mente humana sea un sistema de cómputo o procesamiento de información, como sin duda lo es, no puede reducirse a eso, debemos asumir además que la información que se computa trata de algo, *representa algo* que está fuera del propio sistema y que tiene una naturaleza continua (POZO, 2001). Pretender reducir la mente humana y sus producciones —por ej., el *conocimiento* humano— a procesos exclusivamente computacionales o informativos es como intentar explicar *El Quijote* o *En busca del tiempo perdido* en función del sistema alfabético en el que está producido o de las reglas sintácticas en que se basa. Sin duda, cualquier libro está restringido por la naturaleza de los códigos en que está escrito, pero, de acuerdo con la lógica de la jerarquía de sistemas defendida al final del Capítulo Primero, no puede ser explicado por esos códigos. El código alfabético no contiene *El Quijote* o *En busca del tiempo perdido* aunque estas obras, y cualquier otra obra imaginable, puedan ser escritas a partir de él, del mismo modo que las posibilidades computacionales del sistema cognitivo no contienen el conocimiento humano, en todas las variantes y complejidades que aquí queremos estudiar. Los sistemas cognitivos adquieren su sentido en un nivel u orden superior al informativo, que sería el de las *representaciones*. En ese orden representacional hay un mundo, fuera de la Biblioteca, al que deben referirse los libros. Además, tampoco es cierto que todos los libros posibles estén ya escritos en la Biblioteca, sino que es necesario escribirlos o construirlos mediante el *aprendizaje*, ya que no todo lo que sucede en el mundo está previamente escrito en la información genética, de la misma forma que el castellano o el húngaro no contienen ya, de modo larvado o implícito, todos los libros que en esas lenguas puedan escribirse.

Los organismos evolucionan porque el propio mundo cambia. Sin embargo, el proceso de selección natural es muy lento, o si se quiere muy conservador, dado el carácter irreversible de las relaciones genotipo-fenotipo, por lo que no asegura la adaptación ante ambientes que cambien muy rápidamente. Pero aquellos genes que hagan posible modificar el fenotipo para adaptarse a nuevas demandas ambientales, dotándole de mecanismos de aprendizaje más eficaces, favorecerán notablemente sus probabilidades de reproducción. Los procesos de aprendizaje permiten a los organismos una creciente independencia de las presiones específicas del ambiente, al permitirles adaptarse a nuevos ambientes e incluso modificarlos, mediante procesos de lo que el Premio Nobel Gerald EDELMAN (1987; EDELMAN y TONONI, 2000) ha denominado "selección somática" o neuronal, que complementaría en los organismos complejos, los procesos de selección propios de la especie. De hecho, la propia filogenia del aprendizaje puede concebirse como un proceso de flexibilización progresiva de las representaciones con respecto al ambiente, de forma que vaya aumentando de modo gradual el control que el organismo (o ya el sujeto) tiene sobre sus propias representaciones, hasta alcanzar las formas más complejas de aprendizaje, los procesos de adquisición de conocimiento, que por su naturaleza explícita, están parcial o totalmente bajo el control consciente, como veremos en el Capítulo V.

Pero, para que un sistema pueda aprender —es decir modificar sus respuestas en función de nuevas presiones tanto externas como internas—, debe disponer de una representación inicial, que le permita detectar cambios con respecto a esa representación o ambiente esperado. Los seres vivos complejos no seríamos así *informívoros*, voraces consumidores de información, como suponía PYLYSHYN (1984), sino verdaderos *representómanos*, auténticos maníacos de la representación, sistemas cognitivos dedicados de modo compulsivo y automático a elaborar mapas o modelos mentales del mundo. Ello sin duda nos exige consumir, o procesar, grandes cantidades de información, con el fin de detectar aquellos cambios físicos que se desvían de nuestras representaciones o mapas. Pero son esos cambios, y no todos los cambios energéticos que se producen en el ambiente, los que resultan realmente informativos para un sistema cognitivo, aquellos que, como vimos en el capítulo anterior, reducen la incertidumbre o entropía representacional, que hacen del mundo algo más predecible y controlable, que es en mi opinión la función biológica primaria del aprendizaje.

En consecuencia, los sistemas cognitivos se caracterizan no por procesar información, rasgo que comparten con otros sistemas —de hecho los organismos tienen otros sistemas de información, otras memorias, además de la cognitiva y la genética, como por ejemplo el sistema inmunológico, que se rige por la misma lógica informativa (EDELMAN y TONONI, 2000; HULL, LANGMAN y GLENN, 2001)— sino por generar representaciones mediante esa información, que en principio no pueden ser reducidas a un código discreto y que, a diferencia de los sistemas meramente informativos, se caracterizan porque son modificables como consecuencia de la interacción con el medio. Como señalaba al comienzo de este capítulo, aprender es un rasgo *doblemente específico* de los sistemas cognitivos o representacionales. En primer lugar, el aprendizaje es un proceso específico de los sistemas cognitivos, que los diferencia de otros sistemas complejos, incluyendo en mi opinión los sistemas informáticos o de inteligencia artificial, muy eficaces en la construcción estática pero seriamente limitados en la construcción dinámica (POZO, 1989), o si se prefiere capaces de realizar cómputos locales pero no globales, en el sentido de FODOR (1983). Pero aprender es también un proceso específico en un segundo sentido, ya que las representaciones en que se basa son respuestas específicas a ambientes específicos. Por oposición al carácter general o formal de los mecanismos clásicos de aprendizaje asociativo, concebidos como mecanismos de propósitos generales (GALLISTEL, 2000), la adquisición de representaciones está fuertemente influida por el contenido de lo que se aprende, por las representaciones que se modifican como consecuencia de esos procesos. Sostener que el aprendizaje es no sólo un proceso sintáctico sino también semántico implica reconocer la influencia de los contenidos representacionales en el aprendizaje.

## Procesos y contenidos en la psicología del aprendizaje

Tradicionalmente las teorías psicológicas, y muy especialmente las teorías del aprendizaje, han tenido una orientación que podríamos llamar *generalista*. Los enfoques psicológicos más influyentes han asumido la existencia de procesos o mecanismos independientes del dominio o contenido específico de las representaciones sobre las que esos procesos se aplican. Hemos visto ya que, para SKINNER (1974), los mecanismos de aprendizaje formarían parte de la dotación genética, por lo que serían sistemas universales o generales, de acuerdo con el principio de equipotencialidad. Igualmente hemos visto que el procesamiento de información es ajeno a la semántica de las representaciones. Como ha señalado TULVING (1989), es una psicología de los procesos, pero no de los contenidos. En la psicología cognitiva imperante los sistemas de atención, percepción, memoria o aprendizaje, como los mecanismos de detección de contingencias en el conductismo, constituirían un conjunto de procesos universal, independiente de la cultura y del aprendizaje, cuya aplicación en diferentes ambientes y culturas produciría la adquisición de las más variadas representaciones o contenidos. Como señala REBER (1993), este enfoque se basa en asumir *a*) un innatismo de procesos y *b*) una total vaciedad representacional o de contenidos, de forma que esos procesos se aplicarían por igual a cualquier dominio, con independencia de su contenido representacional (POZO, 2001). Los recientes modelos conexionistas mantienen una posición similar, aunque más matizada, ya que si bien su arquitectura funcional es supuestamente generalista o sintáctica (nuevamente el sistema viene *preformado* con reglas de cómputo ya establecidas, pero no con contenidos representacionales), los programas desarrollados suelen ser específicos para el procesamiento de determinada información, o si se quiere, en el sentido de FODOR (1983), realizan un procesamiento local.

Un planteamiento igualmente *sintáctico* se puede encontrar también en otros enfoques psicológicos aparentemente muy distantes, como la psicología piagetiana, que es finalmente también una psicología de los procesos y no de los contenidos (por ej., CARRETERO, 1985; POZO, 1994; WELLMAN y GELMAN, 1997). En términos piagetianos, los componentes operacionales de la mente conforman sus producciones figurativas o, dicho de otra forma, el sujeto estaría preformado con ciertos procesos de aprendizaje (en su caso, los "invariantes funcionales" y sobre todo los mecanismos de equilibración), de cuya aplicación surgen nuevamente diferentes estructuras representacionales, que no están en ningún modo preformadas (PIAGET, 1967, 1979). El ejemplo más claro de ello sería el funcionamiento del pensamiento formal, que produciría las formas superiores del conocimiento humano según PIAGET, y que se caracterizaría supuestamente por reducirse a formas o estructuras lógicas de las que se deducen necesariamente ciertas representaciones, de modo que el pensamiento formal no se vería influido, en el planteamiento original piagetiano, por el contenido sobre el que se aplicara (ver CARRETERO, 1985). Incluso otras concepciones posteriores que en apariencia se alejan de esta posición piagetiana, como el modelo de la redescripción representacional de KARMILOFF-SMITH (1992), al que me referiré en el Capítulo V, siguen manteniendo que esos procesos son universales e invariantes, independientes de la cultura y el aprendizaje (SPENCER y KARMILOFF-SMITH, 1997). Si bien en su caso la aplicación de esos procesos se ve restringida por el contenido de las representaciones, de forma que la mente no estaría vacía de contenidos, seguimos frente a un modelo que, como casi todas las teorías en psicología cognitiva, mantiene un innatismo de procesos (GELLATLY, 1997; POZO, 2001), no tanto, como veremos en su momento, por su origen genético —ya que los genes no necesariamente *contienen* fenotipos ya preformados, sino que los construyen en interacción con el ambiente (CLARK, 2000; GEARY y HUFFMAN, 2002; JOHNSTON y EDWARDS, 2002; WHEELER y CLARK, 1999)— como por la imposibilidad de que sean modificados por la cultura y el aprendizaje.

Vemos, por tanto, que teorías psicológicas muy diferentes, casi antagónicas, comparten el supuesto común de diferenciar claramente procesos (forma) de representaciones (contenido), asumiendo que los procesos son fijos, inmutables, que están ya ahí, antes de cualquier interacción con el ambiente, y siguen ahí, "impasible el ademán", tras todas las interacciones y experiencias culturales. Por el contrario, las representaciones serían el producto de la aplicación de esos procesos comunes a las más variadas experiencias, por lo que se caracterizarían por su casi infinita maleabilidad y diversidad. Las representaciones serían la plastilina a la que se aplican esas herramientas fijas y universales, así que, una vez más, como en la Biblioteca de Borges, con unos pocos mimbres se pueden hacer todos los cestos que uno pueda imaginar. Basta que algo sea posible para que sea representable.

Sin embargo, esta concepción de las relaciones entre procesos y contenidos psicológicos, basada en una concepción dualista del conocimiento que predomina en todos los ámbitos de nuestra cultura, como veremos en el Capítulo V (página 186 y siguientes), está resultando cada vez más insatisfactoria en numerosos ámbitos de la investigación cognitiva[1]. No parece que los procesos sean tan fijos e inmutables como la mayor parte de las teorías han supuesto, y menos aún que las representaciones sean infinitamente moldeables, sino que parecen estar seriamente restringidas en diferentes dominios de conocimiento, de modo que ciertas representaciones no sólo son mucho más probables que otras en esos dominios, sino que se adquieren mucho más fácilmente y luego resultan muy difíciles de modificar. Según JACKENDOFF (1994) nuestras representaciones, más que estar hechas de esa plastilina infinitamente moldeable, consistirían en piezas como las del *lego*, de modo que no todas encajan con todas y de cualquier manera arbitraria (o entrópica), sino que hay ciertas restricciones que hacen más fáciles unas construcciones que otras. Quizá debiéramos añadir que esas piezas son

---

[1] Por razones en las que aquí no nos detendremos, pero que son abundantes y surgen desde perspectivas muy diversas (por ej., CARRETERO, 1985; CARRETERO y GARCÍA MADRUGA, 1984; CARRUTHERS y CHAMBERLAIN, 2000a; CECI y NIGHTINGALE, 1990; GALLISTEL, 2000; GELMAN y WILLIAMS, 1997; HIRSCHFELD y GELMAN, 1994; POZO, 1994; SPERBER, 2000; SPERBER, PREMACK y PREMACK, 1995; TULVING, 1989; VOSS, WILEY y CARRETERO, 1995)

además, en su mayor parte, irregulares y por tanto altamente específicas para la construcción de ciertas representaciones. Sólo encajan con otras piezas igualmente específicas, como la llave en la cerradura (Cosmides y Tooby, 1994a), por lo que sólo pueden ser usadas en ciertos dominios o tareas. Como veremos en el Capítulo V, serán los sistemas culturales de representación los que nos permitan construir nuevos e insospechados conocimientos, proporcionándonos nuevas piezas multipropósito, auténticos *comodines cognitivos*, que permiten combinar de modo más flexible muchas de esas piezas en principio incompatibles entre sí. De esta forma, surgen nuevas y fascinantes construcciones o conocimientos, si bien esos nuevos sistemas representacionales, como veremos también en el Capítulo VI, funcionan bajo las restricciones impuestas por la propia mente y los propios dominios representados. Hoy por hoy no existe ningún lenguaje capaz de representar todos los contenidos imaginables, aunque algunos sean más versátiles que otros (y seguramente el "lenguaje natural" es uno de los más versátiles). Ninguno de los innumerables lenguajes lógicos y matemáticos inventados es omnipotente representacionalmente. El último gran intento de lograr esta reducción es la cibernética. Pero cabe pensar que, a pesar de su gran potencia representacional, no todo puede reducirse a cómputos, a números. O al menos cabe desear que no todas las experiencias humanas (¡incluyendo tal vez el conocimiento!) sean digitalizables.

Dejando de lado la maleabilidad de los procesos cognitivos por el aprendizaje y la cultura, estas *restricciones* en la construcción de representaciones no constituyen tanto una limitación cognitiva como una potenciación de nuestras capacidades de representación. Como hemos visto, en una Biblioteca que contenga todos los libros imaginables, es difícil diferenciar un libro de otro. Sólo si imponemos restricciones en los posibles libros o representaciones que pueden escribirse o construirse podremos ordenar realmente las estanterías de nuestra mente lejos de esa tendencia de toda la materia a la entropía. Sólo si unas representaciones se hacen más probables que otras lograremos hacer más predecible y controlable el mundo. Pero, aunque pueda parecer paradójico, desde una perspectiva funcionalista o adaptativa, parte de ese orden que la mente impone al mundo, restringiendo sus representaciones de él, proviene en realidad del propio mundo. La mente humana trabaja con representaciones y esas representaciones a su vez tratan de aquellas partes del mundo con las que esa mente interactúa. La mente y el ambiente se construyen mutuamente. Por tanto, analizar el aprendizaje como un proceso de cambio de representaciones, a diferencia de lo que sucede en un sistema exclusivamente informativo o computacional, implica estudiar su adquisición en *dominios específicos* de conocimiento. Esa es la orientación que están tomando actualmente muchos enfoques del aprendizaje animal y humano, más allá del procesamiento de información.

## Cuando la información se hace carne: Restricciones en el aprendizaje en dominios específicos

La existencia de restricciones en la adquisición de representaciones en diferentes dominios ha sido demostrada en la investigación reciente con sujetos muy distintos, desde animales a bebés, desde novatos a expertos, y desde enfoques teóricos y metodológicos tan diferenciados como:

a) Los estudios de aprendizaje animal desde una perspectiva comparada.
b) La psicología evolucionista que se ocupa del origen de la mente humana.
c) La propia psicología evolutiva, en especial las investigaciones con neonatos y bebés.
d) Diversas áreas de la psicología cognitiva (memoria, aprendizaje, percepción, razonamiento, etc.).
e) La investigación de esos mismos procesos cognitivos desde las neurociencias.
f) La psicología de la instrucción y la formación de expertos en dominios específicos.

Dado que es imposible entrar aquí en el detalle de cada una de estas áreas de investigación, me limitaré a resaltar sus principales contribuciones al estudio del aprendizaje, lo que me permitirá revisar las diferentes interpretaciones teóricas surgidas desde esos distintos enfoques con respecto al aprendizaje de contenidos representacionales específicos, interpretaciones que intentaré sintetizar en el apartado que cierra este capítulo, en la idea de que *ese aprendizaje puede concebirse como la adquisición de representaciones implícitas y encarnadas en dominios específicos de conocimiento.*

## La psicología comparada del aprendizaje animal

A pesar de que la investigación sobre el aprendizaje animal ha estado tradicionalmente dominada por el enfoque del aprendizaje asociativo y aún sigue dominada por él (por ej., MOWRER y KLEIN, 2001; PEARCE y BOUTON, 2001), numerosos estudios en contextos más naturales han mostrado que esos aprendizajes no pueden entenderse si no se consideran "*los mecanismos de aprendizaje como adaptaciones moldeadas por la selección natural para obtener resultados que representen las mejores soluciones para problemas ambientales específicos dentro de ciertas restricciones*" (PAPINI, 2002, pág. 186). Frente a la idea del aprendizaje como un proceso de "propósitos generales", vacío de contenidos específicos, desde este enfoque se reclama la existencia de "mecanismos de aprendizaje especializados", auténticos módulos de aprendizaje, diseñados para adquirir representaciones específicas del ambiente (GALLISTEL, 2000; HAUSER, 2000; MARLER, 1991).

Desde la perspectiva de la llamada "epistemología evolucionista", LORENZ (1996) analiza la evolución de los sistemas orgánicos como la generación de estructuras (fenotipos) cada vez más flexibles o aptas para responder a las variaciones específicas del ambiente que pueden afectar a su supervivencia, incluyendo por ejemplo la irritabilidad ante variaciones químicas o físicas, o los sistemas de regulación de la temperatura corporal. Posiblemente la aparición en esa evolución de mecanismos de aprendizaje como tales es ya necesaria en todos los animales que pueden moverse para acercarse a las fuentes de energía o placer y alejarse de los estímulos que reduzcan su probabilidad de sobrevivir (PAPINI, 2002), de forma que el origen filogenético de las funciones motoras y emotivas —como su propia etimología— sería común. Un organismo que se mueve debe también emocionarse (o con-moverse), ya que debe anticipar las consecuencias de sus acciones, una función adaptativa de la emoción (por ej., PALMERO y FER-NÁNDEZ-ABASCAL, 1998), finalmente una función *e-motiva*. La mayor parte de los organismos disponen, como parte de su dotación genética, de pautas motoras fijas que serían "*dispositivos altamente especializados que pueden aplicarse de forma ventajosa solamente en situaciones particulares*" (LORENZ, 1996, pág. 17). De hecho, esa capacidad de moverse —o *conducta* en los términos fisicalistas clásicos (ver Cap. II)— requerirá a su vez de otros dispositivos igualmente especializados que permitan detectar aquellas variaciones físicas o energéticas del ambiente que puedan afectar a la supervivencia de ese organismo. Los animales podrán responder con conductas específicas a aquellos cambios concretos que pueden detectar y por tanto representarse, de forma que los animales no sólo dispondrían de "programas motores" fijos sino también de "programas sensoriales" que constituirían representaciones específicas del ambiente: "*una tremenda cantidad de información filogenéticamente adquirida puede empaquetarse en este tipo de programas, porque unos pocos mecanismos selectivos para adquirir información instantánea garantizan que las pautas motoras se realicen en el momento justo y en el lugar justo*" (LORENZ, 1996, pág. 19).

Pero estas representaciones primarias de ambientes específicos, de las que dispondrían casi todos, si no todos, los animales, desde los más simples hasta nosotros, tienen además dos propiedades esenciales. *En primer lugar*, permiten *construir* ambientes o mundos, lo que quiere decir que esas representaciones nunca son totales o exhaustivas, no se construyen de acuerdo con el principio de correspondencia, según el cual a cada mundo le corresponde una única representación (y viceversa) (GELMAN y WILLIAMS, 1997). Recuperando la metáfora de BORGES sobre el mapa y el territorio, a la que me referí en el Capítulo Primero, al tratar del constructivismo epistemológico, los mapas nunca pueden registrar todos los parámetros físicos o todos los cambios energéticos que se producen en el territorio, sino que restringen las variaciones físicas que pueden ser detectadas a aquellas que han sido relevantes en la historia evolutiva, de modo que cada especie vive en su propio mundo, construye su propio "nicho cognitivo" (TOOBY y DE VORE, 1987). En cada uno de esos nichos cognitivos específicos, a diferencia de lo que sucedía en la Biblioteca, no todo lo posible es *real*. Así, en nuestro mundo inmediato —o sea, en el mapa representacional del mundo que podemos construir mediante nuestras representaciones implícitas— no existen los rayos ultravioletas, y los colores y las formas quedan reducidos a una estrecha gama, que asegura la diversidad pero sobre todo la constancia (SHEPARD, 1994). Como mamíferos visuales que somos, nuestra representación del mundo no suele incluir información olfativa a la que, sin embargo, son tan sensibles otros animales como las ratas o incluso los salmones, que reconocen el lugar de desove mediante claves olfativas (HAUSER, 2000). Como ya señaló SCHROEDINGER (1944), si fuéramos sensibles a la continua agitación microscópica de la materia, nuestra representación del mundo no es que fuera distinta, sino que sencillamente sería imposible, porque no podríamos detectar orden o regularidad alguna en tanto movimiento. El mundo se nos presenta en estados (sólidos, líquidos o gaseosos) que no responden sino a nuestra propia forma de representarlos, de restringir sus posibles variaciones, de extraer continuidad de sus múltiples discontinuidades. Allí donde la ciencia ha descubierto discontinuidad, mediante la interacción de unidades discretas (átomos, genes, quanta, también unidades neuronales), los organismos se representan continuidades, construyen orden a partir de la constante y caótica agitación de esas unidades discontinuas (por ej., DONALD, 2001; EDELMAN y TONONI, 2000). Como veremos en el Capítulo VI, al ocuparnos de la adquisición del conocimiento físico, la consecuencia es que resulta muy difícil adquirir representaciones, como la discontinuidad o el movimiento intrínseco de la materia, que violan los supuestos básicos de nuestra representación *continua* del mundo (GÓMEZ CRESPO y POZO, 2001; POZO y GÓMEZ CRESPO, 1998, 2002).

Pero, *en segundo lugar*, esas representaciones primarias constituyen a su vez "módulos de aprendizaje específicos" (GALLISTEL, 2000) o "instintos de aprendizaje" (MARLER, 1991). Como destacó repetidamente LORENZ (1965, 1996), esos sistemas tienen una cierta flexibilidad para adaptarse o representar nuevas variaciones ambientales, que iría en aumento a medida que los propios sistemas, y los organismos de los que forman parte, se hicieran más complejos. Estas representaciones primarias no serían sólo "el álbum de fotos" de la especie, una antología de los ambientes y experiencias más probables, sino que serían representaciones dinámicas (DIETRICH y MARKMAN, 2000; TURVEY y SHAW, 2000) que permitirían, con diverso grado de flexibilidad, adquirir nuevas experiencias, representar nuevos ambientes y, a través de ellos, modificar la conducta. De esta forma, las representaciones específicas se convierten también en sistemas de aprendizaje específico.

La investigación reciente sobre las capacidades cognitivas de los animales y sus aprendizajes en ambientes naturales ha mostrado que adquieren representaciones específicas más complejas y sutiles de lo que la psicología del aprendizaje animal ha asumido tradicionalmente. Aunque aquí no podemos entrar en el detalle de los procedimientos experimentales ni en los agitados debates que estas investigaciones generan (ver por ej., BOYSEN e HIMES, 1999; HAUSER, 2000; ROITBLAT y VON FERSEN, 1992; ROITBLAT y MEYER, 1995; THOMPSON, 1995), no hay duda de que, al menos, las aves y la mayor parte de los mamíferos disponen de una representación primitiva de sus congéneres. Como no podía ser menos, reconocen a los miembros de su especie, y dentro de ella diferencian entre machos y hembras, entre adultos y jóvenes, e incluso en muchos casos reconocen a individuos concretos, pero en general no son capaces de hacer estas discriminaciones dentro de otras especies, o entre ciertas especies: se trata literalmente de *representaciones específicas* (THOMPSON, 1995).

Algunos de esos animales, como las aves y algunos insectos, tienen representaciones espaciales de una extraordinaria precisión, que además les permiten aprender fácilmente nuevos espacios y "navegar por ellos" (GALLISTEL, 1989). Así, por ejemplo, la hormiga tunecina del desierto, que mide menos de un centímetro, puede alejarse hasta 400 metros de su hormiguero en busca de alimento y regresar buscando el camino más corto, elaborando complejos mapas cognitivos de su ambiente natural. Las investigaciones de WEHNER (por ej., WEHNER y MENZEL, 1990; también GALLISTEL, 2000; HAUSER, 2000) han mostrado que las hormigas, como las abejas y otros insectos, se orientan en su navegación, combinando dos sistemas de referencia, la posición del Sol y la propia información registrada sobre su pilotaje a través de ese espacio. Como los marinos, los animales "navegan" por *estima*, un sistema de representación espacial universal que sin embargo se basa en representaciones específicas diferentes para cada especie en función de su ambiente pero que implica que esos animales adquieren una representación de los movimientos del Sol o de las estrellas en su ambiente (GALLISTEL, 2000; HAUSER, 2000). Pero, al igual que los marinos antes del desarrollo de la cartografía moderna, o que los célebres navegantes polinesios (HUTCHINS, 1995), las hormigas tunecinas del desierto, o para el caso las abejas, tienen representaciones locales o situadas de sus ambientes específicos, no mapas referenciales que les permitan navegar por cualquier espacio posible. Si a estos insectos se les desplaza artificialmente a un nuevo ambiente, en el que las referencias del Sol o las estrellas sean diferentes, o se les cambia de lugar en su propio ambiente, de modo que pierden la información sobre el pilotaje que han realizado a través de él, se desorientan, de la misma forma que nosotros nos perderemos en una ciudad nueva de la que no tengamos un mapa cognitivo explícito desde el que orientarnos o una representación por estima del camino que hemos ido siguiendo.

Pero los animales también tienen otras representaciones más abstractas, que incluyen representaciones categoriales (por ej., diferencian las categorías naturales de las artificiales, THOMPSON, 1995) o una representación primitiva del número. Así, son sensibles a diferencias simples en la "numerosidad" de los objetos, y pueden hacer cálculos elementales con los mismos, como comparar cantidades relativas de alimento, de huevos en el nido o el número aproximado de rivales con respecto al de aliados (DEHAENE, 1997; GALLISTEL, 1989; HAUSER, 2000). Se trata por tanto de representaciones relativamente abstractas, no reducibles sólo a la detección de regularidades o similitudes "físicas" entre los objetos (THOMPSON, 1995), por lo que difícilmente pueden ser producto de la inducción a partir de procesos generales de aprendizaje asociativo, aunque posiblemente estos procesos sean básicos para ajustar esas representaciones a las nuevas demandas ambientales. Pero, en todo caso, se trata de representaciones *categoriales* —que permiten una conducta eficaz en el entorno— pero no aún de representaciones *conceptuales* —que implicarían la relación con otras representaciones y no sólo con los objetos y sucesos del mundo que ayudan a predecir y controlar— (HAUSER, 2000; ver también Capítulo VI, para profundizar en esta diferencia entre conceptos y categorías).

Por tanto, los animales disponen de representaciones específicas desde las que construyen su ambiente y aprenden sobre él, de modo que aprender implica no tanto adquirir nuevas representaciones arbitrarias como usar las restricciones impuestas por esas representaciones específicas para hacer más predecibles y controlables los cambios que se producen en el entorno. Es en este sentido en el que estas representaciones contituyen "instintos de aprendizaje" (GALLISTEL, 2000; MARLER, 1991). Muchas de estas representaciones guardan un cierto paralelismo con las encontradas en el aprendizaje humano, donde podemos esperar encontrar representaciones con la misma función, aunque adaptadas a las demandas específicas de nuestro ambiente, un ambiente filogenéticamente similar al del resto de los primates pero también diferente en algunas de esas demandas.

## La psicología evolucionista y el origen de la mente humana

Las explicaciones psicológicas sobre el origen de la mente humana, de nuestra especificidad cognitiva frente a otras especies, incluidas las más próximas como el resto de los primates, se han apoyado tradicionalmente en procesos generales, como la conciencia, el lenguaje o el pensamiento simbólico, todas ellas capacidades abstractas y no restringidas a ningún dominio concreto. Por el contrario, la investigación más reciente ha venido a situar también el origen de la mente en el desarrollo de ciertas funciones cognitivas altamente específicas que diferenciarían, en mayor o menor grado, al *homo discens* del resto de los primates. Así, la llamada psicología evolucionista asume hoy en día, de modo mayoritario, la llamada *hipótesis de la modularidad masiva*, según la cual, "*la mente está compuesta esencialmente (o puede que completamente) por 'módulos' o mecanismos computacionales innatos, de propósitos específicos*" (SAMUELS, 2000, página 13). O sea que no venimos al mundo con un pan debajo del brazo sino, según la metáfora de COSMIDES y TOOBY (1994b), con una "navaja suiza" compuesta de múltiples dispositivos cognitivos específicos para solucionar los problemas que nuestra especie hubo de resolver para llegar aquí, hasta escribir y leer estas líneas.

PINKER (1997) o COSMIDES y TOOBY (1994a, 2000) son algunos de los máximos exponentes de esta idea (y, cómo no, FODOR, 2000, su más radical opositor; para una visión también crítica pero más comprensiva, véase GÓMEZ y NÚÑEZ, 1998). En sus versiones más moderadas, la hipótesis modular implica reconocer un número limitado de módulos específicos para las tareas cognitivas propiamente humanas (la interacción social, la conducta intencional, el lenguaje, la manipulación de herramientas, etc.). En sus versiones más barrocas, como ha denunciado TOMASELLO (1999), la modularidad se vuelve realmente *masiva*, de modo que no hay función sin órgano, ni resultado experimental sin su correspondiente módulo, en un ejercicio que recuerda más bien a las viejas divisiones establecidas por la frenología, que llegaban a identificar y localizar en el cerebro una facultad, supongo que universal, dedicada a "la atracción por el vino" (ver GOLDBERG, 2001).

Aunque tal vez pudiéramos encontrar en la mente innumerables funciones especializadas en la representación y aprendizaje de determinados aspectos del ambiente —y los extraordinarios casos patológicos narrados por autores como SACKS (1985, 1995) muestran lo *específicos* que pueden ser algunos de estos trastornos—, tampoco tenemos que asumir que cada una de esas funciones implica un sistema de adquisición de representaciones específico. De hecho podríamos agrupar esas representaciones específicas en diferentes *dominios*, entendiendo por tales aquel conjunto de situaciones que requieren esencialmente los mismos procesos para su representación y aprendizaje. Desde esta perspectiva, los modelos de propósitos generales, como el conductismo, considerarían que todas las situaciones pertenecen al mismo dominio, ya que se aprenden igual (o como máximo, algunos autores más exigentes admitirían dos dominios distintos, el condicionamiento clásico y el operante). La psicología evolucionista asume, por el contrario, que la única forma de afrontar cognitivamente el ambiente es reducir sus variaciones aleatorias —las casi infinitas combinaciones a partir de un número finito de elementos propias de un sistema informativo— a una serie restringida de dominios en los que esas variaciones responden a un cierto orden cognitivo, es decir se *organizan* a partir de ciertos *órganos* mentales.

¿Pero cuáles son los dominios esenciales en los que —o para los que— ha evolucionado la mente humana? Esta pregunta se está empezando a responder desde la llamada arqueología cognitiva (por ej., CARRUTHERS y CHAMBERLAIN, 2000a; DONALD, 1991; MITHEN, 1996; WYNN, 2000), una disciplina tan apasionante como en ocasiones especulativa. Esta disciplina se apoya en los estudios

sobre los procesos de representación y aprendizaje en los primates (por ej., Boysen y Hymes, 1999; Call, 2000; Hauser, 2000; Tomasello, 1999, 2000), junto con
la reconstrucción de la actividad cognitiva de nuestros antepasados a partir de
sus producciones culturales y de sus restos arqueológicos (el más sólido de los
cuales, según Pinker, 1997, es la propia mente humana que, en su estructura
esencial, todos compartiríamos como consecuencia de nuestra herencia genética). Los datos obtenidos en estos diferentes campos nos permiten, sin duda,
hablar de varios dominios para los cuales probablemente la mente humana tuvo
que adquirir representaciones y sistemas de aprendizaje especializados (ver
Gómez y Núñez, 1998 y los artículos que le siguen). Mithen (1996) ha propuesto
cuatro dominios en los que nuestros antepasados debieron estar especialmente
versados: el dominio *técnico* (con representaciones específicas para predecir las
acciones de los objetos y poder manipularlas mediante la propia acción y especialmente la fabricación de herramientas), el dominio *natural* (la representación
del medio ambiente, de la conducta de los depredadores, las fuentes para la obtención de alimentos y agua, etc.), el dominio *social* (la representación de la conducta de los congéneres y su manipulación intencional a través de la propia
conducta) y el dominio *lingüístico* (la representación y adquisición de sistemas de
comunicación simbólica, esenciales para el mantenimiento de la vida social). De
entre ellos, por razones que desarrollaré en mayor detalle en el Capítulo V (páginas 121-124), casi todos los autores tienden hoy en día a asumir que las representaciones y los sistemas de aprendizaje más específicamente humanos, los
que produjeron la diferencia, el salto cualitativo, con el resto de los primates, fueron los que tenían que ver con la vida social, y más concretamente con la capacidad de leer las mentes de los otros, sus intenciones, deseos, creencias, con el fin
de utilizarlos como herramientas complejas al servicio de la propia supervivencia
(por ej., Donald, 2001; Gómez y Núñez, 1998; Humphrey, 1983; Tomasello, 1999).

Según este argumento, el rasgo cognitivo más específico de la mente humana sería la capacidad de *mentalizar* nuestras propias acciones y las de los
demás. Este rasgo, como veremos también en el mismo Capítulo V, se vincula a
la capacidad de *metarrepresentar* (Leslie, 1987; Perner, 1991; Rivière, 1997b;
Sperber, 2000) o convertir las propias representaciones en objeto de representación, en suma en nuestra *capacidad de conocer y adquirir conocimiento* (Pozo,
2001, 2003b). Volviendo al uso de mapas y representaciones por parte de los animales, los estudios de Premack y Premack (1983, Cap. 6) han mostrado que ni
siquiera chimpancés tan educados como la famosa Sarah logran hacer uso del
mapa de un espacio, por ejemplo de una habitación, como una metarrepresentación que puede ayudar a encontrar una chocolatina oculta en él. Los niños de 4
años, la edad mágica de acceso a las metarrepresentaciones, no tienen dificultad
ninguna para comprender la naturaleza metarrepresentacional de un mapa, que
es para ellos un objeto de *conocimiento*, una representación que contiene
otra representación (DeLoache y Brown, 1993). Aunque tengan aún mucho que
aprender sobre ese sistema representacional, sus códigos y funciones, asumen
ya que es una representación, algo que está en lugar de otra cosa.

En cuanto a la influencia del dominio lingüístico en este proceso de construcción de la mente humana, frente a la posición tradicional de que es el lenguaje el
que genera el conocimiento, y con ello como veremos la específica/mente humana (ver Capítulo V; también Pozo, 2001), algunos autores como Donald (1991),

SPERBER (1996) o TOMASELLO (1999, 2000) sostienen que el lenguaje no puede preceder a la función de representar y comunicar. Debe ser la función (de representación y comunicación) la que cree el órgano (chomskyano del lenguaje) y no al revés, así que el lenguaje sólo existiría en la medida en que hubiese una intención previa de comunicar y un acceso consciente a las propias representaciones que permitiera comunicarlas, por lo que el verdadero origen del lenguaje estaría, según este argumento (SPERBER, 1996; TOMASELLO, 1999) en esas representaciones sociales (o teorías mentalistas, como veremos en los próximos capítulos) que permiten leer la mente de otros y la propia. Aunque así fuera, y yo creo que así es, y el llamado módulo de lenguaje no fuera sino un sistema cultural para comunicar esas representaciones especializadas en la vida social, no es menos cierto que el acceso a esos nuevos sistemas de representación cultural (el lenguaje oral, pero también los sistemas gestuales, los lenguajes escritos, o los sistemas culturales para representar el tiempo o el número, ver por ej., POZO, 2001) tiene unos efectos cognitivos multiplicadores sobre la mente humana, al permitir generar nuevas representaciones (o re-representaciones) y, sobre todo, al permitir redescribir las propias representaciones y acceder a nuevas formas explícitas de adquirir esas representaciones, lo que será el objeto del próximo capítulo.

De hecho esta necesidad de reaprender de modo explícito e intencional el mundo, de reconstruir nuestras representaciones, es en buena medida consecuencia de los radicales cambios habidos en el mundo humano desde que, según la contundente expresión de PINKER (1997), nuestros antepasados se bajaron de los árboles. La cultura humana ha construido nuevos *nichos cognitivos* (TOOBY y DE VORE, 1987) que se alejan bastante de la monótona sabana en la que podía detectarse bien lejos el peligro o el potencial alimento. Muchos de los problemas para los que está diseñada nuestra mente, literalmente ya no existen (entre nosotros, aquí, aunque no debemos olvidar las enormes diferencias entre las culturas humanas y las abismales diferencias sociales que éstas generan). Hoy en día, la comida no se otea en el horizonte, sino en la estantería de un supermercado (así que más nos valdría ser mamíferos olfativos en lugar de mamíferos visuales adaptados a las extensiones sin límite de la sabana). El peligro no suele ser la amenaza de un depredador o caerse de un árbol, sino que alguien se salte un semáforo o nos caiga encima una revisión de Hacienda. Muchos de los problemas que resolvemos hoy (desde aprender a leer o comprender las leyes de la termodinámica a rellenar, siguiendo con el ejemplo, el dichoso programa PADRE y salir bien parado) no tienen soluciones previstas en la evolución, y muchas de las soluciones previstas —en forma de representaciones y sistemas específicos de aprendizaje— no tienen ya problema que resolver en nuestro nicho cognitivo, lo que no impide que sigan restringiendo nuestra representación del mundo. Muchos de nuestros miedos y fobias son más ancestrales que reales, incluso algunos supuestos desórdenes cognitivos serían en realidad consecuencia de nuestra inadaptación a este nuevo mundo, lleno de rectas y ángulos, de plásticos y polímeros, de aviones, ordenadores y teléfonos, pero también de gente muy diversa y cambiante, tan ajeno a aquella sabana original y primigenia, de la que supuestamente procede nuestra especie (MURPHY y STICH, 2000; PINKER, 1997). En consecuencia, uno de los rasgos más *específicos* del aprendizaje humano será precisamente la exigencia *cultural* de ir más allá de esas representaciones y aprendizajes primitivos, de nuestro *equipamiento cognitivo de serie* (POZO, 2001; POZO y GÓMEZ CRESPO, 2002), para construir y adquirir los nuevos conocimientos requeridos por esos nuevos nichos cognitivos y culturales, especialmente complejos en la llamada sociedad de la información y el conocimiento (MONEREO y POZO, 2001; POZO, 1996a; POZO y MONEREO, 1999a). Tal vez, como dice el proverbio árabe que abría este libro, el hombre no pueda nunca saltar fuera de su sombra, pero de alguna manera, como veremos en el Capítulo V, la cultura nos exige continuamente saltar fuera de nuestra sombra, al tiempo que nos proporciona recursos para hacerlo.

Aunque algunas de esas representaciones específicas que forman parte de nuestra dotación genética hayan dejado de ser adaptativas, siguen formando parte de nuestro equipamiento cognitivo de serie y no es fácil, como veremos en los próximos capítulos, sustituirlas por otras más adecuadas para ese nuevo ambiente. Como señala JONES (1999), seguimos teniendo más miedo a las arañas que a los coches y muchos de nuestros hábitos y costumbres siguen siendo, con perdón, los de un primate forrajeador, lo cual no siempre es adaptativo cuando uno está en una reunión de departamento o discutiendo con ese inspector de Hacienda que nos ha revisado la declaración. Buena parte de esta persistencia de las representaciones específicas de dominio se debe a que tienen tras de sí una larga historia de éxito filogenético, son un fenotipo con éxito, como veíamos unas páginas más atrás. Pero en algunos casos, como el de nuestra física o psicología intuitivas, o los dominios nucleares de nuestra mente según veremos en el Capítulo VI, hay también una historia de éxito ontogenético, ya que, como hemos visto en la definición de la modularidad masiva al comienzo de este apartado, esas representaciones y sistemas de aprendizaje específicos serían supuestamente innatos, es decir, estarían ahí, restringiendo y construyendo nuestra representación del mundo físico y social, desde el mismo momento del nacimiento. Naceríamos ya a la *sombra* de esas representaciones.

## Representaciones específicas de dominio en el recién nacido

Como es sabido, William JAMES atribuía a los bebés un estado mental de gran entropía, en forma de una *"confusión resplandeciente y zumbante"*. Sin embargo, la investigación reciente ha mostrado que posiblemente la vida mental de los bebés, su mundo representacional, es mucho más ordenado de lo que se suponía, ya que disponen, desde el mismo momento del nacimiento, de representaciones y sistemas de aprendizaje específicos que restringen notablemente su universo representacional (lo que ha llevado a David GEARY, citado por PINKER, 1997, pág. 319, a ironizar que la frase de William JAMES *"es una buena descripción de la vida de los padres y madres, no de la de los bebés"*). De esta forma, los bebés, en lugar de estar equipados únicamente con un manojo de reflejos, vestigios de la especie sin funcionalidad cognitiva específica, como suponía PIAGET (1936) (ver THELEN y cols., 2001), o de unos mecanismos generales de aprendizaje para detectar regularidades en el ambiente, como supone la tradición del aprendizaje asociativo (por ej., BAILLARGEON, KOTOVSKY y NEEDHAM, 1995; PERRUCHET y VINTER, 1998), vendrían equipados "de serie" con mecanismos cognitivos para representar y aprender específicamente sobre las variaciones más probables de su ambiente —o al menos del ambiente ancestral de su especie— y así adquirir rápidamente nuevas representaciones específicas.

Puede ser útil recuperar aquí la distinción que establece PREMACK (1995) entre causalidad arbitraria y natural, según la cual habría dos formas esenciales de adquirir representaciones. Una de ellas, estudiada tradicionalmente en las investigaciones de aprendizaje animal y humano, estaría basada en detectar relaciones causales *arbitrarias* mediante procesos asociativos, de forma que tenderían a representarse juntos aquellos sucesos que tienden a ocurrir juntos o contiguamente. Pero un segundo sistema de aprendizaje se basaría en establecer relaciones causales *naturales*, que no dependerían tanto de la regularidad de los sucesos como de ciertas restricciones *a priori* en el procesamiento de esos sucesos, basadas en programas "específicos", tales como los que debe tener la cebra para representarse a los leones o los que tienen los niños para diferenciar los sonidos "lingüiformes" de los que no lo son (MEHLER y DUPOUX, 1990). Como refleja la Tabla 3, ambas formas de causalidad, o de aprendizaje, tienen características bien diferenciadas. Mientras que el aprendizaje de sucesos arbitrarios se atendría básicamente a los principios del aprendizaje asociativo, de acuerdo con la tradición "humeana" de la causalidad (PREMACK, 1995), los aprendizajes "altamente específicos" o "naturales" no respetarían esas leyes asociativas (en el reconocimiento de los leones por las cebras no hay segundo ensayo ni fase de extinción que valga), sino que responderían, tal como propuso MICHOTTE (1946) en sus influyentes estudios sobre la causalidad, a otros principios específicos de los dominios causales implicados.

**Tabla 3**. *Diferencias entre la causalidad arbitraria y natural según PREMACK (1995). (Adaptado de KUMMER, 1995.)*

|  | Causalidad arbitraria | Causalida natural |
| --- | --- | --- |
| **Generalidad entre especies** | Programas de aprendizaje similares en muchas especies. | Programas muy específiccs para cada especie. |
| **Generalidad de contenidos (clases de hechos)** | El programa acepta todos los sucesos percibidos, dada una motivación adecuada. | El programa acepta sólo sucesos muy específicos. |
| **Exposiciones requeridas para el aprendizaje** | Muchas. | Pocas o ninguna. |
| **Contigüidad requerida** | Sólo se aceptan los sucesos muy próximos entre sí. | El programa acepta sucesos muy separados en el tiempo o en el espacio. |

¿Pero cuáles son esos dominios causales y cuáles los principios específicos desde los que representan el mundo los recién nacidos? Nuevamente, como en el apartado anterior, no hay unanimidad con respecto a cuántos y cuáles son esos dominios, quizás por la propia circularidad con la que se define un dominio (HIRSCHFELD y GELMAN, 1994; GÓMEZ y NÚÑEZ, 1998; KARMILOFF-SMITH, 1992; POZO, 1994; ver más adelante el Capítulo VI para un análisis de los criterios desde los que se puede definirse un dominio). En todo caso, al igual que sucediera en el apartado anterior, la investigación parece mostrar la existencia de algunos dominios claramente diferenciados, es decir cuya representación y aprendizaje se rige por principios específicos. En esos dominios el aprendizaje no se podría reducir a mecanismos asociativos de propósitos generales —a causalidad arbitraria en el sentido de PREMACK (1995)— sino que habría principios específicos que diferirían de un dominio a otro. Entre los objetos del mundo que merecerían un tratamiento específico por parte del sistema cognitivo de los bebés hay un claro consenso [2] en aceptar, al menos, dos dominios diferentes, el que componen los objetos, o *física* intuitiva, y el que constituyen las personas, la *psicología intuitiva*, de forma que la conducta de las personas y la del resto de los objetos se representarían de acuerdo con principios diferentes. Algunos autores (por ej., ATTRAN, 1990; GEARY y HUFFMAN, 2002; INAGAKI y HATANO, 2002) defienden la existencia de un tercer dominio esencial, la representación de la naturaleza, o *biología intuitiva*, cuya existencia o no es objeto de agudas controversias (por ej., CAREY, 1995; CAREY y JOHNSON, 2000). Otros autores añaden otros dominios (número, lenguaje, sistemas notacionales, geometría, etc.) que de algún modo pueden entenderse como divisiones, o diferenciaciones conceptuales, a partir de esos dominios más esenciales del mundo físico y psicológico (CAREY, 1995; POZO, 2001). Pero más que establecer un catálogo de dominios, lo que nos interesa aquí es, en realidad, saber qué diferencia a un dominio de otro. Según CAREY y JOHNSON (2000), para que un dominio sea nuclear (o *core-domain*) deben cumplirse varias condiciones empíricamente comprobables:

I) que exista una historia natural que haga necesarios sistemas específicos de aprendizaje y representación en esos dominios (ver apartado anterior);

II) que existan módulos o sistemas cerebrales especializados en ese procesamiento específico (ver más adelante páginas 99-103);

III) que esos sistemas de aprendizaje y representación tengan un carácter innato, es decir, que no sean producto de la detección de regularidades en el ambiente por procesos asociativos, sino de las propias restricciones impuestas por el sistema cognitivo;

IV) que sean muy difíciles de modificar o reorganizar como consecuencia de ese aprendizaje e incluso de la instrucción explícita;

y sobre todo

V) que se identifiquen ciertos *principios específicos* que restrinjan el procesamiento de los objetos en esos dominios

Estos principios específicos, desde los que se representaría un dominio (CAREY y JOHNSON, 2000; SPELKE, 1994; WELLMAN y GELMAN, 1997) tendrían a su vez dos rasgos esenciales (GELMAN y WILLIAMS, 1997): *a)* proporcionar información estructurada sobre el entorno; y *b)* estar centrados en las estructuras universales de la situación y no en sus rasgos superficiales. No se trata por tanto de detectar regularidades en el entorno, como en la causalidad arbitraria, sino de *imponer*

---

[2] Reflejado por ejemplo en CAREY (1985, 1995); GÓMEZ y NÚÑEZ (1998); GOPNIK, MELTZOFF y KUHL (1999); LESLIE (1994, 1995); PREMACK (1995); SPELKE (1994); SPELKE, PHILLIPS y WOODWARD (1995) o WELLMAN y WILLIAMS (1997).

ciertas estructuras o formas de organización a la percepción de esas regularidades. Así, por ejemplo, en el dominio físico, "*los bebés parecen hacer inferencias sobre los movimientos ocultos de los objetos materiales, inanimados, de acuerdo con tres principios: cohesión (los objetos se mueven como unidades conectadas, ligadas entre sí), continuidad (los objetos se mueven siguiendo trayectorias conectadas, sin obstrucciones) y contacto (los objetos afectan al movimiento de otros objetos si y sólo si se tocan*" (SPELKE, 1994, pág. 433). En cambio, los bebés no se representan la conducta o los movimientos de las personas como sucesos físicos (parece que tampoco ellos estarían de acuerdo con el fisicalismo de SKINNER) sino en términos de intenciones (los movimientos animados son *hacia* algo, *no desde* algo), metas (muy pronto los bebés buscan el objeto de la mirada adulta, siguen su mirada), de emociones, etc. (por ej, LESLIE, 1995; SPELKE, PHILLIPS y WOODWARD, 1995; TOMASELLO, 1999). En suma, según SPELKE, PHILLIPS y WOODWARD (1995, pág. 71): "*los bebés razonan sobre la acción humana extrayendo información sobre aspectos de la conducta humana —como la dirección de la mirada, la expresión de emociones— que no aplican a la conducta de los objetos inanimados. Simétricamente, los bebés razonan sobre el movimiento de los objetos de acuerdo con restricciones —acción por contacto, no acción a distancia— que no aplican al razonamiento sobre las acciones humanas*".

Aunque en el Capítulo VI volveré sobre estos principios y las teorías psicológicas que permiten explicar el aprendizaje a partir de ellos (por ej., GELMAN y WILLIAMS, 1997), hay dos ideas esenciales para concluir este apartado. *En primer lugar* estos principios, que restringirían las representaciones de esas situaciones y por tanto lo que se aprendería a partir de ellas, no serían un producto del aprendizaje asociativo, de la detección o "tabulación" (KEIL, 1995) de regularidades en el ambiente, sino que al contrario, serían la especificación en términos psicológicos de esos procesos de causalidad natural de PREMACK (1995), que restringirían los contenidos a los que se aplicarían los mecanismos generales del aprendizaje arbitrario. Aunque la existencia de principios específicos no excluye necesariamente la existencia de mecanismos generales de aprendizaje, sí restringe la forma en que éstos se aplican, ya que esos principios serían un mecanismo de aprendizaje defectivo o primario (AHN y KALISH, 2000; KEIL, 1995; POZO, 2001)[3].

De este modo, ambas formas de aprender —específica y general— no sólo no se excluirían, como se asume desde posiciones reduccionistas de uno y otro lado (POZO, 1989, 1996b), sino que tendrían funciones cognitivas complementarias, ya que el aprendizaje asociativo permitiría generar representaciones en escenarios no previstos evolutivamente, así como ajustar esas representaciones específicas a nuevas condiciones de aprendizaje (PREMACK, 1995). Al igual que sucede en el aprendizaje animal (por ej., HAUSER, 2000; PAPINI, 2002), la mente humana requiere integrar los mecanismos específicos de aprendizaje con ciertos dispositivos generales para la detección de sucesos en el ambiente, como los procesos de aprendizaje implícito mencionados en el Capítulo Primero. Pero no conocemos aún suficientemente el grado en que esas representaciones especifi-

---

[3] Para una interpretación alternativa, en términos de aprendizaje asociativo, véase BAILLARGEON, KOTOVSKY y NEEDHAM (1995); y para una negación de cualquier efecto del aprendizaje asociativo sobre la construcción de representaciones véanse LESLIE (2000), SPELKE (1994) o, desde una perspectiva en parte diferente, COSMIDES y TOOBY (1994a, 2000).

cas pueden modificarse para enfrentarse a ambientes o dominios nuevos. Por ejemplo, SPELKE, PHILLIPS y WOODWARD (1995) han expuesto a los bebés a situaciones que violan esos principios, bien por ser realmente arbitrarias en el sentido de PREMACK (1995), y por tanto *físicamente imposibles*, o por corresponder a otro dominio que no respeta esos principios representacionales pero que no constituye un dominio nuclear en el "conocimiento inicial" (SPELKE, 1994) de los humanos. Así la "conducta" de las sombras viola los principios de cohesión, contigüidad y contacto, con lo que los bebés no adquieren principios específicos para esas nuevas tareas o dominios, sino que aplican a ellos los principios que rigen el procesamiento del dominio nuclear más cercano a ellos. Así, por ejemplo, se representan las sombras como objetos físicos (SPELKE, PHILLIPS y WOODWARD, 1995) o la conducta de los animales en términos de psicología intuitiva (CAREY, 1995). De esta forma, se construirían nuevos dominios por procesos de diferenciación a partir de esos dominios nucleares. Otro problema diferente se plantea cuando los nuevos dominios —o ámbitos de conocimiento—resultan incompatibles con esos principios específicos (como sucede por ejemplo, en el aprendizaje de la ciencia, POZO y CARRETERO, 1987; POZO y GÓMEZ CRESPO, 1998), lo que hace necesarios nuevos procesos de cambio conceptual (LIMÓN y MASON, 2002; POZO, 2002; RODRÍGUEZ MONEO, 1999; SCHNOTZ, VOSNIADOU y CARRETERO, 1999)

Esto nos conduce a *la segunda idea esencial,* no desligada de la anterior, que es la influencia de la experiencia en la construcción de esos principios específicos de dominio. Tanto SPELKE (1994; SPELKE, PHILLIPS y WOODWARD, 1995) como otros autores (por ej., LESLIE, 1994, 1995, 2000) sostienen que esos principios específicos para la representación de ciertos dominios son *innatos*, en el sentido de que no han podido ser extraídos de la experiencia. Esto plantea a su vez dos dificultades. *La primera*, en mi opinión menor, es la imposibilidad empírica de excluir por completo la experiencia como posible factor causal, entre otras cosas porque no hay experimento sin experiencia. No obstante sí puede minimizarse, ya que el ajuste de las metodologías y los diseños experimentales permiten estudiar a bebés cada vez más pequeños y con técnicas cada vez menos intrusivas. De hecho, la convergencia de los datos obtenidos en estudios que utilizan metodologías indirectas o implícitas apoya la idea de que esos principios no pueden explicarse como una consecuencia del aprendizaje asociativo.

Pero —y aquí aparece la *segunda dificultad*, anunciada hace unas líneas, en mi opinión más teórica que empírica y por tanto de un mayor calado— eso no equivale a aceptar que esos principios sean innatos, en el sentido de preformados en vez de construidos. Como vimos en su momento al ocuparnos de la información genética, ni siquiera en ese ámbito pueden mantenerse actualmente posiciones tan preformistas como las que defiende SPELKE (1994) al referirse al carácter innato de los conocimientos humanos. Si aceptamos que existen representaciones y sistemas específicos de aprendizaje como parte del "fenotipo cognitivo" de nuestra especie, los genes no especifican un fenotipo sino que restringen las posibles formas de construirlo en interacción con un ambiente físico específico (JOHNSTON y EDWARDS, 2002). O como, dice muy gráficamente WOLPERT (1995) ni siquiera un "huevo es computable", es decir, ni siquiera el huevo tiene totalmente especificadas las propiedades fenotípicas que se van a desarrollar a partir de él, ya que ciertas alteraciones físicas o químicas en el ambiente podrán entorpecer o modificar su desarrollo (hasta acabar por ejemplo en una sartén, escalfadcs o, si el huevo es mexicano, en un plato de "huevos al albañil"). El fenotipo es siempre una construcción, y recordemos que tcdo el aparato cognitivo, incuyendo el equipamiento cognitivo de serie, es parte de ese fenotipo construido en la interacción entre el organismo y el ambiente. De la misma manera que es absurdo pensar que la clonación producirá fenotipos idénticos (CARBONELL y SALA, 2002), como suele creerse popularmente (ya que sin duda constituye la "representación social" de la clonación, un ejemplo interesante de las restricciones que la mente impone a esas representaciones culturales, como veremos en el próximo capítulo), la idea de que los principios están ya ahí configurados, en el embrión humano, es una burda simplificación de los procesos mediante los cuales los genes construyen organismos, incluyendo sus sistemas cognitivos y de aprendizaje (CLARK, 2000; JOHNTSON y EDWARDS, 2002; RIDLEY, 1999).

En mi opinión, hay algo más relevante que el carácter innato o restringidamente construido de estos principios. Frente a quienes defienden el carácter modular y, en consecuencia, inflexible de esos sistemas específicos de representación y aprendizaje, otros autores defienden que esos sistemas constituyen verdaderas teorías informales o implícitas que imponen restricciones pero pueden ser revisadas, y como tal modificadas, como consecuencia de la experiencia. Al final de este capítulo, trataré las diferencias entre las concepciones modulares y las basadas en teorías, pero por ahora baste señalar que lo que diferencia esencialmente a unas y otras no es tanto la existencia de esos principios, ni el origen de los mismos —innato o construido de modo restringido a partir de experiencias tempranas— como el grado en que esos principios puedan ser modificados pcr el aprendizaje y la cultura, es decir, el grado en que pueden ser reconstruidos a través de la adquisición de conocimiento explícito (ver también Capítulo V). Lo que diferencia a esas posiciones es, por tanto, si admiten que el hombre puede saltar realmente "fuera de su sombra".

De hecho, aunque el procesamiento de información, y con él la psicología cognitiva dominante, estén en apariencia alejados de las corrientes innatistas que suponen la existencia de "conocimientos iniciales" como los que propone SPELKE (1994), desde la perspectiva que ahora estoy señalando puede también considerarse que el procesamiento de información es un enfoque "innatista", o si se prefiere "estático", en la medida en que asume que el sistema cognitivo, tal como se estudia desde este enfoque computacional, es previo a cualquier interacción con el ambiente y que su funcionamiento, tal como lo conocemos, no se ve apenas modificado por esa interacción. Como consecuencia, la psicología cognitiva dominante ha tenido una especial dificultad para asumir tanto los aspectos dinámicos de la cognición como su carácter semántico y no sólo sintáctico (POZO 1989; RIVIÈRE, 1991). Sin embargo, también las investigaciones recientes en psicología cognitiva están descubriendo que la mente no puede reducirse sólo a formalismos, que las representaciones y los procesos mentales tienen contenidos que responden a las características y los objetos del mundo en ellos representados. También la psicología cognitiva empieza a asumir, poco a poco, que hay *algo* sobre lo que tratan los procesos y representaciones por ella estudiados, que la historia de esa mente debe tener que ver con ese *algo*. Y que, por tanto, ese *algo* también merece ser estudiado.

## El contenido de los procesos cognitivos: Las representaciones encarnadas

En páginas anteriores hemos visto ya cómo la psicología del procesamiento de información supuso una liberación con respecto a algunas de las prohibiciones clásicas del conductismo, pero también cómo a su vez contribuyó a generar nuevas prohibiciones. Si el conductismo supuso una larga "glaciación" de los procesos cognitivos (SIMON, 1972), la nueva psicología cognitiva descongeló esos procesos para recluirlos en la torre de marfil o de Babel de la teoría de la información, sometiéndolos a sus cómputos amodales y arbitrarios, su manipulación de símbolos formales carentes de contenido en un mentalés en el que cualquier objeto o suceso, con independencia de su contenido, podía ser igualmente representado y en el que, por tanto, cualquier representación o conocimiento podría ser equipotencialmente adquirido (BARSALOU, 1999). Siguiendo la tradición conductista, con sus estímulos y sus respuestas supuestamente neutros, la psicología cognitiva experimental se ha basado también en *desnudar* de contenidos relevantes (significados, emociones, creencias, etc.) las situaciones estudiadas, con el fin de impedir que esos contenidos interfirieran en la ejecución de las tareas por los sujetos.

Aunque este enfoque teórico y experimental ha proporcionado un acervo conceptual, y sobre todo empírico, importante, ha comenzado a ser contestado también desde la propia psicología cognitiva en la medida en que hace muy difícil dar cuenta, como ya sabía FODOR (1983), de esos procesos quineanos e isotrópicos que permiten la ejecución de ciertas actividades cognitivas complejas, como el razonamiento, la formación de analogías o la propia adquisición de conocimiento (BARSALOU, 1999; CARRETERO, 1997; DE VEGA, 1998, 2002; GLENBERG, 1997; POZO, 2003b; RIVIÈRE, 1991). Pero, incluso las funciones cognitivas más elementales de formación de representaciones difícilmente pueden ser explicadas, según vimos al analizar el concepto de información en psicología cognitiva, como meros cómputos formales, sino que, más allá de las múltiples combinaciones sintácticas que permiten esos símbolos mentales, es necesario considerar el *mundo* que esos símbolos representan o, como señala DE VEGA (2002), hay que dotar a esas representaciones de una *toma de tierra*.

Al igual que sucede con las otras corrientes psicológicas que venimos analizando, la manera de conectar esas representaciones con el mundo es asumir que esas representaciones y sus procesos de adquisición deben estar restringidos de forma que se asegure su funcionalidad adaptativa. Comienza de hecho a reclamarse tímidamente desde la propia psicología cognitiva la naturaleza *modal* y *no arbitraria* de buena parte de nuestras representaciones. En lugar de responder a la lógica formal del *mentalés* deberían tener una naturaleza esencialmente *encarnada* o *incorporada*, es decir responder a la forma específica en que nuestro cuerpo organiza —y por tanto puede informarnos de— los cambios energéticos que tienen lugar en el mundo [4]. Quizá, como sugiere DONALD (2001), la digestión

---

[4] Entre los autores que recientemente han defendido este enfoque de la cognición encarnada o incorporada estarían BARSALOU (1999), DE VEGA (2002), GLENBERG (1997), LAKOFF y JOHNSON (1999), NÚÑEZ y FREEMAN (2000), POZO (2001), PRINZ y BARSALOU (2000), SCHWARTZ (2001), SHEPARD (1994) o THELEN y cols. (2001).

es una metáfora más adecuada del funcionamiento cognitivo que la computación. Algo así pensaba ya Piaget cuando asumía que ese funcionamiento cognitivo podía entenderse en términos de los procesos complementarios de asimilación y acomodación. Finalmente, como señalan Edelman y Tononi (2000, pág. 238 de la trad. cast.) "*la mente surge del cuerpo y de su desarrollo; está corporeizada y es, por tanto, parte de la naturaleza*", por lo que, según estos autores, tendríamos una *mente encarnada* (*embodied*) más que una mente computacional, como ha asumido la psicología cognitiva dominante. En lugar de disponer de una mente ilimitada, de una Biblioteca de Babel, nuestra mente se construye, como en el proverbio árabe con el que se abría el libro, *a la sombra de nuestro cuerpo*. La sombra que el cuerpo produce en el mundo impone unos límites a nuestras representaciones de los que difícilmente podemos saltar o escapar. Si es que podemos.

En el marco de esta hipótesis de la "cognición encarnada", Glenberg (1997) ha propuesto una alternativa a los clásicos modelos de memoria semántica, de carácter proposicional, en términos de una memoria encarnada, que intenta dar cuenta de nuestras representaciones en términos de su contenido corporal, de la información que el cuerpo obtiene sobre los cambios energéticos en el mundo. Según este modelo, la alternativa a la falta de significado referencial de las representaciones simbólicas del procesamiento de información clásico es asumir que "*la memoria se desarrolló al servicio de la percepción y la acción en un entorno tridimensional, y que la memoria está encarnada para facilitar la interacción con el entorno*" (Glenberg, 1997, pág. 1). En este modelo, la memoria tendría dos formas de funcionamiento, que se corresponderían *grosso modo* con los sistemas de memoria implícita y explícita (Pozo, 2001): "*A grandes rasgos la memoria funciona de dos modos. Primero, las pautas de acción basadas en el entorno (las propiedades proyectables del entorno) se tejen (mesh) de modo automático, es decir, sin intención, con la experiencia previa. Este uso automático de la memoria se corresponde exactamente con la memoria implícita o indirecta. En segundo lugar, las pautas del entorno pueden suprimirse de modo que la conceptualización se guíe por la experiencia previa codificada en forma de trayectorias. Este es un uso consciente de la memoria, que requiere esfuerzo. La habilidad de suprimir las pautas ambientales contribuye a la predicción, la experiencia del recuerdo y la comprensión del lenguaje*" (Glenberg, 1997, pág. 4). Mientras las representaciones de naturaleza explícita se corresponden con el nivel de análisis del conocimiento, y como tal serán recuperadas en el ya famoso Capítulo V, donde aparentemente todo nos espera, las representaciones implícitas tendrían una naturaleza encarnada, es decir, serían representaciones analógicas que conservarían las propiedades topológicas del mundo, un mundo que estaría representado en buena medida por las "pautas de acción que nuestro cuerpo" puede ejercer sobre él (Glenberg, 1997).

De esta forma, desde las posiciones de la cognición encarnada se asume que esa *toma de tierra* que se reclama para las representaciones provendría de la acción y la percepción, de la forma en que nuestros sistemas corporales restringen la representación del mundo, la sombra de nuestro cuerpo en el mundo. Si, como dice Pinker (1997), la mente es lo que hace el cerebro, el contenido esencial, o primario, de la mente es el cuerpo y los cambios que en él se producen. Nadie ha expresado esta idea mejor que Antonio Damasio en *El error de Descar-*

*tes*, su propuesta para superar el clásico dualismo mente-cuerpo (pero también para nuestros propósitos la disociación entre procesos y contenidos cognitivos): *"No estoy diciendo que la mente esté en el cuerpo. Lo que digo es que el cuerpo contribuye al cerebro con algo más que el soporte vital y los efectos moduladores. Contribuye con un* **contenido** *que es una parte fundamental de los mecanismos de la mente normal"* (DAMASIO, 1994, pág. 210 de la trad. cast., énfasis del autor). Así, la "toma de tierra" de las representaciones, su vinculación con el mundo, no supone volver a definir la psicología en función de los cambios físicos que se producen en el mundo, retomar la energía como moneda de cambio de la psicología, como pretendía SKINNER, y recordamos en el Capítulo II. Sin duda hay un mundo ahí fuera, pero lo que nosotros representamos, lo que convertimos finalmente en información y cómputos, no es el mundo— los cambios físicos que tienen lugar ahí fuera— sino los cambios que ese mundo produce en nuestro cuerpo, la forma en que esos cambios físicos modifican nuestra estructura representacional. Ese es el contenido primordial de nuestras representaciones según la brillante idea de Damasio:

> *"Si lo primero para lo que se desarrolló evolutivamente el cerebro es para asegurar la supervivencia del cuerpo propiamente dicho, entonces, cuando aparecieron cerebros capaces de pensar, empezaron pensando en el cuerpo. Y sugiero que para asegurar la supervivencia del cuerpo de la manera más efectiva posible, la naturaleza dio con una solución muy efectiva:* **representar el mundo externo en términos de las modificaciones que causa en el cuerpo propiamente dicho**, *es decir, representar el ambiente mediante las modificaciones de las representaciones primordiales del cuerpo propiamente dicho siempre que tiene lugar una interacción entre el organismo y el ambiente".*
>
> DAMASIO (1994, pág. 213 de la trad. cast., énfasis del autor nuevamente).

Hay quienes, desde estas posiciones, niegan la relevancia de las representaciones cognitivas (por ej., EDELMAN y TONONI, 2000; NÚÑEZ y FREEMAN, 2000; VAN GELDER, 1998), al asumir que el mundo es la mejor representación de sí mismo. Pero, en mi opinión, la hipótesis de la cognición encarnada no sólo es compatible con el supuesto representacional sino que además permite superar algunos de los problemas que aquejan a esa mente representacional en la psicología cognitiva clásica.

En primer lugar, hemos visto que permite dotar de contenidos a esas representaciones, contenidos que pueden ser analizados en diversos niveles, desde los cambios bioquímicos que producen ciertos sucesos físicos en los "marcadores somáticos" (DAMASIO, 1994) o "sistemas de valores" (EDELMAN y TONONI, 2000) del organismo hasta las experiencias subjetivas y conscientes, que a veces acompañan a esas respuestas bioquímicas pero que en otras ocasiones las provocan (DAMASIO, 1994), pasando por todos los niveles neuropsicológicos y, sobre todo, cognitivos intermedios. Pero además, ayuda a comprender la naturaleza de las restricciones específicas que, según veíamos en el apartado anterior, nuestra mente impone al procesamiento de información en esos dominios, y que dan lugar a esas representaciones específicas de dominio. Se trataría de representaciones con dos características esenciales. Según acabamos de ver, son representaciones encarnadas —es decir responden a la forma en que el cuerpo detecta los cambios externos e internos— pero también *representaciones implícitas,* en el sentido de no ser inicialmente accesibles a la conciencia. No me extenderé más aquí sobre estos argumentos, ya que volveré a ellos al final de este capítulo.

Pero asumir la naturaleza implícita y, sobre todo, encarnada de nuestras representaciones tiene otras consecuencias aún más profundas para elaborar una psicología del conocimiento. No se trata de aceptar que la mente está en el cuerpo y de que, por tanto, se ve influida o "marcada" por él, por ejemplo a nivel neurofisiológico, ya que ésa sería, como señala NÚÑEZ (2000), una concepción trivial de la "cognición encarnada", con la que difícilmente nadie estaría en desacuerdo. Se trata, más allá de eso, de aceptar que *es el cuerpo el que está en la mente* y que, por tanto, nuestra mente tiene una estructura encarnada o corporal. Pero, dado que el cuerpo es un producto de la selección natural —un conjunto de sistemas fenotípicos que responden a demandas específicas del medio, según hemos visto— no es arbitrario con respecto al mundo, sino que es más bien la respuesta evolutiva a una *pregunta* hecha por el ambiente.

Como señalan COSMIDES y TOOBY (1994a) la selección natural, de la que nuestro cuerpo es un reflejo, es en realidad un mecanismo de detección de contingencias o regularidades extraordinariamente potente, mucho más preciso que nuestros mecanismos de aprendizaje, dada su inmensa "experiencia", su amplísima base de datos, y su escasa disposición a incurrir en sesgos inferenciales que tan característicos son del pensamiento humano (CARRETERO y GARCÍA MADRUGA, 1994). Por ello, podemos pensar con SHEPARD (1994; también CAREY, 1995) que existen ciertos universales representacionales, ciertos contenidos casi inevitables en nuestra mente, como consecuencia de la propia estructura *física* del mundo en que vivimos, del cual nuestro cuerpo sería un reflejo *móvil*, o si se quiere una memoria genética, cifrada en aquellas "recetas químicas" que constituyen nuestro acervo genético, según vimos hace unas páginas: "*los organismos móviles perceptivamente avanzados, los genes que hubieran internalizado esos hechos tan persistentes y duraderos sobre el mundo deberían finalmente prevalecer sobre los genes que dejaran que cada individuo adquiriera esos hechos por ensayo y, tal vez fatal, error*" (SHEPARD, 1994, pág. 2).

Según LORENZ (1996) los organismos —incluyendo las mentes que llevan incorporadas— deben corresponderse de alguna manera con las características físicas del ambiente en el que viven, es decir, deben ser implícitamente realistas (COSMIDES y TOOBY, 2000; PÉREZ ECHEVERRÍA y cols., 2001). En otro de sus geniales escritos, *Tlön, Uqbar, Orbis Tetrius*, BORGES imagina un planeta, Tlön, cuyos habitantes son "congénitamente idealistas", viven en mundos imaginados e imaginarios, de modo que para ellos el mundo "*no es un concurso de objetos en el espacio; es una serie heterogénea de actos independientes. Es sucesivo, temporal, no espacial. No hay sustantivos en la conjetural Ursprache de Tlön*" (BORGES, 1941, pág. 26 de la ed. de 1995). Esos extraños seres idealistas son la antítesis de nuestras mentes encarnadas, profundamente realistas, que remiten nuestras representaciones al propio mundo, al aquí y al ahora, tal como podemos experimentarlo, en la medida en que nuestra propia mente contiene, según DAMASIO, un cuerpo que a su vez, como nos recuerda LORENZ, contiene un mundo. Así, esos seres idealistas de Tlön tienen dos geometrías distintas, una táctil y otra visual que, según BORGES, les permiten construir universos' distintos, no conectados entre sí. Y, como colofón de ese mundo paradójico, BORGES acaba por situarnos ante nuestro propio espejo, el de la psicología: "*No es exagerado afirmar que la cultura clásica de Tlön comprende una sola disciplina: la psicología. Las otras están subordinadas a ella. He dicho que los hombres de este planeta conciben el universo como una serie de procesos mentales, que no se desenvuelven en el espacio sino de modo sucesivo en el tiempo"* (BORGES, 1941, pág. 27).

Pero aquí, más acá de Tlön, la naturaleza constructiva de nuestras representaciones y de nuestros aprendizajes no tiene que conducir a una psicología idealista en la medida en que esas representaciones y esos aprendizajes sean respuestas específicas a las demandas de un mundo que, de algún modo, tenemos incorporado en esas representaciones. Las diferentes informaciones recibidas por distintos canales sensoriales se integran en una única representación, en un mundo *objetivo*, que constituye uno de los grandes logros de todos los sistemas cognitivos, en cuanto sistemas complejos (DONALD, 2001): construir objetos coherentes, un mundo continuo, a partir de *flashes* informativos discontinuos. Nuestro mundo representacional es una *película* construida a partir de fotogramas, audiogramas u odogramas discontinuos, que se representan en forma de objetos, sucesos, etc. Pero no se trata de representaciones contemplativas, sino de verdaderas *represent/acciones*, producto de la acción del cuerpo sobre el mundo. Podemos hablar por tanto de una verdadera *encarn/acción* de nuestras representaciones, en la medida en que responden no sólo a la forma en que el mundo se proyecta en nuestro cuerpo sino sobre todo a la forma en que nuestro cuerpo actúa sobre el mundo. Nuestra física intuitiva, que veremos en el Capítulo VI, procede no sólo de nuestra percepción de los objetos, sino también de la acción sobre ellos, que sería imposible sin la función evolutiva de la mano en el desarrollo de la mente (WILSON, 1998). El constructivismo encarnado de DAMASIO (parafraseando a KOFFKA, no vemos el mundo como es, sino como nuestro cuerpo nos dice que es) es compatible con ese realismo implícito que LORENZ postula y sin el cual nuestras representaciones serían de hecho tan arbitrarias como la psicología computacional ha supuesto tradicionalmente.

Este arraigo corporal del funcionamiento cognitivo permite también dar una respuesta consistente al problema del innatismo de esos principios que restringen nuestras representaciones específicas de dominio, tal como veíamos unas páginas más atrás. No es necesario asumir que existen ciertos principios abstractos de carácter innato desde los que procesamos el mundo, como supone SPELKE (1994). Lo que nadie dudará que es innato —al menos en el sentido de construido desde los genes— es la estructura corporal que alimenta las representaciones que constituyen nuestro mundo. De acuerdo con la lógica de la ingeniería inversa (PINKER, 1997), nuestras representaciones encarnadas son una respuesta adaptativa a los problemas cognitivos que nuestro mundo (un mundo cognitivamente construido en todo caso) nos plantea. Por eso aquí en la Tierra, a diferencia de Tlön, no podemos imaginar una lengua sin sustantivos, pero tampoco sin sujeto o sin tiempo verbal. La gramática de nuestro lenguaje, de acuerdo con la hipótesis de la cognición encarnada —o de la semántica cognitiva (LAKOFF y JOHNSON, 1980, 1999)— tendría un origen semántico más que sintáctico, respondería a la estructura categorial o episódica del mundo tal como nuestro sistema cognitivo encarnado nos permite detectarla (por ej., BARSALOU, 1999; LANGACKER, 1998). Nuestra mente sería así, por una vía muy distinta a la que imaginaba la psicología asociacionista, si no el espejo del mundo, una estructura que responde a los invariantes fundamentales de ese mundo (SHEPARD, 1994).

En próximos capítulos analizaré con mayor detalle los contenidos y funciones de esta mente encarnada desde la que representamos, y finalmente conocemos, el mundo. Ahora bien, aceptando que nuestras representaciones están esencialmente encarnadas, como sugería el propio GLENBERG (1997) al diferenciar sus dos sistemas de memoria, posiblemente no todas nuestras representaciones estén encarnadas o al menos igualmente encarnadas. Frente a quienes creen en una encarnación plena (por ej., NÚÑEZ, 2000), es decir que todas nuestras funciones cognitivas responden a esta lógica encarnada, uno de los rasgos cognitivos que diferencian al *homo discens* es, de hecho, su capacidad para suprimir (GLENBERG, 1997), suspender (RIVIÈRE, 1997b) o redescribir (KARMILOFF-SMITH, 1992) sus propias representaciones. De hecho, como veremos a continuación en el Capítulo V, *conocer* es precisamente representarse las propias representaciones, con lo que nos encontraríamos según DE VEGA (1997, 2002; DE VEGA y RODRIGO, 2001) con representaciones encarnadas "de segundo orden" o, en nuestros términos, con representaciones explícitas que permiten ir más allá de ese "equipamiento cognitivo de serie", dotado de contenidos representacionales específicos, que es nuestra mente (POZO, 2001; POZO y GÓMEZ CRESPO, 1998). Uno de los problemas esenciales de la adquisición de conocimiento es, de hecho, predecir y explicar cuándo y cómo la mente humana puede ir más allá del cuerpo que la alimenta. De ello trata en parte el tantas veces mentado Capítulo V. Pero mientras llegamos a él, otra de las disciplinas que avala el carácter específico y encarnado de esas representaciones es precisamente el estudio de su sustrato neuropsicológico.

## La neuropsicología cognitiva de las representaciones específicas

Como estamos viendo, la imagen de una mente de propósitos generales, capaz de convertir en información cualquier estímulo o *input* arbitrario y de traducirla a un lenguaje interno y amodal, a pesar de su vigencia experimental, ha entrado seriamente en crisis. Uno de los ámbitos desde los que esa imagen resulta desde hace tiempo insostenible es el de los estudios neuropsicológicos, ya que, como nos recuerda SACKS (2001, pág. 14 de la trad. cast.): "*La neurología clásica (y su precursora la frenología), considera que el cerebro consiste en una multitud, un mosaico de áreas, o sistemas, o módulos independientes, cada uno de ellos dedicado a una función cognitiva altamente específica*". Si, como dice PINKER (1997), "la mente es lo que hace el cerebro", ¿cómo ha podido mantenerse una concepción general de la mente cuando el cerebro estaba constituido por múltiples sistemas específicos? Creo que, esencialmente, mediante un dualismo que responde a una profunda tradición cultural, que se remonta a PLATÓN o SÓCRATES (NISBETT y cols., 2001), pero que se reifica o materializa en la metáfora computacional que ha gobernado hasta tiempos bien recientes el desarrollo de la psicología cognitiva. Esta metáfora sólo era creíble en la medida en que separaba o disociaba el funcionamiento del *software* de la naturaleza del *hardware* (POZO, 2001). La metáfora computacional sólo puede sostenerse si nos desentendemos del cuerpo y aceptamos que todas sus estructuras —incluidas las cerebrales—, no son sino un soporte *más* de entre los posibles, el que casualmente nos ha tocado, de esa mente amodal y arbitraria. Un programa de ordenador puede correr en muy diferentes soportes electrónicos, y una misma información, sea una fotografía, una edición facsímil de *El Quijote* o el último disco de Diana Krall, puede conservarse en diferentes formatos. No es preciso adquirir discos duros específicos para funciones de cómputo específicas. Si acaso, como supone FODOR con sus módulos, basta con incorporar unos pocos sistemas periféricos. Los mismos "programas mentales" pueden supuestamente ejecutarse desde muy diferentes estructuras, una de las cuales es nuestro cerebro, al tiempo que un mismo soporte puede ejecutar "equipotencialmente" muy distintos programas. El funcionamiento del cerebro se asume, en la metáfora computacional, como equivalente (o *equipotencial*) al de cualquier otro sistema de cómputo binario imaginable, sin que la estructura (orgánica) restrinja la función (cognitiva). Es así de simple; y así de improbable, según muestran por ejemplo con abundantes argumentos EDELMAN y TONONI (2000), quienes se oponen a que el cerebro, como presupone el nuevo conexionismo, pueda entenderse como un sistema computacional.

De hecho, una de las banderas de la nueva corriente conexionista, la alternativa computacional al procesamiento de información, es precisamente la "plausibilidad neuronal", al adoptar la red neuronal o el cerebro como metáfora (CARREIRAS, 1997; RIVIÈRE, 1991), aunque en mi opinión más como *desideratum* que como modelo real. A pesar de la nueva metáfora del cerebro, los sistemas conexionistas siguen siendo sistemas artificiales, tan diferentes de los sistemas biológicos como lo eran los modelos computacionales clásicos. Resulta muy difícil superar ese dualismo desde una psicología exclusivamente computacional, porque, para lograrlo, los modelos conexionistas deberían de ser no sólo "neuronalmente plausibles" sino, según acabamos de ver, "corporalmente plausibles". No se trata sólo de emular las pautas de activación neuronal, sino también su contenido, es decir la forma en que el mundo se proyecta en esa red de neuronas a partir del cuerpo. Los aún tímidos avances de la mobótica, con sus cucarachas metálicas (CLARK, 1997), no implican, ni es presumible que impliquen en mucho tiempo, *incorporar* esas memorias periféricas, para la acción, en sistemas biológicos, *organismos* dotados de un cuerpo, sino en mecanismos, sistemas físicos, que carecen de una historia filogenética u ontogenética, con lo que viven, a diferencia de los organismos, fuera del tiempo (POZO, 2001), ya que ni nacen, ni crecen, ni se reproducen, ni mueren. No tienen pasado ni futuro, porque no tienen cuerpo.

Además, para que el conexionismo tuviera la "plausibilidad neuronal" que declara, habría que situar esos sistemas de representaciones distribuidas en una estructura cerebral como la nuestra, dotándoles de un tejido cerebral especializado en el procesamiento de diferentes tipos de información en vez de estar formado de supuestas "redes neuronales" de propósitos generales (DRAAISMA, 1995). La equipotencialidad de las conexiones entre unidades neuronales, que rige el programa conexionista como cualquier otro programa asociacionista, que asocia elementos sin contenido, no puede nunca simular la especialización biológica de las diferentes regiones de nuestro tejido cerebral. La actividad neuronal está modulada por la acción de un buen número de neurotransmisores diferentes, "bioquímicamente específicos" (GOLDBERG, 2001), que realizan funciones especializadas de "conexión neuronal" en áreas específicas de nuestro cerebro y proporcionan un "gran abanico" de modulaciones químicas de la actividad neuronal (EDELMAN y TONONI, 2000). Esta modulación neuroquímica tendría una naturaleza analógica o continua y, por tanto, sería difícilmente reducible a la lógica binaria de la computación, en cualquiera de sus fórmulas, incluido el conexionismo, y posiblemente proporcionaría el primer sustrato para la representación de significados, en forma de "marcadores somáticos" (DAMASIO, 1994) o de "sistemas de valores" (EDELMAN y TONONI, 2000) para la actividad cognitiva. Estos argumentos parecen poner en serios aprietos la burda analogía entre un sistema, como nuestra mente, con una historia evolutiva tan compleja y sofisticada y lo que no es más que un conjunto de interruptores eléctricos conectados en una red computacional (RIDLEY, 1999), que eso sí, puede llegar a simular la ejecución de tareas cognitivas muy complejas (aunque paradójicamente no la de las supuestamente más "simples"). En esta línea, CLARK (2001) propone superar la separación entre mente (*software*) y cuerpo (*hardware*) mediante un nuevo concepto, intraducible y en buena medida incomprensible, el *mindware*, una especie de mente incorporada a un cuerpo mentalizado, cuyo futuro teórico está aún por comprobar.

Por tanto, la mente amodal y arbitraria, ya sea en su versión proposicional o conexionista, no concuerda con la idea, actualmente aceptada en las neurociencias, de que "*el cerebro ya no puede concebirse como un tejido plástico amorfo que adquiere sus competencias distintivas del entorno mediante mecanismos de aprendizaje de nivel celular con propósitos generales*" (GALLISTEL, 2000). Aunque sin duda, los niveles de análisis cognitivo y neuropsicológico deben diferenciarse —ya que sólo en ese nivel de análisis representacional, intermedio entre el nivel fisiológico y la experiencia subjetiva la psicología cognitiva tiene un discurso propio (RIVIÈRE, 1991)—, no es menos cierto que debe haber una congruencia teórica y empírica entre ambos niveles, si admitimos una vez más que, de algún modo, la mente es lo que hace el cerebro (PINKER, 1997). De hecho, esa congruencia existe, si atendemos a los análisis que venimos presentando en apartados anteriores. Las neurociencias, al igual que la psicología comparada del aprendizaje, la psicología evolucionista, los estudios cognitivos con bebés o algunos desarrollos recientes, aún minoritarios, en psicología cognitiva, avalan la idea de que el cerebro está constituido, al menos en sus estructuras más primitivas (GOLDBERG, 2001), por sistemas de representación específicos, de forma que nuestra organización semántica del mundo está en parte restringida por esos sistemas específicos de representación de la información.

Ahora bien, ¿cuáles son los principios mediante los que el cerebro organiza esas representaciones? ¿Son también compatibles con los que hemos visto desde esas otras disciplinas? Alfonso CARAMAZZA (2000; SANTOS y CARAMAZZA, 2002) revisa tres posibles principios para la organización de las representaciones en el cerebro. Según un primer principio, se organizarían en función de *modalidades sensoriales específicas*, de forma que habría zonas del cerebro especializadas en procesar la información extraída por cada una de esas vías sensoriales, que tendría su propio subsistema de representación (visual, auditivo, táctil, etc.). Una segunda posibilidad es que las representaciones se organicen de acuerdo con los principios asociativos clásicos, según un principio de *estructura correlacional*, de modo que aquellas propiedades del mundo que tienden a covariar se procesen juntas. Finalmente, una tercera propuesta es que las representaciones se organicen en función de *dominios específicos*, es decir que existan en el cerebro sistemas especializados en la representación de clases específicas de objetos, tales como los congéneres, los animales, las plantas, etc. En esta última propuesta, de acuerdo con CARAMAZZA (2000, pág. 1037), "*el principio determinante en este caso es de naturaleza evolucionista: se supone que las presiones evolutivas han dado lugar a mecanismos cerebrales dedicados al procesamiento de clases específicas de objetos*".

CARAMAZZA (1998) analiza el apoyo empírico obtenido por cada una de estas tres hipótesis a partir de las investigaciones basadas en técnicas de neuroimagen y de los estudios sobre los "desórdenes" cognitivos, la "entropía mental" producida por ciertas lesiones cerebrales. Curiosamente éstos últimos suelen producir un funcionamiento aleatorio o no selectivo de ciertas áreas del cerebro, como el que siempre ha imaginado el procesamiento de información, lo que ha llevado a Oliver SACKS (1985) a sostener que el sujeto típico de la psicología cognitiva experimental es, en realidad, muy cercano al sujeto patológico que estudia la neuropsicología. De hecho, aunque estas tres hipótesis no tienen que ser mutuamente excluyentes, como reconoce el propio CARAMAZZA (2000), dada la enorme versatilidad del cerebro humano, proclive a generar múltiples representaciones en lugar de respetar el principio de correspondencia (una representación única para cada objeto, GELMAN y WILLIAMS, 1997), los datos disponibles avalan la hipótesis de que el cerebro dispone de sistemas específicos para la representación de dominios específicos, siendo esos dominios cercanos a los que se han identificado desde otros enfoques o áreas de investigación que hemos venido revisando en apartados anteriores. Por tanto, también la investigación neuropsicológica "*apoya la idea de que el sistema conceptual consiste en estructuras específicas de dominio que reflejan adaptaciones evolutivas*" (CARAMAZZA, 2000, pág. 1044; otras propuestas diferentes en FORDE y HUMPHREYS, 2002).

Ahora bien, al igual que hemos visto en apartados anteriores, aceptar que esas representaciones encarnadas e implícitas constituyen el contenido primordial de la mente humana, no conlleva necesariamente asumir que nuestra actividad mental se base, en exclusiva, en esas representaciones. De hecho, si queremos comprender la adquisición de conocimiento, debemos asumir que estos sistemas específicos de representación de dominios, escasamente conectados entre sí, son sólo una parte de la especificidad cognitiva del *homo discens*, que requiere sistemas de integración de representaciones con propiedades bien diferentes. De acuerdo con REBER (1993), el sistema cognitivo implícito tendría una primacía funcional y evolutiva con respecto al conocimiento explícito, al ser más antiguo en la filogénesis y la ontogénesis. También hemos visto que los sistemas específicos de aprendizaje (o naturales, en términos de PREMACK, 1995) tendrían prioridad funcional con respecto a los mecanismos generales de aprendizaje arbitrario. La especialización de zonas del cerebro en la representación de dominios específicos daría cuenta de este funcionamiento encarnado e implícito de nuestras representaciones primarias.

Pero, como muestra el neuropsicólogo GOLDBERG (2001), ese funcionamiento especializado es propio de las partes más primitivas del cerebro, como el tálamo y los ganglios basales, implicados en diversos tipos de procesamiento cognitivo implícito (BAYNES y GAZZANIGA, 2000; GOLDBERG, 2001; HIKOSAKA y cols., 2000; LIEBERMAN, 2000), cuya historia filogenética se remonta muy atrás en nuestro pasado evolutivo compartido con otras muchas especies, no sólo con los mamíferos.

De hecho, según EDELMAN y TONONI (2000), buena parte del funcionamiento cognitivo inconsciente se basaría en circuitos paralelos, sin bucles de "reentrada" o retroalimentación recursiva entre sí, a diferencia de lo que sucede con los órganos cerebrales que se ocupan de las funciones del conocimiento (de los que, cómo no, hablaremos también en el Capítulo V), de forma que podríamos decir que las funciones implícitas son cognitivamente independientes, o que están encapsuladas en el sentido fodoriano, en la medida en que no reducen mutuamente su entropía (el estado de un circuito o módulo no permite predecir o influir en el funcionamiento de otro módulo).

Así, los sistemas modulares o implícitos serían locales, en el sentido de FODOR (1983) ya que apenas afectarían al funcionamiento global de la mente, isotrópico y quineano. Sin embargo, las zonas corticales más recientes evolutivamente, en especial los sistemas específicamente humanos, y de entre ellos las estructuras contenidas en los lóbulos frontales, responden a una lógica diferente. Como veremos en el Capítulo V, la adquisición de conocimiento propiamente dicha constituiría en la mente humana un funcionamiento cognitivo de segundo orden (o de tercer y cuarto orden si atendemos a la clasificación de las funciones cognitivas de RIVIÈRE, 1997b; ver BAQUERO, 2001). El conocimiento, como nivel representacional diferenciado, estaría avalado por la investigación no sólo cognitiva sino también neuropsicológica, que muestra la existencia en nuestro cerebro de sistemas dedicados no ya a representar los cambios que el cuerpo detecta en el mundo —como sucede con las estructuras arcaicas especializadas en esas representaciones implícitas y encarnadas— sino a representar esas mismas representaciones primarias generadas por la mente humana, que gracias a esos sistemas más recientes pueden conectarse entre sí en forma de *metarrepresentaciones* (PERNER, 1991; RIVIÈRE, 1997b; SPERBER, 2000), y pasar así a ser explícitas o conscientes. Existirían, por tanto, sistemas y funciones cognitivas dedicados a extraer información de otros sistemas y funciones cognitivas, a realizar mapas corticales de esas funciones (EDELMAN y TONONI, 2000; GOLDBERG, 2001), en suma funciones cognitivas globales (isotrópicas y quineanas en términos de FODOR) que hacen posible la explicitación de las representaciones y con ellas el conocimiento, como veremos en el próximo capítulo.

Ahora bien, buena parte de esas representaciones explícitas, o de segundo orden, no son sólo producto de la conciencia individual, sino sobre todo de la transmisión cultural, que en nuestras sociedades complejas, se organiza o estructura en formatos instruccionales, es decir, en actividades sociales intencionalmente diseñadas para fomentar nuevos aprendizajes, y entre ellos, de modo esencial, la adquisición de nuevos conocimientos. Por ello, es interesante completar este viaje por diferentes enfoques o culturas psicológicas mostrando cómo también la psicología de la instrucción ha abandonado un enfoque generalista, o de propósitos generales, a favor de la transmisión de conocimientos en dominios específicos, si bien con planteamientos diferentes a algunos de los enfoques anteriores.

## La psicología de la instrucción: La formación de expertos en dominios específicos

La psicología de la instrucción se ocupa del diseño de materiales y actividades con el fin de promover determinados aprendizajes. Por tanto, sus desarrollos teóricos están muy vinculados al propio devenir de la psicología del aprendizaje, aunque no puedan reducirse a ella (REIGELUTH, 1999). La psicología de la instrucción nació como una aplicación de los principios conductistas, más concretamente skinnerianos, al desarrollo de una tecnología educativa o instruccional, que introdujo la novedad de centrar el proceso de enseñanza en el propio alumno. De hecho, antes incluso de que la influencia de PIAGET alcanzara los escenarios educativos, la instrucción programada mediante los principios del aprendizaje skinneriano defendía ya una enseñanza individualizada, centrada en el propio alumno (por ej., CRUZ, 1986). Pero muy pronto estos modelos de "instrucción programada" dieron paso, con el propio cambio teórico de la psicología, a modelos basados en el procesamiento de información (E. GAGNÉ, 1985; R. GAGNÉ, 1977; GLASER, 1965) que, aunque diferían de ellos en su objetivo —ya no se trataba de cambiar la conducta sino de proporcionar información y con ella cambiar las representaciones—, compartían, según los argumentos antes desarrollados, algunos de sus principios básicos[5].

Uno de los supuestos en los que coinciden los diseños instruccionales basados en el conductismo y en el procesamiento de información, como hemos visto, es el carácter general o no restringido de los procesos de aprendizaje. Inicialmente, desde ambos enfoques, como desde casi todas las teorías psicológicas, se asumen procesos de aprendizaje *urbi et orbe,* que se aplican por igual a todos los contenidos y en todos los contextos. De hecho, una de las obras fundacionales del procesamiento de información proponía como modelo del funcionamiento cognitivo humano un *solucionador general de problemas* (NEWELL y SIMON, 1972), una máquina de hacer inferencias formales con independencia, una vez más, del contenido al que se apliquen. En nuestra propia cultura educativa está ampliamente extendida la idea de que la enseñanza de habilidades generales, formales (reglas de razonamiento lógico, reglas gramaticales, técnicas de estudio, etc.), asegura su uso en contextos específicos. Una vez más, las teorías y modelos psicológicos son un reflejo de la concepción cultural del conocimiento, que en nuestra cultura socrática, o cartesiana, asume la prioridad de los conocimientos lógicos, formales, sobre los saberes específicos de dominio (por ej., NISBETT y cols., 2001; TWEED y LEHMAN, 2002; al final del Capítulo V me ocuparé también de estas distintas formas de concebir *cultural/mente* el conocimiento).

Sin embargo, las investigaciones realizadas por el nuevo enfoque cognitivo del procesamiento de la información en tareas de aprendizaje y solución de problemas, junto con los intentos de desarrollar sistemas de "inteligencia artificial", hicieron cada vez más importantes los conocimientos semánticos específicos en esas tareas. Tras plantear, de acuerdo con la tradición asociacionista, tareas arbitrarias, se pasó a un interés creciente por los conocimientos específicos de domi-

---

[5] Para un análisis más detallado de esas semejanzas y diferencias véanse GAGNÉ y GLASER (1987), GLASER (2001), GLASER y BASSOK (1989), también CARRETERO (1993), POZO (1989).

nio y su influencia en la ejecución de tareas complejas. Si se quería disponer de sistemas eficaces en la ejecución de esas tareas ya no bastaba un "solucionador general de problemas", una potente máquina de cómputo dotada, en el mejor de los casos, de heurísticos generales. Había que disponer de verdaderos *sistemas expertos* en tareas concretas. De hecho, una de las señas de identidad de la psicología de la instrucción en estos últimos veinte años es el interés por la psicología cognitiva de los expertos y por las diferencias entre las personas expertas y novatas en la ejecución de diferentes tareas, desde los clásicos estudios con ajedrecistas (por ej., CHASE y SIMON, 1973; HOLDING, 1985; SAARILUOMA, 1996), o los no menos clásicos de solución de problemas en física (CHI, FELTOVICH y GLASER, 1981; LARKIN, 1985; POZO y CARRETERO, 1992; SIMON y SIMON, 1978), a las más recientes investigaciones con expertos en ciencias sociales (ver por ej., CARRETERO y VOSS, 1994; VOSS y CARRETERO, 1998), en música (SLOBODA, 1999) o en interpretación teatral (NOICE y NOICE, 1997). No es éste el lugar para analizar las diferencias cognitivas entre expertos y novatos ni los procesos mediante los que un novato se convierte en experto, pero en todo caso se asume que esas diferencias son producto de la *adquisición de conocimientos específicos de dominio* y no de capacidades o procesos generales. Se es experto o no en algo y además esa pericia es un resultado de aprendizajes anteriores, ha sido adquirida.

Aunque hay distintas formas de concebir esas diferencias entre expertos y novatos (por ej., CHI, GLASER y FARR, 1988; ERICSSON, 1996; MATEOS, 1995; POZO, 1989; VOSS, WILEY y CARRETERO, 1995), parece aceptado que los expertos disponen a) de más conocimientos o rutinas automatizadas, b) de una mayor comprensión de los problemas que afrontan, c) de habilidades o destrezas cognitivas específicas de dominio y d) de un mejor uso de los recursos metacognitivos en su área de pericia. El conocimiento experto no se generaliza o lo hace de un modo muy limitado y no es debido en ningún caso a diferencias generales en la capacidad de procesamiento, sino a los efectos de diversas formas de aprendizaje, automatización y sobre todo reestructuración (GLASER, 1992), sobre el uso de los recursos cognitivos en dominios específicos. En otras palabras, la extraordinaria capacidad de memoria de los expertos en ajedrez es un producto de sus conocimientos adquiridos en esa área y no a la inversa: fuera de su área de pericia, tienen las mismas limitaciones de procesamiento que el resto de los mortales.

Por tanto, aunque la psicología de la instrucción ha seguido una trayectoria similar al resto de los enfoques en su acercamiento a las representaciones y el conocimiento, vemos que lo hace desde supuestos bien diferentes. Aquí no se asume que esos conocimientos específicos tengan una función adaptativa desde el punto de vista de la especie. No forman parte del equipamiento cognitivo de serie, sino que, por retomar la terminología de KLEIN y cols. (2002), se trata más bien de capacidades inicialmente arbitrarias que se adquieren como consecuencia de ciertos tipos de práctica masiva. Nadie puede pensar que la mente humana está dotada o restringida *a priori* para jugar al ajedrez, hacer ecuaciones matemáticas o resolver problemas económicos. Podríamos decir que, aunque estas áreas de pericia son importantes socialmente, y por tanto significativas desde el punto de vista cognitivo, y más aún de la adquisición de conocimiento, no son evolutiva o funcionalmente relevantes y, en ese sentido, sólo en ese, son *arbitrarias*. Los dominios que estudia la psicología de la instrucción son muy diferentes de los que hasta ahora hemos venido viendo, ya que no se trata de esos *core domains* que constituyen el "esqueleto conceptual" sobre el que se construye el conocimiento humano (GELMAN y WILLIAMS, 1997), sino de "dominios sociales", ámbitos de conocimiento socialmente estructurados, de acuerdo con demandas culturales y tecnológicas, que responden a las exigencias de la sociología del conocimiento (BURKE, 2000) más que a las restricciones del propio sistema cognitivo.

Un segundo rasgo de los dominios instruccionales, derivado del anterior, es que se trata de dominios aprendidos o construidos mediante la instrucción. Aunque los procesos mediante los que puede adquirirse esa pericia varían, según los autores que la analicen y posiblemente también según el tipo de pericia implicada (MATEOS, 1995, 1999), desde procesos de automatización o meramente asociativos a procesos de aprendizaje constructivo (POZO, 1989), lo cierto es que suele tratarse de procesos generales, independientes de dominio. Según WELLMAN y GELMAN (1997 pág. 558): "*de modo un tanto irónico, las explicaciones de la pericia parecen ser intrínsecamente de dominio general. La práctica y la experiencia se aplican por igual a cualquier área de conocimiento que produce pericia; conocemos expertos en áreas tan artificiales como el béisbol, el ajedrez o los Beatles. Los procesos generales de memoria, adquisición de información, organización de la información e inferencia suelen dar cuenta de cómo se forman esos expertos. La imagen es la de un terreno de juego conceptual que sólo se diferencia según los dictados de la experiencia y de la práctica*".

Volvemos a encontrarnos con el problema de la equipotencialidad. Frente a los dominios *naturales* estudiados desde enfoques como la psicología evolucionista, los estudios con bebés o la neuropsicología, donde los conocimientos se adquieren a partir de sistemas de representación y aprendizaje específicos, la pericia adquirida en dominios *artificiales* procede de la aplicación de mecanismos generales de representación y aprendizaje a tareas en cierto modo arbitrarias. De hecho, algunos autores como REBER (1993) encuentran en la formación de expertos argumentos para rebatir la especificidad del aprendizaje en dominios naturales, reduciendo las representaciones implícitas adquiridas en esos dominios (nuestra física y psicología intuitivas, pero también nuestro lenguaje) a una pericia más, similar al ajedrez, el béisbol o el conocimiento sobre los Beatles: "*Hay algo muy intrigante en la posibilidad de que se requiera aproximadamente la misma cantidad de práctica en aprender química, ajedrez, psicoanálisis o guitarra del que lleva aprender la lengua materna. Tal vez esos tipos de procesos de adquisición estén guiados no por distintos módulos, con estructuras específicas, sino por alguna serie de procesos de inducción general que operan en una amplia variedad de situaciones*" (REBER, 1993, págs. 152-153).

Sin embargo, hay datos para dudar de esta identidad. En primer lugar, podría argüirse que, mientras en esos dominios naturales todas las personas, o casi todas, acaban siendo expertas, en estos dominios artificiales la pericia puede estar sujeta a diferencias individuales y, en todo caso, requiere el diseño de prácticas sociales mucho más específicas. Mientras que esos dominios de conocimiento nuclear constituyen universales cognitivos, la pericia sólo tiene sentido en la medida en que permite diferenciar a unas personas de otras, ya que la pericia es, por definición, un concepto diferencial. Los mecanismos y condiciones del aprendizaje implícito, que daría cuenta de muchas de esas adquisiciones en dominios naturales (Pozo, 2001, 2003b), son menos exigentes que los que requiere el aprendizaje explícito implicados en la formación de expertos (Glaser, 2001). Este argumento tiene además un sólido apoyo empírico. No parece que formarse como experto —y todos somos expertos en muchas cosas diferentes, tenemos nuestra lista de pericias personales— sea igualmente fácil en todos los dominios o tareas.

De hecho, la psicología de la instrucción ha acumulado pruebas abundantes de que hacerse experto en alguno de esos dominios "socialmente inventados" es más difícil en algunos casos, como la mecánica newtoniana (Pozo y Carretero, 1992) que en otros, que no pueden considerase cognitivamente más simples, como la lectoescritura. Incluso dentro de algunos de esos dominios, suele resultar más difícil adquirir unas representaciones que otras, no sólo por requerir una mayor cantidad de práctica y un diseño más específico de esa práctica, sino porque los efectos de esa instrucción suelen ser menos duraderos y transferibles, lo que, en términos de los criterios para medir la eficacia del aprendizaje (Pozo, 1996a), hace que los resultados obtenidos de esa instrucción sean muy escasos. En concreto, muchas investigaciones instruccionales ilustran las dificultades para lograr un aprendizaje relevante y generalizado en áreas como las ciencias naturales, las matemáticas o las ciencias sociales. En el Capítulo VI volveré sobre estas dificultades *específicas* de aprendizaje en esos dominios, pero lo que todas ellas parecen tener en común es que esas adquisiciones requieren algún tipo de *cambio conceptual* o reestructuración de esas representaciones encarnadas e implícitas que la mente humana dispone para los dominios específicos o naturales, de modo que aprender la mecánica newtoniana o hacer cálculos probabilísticos complejos requiere, en cierto sentido, ir más allá de ese equipamiento cognitivo de serie, saltar de algún modo fuera de nuestra propia sombra en el mundo. Podríamos asumir con Salthouse (1991) que adquirir pericia en algún dominio complejo exige siempre *aprender a esquivar* algunas de las restricciones impuestas por ese equipamiento cognitivo de serie. Pero, mientras las restricciones generales —por ej., las limitaciones de cómputo simultáneo— pueden ser fácilmente esquivadas mediante procesos de aprendizaje general —automatización por práctica masiva— las restricciones específicas, plantean mayores dificultades, con lo que no suele bastar la instrucción y la práctica masiva, sino que se requieren condiciones específicas de instrucción que hagan posible, por un lado, la interiorización o conversión en representaciones mentales de ciertos sistemas culturales de representación y, por otro, la reestructuración o cambio conceptual de las representaciones implícitas y encarnadas al interiorizar esos sistemas culturales.

Los distintos enfoques analizados en este capítulo coinciden en asumir que el sistema cognitivo humano dispone tanto de mecanismos generales de cómputo y aprendizaje como de sistemas específicos para la representación y el aprendizaje en dominios concretos. Sin embargo, la naturaleza de esos dominios y la propia interpretación teórica de esos sistemas específicos varía entre esos diferentes enfoques en aspectos sustanciales. A continuación intentaré analizar las principales diferencias entre estos enfoques, así como los dominios de conocimiento en los que cada uno de ellos puede ser más explicativo.

## La naturaleza de las representaciones específicas de dominio

En las páginas anteriores han surgido, al menos, tres formas distintas de concebir la adquisición de representaciones específicas que se corresponden con otras tantas tradiciones en psicología del aprendizaje (Pozo, 1994; Wellman y Gelman, 1997). Así, el enfoque de la pericia desarrollado desde la psicología de la instrucción supone que esos sistemas específicos son, de hecho, el resultado de la aplicación masiva de los sistemas generales de procesamiento a dominios específicos, lo que permite que, mediante procesos de automatización y, en su caso, de reestructuración, se optimice la eficacia cognitiva en ese dominio. En cambio, otros enfoques, como por ejemplo la psicología evolucionista, asumen más bien la naturaleza modular de esos sistemas de procesamiento específico, que por tanto serían universales y, en esencia, inmutables. Paradójicamente, mientras unos sistemas de representación específica —la pericia— serían consecuencia de aprendizajes específicos, otros —los módulos— tendrían por función impedir esos mismos aprendizajes, mientras que aún otras posiciones, desde enfoques evolutivos o de cognición encarnada, asumen que esos sistemas específicos imponen restricciones al aprendizaje, pero no lo impiden, sino que al contrario, son en sí mismos "sistemas de aprendizaje específico", sin los cuales sería imposible adquirir nuevas representaciones y conocimientos en esos dominios. Cada una de estas tres posiciones (*pericia*, *módulos* y lo que se ha dado en llamar *teorías* específicas) constituye una forma distinta de interpretar la naturaleza de esas representaciones específicas de dominio.

## ¿Módulos, teorías o pericia adquirida?

Según Wellman y Gelman (1997), los tres enfoques que acabo de esbozar responden a tres concepciones distintas del conocimiento humano y su origen, que difieren entre sí al menos en tres aspectos esenciales:

a) la continuidad o discontinuidad entre las formas más simples de representación y conocimiento y las más complejas;
b) la naturaleza de esos sistemas de representación y/o conocimiento; y
c) los mecanismos mediante los que cambian esas representaciones específicas de dominio.

Al analizar las respuestas que cada uno de estos enfoques da a estas preguntas, podemos ver que se corresponden en lo esencial con las tres principales epistemologías desde las que se ha articulado la investigación en psicología del aprendizaje en nuestra tradición cultural: el empirismo, el racionalismo y el constructivismo (Pozo, 1996a), por lo que al analizarlas es inevitable volver sobre estas tradiciones, que no sólo estructuran el pensamiento psicológico sino también, en buena medida, la propia organización y las prácticas instruccionales de las instituciones sociales dedicadas a la adquisición de conocimiento (Case, 1996). La Tabla 4 resume las principales ideas expuestas en este apartado. Así,

**Tabla 4**. *Comparación esquemática de los dominios de conocimiento en los tres enfoques analizados en el texto*. (Elaborado a partir de WELLMAN y GELMAN, 1997.)

| | Restricciones innatas | Función de la experiencia | Variabilidad en los resultados de aprendizaje | Dominios característicos |
|---|---|---|---|---|
| **Módulos** | Sistemas automáticos de entrada y salida. | Desencadena la acción de esos sistemas. | Variabilidad nula o mínima sometida a restricciones fijas. | Lenguaje, visión, teoría de la mente. |
| **Teorías** | Ontologías y principios básicos. | Proporciona fuentes de datos a esos principios. | Variabilidad moderada por las restricciones impuestas por los principios. | Psicología, física, biología matemáticas. |
| **Pericia** | Sistemas de procesamiento de información. | Fundamental, constituye el núcleo del aprendizaje. | Variabilidad ilimitada, en función de la experiencia. | Lectura, física, música, dinosaurios, ajedrez, etc. |

concebir las representaciones de dominio como el producto de una *pericia adquirida* implica aceptar, como hemos visto, que esas representaciones se generan, en la práctica, en cualquier dominio nuevo o arbitrario en el que esta se acumule (ajedrez, química, esquí, punto de cruz, etc.). No es el sistema cognitivo el que estructura esa pericia sino la propia práctica, de modo que "*con suficiente práctica en una tarea, ya sea el ajedrez o coleccionar conocimientos factuales sobre los dinosaurios, una persona ordinaria empieza a parecer extraordinaria*" (WELLMAN y GELMAN, 1997, pág. 528).

Desde este enfoque se ha argumentado incluso que las diferencias evolutivas, entre niños pequeños y adultos, pueden reducirse a que los niños son "novatos universales" (BROWN y DELOACHE, 1978) y que, con la práctica debida, incluso los niños pueden acumular más conocimientos que los adultos en un dominio dado (por ej., el conocimiento factual sobre los dinosaurios), al hacerse expertos en ese dominio (CHI, 1978). Las representaciones específicas son, desde este enfoque, trozos de plastilina moldeables y modificables por la práctica casi sin limitaciones. Por tanto, "cualquier rincón de experiencia" (WELLMAN y GELMAN, 1997), por arbitrario y casual que sea (ya sean los *pokemon*, las cartas *magic*, la numismática o la enología), puede ser un área de pericia en la que acumular representaciones específicas. La pericia se concibe así como una acumulación continua de saberes y destrezas, si bien desde algunos enfoques de la pericia se enfatiza la existencia de diferencias cualitativas o verdaderas reestructuraciones en el paso de novato a experto (POZO, 1989), basadas en la aplicación a dominios específicos de sistemas de procesamiento de carácter general. Paradójicamente, se es experto en un dominio especifico mediante el uso de procesos generales en ese dominio. Por tanto en la tradición *empirista*, ser experto consiste en acumular con la práctica representaciones específicas de dominio.

La interpretación del sistema de aprendizaje y representaciones específicas desde el enfoque de los *módulos* es completamente opuesta a esta tradición empirista. Según esta concepción, cercana al racionalismo de FODOR y CHOMSKY, las representaciones específicas se basarían en dispositivos especializados para el procesamiento de cierta información, que en su versión más radical, fodoriana, serían sistemas encapsulados e impenetrables, de modo que esos sistemas de procesamiento específico en ningún caso podrían verse modificados ni revisados por la experiencia. Si uno se hace experto aprendiendo, la función de los módulos es hacer innecesario el aprendizaje, ya que esos dispositivos estarían preformados, de tal manera que serían una causa de nuestras experiencias y representaciones, nunca una consecuencia de ellas. Lo que identifica esencialmente a esta posición es negar la existencia de mecanismos que hagan posible el cambio de esas representaciones específicas, por lo que no aceptarían ninguna discontinuidad cognitiva en esos dominios. Además, en lugar de ocuparse de dominios arbitrarios, de "rincones de experiencia", se ocupan de sistemas cognitivos nucleares como la física o la psicología intuitivas (LESLIE, 1995, 2000; SPELKE, 1994), intentando identificar los "universales cognitivos", aquellos sistemas de procesamiento específicos del *homo discens*, que constituirían nuestro equipamiento cognitivo de serie para la interacción con los objetos y las personas.

Esta posición modular suele identificarse como el enfoque de *la teoría como módulo*, ya que muchos autores defienden que esos módulos actúan como teorías que restringen el procesamiento de información en un dominio dado. Así, RIVIÈRE (1997b) destaca que lo que caracteriza a este enfoque es que los módulos constituyen el *sistema operativo* de la mente en dominios específicos, un tipo de funcionamiento mental que, lejos de revisarse con la experiencia, es apenas modificable, que no tiene componentes explícitos ni puede en modo alguno explicitarse. Según esta idea, nuestro equipamiento cognitivo de serie restringiría las posibles representaciones del mundo, combatiendo así, de acuerdo con la lógica racionalista clásica, la "pobreza de los estímulos", haciendo posible un orden cognitivo del mundo, o en los términos aquí usados, que seamos capaces de extraer "entropía negativa" del entorno en forma de información. Esta naturaleza esencialmente procesual de los módulos haría casi imposible revisar o redescribir esos principios y, por tanto, esas representaciones. Así, desde una concepción modular, como siempre ha creído FODOR, es muy difícil aceptar el cambio representacional.

Sin embargo, desde el tercero de los enfoques mencionados, se asume que nuestras representaciones específicas constituyen *teorías* de dominio, es decir, sistemas de representación consistentes y sistemáticos, basados en ciertos principios que restringen el procesamiento de la información en ese dominio, pero que pueden ser revisados y explicitados como consecuencia del aprendizaje. Aunque hay diferentes posiciones dentro de este enfoque, conocido como el enfoque de la *teoría-teoría* para diferenciarlo del enfoque anterior de la teoría modular (ver por ej., GOPNIK y MELTZOFF, 1997; POZO, 2002; RIVIÈRE, 1997b), tienden a aceptar que las representaciones específicas guardan cierta similitud con el funcionamiento del conocimiento científico. Según esta idea, nuestras representaciones implícitas se estructurarían en forma de teorías, de modo que, al organizar nuestras representaciones y usarlas para guiar la acción en el mundo, todos nosotros actuaríamos como científicos intuitivos. Partiríamos de ciertos principios teóricos, más implícitos que explícitos, que restringirían el procesamiento de esas situaciones, organizándolas, pero al tiempo revisaríamos esos

principios en función de su éxito representacional, en busca de "teorías" más eficaces. GOPNIK y MELTZOFF (1997) atribuyen estos rasgos representacionales a
las teorías:

1. *Abstracción*: los constructos teóricos no son entidades observables, objetos del mundo real, sino leyes o principios de naturaleza abstracta.
2. *Coherencia*: las representaciones surgidas de una teoría están "legal-
   mente" relacionadas entre sí, de forma que no son unidades de información aisladas.
3. *Causalidad*: los principios teóricos, y las representaciones que de el os se
   derivan, sirven para explicar o dar cuenta de las regularidades del mundo.
4. *Compromiso ontológico*: las teorías restringen las posibles representaciones, asumiendo la necesidad de un determinado orden ontológico, cuya
   violación exige una revisión de la teoría.

GOPNIK y MELTZOFF (1997) ilustran claramente la naturaleza representacional
de estas teorías específicas y sus consecuencias para el sistema cognitivo cuando comparan sus funciones con las de los esquemas, las estructuras más organizadas generadas por el procesamiento de información y que podrían ser un
ejemplo del tipo de estructuras cognitivas postuladas desde el enfoque empirista
de la pericia. Así, el famoso esquema de "ir a un restaurante" sirve sin duda para
organizar, para reducir la incertidumbre en un escenario concreto, pero no asume
ninguno de los supuestos anteriores, salvo la abstracción. No predice nuestra
representación en otro escenario (coherencia), no explica lo que allí sucede (causalidad) y, sobre todo, no hay ningún compromiso ni necesidad ontológica en lo
que sucede en un esquema (si vamos a un *fast food,* en contra de lo que predice
el esquema, pagamos antes de comer, pero no pasa nada, salvo a nuestro estó-
mago claro, eso sigue siendo un restaurante). En cambio, la representación que
tenemos las personas sobre cómo se mueven los objetos, sobre la conducta de
los demás o sobre lo que es un "ser vivo" estaría, organizada, en forma de teorías
(los seres vivos *necesariamente* se alimentan y *necesariamente* mueren: si algo
no puede morir, es que no es un ser vivo). Según ha demostrado KEIL (1989) en
unos ingeniosos experimentos, los niños de 3-4 años comparten ya con todos
nosotros la certeza representacional que, en un mundo tan incierto, proporcionan
estos compromisos ontológicos, estas teorías.

Además, para los partidarios de la teoría-teoría nuestras representaciones
estarían organizadas a partir de estos principios, que surgirían de las restricciones impuestas por el propio sistema cognitivo, pero esos principios se irían revisando, al igual que hacen los científicos, a medida que esas teorías se contrastan
con el mundo. Habría una discontinuidad clara entre las teorías ingenuas o implícitas y las teorías de los científicos, que se explicarían mediante procesos de
cambio conceptual o teórico. Del mismo modo que las teorías científicas acumulan datos durante largos periodos para sufrir ocasionales "revoluciones conceptuales", las teorías específicas de dominio estarían sometidas a una dinámica
de cambio similar. En este y en otros supuestos, las teorías de dominio se sitúan
cercanas al enfoque *constructivista*, al admitir, como el empirismo, la posibilidad
del cambio cognitivo, pero destacar la importancia de los cambios estructurales
frente al aprendizaje acumulativo.

Obviamente, estos tres enfoques diferentes, resumidos antes en la Tabla 4, se apoyan en bases de datos distintas, obtenidas con frecuencia en dominios distintos, por lo que no es aventurado afirmar que los tres tienen abundantes datos a su favor. Es posible hacerse experto, con la práctica y sobre todo la motivación adecuada, en cualquier dominio "arbitrario" que uno pueda imaginar (basta con ver algunos concursos de televisión para cerciorarse). También existen sistemas (lenguaje, percepción) que responden bastante bien a la lógica de los sistemas modulares. Y finalmente en algunos dominios, la experiencia nos obliga tras cierto tiempo a reestructurar nuestras ideas y asumir, de modo más o menos gradual, una nueva "teoría".

Pero quizás el aspecto más crucial para diferenciar estos enfoques entre sí sea el grado y la forma en que esas representaciones específicas pueden ser reestructuradas por la experiencia en aquellos dominios que, según vimos en apartados anteriores, constituyen el núcleo representacional específico del *homo discens*. Se recordará que, aunque algunos autores proponen otros dominios nucleares como la biología (por ej., ATRAN, 1990; GEARY y HUFFMAN, 2002; INAGAKI y HATANO, 2002; WELLMAN y GELMAN, 1997), hay un consenso en que la *física intuitiva* (la representación de los objetos) y la *psicología intuitiva* (la representación de las personas) son dominios específicos a los que todos nos enfrentamos como *homo discens*. En el Capítulo VI volveré sobre estos dominios, pero ahora podemos preguntarnos cuál de los enfoques anteriores da cuenta mejor de la adquisición de conocimiento en ellos.

Tal como hemos visto en apartados previos, nuestra física y nuestra psicología intuitivas se basan en ciertas restricciones encarnadas, producto de la adaptación cognitiva a aquellos ambientes particulares en los que el *homo sapiens* se desarrolló. Este supuesto no puede ser explicado desde luego como un efecto de la pericia, si bien es perfectamente posible, como he argumentado anteriormente, explicar la formación de expertos como un proceso de reconstrucción de esas restricciones mediante procesos instruccionales (POZO, 1989). De hecho, las investigaciones sobre expertos y novatos muestran que hacerse experto en un dominio, al menos en uno de estos dominios nucleares, supone superar algunas de las restricciones específicas impuestas por nuestro equipamiento cognitivo de serie (ver Capítulo VI). Ahora bien, esas restricciones ¿tienen una naturaleza modular o teórica? La respuesta a esta pregunta, frente a lo que suele creerse, no está relacionada con el carácter innato o no de esas restricciones, ya que ambos enfoques asumen que actúan *a priori* de la experiencia —si bien ello no tiene que implicar, como ya he argumentado, una preformación innata, pero esta cuestión no afecta aquí al argumento principal— sino con el grado en que son revisables por la experiencia. Al analizar los procesos mediante los que se adquiere el conocimiento, propiamente dicho, en estos dominios nucleares, los datos disponibles no parecen apoyar definitivamente a ninguna de estas posiciones. No parece que las personas revisemos de modo racional y sistemático nuestras teorías implícitas, como suponen los partidarios de la llamada "teoría-teoría". Pero tampoco parece cierto que esas teorías sean imposibles de revisar. Si así fuera, la ciencia no sería una empresa posible, ya que en su mayor parte nos obliga a abandonar nuestros supuestos y convicciones más firmes sobre el mundo (POZO, 2002; POZO y GÓMEZ CRESPO. 1998, 2002). La mejor refutación de que las teorías específicas de dominio no son modulares, al menos en el sentido fodoriano de no poder reestructurarlas, es el propio FODOR. Si nuestros supuestos no fueran revisables, mantendríamos creencias de "sentido común". Y basta leer cualquier escrito de FODOR para darse cuenta de que sus propuestas teóricas no son "de sentido común".

Tal vez, como sugiere FLAVELL (1999), la solución sea buscar una *tercera vía* representacional, que asuma lo que podríamos llamar una modularidad moderada, es decir la existencia de dispositivos específicos de dominio, consistentes no sólo en un sistema de creencias sino en mecanismos de cómputo especializados, pero que puedan ser revisados o parcialmente "desencapsulados" y reconstruidos mediante procesos de aprendizaje explícito. Mientras la concepción modular asume que vivimos definitivamente encerrados en los estrechos límites que nuestra sombra proyecta en el mundo, la concepción de las teorías acepta que, no sin esfuerzo, podemos saltar definitivamente fuera de ese cerco de sombra. La posición de lo que podríamos llamar una modularidad moderada (o *soft modularity*, según GEARY y HUFFMAN, 2002) aceptaría de algún modo que vivimos encerrados en nuestra sombra pero que, en ciertas condiciones restringidas, podemos saltar fuera de esa sombra, aunque quizá nunca del todo y no para siempre. Se compatibilizaría así un "procesamiento de acceso restringido inicial" con una *plasticidad* que justificara la prolongada inmadurez de nuestra especie (BRUNER, 1972), es decir que proporcionara ventajas adaptativas que compensen el tardío acceso a las posibilidades de reproducción y transmisión de los genes (GEARY y HUFFMAN, 2002). El próximo capítulo analiza con detalle algunos de estos procesos, pero antes sintetizaré ciertos rasgos de nuestras representaciones específicas de dominio, intentando desarrollar esta tercera vía, entre las concepciones modulares y los modelos de la teoría-teoría, en forma de *teorías implícitas*.

## Las representaciones de dominio como teorías implícitas

Asumir que las representaciones de dominio constituyen teorías de naturaleza implícita requiere justificar, por un lado, que poseen las propiedades antes enunciadas (abstracción, coherencia, causalidad y compromiso ontológico) y, por otro, que tienen una naturaleza implícita, es decir, que las personas que hacen un uso pragmático de ellas no pueden sin embargo hacer un uso epistémico pleno de las mismas, es decir no conocen, en parte o en todo, que usan esas teorías para representarse el mundo. Hay numerosos argumentos a favor y en contra del carácter teórico de estas representaciones, que es imposible repasar aquí[6], si bien se ilustrarán en parte en el Capítulo VI al tratar la adquisición de conocimiento en los dos dominios nucleares antes mencionados: el conocimiento sobre los objetos y sobre las personas.

En todo caso, quienes defienden el carácter teórico de esas representaciones mantienen que están regidas por ciertos *principios* —como los de cohesión, con-

---

[6] Si el lector tiene interés, puede profundizar en esos argumentos *a favor* (por ej., CAREY, 1985; CAREY y JOHNSON, 2000; GOPNIK y MELTZOFF, 1997; KARMILOFF-SMITH, 1992; KEIL y SILBERSTEIN, 1996; PERNER, 1991; POZO y cols., 1992, 1999; POZO y RODRIGO, 2001; RODRIGO, 1997; RODRIGO y CORREA, 2001; VOSNIADOU, 1994a, 2002) pero también *en contra* (DISESSA, 1993, 1996, 2002; GELLATLY, 1997; RIVIÈRE, 1997b) de la naturaleza teórica de esas representaciones implícitas o intuitivas.

tinuidad y contacto antes mencionados para la física intuitiva de los bebés, o los principios de intención y creencia que subyacen a la teoría de la mente— que *organizan* o restringen la forma en que nos representamos ciertos dominios. Esos principios, que tendrían una naturaleza esquemática o abstracta, proporcionarían una cierta consistencia o coherencia a nuestra representación de esos dominios, de forma que, a partir de ellos, construiríamos modelos mentales o situacionales para responder a las demandas concretas de cada escenario (RODRIGO, 1997; RODRIGO y CORREA, 2001). De esta forma, nuestras representaciones implícitas serían fuertemente dependientes del contexto, en la medida en que responderían a la forma en que el ambiente desencadena ciertas representaciones encarnadas —restringidas por el propio organismo— para aquellos dominios nucleares en nuestra historia evolutiva (los objetos y las personas). Esas restricciones cognitivas impuestas por las teorías implícitas posiblemente actúan, en un principio, como un *sistema operativo* o un modo de procesamiento —como defienden los partidarios de las teorías modulares— que, en interacción con el ambiente, genera necesariamente esos *principios* que regularán la representación y, en buena medida, el conocimiento en esos dominios.

El carácter teórico de nuestras representaciones implícitas viene avalado también por el hecho de que, aunque difícil, como veremos en el Capítulo VI, el *cambio conceptual* o reestructuración de esas teorías puede lograrse mediante la instrucción y la·intervención cultural. Pero además ese cambio no implica la sustitución de unas ideas por otras, sino su reorganización en el marco de una nueva "teoría" o sistema de relaciones conceptuales (por ej., BENLLOCH y POZO, 1996; POZO, GÓMEZ CRESPO y SANZ, 1999). Como veremos en el próximo capítulo, este modelo de integración jerárquica de unas teorías en otras es compatible con los procesos de aprendizaje explícito postulados para la adquisición de conocimiento en dominios específicos.

Ahora bien, si el cambio es posible, su similitud con el cambio de las teorías científicas es más remota de lo que suponen muchos autores (por ej., GOPNIK y MELTZOFF, 1997; GOPNIK, MELTZOFF y KUHL, 1999), ya que, como veremos también en el Capítulo VI, a diferencia de lo que hacen los científicos, implica mantener diferentes sistemas de representación (implícitos y explícitos) para metas o funciones cognitivas distintas. De hecho, el cambio conceptual es posible y necesario —en contra de lo que sostienen los partidarios de la teoría modular (por ej., LESLIE, 2000)— pero mucho menos probable y común de lo que la analogía con el conocimiento científico hace suponer. Dado que las representaciones implícitas son empíricamente falsas o al menos insuficientes para dar cuenta de muchos fenómenos cotidianos, la lógica científica obligaría a su revisión inmediata. Sin embargo, estas representaciones son sumamente tenaces y resistentes al cambio. Incluso tras amplios esfuerzos de instrucción, las personas persistimos en nuestras representaciones implícitas o, como se llaman a veces en la investigación instruccional, en nuestras *misconceptions*, mucho más allá de lo que la analogía con el pensamiento científico supondría, aun con todas las cautelas sobre los mecanismos de cambio conceptual en la propia ciencia (GIERE, 1988; THAGARD, 1992). Además, nuestras representaciones implícitas, a diferencia supuestamente de las teorías científicas, serían bastante consistentes en contextos o subdominios concretos, pero carecerían de consistencia global (GÓMEZ CRESPO y POZO, 2001), o, si se quiere, de coherencia argumental o explicativa (CORREA, CEBALLOS y RODRIGO, 2003; MORTIMER, 2001; SAMARAPUNGAVAN y WIERS, 1997).

Una explicación tanto de esta falta de coherencia global como de esa resistencia al cambio estaría precisamente en el origen *implícito* y *encarnado* de esas teorías alternativas, en lo que se diferenciarían claramente de las teorías científicas. Asumiendo la idea de SPERBER (1996) de que existe una "epidemiología de las representaciones", una exposición social a ideas seriamente contagiosas, así como mecanismos sociales de contagio o inoculación de esas ideas, podemos decir que el sistema cognitivo implícito, tal como hasta ahora lo hemos analizado, es un verdadero *sistema inmunológico cognitivo* en la medida en que se resiste a muchos de esos contagios (POZO, 2002). Tenemos un sistema cognitivo implícito que es la *sombra de un cuerpo* cuyo origen se remonta a ambientes muy diferentes a los que ahora vivimos y que se resiste a asumir representaciones que violan algunos de los principios representacionales en los que ese sistema implícito se sustenta. Mientras que nuestras representaciones intuitivas se basan en gran medida en lo que podríamos llamar un realismo ingenuo —aceptar que el mundo es como nuestras representaciones encarnadas nos informan que es—(COSMIDES y TOOBY, 2000; POZO y GÓMEZ CRESPO, 1998; POZO y cols., 1999; VOSNIADOU, 1994a), los conocimientos científicos en esos mismos dominios nos obligan a ir mucho más allá de esa "realidad encarnada" y asumir que la materia está en continuo movimiento y llena de pequeños agujeros vacíos, que el universo es infinito, no tiene límite, ni principio ni fin, o que las personas no se comportan como quieren y desean, sino como sus representaciones o las pautas de activación entre unidades neuronales les dictan, que no hacen lo que piensan ni piensan lo que hacen y que, en suma, están sometidas a lo que BARGH y CHARTRAND (1999) llaman la "insoportable automaticidad del ser". Además, nuestras representaciones implícitas, de acuerdo con los mecanismos de aprendizaje implícito en que se basan, tendrían una estructura básicamente asociativa, estableciendo cadenas causales lineales simples entre sucesos —siguiendo reglas estrictamente asociativas (POZO, 1987)— que desde el punto de vista científico responden a estructuras mucho más complejas, basadas en la interacción dinámica de sistemas (CHI y ROSCOE, 2002; CHI, SLOTTA y DE LEEUW, 1994; POZO y GÓMEZ CRESPO, 1998; POZO y cols., 1999).

La diferencia esencial entre las teorías modulares y las teorías de la teoría no reside tanto, según he sostenido, en la naturaleza innata o no de esas restricciones asumidas desde ambas posiciones —recordemos una vez más que todo fenotipo es necesariamente una construcción— sino en el grado en que pueden ser revisadas, o *reconstruidas*, mediante mecanismos de aprendizaje. Ni somos siempre prisioneros de nuestra sombra ni podemos saltar fácilmente y para siempre fuera de ella. Ni nuestras representaciones implícitas funcionan estrictamente como módulos fodorianos ni como análogos de las teorías científicas. Podemos asumir que las restricciones específicas de dominio nos *imponen* cierta representación del mundo, una *teoría* si se quiere, la *sombra* de nuestro cuerpo, a la que no podemos sustraernos y a la que siempre estamos sujetos. Sepamos lo que sepamos, seguimos *viendo* moverse al Sol. Pero también es cierto que la adquisición de determinados conocimientos, socialmente construidos, nos permite, como vamos a ver a continuación, *suprimir* provisionalmente, *suspender* o incluso *redescribir* representacionalmente, esa representación encarnada en favor de un conocimiento más complejo. Gracias a las *prótesis cognitivas* que nos proporciona la cultura podemos saltar fuera de nuestra sombra. Pero la adquisición de ese conocimiento no nos permite abandonar nuestra representación implícita, alejarnos para siempre de nuestra sombra, sino únicamente reconstruirla en un nuevo nivel de análisis o de representación, el del *conocimiento explícito*. Seguimos viendo moverse el Sol aunque sepamos que es la Tierra la que gira y, a no ser que hagamos un esfuerzo consciente, o explícito, nos representamos el movimiento del Sol, que se oculta tras los árboles, y no el movimiento de los árboles que ocultan el Sol. En el Capítulo VI volveré sobre los mecanismos del llamado cambio conceptual, que, según esta idea, sería más bien un cambio teórico o de sistema representacional (POZO y RODRIGO, 2001), y su relación con estas teorías implícitas, que constituyen, de algún modo, una *tercera vía*, intermedia a la concepción modular y a la analogía con las teorías científicas. Pero antes, me ocuparé, por fin, de los procesos mediante los que estas representaciones implícitas, en forma de teorías, se convierten en verdadero conocimiento, es decir, se explicitan.

## CAPÍTULO V

# El aprendizaje como adquisición de conocimiento

*Las ideas son pues las 'cosas' que nosotros de manera consciente construimos, elaboramos, precisamente porque no creemos en ellas... Nótese que bajo este título van incluidas todas: las ideas vulgares, las ideas científicas, las ideas religiosas y las de cualquier otro linaje. Porque realidad plena y auténtica no nos es sino aquello en que creemos. Mas las ideas nacen de la duda, es decir, en un vacío o hueco de creencia. Por tanto, lo que ideamos no nos es realidad plena y auténtica. ¿Qué nos es entonces? Se advierte, desde luego, el carácter ortopédico de las ideas: actúan allí donde una creencia se ha roto o debilitado.*

José ORTEGA Y GASSET
*Ideas y creencias*, 1940, págs. 42-43.

Según hemos visto en el capítulo anterior, el sistema cognitivo humano, como el del resto de las especies, dispone sin duda de mecanismos específicos de representación y aprendizaje para responder a las demandas altamente específicas de su ambiente. Esas representaciones, de naturaleza implícita y encarnada, formarían una especie de *sistema cognitivo de guardia* que aseguraría respuestas rápidas y estereotipadas, con un reducido coste computacional, y por tanto energético, ante las principales variaciones ambientales que afectasen a la supervivencia del organismo. Pero este sistema cognitivo de guardia con sus representaciones restringidas y estereotipadas, siendo muy eficaz ante contextos o situaciones rutinarias tanto para el individuo como para la especie, tendría una eficacia muy limitada cuando esas condiciones se alterasen al enfrentarse a ambientes cambiantes o complejos. Cuanto más variable sea el ambiente al que se enfrenta un organismo, mayor es su necesidad de disponer de otros mecanismos *generalizables* a diferentes contextos, que dispongan de una cierta autonomía funcional con respecto a las propiedades del ambiente. Como ha señalado EDELMAN (1987), los mecanismos con mayor éxito adaptativo son aquellos que permiten al organismo una independencia creciente con respecto a las fluctuaciones ambientales. En este sentido, la especie cognitiva humana ha tenido un éxito indudable, ya que, si algo le caracteriza, es precisamente habitar —e incluso construir— nichos cognitivos con una gran variabilidad y flexibilidad en forma de sistemas culturales o "civilizaciones", cuya función, según el historiador FERNÁN-DEZ-ARMESTO (2000) sería precisamente dominar o controlar a la propia naturaleza y así superar buena parte de las restricciones que ésta impone a la vida humana (CARBONELL y SALA, 2002).

En efecto, los ambientes humanos son muy diferentes a los que habitan otras especies. Aunque están sometidos a las mismas leyes físicas y biológicas, incorporan sistemas de una nueva complejidad, por su naturaleza social y cultural. Estas nuevas demandas ambientales reclaman otro tipo de representaciones *específicas* —en el doble sentido articulado en el capítulo anterior de propias de la especie y adaptadas a dominios específicos— que sin embargo deberán ser lo suficientemente flexibles para adaptarse a los rápidos cambios que impone la vida cultural, superando la inmediatez de las demandas ambientales, del aquí y ahora. Frente a los organismos inferiores, que son sistemas meramente reactivos desde el punto de vista cognitivo, la mente humana permite anticipar, construir nuevos mundos posibles y reconstruir aquellos mundos ya idos, con lo que podemos despegarnos, aunque sea de modo parcial y momentáneo, de las demandas inmediatas de nuestro entorno, una vez más saltar fuera de la sombra que nuestro cuerpo produce en el mundo, un rasgo tal vez específico de la mente humana.

¿Cuáles son esos procesos generales que permiten afrontar situaciones o tareas nuevas y que en última instancia hacen posible la construcción de nuevas capacidades a partir de esas funciones primarias, en el sentido de KLEIN y cols. (2002)? Se ha supuesto tradicionalmente, sobre todo en el marco de la psicología del aprendizaje, que se trataba de mecanismos asociativos que permitirían conectar entre sí nuevos sucesos, haciendo posible la representación de cualquier ambiente nuevo. Sin negar la importancia de estos procesos de aprendizaje asociativo, difícilmente puede explicarse a partir de ellos la especificidad cognitiva humana si aceptamos, como parece aceptado, que esos mecanismos asociativos son muy antiguos filogenéticamente —como veíamos en el Capítulo Primero, tendrían cientos de millones de años (PAPINI, 2002)—, y por tanto son compartidos por muchas especies que, sin embargo, no muestran especiales similitudes cognitivas con nosotros, como los ratones o las abejas.

Así, los procesos generales que diferencian al *homo sapiens* —o al *homo discens*— del resto de los sistemas cognitivos, haciendo posible una independencia cognitiva creciente con respecto al ambiente y una mayor flexibilidad representacional para adaptarse a ambientes nuevos, deben constituir paradójicamente un sistema *específico*, una forma específica/mente humana de responder a demandas ambientales que son propias o exclusivas de nuestra especie, y que han hecho posible la evolución de nuevas funciones cognitivas, a partir de esos sistemas más primarios compartidos con otras especies. Tal es, al menos, la hipótesis que manejan hoy en día la mayor parte de los estudiosos de la génesis de la mente humana que, partiendo de la hipótesis de la modularidad masiva que veíamos en el Capítulo IV, asumen sin embargo una versión *light* o débil de la modularidad (GEARY y HUFFMAN, 2002; Samuels, 2000), según la cual esos módulos no son necesariamente sistemas periféricos, sino que muchos sistemas centrales pueden estar también modularizados, con la particularidad de que esos módulos centrales ya no estarían "informativamente encapsulados", es decir, no serían por completo opacos a la información procesada por otros módulos, pudiéndose desencapsular al menos en parte. Desde este enfoque se habla de "módulos darwinianos", diferenciándolos así de los "módulos fodorianos" clásicos (por ej., MURPHY y STICH, 2000, o más en general muchos de los capítulos incluidos en CARRUTHERS y CHAMBERLAIN, 2000a; a su vez FODOR, 2000, expresa la opinión, como puede imaginarse nada favorable, que este tipo de modularidad *débil* le merece). Esos "módulos darwinianos" serían especializaciones cognitivas que responderían a las nuevas condiciones ambientales en el proceso de hominización, de forma que en algún momento de la evolución debió generarse una capacidad de conectar o integrar la información procesada por cada uno de esos módulos permitiendo un procesamiento más global o independiente de contexto del que cada uno de esos módulos genera por sí mismo.

Nos encontramos así ante los sistemas cognitivos globales o no locales, isotrópicos y quineanos, que, según FODOR (2000), se hallarían fuera del planeta cognitivo, o al menos de nuestra capacidad de conocerlo. Sin embargo, la investigación reciente ha mostrado algunas formas en que podría haber surgido ese procesamiento más global a partir de los sistemas específicos de representación analizados en el capítulo anterior. En pocas palabras, en algún momento de nuestra evolución como especie cognitiva desarrollamos la capacidad de *explicitar nuestras propias representaciones*, la capacidad de *metarrepresentar,* o mejor aún, de *conocer* nuestras propias representaciones, que sería el rasgo cognitivo más específico del *homo sapiens*. La génesis de esta capacidad es, por tanto, esencial para entender la naturaleza cognitiva del conocimiento y los procesos mediante los que lo generamos y, sobre todo, lo adquirimos.

## *Cuando la carne se hizo verbo: La génesis del conocimiento humano*

> *Quizá el problema de la Torre de Babel —llegaría a decirme— no fue que aparecieran diferentes lenguas, sino que la que tenían se hizo más complicada ofreciendo a los usuarios la posibilidad de dudar, de contradecirse, de atribuir al otro el propio miedo.*
>
> Juan José MILLÁS
> *Dos mujeres en Praga*, 2002, pág. 109.

Aunque en un sentido laxo podamos atribuir conocimiento a todos los seres vivos e incluso a sistemas artificiales de cómputo, al hacerlo estamos diluyendo el sentido *específico* o preciso que, en mi opinión, el término conocimiento debe tener en el marco de la psicología cognitiva, según el cual, como hemos visto repetidas veces, conocer es hacer explícitas las propias representaciones. Así, en el sentido preciso de ANDERSON (1996), serían explícitas aquellas representaciones de las que podemos informar a los demás o a nosotros mismos (según vimos en la definición presentada en la página 30). Así, aunque en las próximas páginas me propongo introducir nuevos matices, por ahora podemos considerar que conocer es la capacidad de manejar representaciones explícitas (POZO, 2001, 2003b), o, si se quiere, metarrepresentaciones (RIVIÈRE, 1997b; SPERBER

2000). Sin duda la transición de las representaciones implícitas a las explícitas —o de las representaciones al conocimiento— es gradual y compleja, tanto desde el punto de vista teórico como empírico, al plantearse el arduo problema de los umbrales de conocimiento: ¿cuándo sabemos con certeza que alguien conoce sus propias representaciones y puede manipularlas conscientemente? O más aún, ¿cómo sabemos que alguien *no* las conoce? (ver DIENES y BERRY, 1997; POZO, 2003a; STADLER, 1997). Pero aun con esa incertidumbre, que debería hacernos recelar ante cualquier planteamiento dicotómico o radicalmente disociativo entre los sistemas cognitivos implícito y explícito (ROSETTI y REVONSUO, 2000a), hay motivos para sostener que conocer, en este sentido *específico* o estricto, es una forma característica/mente humana de representarse el mundo. Hasta donde sabemos, somos la única forma de organización de la materia, física o biológica, que dispone, de modo inequívoco y sistemático, como parte de su equipamiento cognitivo de serie, de un dispositivo que permite representar las propias representaciones y, de esta forma, comunicarlas a otros e incluso modificarlas mediante procesos de aprendizaje explícito.

Por tanto, además de los sistemas de representaciones implícitas y encarnadas que de algún modo compartimos con otras especies, la mente humana tiene la extraordinaria propiedad de convertir su propia vida mental, sus representaciones, en objeto de representación. Si el contenido de nuestras representaciones implícitas es el *mundo*, tal como nuestra mente encarnada nos lo entrega, el contenido de las representaciones explícitas sería en buena medida el acceso consciente a esas representaciones implícitas (POZO, 2001, 2003b). De esta forma, el conocimiento —o las representaciones explícitas— sería una conquista evolutiva más reciente que se apoyaría en el funcionamiento de ese otro sistema cognitivo implícito más primario, tal como propone REBER (1993). Explicitar las representaciones permitiría no sólo generar nuevas representaciones —o conocimientos— sino, sobre todo, reestructurar o dar un nuevo significado a algunos de los productos de ese funcionamiento cognitivo implícito. Visto así, el conocimiento plantea una verdadera ruptura cognitiva con respecto a los niveles de análisis anteriores, de forma que un sistema de conocimiento es cualitativamente distinto a un sistema de representación, pero al mismo tiempo requiere una continuidad con esos niveles anteriores, ya que sólo un sistema que tiene representaciones implícitas puede acceder al conocimiento, al igual que sólo un sistema informativo puede generar representaciones.

Esta relación evolutiva entre el sistema cognitivo implícito y el explícito es un ejemplo más de la integración jerárquica de sistemas en la organización de la materia y la vida (DAWKINS, 1976b; LORENZ, 1996; SIMON, 1962) o, si se quiere, de las relaciones entre estabilidad y cambio en el proceso de la evolución. De hecho, la especificidad cognitiva de la mente humana no puede entenderse si no es en estos términos genéticos. Parafraseando a Neil ARMSTRONG, la suma de muchos pequeños pasos para los hombres —o mejor para los homínidos— supuso un gran paso para la Humanidad. ¿Pero cuál es ese gran salto cognitivo? ¿Cuándo y cómo se produjo? ¿Cuándo podemos decir que surge en los humanos esa capacidad de conocer, es decir, de hacer explícitas sus representaciones, de informar a sí mismo y a otros sobre ellas? ¿Y cómo surgió esa capacidad? ¿Es realmente exclusiva de la mente humana?

## La construcción de la mente civilizada
## a través del conocimiento

Responder a estas preguntas no resulta fácil, aunque sin duda resulta fascinante intentarlo. Las mentes no fosilizan, por lo que no dejan rastros directos de su funcionamiento, pero sí lo hacen los cráneos y los cuerpos que las contienen y también algunos de los productos de esas mentes, como pueden ser herramientas, pinturas, restos de huesos, etc., que de algún modo también las contienen, o al menos las reflejan. Basándose en estos datos, y en la comparación con las capacidades cognitivas de otros primates, así como en la propia investigación neuropsicológica de nuestras mentes actuales, la arqueología cognitiva ha avanzado en los últimos años hipótesis muy sugerentes que vienen a poner en duda las versiones más clásicas del proceso de hominización y el origen del conocimiento, que es lo que aquí interesa.

Tradicionalmente se asumía, a partir del argumento materialista de ENGELS (1876), basado en parte en las propias ideas de DARWIN, que fueron las especializaciones técnicas —la liberación de las manos y el uso de herramientas— las que nos hominizaron. Según este argumento, sería la capacidad de dominar la naturaleza, el ambiente físico, a través del uso de herramientas e instrumentos mediadores, y en suma a través de la manipulación física de los objetos, la que estaría en el origen de la hominización. Aún hoy algunos arqueólogos sostienen esta idea: "*Iniciábamos la carrera para hacernos humanos al comenzar la construcción de útiles e instrumentos extracorporales (la producción extrasomática) y al usarlos cotidianamente. Creemos, por consiguiente, que técnica y proceso de humanización están indisolublemente ligados, porque es la inteligencia operativa lo que nos hace humanos. Hace 2,5 millones de años unos primates empezaron la codificación de la información fuera de su cuerpo*" (CARBONELL y SALA, 2002, página 44). Según este argumento, la adopción definitiva del bipedismo por parte del *homo habilis* hace como mínimo unos 2,5 millones de años liberaría a las manos de su función braquiadora y permitiría su uso instrumental (ver por ej., WILSON, 1998), de forma que ya la evolución, en lugar de modificar los propios órganos corporales, actuaría, de modo cultural, sobre esas herramientas u "órganos artificiales" (VYGOTSKI, 1931). El uso de las manos y la elaboración de herramientas haría posible a su vez un cambio en la dieta, crecientemente más carnívora, al permitir no tanto la caza como la carroñería, y con ello una coevolución del cerebro, con un incremento extraordinario del tamaño proporcional de algunas regiones cerebrales, en especial la corteza prefrontal, como veremos en el próximo apartado, al tiempo que descendía la inversión energética en el sistema digestivo. Todo ello haría posible la aparición de las primeras culturas líticas —esa codificación extracorporal en forma de herramientas, que serían la primera extensión o prótesis cultural para la mente— que desembocaría en las hábiles producciones de herramientas bifaces por parte del *Homo erectus* hace casi 2 millones de años [1].

---

[1] Descripciones detalladas, aunque no siempre coincidentes, de esta evolución pueden encontrarse en varias fuentes recientes como ARSUAGA (2001), CARBONELL y SALA (2002), CARRUTHERS y CHAMBERLAIN (2000a), CELA CONDE y AYALA (2001), DONALD (1991, 2001) o MITHEN (1996).

Pero esta teoría del origen *técnico* de la mente.humana, según la cual el co-nocimiento humano se generó en la relación con los objetos físicos, en suma en nuestra *física intuitiva*, se enfrenta con varios hechos difícilmente explicables. En primer lugar, existen claras asincro-nías en este relato. Hay un desfase cronológi-co de casi un millón de años entre la liberación de las manos y el bipedismo y la invención de las primeras tecnologías líticas (MITHEN, 1996), por lo que, aunque el uso de las manos como instrumentos de acción —o de *represent/acción*, de representación en acción o acción representada— sea esencial para la evolución de la mente humana (WILSON, 1998), difícilmente puede ser la explicación única o esencial de esa construcción evolutiva. Igualmente hay un desfase entre esas tecnologías líticas y el notable aumento del cerebro que identifica a la especie humana, asociado a las primeras muestras inequívocas de conocimiento, es decir las representaciones plenamente explícitas, que la mayor parte de los autores vinculan con las manifestaciones artísticas, el culto a los muertos, etc., que existían con certeza, según los cálculos más conservadores, hace unos 40 o 60.000 años (por ej., ARSUAGA, 2001; CELA CONDE y AYALA, 2001; DONALD, 1991; MITHEN, 1996). Incluso si admitiéramos, con criterios más laxos, que la especie humana pueda tener unos 200.000 años, si atribuimos conocimiento a activida-des tales como cultivar el fuego, usar pinturas ornamentales o cubrir el cuerpo con pieles (CARBONELL y SALA, 2002), como mínimo habrían transcurrido más de 2 millones de años desde la construcción de las primeras herramientas hasta la externalización de representaciones culturales como tales.

Es bien cierto que, ya hace 3 millones de años, los homínidos fabricaban arte-factos de piedra que aún hoy están fuera del alcance de los primates más avan-zados, los chimpancés, que se separaron de los homínidos hace unos 6 millones de años. Pero también es cierto que esas primeras culturas líticas apenas evolu-cionaron, se mantuvieron sin cambios ¡durante casi un millón y medio de años! Digamos que el *homo habilis* no lo era tanto y se limitaba a reproducir una técni-ca que, según WYNN (2000), exige escasa planificación y control en su ejecución. No es claro, por tanto, según los criterios establecidos por BYRNE y RUSSON (1998), que la reproducción de esa técnica requiera algo más que la imitación de acciones, lo que está sin duda al alcance de numerosos primates e incluso de otros animales, que sin embargo se muestran mucho más limitados en la "imita-ción de programas" o planes de acción dirigidos a una meta, cuyo logro puede requerir acciones distintas en contextos distintos. Según BYRNE y RUSSON (1998) sólo en este último caso nos encontraríamos ante una imitación intencional o, en nuestros términos, explícita, ya que requeriría representarse el plan de acción que va a realizarse previamente a la acción, en lugar de desencadenar acciones *primadas* por ciertos estímulos u otras acciones previas.

De hecho, nos encontraríamos aún ante acciones estereotipadas, que dan lugar a producciones similares en ambientes muy diferenciados y a lo largo de un extenso periodo de tiempo sometido a notables cambios climáticos. Aunque hay ya un avance notable con respecto a las posibilidades cognitivas de otros prima-tes, es difícil aceptar aún la necesidad de manipular representaciones explícitas para tallar el filo de una piedra. Los chimpancés usan habitualmente ramas o palos para extraer comida de los hormigueros. De hecho, como veremos en el Capítulo VI, tal vez no existan tantas diferencias entre nuestra física intuitiva y la de los otros primates superiores, como los chimpancés (CALL, 2000). Otro tanto puede decirse de nuestras representaciones del medio natural. La investigación en cognición animal ha mostrado que todas las especies, como no podía ser menos, tienen una representación sofisticada y compleja del medio en el que viven (GALLISTEL, 1989, 2000), o sea del ambiente que construyen cognitivamente, por lo que en este aspecto el *homo discens* no se diferenciaría sustancialmente de otras especies. De hecho los grandes avances en el conocimiento y control de la naturaleza por nuestra especie, con los inicios de la agricultura y la ganadería, son muy tardíos desde el punto de vista evolutivo, unos 10.000 años, por lo que más que una causa de la aparición de la mente humana, con sus capacidades de representación y aprendizaje específicas, serían una consecuencia de ella (DONALD, 1991; MITHEN, 1996).

Si el entorno y los problemas físicos enfrentados por nuestros antepasados, después de bajarse de los árboles en medio de la sabana, según la gráfica expresión de PINKER (1997), no explicarían el origen de nuestra capacidad de conocer, ¿de dónde habría surgido esta? Según la mayor parte de los estudiosos del tema, de otro de nuestros sistemas específicos de representación y aprendizaje, aquel que tenía por función responder a las demandas específicas del ambiente *social*. A esta conclusión llegó al menos HUMPHREY (1986) tras observar la conducta de los gorilas en su hábitat natural. La mayor parte de los problemas que debían resolver diariamente no eran físicos sino *sociales*: "*la selva no tiene por qué suponer ningún problema para los gorilas, pero sí puede llegar a serlo el comportamiento de los otros gorilas, y así ocurre. La inteligencia que se requiere para sobrevivir socialmente es de un nivel diferente de la que se necesita para hacer frente al mundo material*" (HUMPHREY, 1986, pág. 39 de la trad. cast.).

Lo que diferencia a los primates superiores, y entre ellos al *homo sapiens,* o *discens*, de otros animales no es tanto la complejidad de sus ambientes físicos como la complejidad de sus ambientes sociales. La supervivencia de los primates pasó a depender más de la capacidad de representar —y en esa medida construir— relaciones sociales complejas que de construir nuevas representaciones para los cambios físicos en el ambiente. Así, según DUNBAR (1993; ver también GEARY y HUFFMAN, 2002), el aumento del tamaño relativo del cerebro y especialmente de los lóbulos frontales, tan característico de nuestra especie (por ej., GOLDBERG, 2001), correlaciona, o co-evoluciona, con el aumento del tamaño de los grupos sociales, no sólo en los primates, sino en todas las especies cuya supervivencia requiere cooperación social, como por ejemplo los murciélagos (DONALD, 2001). Es la necesidad de computar relaciones sociales más complejas la que a su vez exige cerebros más potentes. No cabe duda de que, sin esta vida social compleja, con sus jerarquías, sus alianzas políticas y su lucha continua por transmitir los genes, nuestra especie no hubiera podido conquistar nuevos nichos ecológicos, siendo por ejemplo esencial para actividades tales como la caza, que permitieron acceder a fuentes de energía de mayor calidad, facilitando a su vez la reducción del consumo energético en el proceso digestivo —más laborioso en los herbívoros—, energía que se dedicó crecientemente a la actividad cerebral (véase ARSUAGA, 2001; DUNBAR, 2000; MITHEN, 1996).

Según esta hipótesis, fue la necesidad de anticipar la conducta de los demás la que de algún modo generó la posibilidad de manipular mentalmente las representaciones de esas conductas. Ello hizo posible una *teoría de la mente* que constituye un verdadero conocimiento, que a su vez dio lugar a una *mirada inte-*

*rior* (HUMPHREY, 1986), una *mirada mental* (RIVIÈRE y NÚÑEZ, 1996) sin la cual no seríamos lo que somos, porque no podríamos conocer nuestras propias representaciones. Según la mayor parte de los autores, esa capacidad mentalista es un rasgo esencial de nuestra especificidad cognitiva que nos diferencia del resto de los animales, incluidos los demás primates (POVINELLI, BERING y GIAMBRONE, 2000). Según la *hipótesis de la simulación,* sería la representación de los propios estados mentales en forma de metarrepresentación la que hace posible interpretar en términos mentalistas la conducta de los demás. Como dice GOLDMAN (2000; también RIVIÈRE, 1991, 1997b), a los estados mentales sólo se puede acceder en primera persona, si bien podemos *simular* nuestros estados mentales en los demás para anticipar sus conductas y entender por qué hacen lo que hacen. Pero también, dada la naturaleza encarnada de nuestras representaciones, incluyendo nuestras emociones y sentimientos, que posiblemente son los "estados mentales" más primarios (como veremos en el Capítulo VI), al imitar o empatizar las expresiones emocionales de los demás, estaremos *simulando* en nosotros sus estados mentales (HUMPHREY, 1986). Mientras que muchos organismos, incluidos casi con seguridad todos los vertebrados, comparten con nosotros algunas emociones básicas, e incluso son capaces de representar esas emociones en/de sus congéneres y reaccionar ante ellas, la capacidad de atribuir estados emocionales a los demás y a uno mismo implicaría una función metarrepresentacional (representar una emoción o una representación encarnada), que parece restringida, si no exclusiva, a nuestra especie. Sería, por tanto, una forma de conocimiento.

Según una hipótesis muy sugerente, nuestro conocimiento tendría origen precisamente en esas representaciones encarnadas, surgiría de procesar en forma de *emociones* nuestras propias reacciones corporales ante los estímulos que nos afectan, de detectar "la sensación de lo que sucede" (DAMASIO 1999). Según DAMASIO (1994), toda nuestra actividad cognitiva está ligada a la presencia de *marcadores somáticos*, señales que nos informan de los estados favorables o desfavorables de nuestros órganos, de modo que podamos realizar acciones que nos ayuden a buscar lo que podíamos llamar un "estado de fondo" del organismo, un equilibrio emocional basado en el alejamiento de los estados emocionales insatisfactorios y la consumación o acercamiento a los más agradables. Según EDELMAN y TONONI (2000), el cerebro representaría esos estados del organismo a través de "sistemas de valores" modulados por un conjunto de sustancias neuroquímicas que constituyen hoy en día la "diana" de los fármacos dedicados a modificar esos "estados mentales de fondo".

Estas emociones primarias, muy antiguas en la filogénesis (LEDOUX 2002), formarían parte de un sistema cognitivo implícito, de nuestro equipamiento cognitivo de serie (por ej., EVANS, 2001; JONES, 1999), por lo que podrían considerarse universales cognitivos. Tendrían la función básica de representar la disposición del organismo con respecto a los cambios externos e internos que las generan y, de este modo, hacer más o menos probables esos cambios. De esta manera, el dolor y el placer tendrían la función de informar, de forma encarnada, al organismo de las consecuencias de sus acciones, de forma que las emociones proporcionarían *información encarnada* sobre todos nuestros actos cognitivos (CLORE y TAMIR, 2002). Salvo en los fríos laboratorios de psicología —y ni si quiera ahí, ya que en ellos los sujetos, o ahora los participantes, se esfuerzan por cumplir las instrucciones experimentales, por extrañas que sean, en su afán de agradar o quedar bien ante sí mismos y los demás— no hay cognición sin emoción, ya que toda representación se acompañaría de los correspondientes marcadores somáticos sobre las reacciones que esa representación produce en el organismo. De hecho, las emociones estarían ahí precisamente para *marcar* la valencia de esas representaciones, promoviendo acciones que las hagan más o menos probables.

Ahora bien, el *homo discens* no sólo tiene emociones, como el resto de los organismos, sino que además puede acceder en primera persona a esas emociones, puede convertirlas en sentimientos o sensaciones. Como ha señalado DAMASIO (1999, pág. 65 de la trad. cast.), "*la conciencia permite que las sensaciones sean conocidas y de este modo promueve el impacto interno de la emoción y permite a las emociones impregnar el proceso de pensamiento sirviéndose de las sensaciones*". De este modo las emociones implícitas y universales (ira, frustración, alegría, miedo, etc.) se convierten en *sentimientos*, tales como la vergüenza, la culpa, la envidia, etc., que serían ya un producto del conocimiento explícito. Esa transformación de las emociones en sentimientos requiere un proceso de verdadera redescripción representacional, mediada, como veremos más adelante, por sistemas y valores culturales. No hay duda de que una rata o un perro tienen miedo o frustración, y de que todos los humanos vivimos esas mismas emociones encarnadas; sin embargo, la culpa o la vergüenza requieren ya una representación explícita, un acceso en primera persona a esas emociones, y una redescripción o interpretación de las mismas dentro de un sistema de valores culturales.

Atribuir estados mentales a uno mismo y a los demás implica leer los estados emocionales que se asocian a la conducta, y nada más eficaz para ello que *simular* en la conducta de los otros los estados mentales que yo tengo cuando me sucede lo mismo que les está sucediendo a ellos: "*la reconstrucción del conocimiento sobre las emociones expresadas por otras personas podría basarse en una simulación de la sensación subjetiva de dicha emoción (que puede operar de forma inconsciente en el sujeto). La idea de que la simulación somatosensorial es importante para el conocimiento de las emociones observadas en otras personas se relaciona con la idea de que la simulación mental guía nuestro conocimiento de lo que sucede en otras personas*" (ADOLPHS, 2002, pág. 149). De hecho, según este mismo autor, en ciertas áreas de los lóbulos frontales, que como veremos a continuación pueden considerarse los órganos del conocimiento, existen sistemas de "neuronas espejo" que se activan al observar la conducta de otros individuos (GALLESE y GOLDMAN, 1999; HUTCHINSON y cols., 1999). Según esta hipótesis, aprendemos a conocer a los otros simulando en nosotros mismos lo que les pasa, aunque esa simulación, al hacerse explícita, requiera una redescripción representacional que, como veremos al final de este capítulo, se apoya en buena medida en sistemas culturales de representación que, a su vez, reconstruyen esos estados.

Sea o no cierta esta hipótesis de la simulación, y hay razones para aceptar que al menos en parte es cierta (por ej., ADOLPHS, 2002; GOLDMAN, 2000; RIVIÈRE, 1997b; volveremos sobre ellas en el Capítulo VI), lo que sí sabemos con seguridad es que el *homo sapiens*, en algún momento de su desarrollo cognitivo, conquistó la capacidad de representarse a sí mismo y a sus congéneres, de convertir la mente humana en objeto de conocimiento. Tal vez no seamos los únicos miembros del selecto "Club de la Conciencia" (DONALD, 2001), pero es claro que hay enormes diferencias cualitativas entre nuestras formas de ser conscientes de nuestras representaciones, de conocerlas, y las de otros primates. Aunque la posibilidad de que otros primates, en especial los chimpancés, sean también capaces de representarse explícitamente su propia mente y la de sus congéneres, es tema de ardiente debate, parece haber un consenso en que carecen de las competencias mentalistas plenas que caracterizan a los humanos (por ej., DONALD, 2001; HAUSER, 2000; POVINELLI, BERING y GIAMBRONE, 2000; TOMASELLO, 1999). La Tabla 5 resume esas diferencias mostrando la progresiva ocupación por parte de los monos y los primates superiores de lo que el propio Merlin DONALD (2001) ha llamado la *suite ejecutiva* de la mente que, si no es exclusivamente humana, sí podemos afirmar que es el rasgo cognitivo que mejor define, y diferencia, a nuestra especie del resto de los sistemas cognitivos conocidos, la seña de identidad cognitiva del *homo discens*.

POVINELLI, BERING y GIAMBRONE (2000) han propuesto una "hipótesis de la reinterpretación" para dar sentido a datos como los recogidos en la Tabla 5, que reflejan una aparente similitud pero también profundas diferencias entre nuestra capacidad de explicitar las representaciones y las de otros primates. Según esta hipótesis, consistente con los argumentos aquí desarrollados, "*la mayoría de las conductas sociales más destacadas que compartimos los humanos y otros primates (engaño, envidia, reconciliación) se desarrollaron y funcionaron plenamen-*

**Tabla 5.** *La ocupación de la "suite ejecutiva" por diferentes tipos de primates según DONALD (2001, pág. 139).* Aunque la interpretación realizada por Donald de algunos de estos criterios pueda ser discutible, y de hecho no es compartida por otros autores, muestra que esa suite constituye en realidad una zona de evolución próxima para el acceso a las funciones conscientes, que está plenamente alcanzada en el homo discens

| Función cognitiva | Monos | Simios en su ambiente natural | Simios enculturados | Humanos |
|---|---|---|---|---|
| Autocontrol | Sí | Sí | Sí | Sí |
| Atención dividida | No | Quizá | En parte | Sí |
| Recuerdo guiado por acciones repetidas | No | Quizá | Quizá | Sí |
| Recuerdo guiado por indicios internos | No | No | Sí | Sí |
| Autoreconocimiento | No | Sí | Sí | Sí |
| Repaso y revisión | No | Quizá | Sí, aunque limitado | Sí |
| Imitación de planes de acción | No | En parte | Sí, aunque limitada | Completa |
| Lectura de la mente | Mínima | Mínima | Sí | Sí |
| Pedagogía | No | Quizá | Sí | Sí |
| Gesticulación | No | Dudoso | En parte | Sí |
| Invención simbólica | No | No | Protogestos | Sí |
| Jerarquías de acción complejas | No | No | En parte | Sí |

*te mucho antes de que los humanos inventaran los medios para representar las causas de esas conductas en términos de estados intencionales de segundo orden. En este sentido nuestra hipótesis de la reinterpretación puede ser un análogo evolucionista del concepto de redescripción representacional de KARMLOFF-SMITH (1992)... en este sentido, la evolución de estados intencionales de segundo orden puede haber permitido a los humanos reinterpretar conductas sociales extremamente complicadas, ya existentes, que se desarrollaron mucho antes de que nosotros lo hiciéramos"* (POVINELLI, BERONG y GIAMBRONE, 2000, pág. 533).

¿Pero cómo pudo construirse progresivamente esta suite, cómo evolucionaron esas competencias de segundo orden que permitieron la reconstrucción o redescripción representacional, de funciones previamente desarrolladas? Una metáfora muy sugerente de esta construcción nos la proporciona MITHEN (1996) que, junto con el propio DONALD (1991, 2001), es seguramente quien ha hecho aportaciones más relevantes al estudio de esa arqueología cognitiva (de ahí que tengan la insana costumbre de apenas citarse mutuamente, cuando sus trabajos, como veremos, son claramente complementarios). Según MITHEN (1996), la mente humana no sería una suite sino más bien una catedral, que evolucionaría en sus formas arquitectónicas desde las humildes capillas prerrománicas, de una sola nave (o sistema cognitivo), hasta las catedrales románicas, que tienen adosadas a esa nave central pequeñas y oscuras capillas laterales —o modulares— escasamente conectadas entre sí, hasta llegar a las imponentes catedrales góticas con su elevada y suntuosa nave central que da paso a numerosas capillas laterales —o módulos— que se conectan con ella y también entre sí (ver Figura 1).

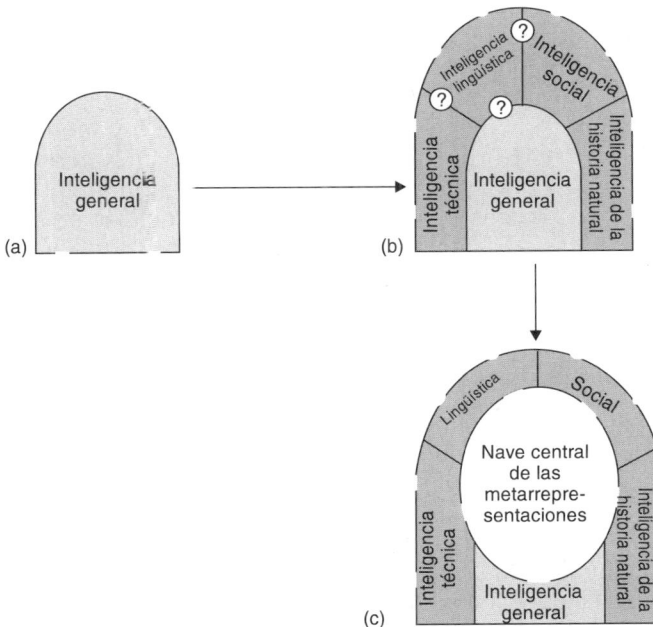

**Figura 1.** *La evolución de la mente como la construcción de una catedral, a partir de Mithen (1996).*

Según M ITHEN (1996), la mente humana habría evolucionado desde un sistema cognitivo general, no especializado, que dispondría de mecanismos de aprendizaje de carácter general o multipropósito, alimentados si acaso por la información de módulos perceptivos específicos (la capilla prerrománica, Figura 1a),
hacia la construcción de módulos o sistemas de representación y aprendizaje
específicos que darían respuesta, como vimos en el capítulo anterior, a demandas ambientales específicas. Esos módulos —o capillas laterales— estarían
escasamente conectados entre sí —en términos fodorianos estarían en buena
medida *encapsulados*—, si bien seguiría habiendo una nave central, a la que
apenas llegarían los ecos de lo que sucediera en esas capillas, oscuras y remo-
tas, especializadas en devociones muy concretas, y edificadas con gruesos e
impenetrables muros (Fig. 1b). Apenas se podría acceder de unas capillas a otras
y de la nave central a esas capillas. Un último momento en la evolución arqui-
tectónica de la mente humana (Fig 1c) sería la construcción de una supercapilla,
la nave central —o nave de las metarrepresentaciones— que conectaría esas
múltiples capillas especializadas entre sí, las desencapsularía, de forma que
daría lugar a una *mente fluida* (M ITHEN 1996).

Las imágenes o representaciones fluirían ya de unas capillas a otras y,
sobre todo, de esas capillas a la nave central, a lo que D ONALD (2001) llama la
suite ejecutiva y que aquí sería más bien el altar mayor de la conciencia. En ella
se reflejan o convergen los ecos de todas las capillas permitiendo que las representaciones fluyan y se hagan flexibles, de forma que representaciones que
antes eran específicas de un dominio (por ej., de la capilla de la historia natural) confluyan con las de otros dominios (por ej., la capilla de la tecnología).
Esto explicaría según M ITHEN (1996) el gran salto cultural que supuso, tras más
de un millón de años de una cultura de la piedra estable, el diseño de nuevas
herramientas según planes precisos que requerían una capacidad de anticipar
y relacionar las representaciones "naturales" (por ej., las situaciones de caza)
con las representaciones tecnológicas (la manipulación y fabricación de objetos). Según M ITHEN (1996) hasta la aparición del *homo sapiens* hubo un uso
oportunista de las herramientas, pero no un diseño instrumental de las mismas,
ya que eso exige que representaciones inicialmente activas en momentos diferentes, pertenecientes a sistemas modulares distintos, confluyan o se activen
simultáneamente en la nueva nave central de la conciencia, con independencia
temporal y espacial de los contextos reales en que más tarde tenían que usarse esas herramientas.

Especialmente importantes serían los usos que en esa nave central comenzaron a hacerse de las competencias mentalistas. La simulación de la mente de
otros en la propia mente y viceversa, inicialmente cultivadas en el módulo o capilla social, adquirieron nuevas funciones y metas cognitivas, relacionadas con el
resto de los módulos. De esta forma, el conocimiento, generado en principio en
un rincón de la mente, en una de sus escondidas capillas laterales, acabó exten-
diéndose no sólo al resto de la mente, sino incluso fuera de ella, a través de sus
producciones culturales (M ITHEN 2000), generando una *mente expandida* que no
sólo se hace más fluida y comunicable sino también más duradera y permanente
(aún hoy, en la *neocueva* de Altamira podemos encontrar vestigios de esa mente
expandida, que nos permiten a nosotros, 14.000 años después, *simular* las mentes de aquellos primeros humanos e intentar comprenderlas). Transferencia y

permanencia son dos rasgos que definen la eficacia de los aprendizajes (POZO, 1996a) y que en el *homo discens* se optimizan gracias al acceso al conocimiento. Pero la metáfora de MITHEN (1996), además de brillante y sugerente, tiene a virtud adicional de que, hasta donde sabemos, seguramente sea cierta: en momentos evolutivamente recientes de la historia de nuestra especie surgieron nuevas estructuras cerebrales cuya función, según la actual investigación neurops cológica, se asemeja mucho a la de esa nave central en la que confluyen las voces y los ecos de todas las capillas representacionales. Serían lo que Luria denominó los órganos de la civilización y que nosotros podemos considerar también los órganos del conocimiento: los lóbulos frontales.

## Los órganos de la civilización: Los lóbulos frontales

El acceso al conocimiento, a la explicitación de las propias representaciones, parece estar evolutivamente relacionado con la construcción de un nuevo tipo de nave o estructura cerebral, que diferencia cualitativamente al cerebro humano del de los demás primates. Se trata de la llamada corteza de asociación, en especial los *lóbulos frontales*, cuya edificación, al modo de las catedrales medievales, tardó cientos de millones de años en culminarse, ocupando cada vez más espacio en la *planta* de la catedral (mientras la corteza prefrontal, la cúpula construida sobre el ábside del resto de los lóbulos frontales, constituye el 3,5% del total de la corteza en el gato, el 11,5% en el gibón y el 17% en el chimpancé, en los humanos alcanza hasta el 29%) (GOLDBERG, 2001). Pero además de aumentar su tamaño, los lóbulos frontales tienen funciones cognitivas nuevas. A diferencia de las capillas o regiones cerebrales más antiguas que, como vimos en el Capítulo IV, están especializadas en el procesamiento de información específica, sea sensorial o de dominio, los lóbulos frontales, y en especial la corteza prefrontal, las últimas naves construidas en el cerebro humano, las que diferencian a la mente humana del resto de as mentes —los *órganos de la civilización*, según LURIA— no tienen funciones especializadas sino *ejecutivas*, gobernar y controlar el funcionamiento del resto de los órganos cerebrales.

Según la metáfora, también feliz, de GOLDBERG (2001), serían el director de la orquesta cognitiva, compuesta por excelentes instrumentistas, especialistas en procesamientos concretos, pero que necesitan ser coordinados o integrados por esa nueva función ejecutiva, que al tiempo reestructura las funciones o el papel de cada uno de esos especialistas, al permitir conectar esas capillas entre sí de forma que un grupo de solistas aislados acaba por convertirse en una verdadera orquesta. De hecho, "*la corteza prefrontal es la parte mejor conectada del cerebro. La corteza prefrontal está directamente interconectada con cada unidad funcional bien diferenciada del cerebro... parece contener el mapa de la corteza entera*" (GOLDBERG, 2001, pág. 52 de la trad. cast.).

La nave central, como supone MITHEN (1996), no está dedicada al culto de ningún santo específico, no está especializada en funciones ni representaciones específicas sino, al contrario, conectada con todas las estructuras inferiores del cerebro, de forma que, según GOLDBERG (*op. cit.*) es "*el prerrequisito crítico de la conciencia, la 'percepción interior'*". Mientras que esos sistemas de representación específica que vimos en el apartado anterior —las capillas laterales o modulares— proporcionan una representación encarnada e implícita (no accesible a otras representaciones) de aquellas partes del mundo en las que están especializados, los lóbulos frontales, en cuanto órganos del conocimiento, no tienen acceso ni directo ni encarnado al mundo, sino a las representaciones generadas por esos otros sistemas. Según EDELMAN y TONONI (2000), los sistemas subcorticales que se ocupan en buena medida de lo que podríamos llamar el procesamiento implícito de la información son esencialmente independientes entre sí, funcionan en paralelo. En cambio, el procesamiento consciente de la información, la explicitación de esas representaciones, se produciría mediante procesos de reentrada o *integración* de distintos estados cerebrales en ciertas áreas de la corteza: "*se requieren interacciones de reentrada entre múltiples áreas cerebrales para que un estímulo sea percibido conscientemente*" (EDELMAN y TONONI, 2000, pág. 91 de la trad. cast.).

El contenido de las representaciones explícitas se basa, por tanto, en los productos del funcionamiento cognitivo implícito, más primario, de forma que "*la corteza prefrontal es la única parte del cerebro, y por supuesto del neocórtex, en la que la información sobre el mundo interno del organismo converge con la información sobre el mundo exterior*", constituyéndose en "*una elaborada maquinaria para representar nuestros estados internos*" (GOLDBERG, 2001, pág. 126 de la trad. cast.), una maquinaria única que tiene sin duda nuevas y poderosas funciones para la construcción y adquisición de conocimiento. Los seres humanos disponemos de una sala de mapas cognitivos que, si bien no permite una representación directa del mundo, tiene la función cognitiva aún más valiosa de reconstruir el mundo a través de las representaciones que nos proporcionan el resto de las estructuras cerebrales, especializada cada una de ellas en extraer información específica sobre los cambios que tienen lugar en partes igualmente específicas del cuerpo, sintonizada cada una de ellas con una parte concreta del mundo (externo e interno). ¿Pero cuáles son las funciones de estos órganos del conocimiento?

## Las funciones de la conciencia en la adquisición de conocimiento

> "*El comienzo de la conciencia reflexiva en el cerebro de nuestro más remoto antepasado debe sin duda de haber coincidido con el despertar del sentido del tiempo*"
> Vladimir NABOKOV,
> *Habla, memoria* 1966, pág. 21.

La relación de la psicología cognitiva del procesamiento de información con la conciencia es ambivalente. Por un lado, la psicología computacional, como no podía ser menos, niega la eficacia causal de la conciencia, al menos en su dimensión fenomenológica (DONALD, 2001), pero al mismo tiempo está continuamente proponiendo procesos y mecanismos con un fuerte *sabor* a conciencia, como el procesamiento controlado, la memoria de trabajo, etc. (DE VEGA, 1995). Curiosamente, aunque la psicología cognitiva parece haber descubierto hace bien poco la relevancia de la cognición implícita, como vimos en el Capítulo Primero, la práctica totalidad de la investigación cognitiva, sea clásica o conexionista, ha estado centrada en nuestra mente implícita, en la manipulación de representaciones, y es muy poco lo que sabemos aún sobre las funciones cognitivas que convierten esas representaciones en conocimiento, es decir sobre la cognición explícita.

Según este argumento, el sujeto tradicional de la psicología cognitiva, el sujeto teórico pero sobre todo el sujeto experimental, ha estado privado, por principio o por conveniencia, de conocimiento. Si se analizan la mayor parte de las tareas utilizadas en los laboratorios de la psicología cognitiva experimental, se comprobará que se han diseñado de forma que se priva al sujeto de su conocimiento sobre la situación (mediante estímulos emocionalmente neutros, información sin significado, tareas descontextualizadas, etc.), por lo que se elimina en lo posible, como una supuesta perturbación, el conocimiento que el propio sujeto, o *participante*, pudiera tener sobre sus propias representaciones y procesos. Ello tiene ventajas metodológicas que no debemos soslayar, ya que eliminar el control explícito de la tarea por parte del sujeto permite un mayor control experimental de la situación (de hecho permite en buena medida separar el nivel de análisis cognitivo de la propia fenomenología), pero paga un precio que tampoco debemos olvidar. No creo que exagerara Oliver SACKS (1985) en su célebre relato *El hombre que confundió a su mujer con un sombrero,* cuando concluía que ese hombre (el doctor P.), que sufría una forma sumamente extraña de *agnosia,* era una buena metáfora de la propia psicología cognitiva del procesamiento de información. El doctor P. extraía información del entorno, pero era incapaz de *integrar* la información perceptiva que procesaba en un todo con significado. Percibía detalles, formas abstractas pero no era capaz de situarlos en el mundo, de darles vida y color, en definitiva, de conocer sus propias representaciones implícitas. Según SACKS (1985, pág. 41 de la trad. cast.) "*por una especie de analogía cómica y terrible, la psicología y la neurología cognitiva de hoy se parecen muchísimo al pobre doctor P. Necesitamos lo real y concreto tanto como lo necesitaba él; y no nos damos cuenta, lo mismo que él. Nuestras ciencias cognitivas padecen también una agnosia similar en el fondo a la del doctor P. El doctor P. puede pues servirnos de advertencia y parábola de lo que sucede a una ciencia que evita lo relacionado con el juicio, lo particular, lo personal y se hace exclusivamente abstracta y estadística*".

No es casualidad, sin embargo, que ese descubrimiento de lo implícito se acompañe también de una recuperación de la conciencia como objeto de estudio de la psicología. Aunque para muchos autores, explicitar o hacer consciente sigue siendo el silbido de la máquina de vapor, un epifenómeno sin eficacia causal sobre el funcionamiento de la mente (por ej., DENNETT, 1991; PINKER, 1997; REBER, 1993), como señala PLACE (2000) no es razonable pensar que la conciencia sea un mero espectador de lo que hace el *zombi* o piloto automático que todos llevamos dentro. De hecho, la investigación reciente sobre las funciones cognitivas de la conciencia ha identificado diferentes procesos, desde los más ligados a la percepción y la atención a los vinculados al control ejecutivo, la autorreferencia, el metaconocimiento, que corresponderían a distintos niveles de conciencia y que afectarían al funcionamiento de diferentes procesos cognitivos (ver DAMASIO, 1999; DIGES, 1986; DONALD, 2001; EDELMAN y TONONI, 2000; MORENO, 1989; PINKER, 1997; TUDELA, 1986; TULVING, 2002; DE VEGA, 1995).

Así por ejemplo, Damasio (1999) diferencia entre *conciencia central*, que sería la sensación de aquí y ahora, un fenómeno biológico no exclusivamente humano, de la *conciencia ampliada*, de un nivel de complejidad superior, que permitiría crear un sentido de continuidad, de identidad, una conciencia del yo, a partir de esas sensaciones puntuales. Edelman y Tononi (2000) diferencian también entre *conciencia primaria*, una conciencia del mundo en "tiempo real" que compartiríamos con otras muchas especies, y *conciencia de segundo orden*, que tendría su origen en el lenguaje y sería exclusiva/mente humana. Por su parte, Carruthers (2000) diferencia entre la *conciencia intransitiva* (o sin objeto, la sensación de estar despierto) y la *conciencia transitiva* (dirigida a un objeto), y dentro de ésta identifica lo que denomina la *conciencia fenoménica*, que implicaría disponer de representaciones de segundo orden, o metarrepresentaciones (Rivière, 1997b; Sperber, 2000) que toman por objeto los propios estados mentales. Es este tipo de funciones conscientes —la conciencia como explicitación de las propias representaciones— el que tiene especial interés para el estudio de la adquisición de conocimiento. Como señalan Dehaene y Naccache (2001) en un trabajo reciente, ocuparse de estas representaciones explícitas no supone retornar a la introspección como un modo de acceso privilegiado al funcionamiento cognitivo, sino sólo asumir que son representaciones cualitativamente diferentes de las representaciones no conscientes o implícitas, lo que permite estudiar la función de la conciencia en la construcción del conocimiento.

Como hemos visto, el desarrollo de los lóbulos frontales, y en especial de la corteza prefrontal, está ligado a la aparición de nuevas funciones cognitivas, centradas en la supervisión y conexión de las representaciones generadas por los sistemas implícitos específicos. Por ejemplo, Dehaene y Naccache (2001) destacan tres funciones esenciales de la conciencia: *a)* mantener activa la representación mental de un estímulo físicamente ausente, es decir en ausencia de cambios energéticos observables (recuerdo explícito); *b)* inhibir o suprimir alguna representación activa; *c)* llevar a cabo conductas intencionales, guiadas por un plan y dirigidas a una meta ausente. La investigación neuropsicológica ha mostrado que las lesiones o el deterioro de diferentes regiones de los lóbulos frontales, dependiendo de la naturaleza de la tarea y también de diferencias individuales, tienden a alterar en mayor o menor grado el funcionamiento de estas funciones conscientes ejecutivas (Goldberg, 2001). Podríamos decir que la función esencial de la corteza prefrontal es la gestión cognitiva de las propias representaciones: "*la corteza prefrontal desempeña el papel central de establecer fines y objetivos y luego de concebir los planes de acción necesarios para alcanzar dichos fines. Selecciona las habilidades cognitivas necesarias para implementar los planes, coordina dichas habilidades y las aplica en el orden correcto. Finalmente, la corteza prefrontal es responsable de evaluar el éxito o el fracaso de nuestras acciones en relación con nuestras intenciones*" (Goldberg, 2001, pág. 40 de la trad. cast). En suma, ejecuta las funciones metarrepresentacionales de planificar, supervisar y evaluar, propias del uso estratégico o metacognitivo del conocimiento (Mateos, 2001; Pozo, Monereo y Castelló, 2001; Pozo y Postigo, 2000). Pero para ello, según Goldberg (2001, pág. 40 de la trad. cast., énfasis del propio autor), "*el organismo debe ir más allá de la mera capacidad de* **formar** *representaciones internas, los modelos del mundo exterior. Debe adquirir la capacidad de* **manipular y transformar** *dichos modelos... el organismo debe ir más allá de la* *capacidad de ver el mundo **a través de** representaciones mentales; debe adquirir la capacidad de trabajar **con** representaciones mentales".*

De esta forma, si el contenido de las representaciones implícitas, según vimos en el capítulo anterior, es el mundo, *"las representaciones constituyen la materia prima que da contenido a la conciencia. De ahí que conciencia y representación coincidan en su carácter referencial; las representaciones se refieren siempre a **algo**, y la experiencia consciente es de **algo**"* (DE VEGA, 1995, pág 292, énfasis del autor). Como ya avanzara William JAMES (1890), la conciencia no sólo es un proceso, en vez de un estado, sino que además es un proceso *transitivo*, que necesariamente se refiere a algo o tiene un contenido. Desde la perspectiva de la psicología cognitiva ese *algo* tiene necesariamente una naturaleza representacional. Se es consciente de las propias representaciones, pero al tomar conciencia de ellas, al explicitarlas, esas representaciones se transforman en mayor o menor medida. La conciencia no es sólo encender la luz en la habitación oscura del conocimiento, iluminar con medio euro una de las capillas laterales de la mente por un breve intervalo. La conciencia, en cuanto proceso de explicitación de las propias representaciones, es un proceso de aprendizaje constructivo que transforma las representaciones que ilumina, en la medida en que las relaciona con otras representaciones y de esta forma las redescribe (KARMILOFF-SMITH, 1992). Sin embargo, frente a la tradición disociativa que tiende a separar o dicotomizar las funciones conscientes e inconscientes —o el funcionamiento explícito del implícito— la mejor forma de entender esa explicitación es como un proceso progresivo que admite diferentes niveles o gradientes (DIENES y PERNER, 1999; GOLDBERG, 2001; KARMILOFF-SMITH, 1992; POZO, 2001). Como vimos en el Capítulo Primero, el intento de establecer umbrales objetivos para el conocimiento explícito es poco viable, ya que el mero hecho de activar una representación implícita incrementa su probabilidad de explicitación (POZO, 2003b). Parece mejor entender el proceso de explicitación de manera dinámica y progresiva, estableciendo diferentes funciones de la conciencia en la adquisición de conocimiento o, si se quiere, diferentes niveles en la explicitación de ese conocimiento.

## La explicitación progresiva de las representaciones en la adquisición de conocimiento

Como veíamos en su momento, la distinción ya consolidada entre dos sistemas de aprendizaje, uno implícito y otro explícito, suele dar lugar a modelos asimétricos, que ponen casi todo el peso en uno u otro plato de la balanza, en lugar de buscar la integración o equilibrio entre ambos sistemas (POZO, 2001; ROSETTI y REVONSUO, 2000a). De esta forma, como ya señalara VYGOTSKI (1931), la "división metafísica" de la psicología en dos niveles, que él llamaba inferior y superior, y para nosotros son el sistema implícito y el explícito, lejos de ayudarnos a superar el dualismo en que está anclada la psicología, lo agranda. Así, la mayor parte de los autores que estudian esta distinción asumen —ya sea de modo implícito o explícito— la posición de REBER (1993), según la cual no hay una diferencia funcional entre ambos sistemas, de forma que ambos se basarían en la detección de regularidades, en un caso implícita y en otro explícita. La detección explícita de regularidades únicamente se diferenciaría del aprendizaje implícito en que sería más vulnerable a la influencia de otras representaciones y, por tanto, más proclive a incurrir en sesgos y desviarse de un cálculo realista o exacto de las contingencias (REBER, 1993). Una vez más los procesos explícitos o conscientes son la espuma o el humo de la cognición.

Sin embargo, otros autores, más cercanos a lo que sería la tradición constructivista en aprendizaje, proponen mecanismos específicos de aprendizaje explícito, responsables de la adquisición de conocimiento, en el sentido en que aquí se ha definido el conocimiento, como una representación explícita. Según DIENES y PERNER (1999), conocer implica adoptar *una actitud proposicional con respecto a una representación*, es decir establecer una relación epistémica, predicar una acción mental con respecto a esa representación. Dado que una actitud proposicional tiene diversos componentes, alcanzarla requiere, según estos autores, ir explicitando, de acuerdo con un orden jerárquico establecido, esos componentes. DIENES y PERNER (1999) diferencian entre los componentes funcionales y los conceptuales. La función de una actitud proposicional requeriría explicitar de modo progresivo, y por este orden, el *contenido* de la representación (la parte del mundo a la que se refiere), la *actitud* (la relación epistémica con ese contenido, que incluiría su *factualidad*, es decir su relación en el espacio y el tiempo con otros contenidos) (DIENES y PERNER, 2002) y el sujeto *agente* (soy *yo* o es *usted* quien tiene esa representación). Además, estos tres aspectos se explicitarían para cada representación concreta, en una secuencia o jerarquía dada, diferenciando así tres niveles de explicitación: "*un conocimiento es 'plenamente explícito' cuando todos sus aspectos se representan explícitamente, es 'de actitud explícita' cuando se hace explícito todo hasta la actitud, y 'de contenido explícito' si todos los aspectos del contenido se representan explícitamente*" (DIENES y PERNER, 1999, pág. 740).

Esta propuesta de explicitación progresiva de los componentes del conocimiento, que evoca la distinción establecida por VYGOTSKI (1931) entre el "análisis del objeto" y "el análisis del proceso" en la propia investigación psicológica, proporciona un marco teórico muy prometedor para analizar las relaciones entre procesos cognitivos implícitos y explícitos y, más allá de ello, para la elaboración de una teoría psicológica del conocimiento (DIENES y PERNER, 1999, 2002). Así, por ejemplo, permite dar cuenta de la disociación entre memoria explícita e implícita en los fenómenos de amnesia, en los que, en el mejor de los casos, podría accederse al contenido u objeto pero no a la actitud epistémica (recordar cuándo y cómo se procesó) y menos aún al yo agente (memoria autobiográfica) (DIENES y PERNER, 1999). También ayuda a interpretar la diferencia entre un procesamiento técnico o rutinario y un procesamiento estratégico, ya que este último implicaría nuevamente explicitar la actitud (meta, condiciones, etc.) desde la que se ejecuta la tarea (por ej., POZO, MONEREO y CASTELLÓ, 2001; POZO y POSTIGO, 2000). En general, ofrece un modelo de las diferencias entre una actividad cognitiva *epistémica* —dirigida a generar conocimiento, que exige al menos la explicitación de la *actitud*, de la relación que mantenemos con el objeto de aprendizaje— y una actividad *pragmática*, dirigida únicamente a lograr un *objeto* o resultado concreto (KIRSH y MAGLIO, 1994). Esta distinción da sentido, por ejemplo, a las diferentes formas de leer un texto (POZO, en prensa), de interpretar una gráfica o un mapa (POSTIGO y POZO, 2000, en prensa), de comprender el propio aprendizaje (SCHEUER, DE LA CRUZ y POZO, 2002; SCHEUER y cols., 2001b), de tomar apuntes por parte de los alumnos (MONEREO y cols., 2000) o de aprender ciencia (POZO, 2002; POZO y GÓMEZ CRESPO, 1998, 2002).

Adquirir conocimiento, según este modelo, implicaría una progresiva explicitación de los componentes de esa "actitud proposicional", que seguiría una determinada secuencia, de modo que resulta más fácil explicitar el objeto, ya que ello sólo requiere una conciencia central, en el sentido de DAMASIO (1999) o transitiva, según CARRUTHERS (2000), por lo que casi con certeza la explicitación de objetos, la conciencia del aquí y ahora, no sería exclusiva de la mente humana. Sin embargo explicitar la actitud implica *conocer* la relación de ese objeto con otros objetos —relacionar esa representación con otras representaciones en la sala de mapas cognitivos— lo que posiblemente implica ya una complejidad cognitiva exclusivamente humana. Como señala DAMASIO (1999, pág. 141 de la trad. cast., énfasis del autor) se trata de "*ver la conciencia en función de dos actores, el **organismo** y el **objeto**, y en función de las **relaciones** mantenidas por esos dos actores. De repente, la conciencia pasó a consistir en formar conocimiento sobre dos hechos: el hecho de que el organismo está implicado en la relación con un cierto objeto, y el hecho de que el objeto de tal relación origina un cambio en el organismo*".

Adquirir conocimiento requiere por tanto representar la relación que ciertos objetos (es decir, ciertas representaciones o, si se prefiere, *represent/acciones*) mantienen con otros objetos (o representaciones). Pero más allá de ello, de acuerdo con DIENES y PERNER (1999), y con el propio DAMASIO (1994, 1999), implica representarse la propia identidad, un sentido del *yo*, que no por ser una construcción —o si se quiere una narración (NELSON 1996) o una invención— es por ello menos eficaz y relevante desde el punto de vista cognitivo. Actuamos en función de cómo nos representamos a nosotros mismos como *agentes,* por más que el yo no sea sino "*un estado biológico reconstruido repetidamente*" (DAMASIO, 1994, pág. 211 de la trad. cast.), una continuidad construida a partir de discontinuidades múltiples (ROSETTI y REVONSUO, 2000b) gracias, como veremos en próximos apartados, a la mediación o redescripción de sistemas culturales de conocimiento. No existe un homúnculo, una entidad estable responsable de esa "mirada interior", sino que ésta sea, como ya sostuviera William JAMES, un *proceso dinámico*, que no tiene además una sede neural fija, sino que está distribuido en el cerebro, sobre todo mediante la actividad de los lóbulos frontales (DEHAENE y NACCACHE, 2001). Pero aún así, la construcción de ese sentido de identidad es un rasgo esencial de la *humanización* del sistema cognitivo, y su pérdida, como tan bien han mostrado autores como Oliver SACKS (1985, 1995), GOLDBERG (2001) o SCHACTER (1996), nos deshumaniza por completo. Construir una idea del yo estable y continua, representarse una identidad propia, requiere integrar múltiples actitudes epistémicas, creando una ficción individual. Como nos recuerdan ROSETTI y REVONSUO (2000b), individual proviene de *in-dividis*, y de hecho cualquier estado consciente es indivisible, un estado unitario que no puede descomponerse, lo que explicaría de hecho nuestra incapacidad, tantas veces demostrada en psicología cognitiva, de dividir la conciencia entre varias tareas (EDELMAN y TONONI, 2000).

Este carácter unitario o indivisible de los estados conscientes, si bien no responde al funcionamiento del sistema cognitivo, al menos del sistema implícito —un funcionamiento fragmentado, distribuido y contextualizado según los desarrollos más recientes de la psicología cognitiva, como veíamos en la Tabla 2, en la página 62— tiene sin embargo efectos causales sobre el funcionamiento de la mente. No es sólo, como señalaba en el Capítulo Primero, recordando a Thomas Huxley, el silbido de la locomotora cognitiva. Así, recuperar los fenómenos explícitos para la psicología cognitiva no implica, como ya he señalado, regresar a un enfoque introspectivo, ya que la explicitación no supone un acceso privilegiado al propio funcionamiento cognitivo. Como destacan Bargh y Chartrand (1999), no es fácil asumir o soportar fenomenológicamente la naturaleza automática de la mayor parte de nuestra actividad cognitiva. Se trata de aceptar que ese funcionamiento implícito se ve en parte modificado cuando algunos de sus componentes representacionales se explicitan.

En concreto, en el resto de este apartado analizaré algunos de los mecanismos mediante los que la explicitación modifica nuestras representaciones, mecanismos que suponen diferentes grados de explicitación de los componentes del conocimiento (objeto, actitud, agente) o, si se quiere, de reconstrucción de las representaciones implícitas como consecuencia de esos procesos de reentrada (Edelman y Tononi, 2000), de su re-representación en la sala de mapas cognitivos de los lóbulos frontales. En concreto, revisaré tres mecanismos de complejidad creciente que implicarían diferentes niveles de explicitación: a) la supresión representacional; b) la suspensión representacional; y c) la redescripción representacional.

## Supresión representacional

*Callar, y borrar, suprimir, cancelar, y haber callado ya antes: es la gran aspiración imposible del mundo y por eso se quedan tan cortos los sucedáneos, y resulta pueril retirar lo dicho y retractarse tan vacuo*

Javier Marías
*Tu rostro mañana*, 2002, pág. 29.

Un primer tipo de proceso explícito que se aplica a las representaciones implícitas, modificando su funcionamiento, es el proceso de supresión o inhibición de representaciones. Como vimos en su momento, Glenberg (1997) sustenta el funcionamiento de la memoria explícita, a diferencia de la implícita, en este proceso. Según esta idea, *"al servicio de la predicción, hemos desarrollado la habilidad de, si no ignorar, al menos suprimir la contribución primordial del entorno real a la conceptualización"* (Glenberg, 1997, pág. 7). La supresión sería necesaria, según Glenberg para el recuerdo o memoria explícita (que implica suprimir o inhibir algunos elementos presentes en el ambiente físico y sustituirlos por representaciones explícitas, internamente generadas), la predicción y planificación (que implica también anticipar sucesos posibles, representaciones internas, en lugar de los estímulos presentes) y la comprensión del lenguaje (que requiere con frecuencia evocar significados y construir modelos de la situación con elementos tomados de la propia memoria explícita). Glenberg (1997) plantea varios ejemplos de cómo ciertas tareas sólo pueden ejercerse suprimiendo explícitamente otras representaciones, cerrando literal o virtualmente los ojos, ya que de lo contrario la representación implícita y encarnada interferiría en nuestras metas. Todos nos hemos visto obligados en más de una ocasión a inhibir explícitamente una representación con el fin de activar otra y, de hecho, el lenguaje cotidiano está lleno de expresiones metafóricas que aluden a este proceso: cerrar los ojos, mirar para otro lado, mordernos la lengua, taparnos la nariz...

Así, las tres funciones esenciales de la conciencia que vimos unas páginas más atrás, requerirían este mecanismo inhibitorio. Sin suprimir otras representaciones activas no se podría mantener activa la representación de un suceso en ausencia del estímulo. Tampoco se podría evitar la interferencia de representaciones no deseadas o inconvenientes ni se podrían hacer planes, todas ellas típicas funciones ejecutivas de la corteza prefrontal según GOLDBERG (2001). El mecanismo de supresión implicaría la inhibición —o desactivación— de representaciones presentes, de la información procedente del mundo físico, y su sustitución por otras representaciones activadas internamente. Esta supresión proporciona una cierta independencia cognitiva con respecto al entorno, ya que permite manipular representaciones de sucesos en ausencia de éstos. Es una conquista cognitiva esencial, que define la evolución de los sistemas cognitivos, más eficaces y complejos cuanto más autónomos son con respecto al ambiente, ya que eso permite conductas más flexibles y por tanto mayor capacidad de adaptación a ambientes nuevos, no programados (EDELMAN, 1987; MARTÍNEZ y ARSUAGA, 2002). Pero se trata también de una conquista costosa desde el punto de vista cognitivo. Suprimir una idea o pensamiento, y no digamos una emoción, requieren un gran esfuerzo cognitivo. De hecho, según han mostrado BAUMEISTER y cols.(1998), en una serie de experimentos, el esfuerzo de suprimir de modo consciente y deliberado una idea o representación simple (por arbitraria que sea) bloquea o impide la realización paralela de otras actividades cognitivas conscientes, igualmente simples.

Hay motivos, de hecho, para creer que ésta es una capacidad cognitiva que, en el mejor de los casos, comparten con nosotros unos pocos primates (por ej., BOYSEN y HYMES, 1999; DONALD, 2001; GOLDBERG, 2001), pero desde luego no la mayor parte de los animales, que vivirían literalmente *atrapados en el tiempo* (ROBERTS, 2002), en un presente continuo, que les impediría tanto la recuperación explícita de representaciones ausentes (recuerdo) como la anticipación de representaciones futuras (intenciones y planes). El resto de los animales no podrían viajar en el tiempo como nosotros hacemos, ya que de hecho no tendrían una representación explícita del tiempo (POZO, 2001), aunque sí implícita, una construcción episódica aquí y ahora (DONALD, 2001). Por tanto, no pueden manipular o transformar sus propias representaciones, sino que son esclavos de los estímulos físicamente presentes, del ambiente físico tal como su cuerpo se lo representa, viven todas sus representaciones *on line,* en *tiempo real,* sin posibilidad de representar el pasado o el futuro (EDELMAN y TONONI, 2000).

De hecho, las personas que pierden esta capacidad de explicitación de sus representaciones, debido a una amnesia o a cualquier otra lesión, pierden también la capacidad de viajar en el tiempo y se quedan atrapados en el presente (DIGES y PERPIÑÁ, 1994; GOLDBERG, 2001; SACKS, 1985). La destrucción de las funciones explícitas o conscientes, como consecuencia de una lesión o de un trastorno, suele producir también efectos de desinhibición, que pueden observarse en numerosos trastornos cognitivos, como la esquizofrenia, el síndrome de Tourette, el autismo, las psicopatías, etc. (COSMIDES y TOOBY, 2000; DAMASIO, 1994; GOLDBERG, 2001). Otras lesiones en los lóbulos frontales, y sobre todo en la corteza prefrontal, tienden a producir lo que GOLDBERG (2001) llama una *inercia cognitiva* que impide a las personas iniciar nuevas tareas o finalizarlas, es decir, cambiar de tarea, mostrando en cambio una persistencia o compulsividad en la actividad cognitiva, característica del funcionamiento cognitivo implícito, que no puede ser inhibida, redirigida o controlada. COSMIDES y TOOBY (2000) sugieren que algunas de estas disfunciones están relacionadas con una alteración de los niveles de dopamina, un neurotransmisor inhibidor, y sostienen que los sistemas de inhibición química son también más recientes evolutivamente y más frecuentes en las zonas más evolucionadas del cerebro, mientras que los sistemas excitatorios predominarían en las estructuras más antiguas. En todo caso, desde una perspectiva neurofisiológica, la reducción de las funciones dopaminérgicas en ciertas estructuras cerebrales, como por ejemplo los ganglios basales, parece estar en la base de las "*rutinas inconscientes fijas y rígidas que se imponen sobre la conciencia*" (EDELMAN y TONONI, 2000, pág. 230 de la trad. cast.) en trastornos tales como la enfermedad de Parkinson o síndromes obsesivo-compulsivos.

Aprender a inhibir o controlar es además un logro evolutivo tardío. La adquisición de conocimiento parece requerir la supresión o control de representaciones implícitas previamente adquiridas. Conocer es, en buena medida, resistirse a las *affordances* que el mundo nos proporciona en forma de representaciones encarnadas, las "acciones desencadenadas por los estímulos" (COSMIDES y TOOBY, 2000) que nos *obligan* a representarnos el mundo y actuar sobre él de cierta forma. GOLDBERG (2001) cuenta cómo los pacientes con lesiones frontales *no se cortan* nunca, entran en cualquier despacho o habitación, simplemente porque "la puerta está ahí", está diciendo "ábreme", del mismo modo que un bebé no puede inhibir su tendencia compulsiva a chupar cualquier objeto, sea el pezón de la madre, un chupete o su propio pie. Cuando esa capacidad de suprimir explícitamente está destruida por una lesión o cuando no está aún construida (en ciertos animales, pero también, como vemos, en las edades tempranas del desarrollo cognitivo humano), el procesamiento cognitivo implícito está controlado por los estímulos, por el ambiente, por las vías ascendentes, de acuerdo con la historia *natural* de ese organismo con ese ambiente. Es sabido que muchos trastornos cognitivos, como el síndrome de Tourette o el propio autismo, conllevan una hipersensibilidad a ciertas propiedades de los estímulos, como si todas las vías de entrada del sistema cognitivo estuvieran plenamente abiertas, sin ninguna restricción (ver por ej., los impresionantes casos relatados por GOLDBERG, 2001, o SACKS, 1985, 1995). Una función esencial de los procesos conscientes es amortiguar la fuerza de las impresiones sensoriales, o como dice DONALD (2001), actuar de *amplificador* de las propias representaciones internamente generadas con el fin de combatir el *ruido* producido por el mundo exterior en nuestra mente. Es por tanto una nueva forma, aún más potente, de combatir la entropía del mundo, el último dispositivo generado por la evolución para producir la forma más potente de "entropía negativa", el conocimiento.

Igualmente, los bebés son sumamente *excitables* por cualquier estímulo que responda a las restricciones implícitas que ordenan su mundo, y además representan esa excitación de forma manifiestamente encarnada, con todo el cuerpo.

De hecho, encontramos rasgos similares en la mente infantil, que también se caracteriza por las dificultades de control o inhibición cognitiva (THELEN y cols., 2001). Así, los niños, antes de desarrollar la capacidad de memoria explícita viven también atrapados en el tiempo presente, sin posibilidad de recordar ni desear lo que no está presente, lo que el ambiente no les proporciona (GÄRDENFORS, 1997; NELSON, 1996). Según GOLDBERG (2001) la corteza prefrontal contiene las estructuras cerebrales con un desarrollo más tardío, no sólo en la filogénesis sino también en la ontogénesis, ya que no alcanzarían su desarrollo pleno hasta bien avanzada la adolescencia. Como es sabido, el deterioro mental producido por enfermedades asociadas al envejecimiento también afecta especialmente a los lóbulos frontales, los "órganos del conocimiento", que serían las estructuras cerebrales más sutiles y por tanto también las más vulnerables (GOLDBERG, 2001; REBER, 1993)

Como veremos en este mismo capítulo, las representaciones e instituciones culturales están en buena medida "diseñadas" para controlar esas representaciones implícitas, para civilizarlas o domesticarlas, aunque para ello deban recurrir también a otros procesos explícitos además de la supresión o inhibición de representaciones. Las personas desinhibidas como consecuencia de una lesión frontal masiva tienden a estar muy desajustadas socialmente, ya que no logran inhibir muchas de las representaciones socialmente indeseables (GOLDBERG, 2001). De hecho, tanto la educación como algunas formas de terapia (por ej., WENZLAFF y WENGER, 2000) están deliberadamente dirigidas a entrenar la supresión representacional como un mecanismo de aprendizaje. Podemos asegurar que sin estos mecanismos de supresión difícilmente habría conocimiento en el sentido que aquí se ha definido, ya que sin esta supresión sólo es posible representarse el objeto presente y, por tanto, no pueden reconstruirse otras posibles relaciones o actitudes representacionales con respecto a ese mismo objeto. Como hemos visto, la sala de mapas cognitivos contiene una representación detallada de todas las estructuras cerebrales inferiores que a su vez representan mapas de distintos órganos corporales transmitiendo información sobre los cambios que en ellas producen tanto el mundo externo como el interno. De esta forma, además de la competición implícita entre esos diferentes mapas para regular la conducta —el darwinismo neuronal o selección somática de EDELMAN (1987; EDELMAN y TONONI, 2000)—, la gestión de la activación cognitiva requeriría procesos explícitos que permitieran inhibir representaciones inadecuadas para las metas del sistema. Así, en lugar de atender sólo a las "voces" de esas representaciones implícitas, a la intensidad *encarnada* de su activación ascendente, se debe tener en cuenta su *significado conceptual*, o sea su relación con otras representaciones y sus consecuencias futuras.

Por esta razón, es dudoso que la supresión, si bien es un proceso necesario para la adquisición de conocimiento, sea suficiente para ejercer ese control, en contra de lo que creen algunos autores (por ej., DEHAENE y NACCACHE, 2001; GLENBERG, 1997). Así, por ejemplo en una revisión de los usos de la "supresión de ideas" ante problemas emocionales, interpersonales o de memoria, WENZLAFF y WENGER (2000) concluyen que el mecanismo de supresión en sí mismo, lejos de inhibir esas ideas, tiende en muchos casos a reforzarlas. Igualmente, las investigaciones realizadas en otro dominio diferente, el aprendizaje de la ciencia, han mostrado que los métodos dirigidos a eliminar ciertas ideas erróneas (como por ej., que la materia es continua, o que los objetos se mueven porque llevan una fuerza) han fracasado por completo (DUIT, 1999), de forma que el llamado cambio conceptual, del que se ocupa en parte el Capítulo VI, no puede entenderse como la mera sustitución de un conocimiento por otro, sino que requiere mecanismos de adquisición de conocimiento más complejos que deben implicar la relación o integración entre esos diferentes conocimientos (POZO, 2002; POZO, GÓMEZ CRESPO y SANZ, 1999).

En este sentido, la supresión representacional está más cercana a la cultura del aprendizaje asociativo y, como consecuencia, sólo puede explicar el cambio representacional a través del éxito. Podríamos considerar que la supresión se corresponde con los mecanismos de *crecimiento* en modelos clásicos de aprendizaje cognitivo (por ej., CAREY, 1991; RUMELHART y NORMAN, 1978; VOSNIADOU, 1994a; ver POZO, 1989, 1996a), aquellos que dan cuenta del incremento o reducción de la probabilidad de activación de las representaciones disponibles, y como tal es plenamente compatible con la tradición asociacionista. El aprendizaje asociativo explica cómo se consolidan las conductas o representaciones que tienen éxito —que van seguidas de consecuencias deseables— y cómo se suprimen o extinguen los fracasos cognitivos. Pero difícilmente explica cómo surgen conductas o representaciones nuevas cuando las anteriores han fracasado (POZO, 1996a), si no es mediante procesos aleatorios o por instrucción externa. En cambio, las teorías basadas en la construcción explícita de conocimientos se apoyan precisamente en procesos que permiten reconstruir esas representaciones a partir de su historia de éxitos y fracasos anteriores.

La supresión sólo asegura la sustitución de una representación implícita por otra explícita en las situaciones más simples, cuando existe una alternativa disponible, fuertemente activa, pero resulta insuficiente cuando están implicadas representaciones implícitas profundamente encarnadas, con potentes *affordances*, en las que por más que "cerremos los ojos" o "nos tapemos la nariz", acabamos haciendo normalmente "lo que nos pide el cuerpo". En este sentido es muy sugerente la propuesta de REBER (1993) según la cual cuanto más antiguo o primitivo es un sistema cognitivo más difícil es controlarlo o suprimirlo conscientemente. Por volver a la metáfora de MITHEN (1996), cuanto más remota y antigua sea una capilla, cuanto más alejada esté de la nave central, cuanto más alejada esté de esa sala de mapas cognitivos, más impenetrable o *modularizada*, en el sentido clásico de FODOR (1983), será. Podemos ocultar nuestras emociones cuando redactamos una carta con más facilidad que en una interacción personal; e incluso en esa situación de comunicación oral será más difícil inhibir la expresión facial de nuestras emociones que su expresión verbal. De hecho, no parece que suprimir, o si se quiere *reprimir*, las representaciones inconscientes sea la mejor manera de controlarlas. Se necesitan otros procesos que ayuden a construir representaciones alternativas. Uno de esos procesos, sutilmente diferente del anterior, es la suspensión representacional, que, en lugar de centrarse en inhibir el *objeto,* genera nuevas *actitudes* representacionales con respecto a él, lo que permite explicitar nuevos componentes y por tanto adquirir nuevos conocimientos.

## Suspensión representacional

*Emerson dijo que el lenguaje es poesía fósil; para comprender su dictamen, bástenos recordar que todas las palabras abstractas son de hecho metáforas, incluso la palabra* metáfora, *que en griego es traslación.*

Jorge Luis BORGES: Ars Magna
*Atlas,* 1984, pág. 85.

*El otro era un plan para abolir por completo todas las palabras, cualesquiera que fuesen; y a ello se apremiaba con una gran ventaja, tanto en punto a salud como a brevedad. Porque, y ello es obvio, cada palabra que pronunciamos equivale en cierta medida a la disminución por desgaste de nuestros pulmones, y en consecuencia contribuye a acortarnos la vida. Se ofrecía por tanto una solución: al ser las palabras tan sólo nombres de cosas, sería más útil que cada persona llevara consigo las cosas que fueran necesarias para expresar los asuntos particulares que tuvieran que tratar... la mayoría de los más instruidos y sabios se han adherido al nuevo plan de expresarse por medio de cosas: lo que tiene sólo este inconveniente al respecto: que si los asuntos de un hombre son amplios y de diversa índole, se ve obligado, lógicamente a transportar a sus espaldas un bulto de cosas mayor; a menos que pueda pagar a uno o dos fuertes criados que le acompañen*

Jonathan SWIFT, *Los viajes de Gulliver,* 1726, págs. 212-213.

Como vimos, en la sala de mapas cognitivos, la nave central de la catedral del conocimiento, convergen esas representaciones internas y externas, de forma que debemos seleccionar entre ellas las más adecuadas en cada momento. . Muchas de esas decisiones nos vienen ya dadas por el *zombi* o sistema cognitivo implícito que habita en nosotros. Pero con frecuencia en un mundo social y complejo, cambiante, las soluciones implícitas, las voces que más gritan, no son las mejores. No basta con intentar sofocar o moderar esas voces, necesitamos de algún modo rellenar el hueco cognitivo que dejan, construir una nueva representación alternativa a partir de ellas. De acuerdo con el modelo de DIENES y PERNER (1999) antes descrito, una forma de hacerlo será reconstruir el objeto de conocimiento mediante una nueva actitud o forma de relacionarnos con él, que permita generar una nueva representación explícita. Dado que la sustitución permanente de nuestras representaciones más arraigadas o encarnadas no suele ser posible, ya que forman parte de nuestro equipo cognitivo de serie, dado que no podemos vivir siempre fuera de nuestra sombra, podemos intentar reorganizar esas representaciones encarnadas con el fin de que nos permitan una representación más compleja del mundo, que nos permitan conocerlo o comprenderlo mejor.

Un modelo muy sugerente de cómo puede tener lugar esta construcción de nuevas actitudes representacionales, ya plenamente epistémicas, con respecto a los objetos —o mejor a nuestra representación encarnada de ellos— es el modelo de *suspensión representacional* desarrollado en sus últimos trabajos por Ángel RIVIÈRE (1997b; RIVIÈRE y ESPAÑOL, 2002). A partir de las ideas de LESLIE (1987), RIVIÈRE desarrolló toda una teoría, lamentablemente inacabada, sobre el origen de los símbolos o, si se prefiere, sobre cómo un objeto se convierte a través de la acción mental en símbolo, en vehículo de conocimiento. Aunque la teoría de la suspensión representacional se ha aplicado sobre todo a los fenómenos relacionados con el origen y construcción de la teoría de la mente, como la función semiótica (Español, 2001, en prensa), la mentira (Sotillo y Rivière, 2001), el juego y el humor (Rosas, 2001) o el autismo (Rivière, 1997a), en mi opinión sus posibilidades explicativas, en cuanto proceso de aprendizaje explícito, alcanzan también a otros fenómenos psicológicos más allá del marco evolutivo en el que inicialmente se elabora el modelo. Y, muy especialmente para nuestros intereses, resulta útil también para comprender los procesos de adquisición de conocimiento. No voy a detenerme aquí en una exposición pormenorizada del modelo, que implicaría reconstruir buena parte del universo teórico de Rivière (excelentemente reconstruido por cierto por Baquero, 2001), sino que me limitaré a esbozar aquellos aspectos que ayuden a comprender mejor cómo la suspensión de los componentes de una representación, a partir de la propuesta de Dienes y Perner (1999), contribuye a explicar la adquisición de conocimiento.

A diferencia de la supresión o inhibición completa de una representación, suspender es "*dejar algo sin efecto*", "*hacer que deje de regir algo: bien los efectos materiales de las acciones, o las propiedades literales del mundo, o el significado aparente de un enunciado o de una representación simbólica*" (Rivière y Español, 2002). La suspensión implicaría por tanto suprimir alguno de los componentes de una representación, sustituyéndolo por otra función o significante, de modo que a diferencia del mecanismo de supresión, la suspensión conduce a una combinación o integración de representaciones. De hecho, la suspensión podría tener su origen en los propios mecanismos de inhibición o supresión: "*las primeras formas se producen en la acción misma de los niños con el objetivo de crear significantes interpretables. Esas primeras formas de suspensión no son sino adaptaciones humanas de patrones que ya se producen en los mamíferos, tal como destaca Bateson (1955), en patrones tales como el juego y las luchas ritualizadas. Implican "dejar en el aire", ("entrecomillar") una acción de forma que deje de tener los efectos que le son propios, al impedirse su terminación o disminuirse su intensidad*" (Rivière, 1997b, pág. 32 del original en cast., énfasis del autor). Cuando una acción se suspende —por ej., "el mordisqueo juguetón del cachorro" o la no tan juguetona amenaza del macho dominante de la manada a un posible competidor— uno de los componentes de la acción se inhibe. Se trata de una forma de supresión representacional, pero que, al ser parcial, permitirá la recombinación de representaciones, que a medida que se vaya haciendo explícita, dará lugar a nuevos tipos de representación simbólica y en suma de conocimiento.

De hecho, Rivière (1997b, ver Tabla 6) diferencia entre cuatro niveles de suspensión de complejidad —o en nuestros términos explicitación— progresiva, desde los gestos deícticos iniciales, en el primer nivel, hasta la construcción de las metarrepresentaciones (o en los términos aquí empleados, conocimiento pleno) en el cuarto nivel. De especial interés aquí es el tercer nivel de "suspensión semiótica", ya que en él nos encontramos por primera vez, a partir del año y medio o los dos años, con una representación explícita no sólo del *objeto* sino también de la *actitud*, en el sentido de Dienes y Perner (1999):

**Tabla 6.** *Niveles de suspensión representacional o semiótica según Ángel* RIVIÈRE. *(Adaptado de* BAQUERO. 2001, pág. 39.)

| Nivel | Fuente | Producto semiótico |
|---|---|---|
| Primero<br>9-11 meses | Preacciones | Gestos deícticos<br>Protoimperativos<br>Protodeclarativos |
| Segundo<br>12-18 meses | Acciones instrumentales culturalmente situadas | Juego funcional: símbolos enactivos, motivados e idiosincráticos |
| Tercero<br>18 meses | Propiedades habituales de los objetos | Juego de ficción<br>Simbolización con sustituciones y transformaciones |
| Cuarto<br>4 años y medio | Representaciones simbólicas como tales | Simbolización metafórica<br>Metarrepresentaciones<br>Noción de falsa creencia<br>Intensionalidad |

*"Se produce un tercer nivel de suspensión semiótica en la medida en que los objetos 'se despegan' de las acciones que les son aplicadas característicamente, se convierten en ámbitos de posibilidad* **de dejar en suspenso las propiedades, las 'affordances' propias de los objetos y las situaciones, abriendo así la posibilidad de crear juego simbólico y fingir (sin necesidad de la cláusula 'yo finjo que...') realidades alternativas.** *Ello permite que la mente del niño 'se despegue' progresivamente –sin perder por ello 'suelo'— de las realidades inmediatas y de la necesidad de acomodación literal de representación de ellas. Así se define en el niño una capacidad progresivamente interiorizada de representación de mundos simulados, que se acompaña de la discriminación autoconsciente, cada vez mayor, de la diferencia entre las representaciones internas "serias" y las "simuladas", tanto en la propia mente como en las de otros".*

(RIVIÈRE, 1997b, pág. 33 del original en cast., énfasis del autor.)

Una niña de 2 años que finge dar de comer a su padre con una cuchara llena de arena se asustará cuando vea volver la cuchara vacía (¡si era arena!), ya que es capaz de construir explícitamente nuevas representaciones del objeto, cuyas propiedades encarnadas (esas "affordances") se suspenden y se sustituyen por otras propiedades ("la arena es puré", por supuesto la comida que más odia la niña) tomadas del "mundo interior" de la niña, es decir de la sala de mapas cognitivos, donde todas las representaciones (la de la arena presente y la del maldito puré presente tantas noches) convergen. De esta forma, la suspensión no se limita a eliminar representaciones inconvenientes, puede generar nuevas representaciones en forma de nuevas *actitudes* (acciones) con respecto a los objetos, que suspenden las propiedades (encarnadas o implícitas) del mundo real. Como señala TOMASELLO (1999) surgen nuevas "affordances intencionales", acciones guiadas por un propósito que sólo es posible gracias a esos "viajes mentales" que permite la suspensión parcial de otras representaciones presentes. Esas nuevas intenciones, además, pueden construir nuevas acciones o representaciones similares con otros objetos (¡también se pueden comer hojas o incluso "nada"!); "*el niño desacopla sus affordances intencionales de los objetos y artefactos a los que están asociadas, de modo que pueden intercambiarse y usarse jugando con objetos 'inapropiados'*" (TOMASELLO, 1999, pág. 85).

Pero la nueva representación (actitud) no sustituye a la representación encarnada original, ya que si los objetos perdieran sus "affordances", nosotros perderíamos "suelo" según RIVIÈRE (1997b), o la "toma de tierra" reclamada por DE VEGA (2002) que, tal como vimos en el capítulo anterior al considerar la naturaleza *encarnada* o incorporada de nuestra mente, tan esencial resulta para que nuestra mente humana cumpla sus funciones cognitivas de hacer del mundo algo más predecible y controlable. Construir una nueva actitud o acción en relación con un objeto (y por tanto una nueva representación de él) no puede suponer abandonar las actitudes (o representaciones) anteriores con respecto a ese objeto. La arena debe seguir siendo arena, pero también puede llegar a ser puré o dinero o la almena de una fortaleza. Adquirir conocimiento no supone inhibir representaciones, restar, sino más bien construir nuevas representaciones alternativas, multiplicar nuestras posibles relaciones con los objetos (POZO, GÓMEZ CRESPO y SANZ, 1999; POZO y RODRIGO, 2001). Pero también supone, como subraya RIVIÈRE (1997b), hacerse consciente de esas múltiples representaciones o actitudes con respecto a los objetos, es decir *conocerlas*:

> "*Pero aún existe un último nivel representacional, un cuarto nivel de suspensión, que se caracteriza por **la capacidad de dejar en suspensión las representaciones mismas**. Esa sería la base cognitiva exigida por la tarea de la falsa creencia. La que permite al niño 'despegar' las representaciones de sus referentes, reconocer al tiempo la relativa autonomía de las representaciones con respecto a las situaciones y su dependencia de las fuentes de acceso perceptivo. Desarrollar, en sentido estricto, la noción implícita de creencia como representación virtualmente verdadera o falsa (pues sólo es una creencia aquella representación que tiene el potencial de ser falsa)*".
> (RIVIÈRE, 1997b, pág. 34 del original en cast., énfasis del autor.)

Es en este cuarto nivel de suspensión representacional en el que, según RIVIÈRE, se accedería plenamente al conocimiento, entendido como un sistema explícito de representaciones sobre representaciones, y con él a la teoría de la mente, la metáfora y tantas otras competencias mentalistas. En este nivel, la diferencia entre los mapas y los territorios se haría explícita —cada mapa se etiquetaría con las propiedades, o actitudes representacionales, que le son propias— y los mapas como tales podrían comenzar a ser comparados, y también combinados, entre sí. De esta forma, el proceso de suspensión progresiva de las representaciones (inicialmente implícitas y encarnadas) hace posible su descontextualización progresiva, su creciente independencia de las *affordances* en el tiempo y el espacio y el uso de representaciones *amodales* y —en cierto modo, pero sólo en cierto modo, sólo en la medida en que ya no responden a las propiedades del mundo, sino del sistema de representaciones al que pertenecen— *arbitrarias*, las representaciones *simbólicas* con las que casi siempre trabajó la psicología cognitiva del procesamiento de información, y sin las cuales sin duda la mayor parte del conocimiento humano sería imposible de representar y comunicar.

Construir esas representaciones, en mayor o menor medida explícitas, va más allá de la actividad cognitiva del *zombi* o piloto automático que todos llevamos dentro y requiere un procesamiento explícito o consciente de las relaciones —o representaciones— que mantenemos con los objetos. Desde el punto de vista de los procesos de aprendizaje reconocidos por la psicología cognitiva, vendría a corresponderse con los procesos de *ajuste*, que hacen posible generar nuevas representaciones a partir de la modificación, mediante generalización y discriminación, de las ya existentes (RUMELHART y NORMAN, 1978; VOSNIADOU, 1994a; ver POZO, 1989, 1996a) Pero el pleno acceso explícito a nuestras propias representaciones, el conocimiento pleno en el sentido de DIENES y PERNER (1999), parece requerir algo más que suspender o ajustar los componentes de las representaciones implícitas. Precisa de nuevos vehículos y soportes que den formato a esas representaciones amodales y parcialmente desencarnadas (o con una encarnación de "segundo orden" según DE VEGA, 1997, 2002; DE VEGA y RODRIGO, 2001). El propio RIVIÈRE lo destaca:

> *"Los objetos que sirven de cauce o referente de la suspensión instrumental que permite la creación de símbolos enactivos son objetos culturalmente investidos .. En este sentido, no se puede decir que los esquemas mismos que se dejan en suspenso al crear semiosis enactiva sean en absoluto 'naturales'; son muy por el contrario esquemas culturalmente definidos y socialmente transmitidos".*
> (RIVIÈRE y SOTILLO, 1999, pág. 66-67 de la versión en cast.)

La explicitación del conocimiento, como argumentaré en las próximas páginas y especialmente en la última parte de este capítulo, requiere nuevos *sistemas de representación* que hagan posible ese desacoplamiento progresivo con el mundo, sin por supuesto abandonarlo o perder del todo la "toma de tierra". En este sentido, frente a quienes intentan mostrar que el lenguaje —el sistema de representación por excelencia— es un sistema encarnado (por ej., LAKOFF y JOHNSON, 1980, 1999), parece más creíble que las representaciones encarnadas "de primer orden", directamente vinculadas al cuerpo, se transformen, a través de esos códigos culturales, en representaciones encarnadas de "segundo orden", abstractas y por tanto simbólicas: *"las formas en que nuestro cuerpo restringe nuestras conceptualizaciones están probablemente relajadas o modificadas en el lenguaje porque las memorias no se basan en la experiencia sensoriomotora, sino en una reducción esquemática de esa experiencia"* (DE VEGA, 1997, pág. 23). De hecho, según TOMASELLO (1999), el lenguaje en cuanto sistema de representación es un facilitador extremadamente valioso de la adquisición de conocimiento —aunque no su origen; sería, dice, como atribuir el origen de la economía a la acuñación de la moneda— ya que es esencialmente un sistema para representar *perspectivas* (o *actitudes*) con respecto a los objetos. Cuando la madre le dice al niño "mira qué grande" al ver un elefante en el zoo, o el profesor explica a sus alumnos las diferencias entre la memoria explícita y la implícita, están representando, a través del lenguaje, ciertas perspectivas del objeto (el elefante o la memoria), pero no otras. El lenguaje permite explicitar ciertas perspectivas, o actitudes, con respecto a los objetos al tiempo que oculta otras. Muchos de los símbolos que componen el lenguaje no se refieren a los objetos sino a nuestras relaciones (o actitudes) hacia ellos, por lo que hay que considerar "*la adquisición y uso de símbolos lingüísticos cuya conexión con el mundo perceptivo es en el mejor de los casos tenue, es decir, la mayor parte de los símbolos lingüísticos que no son nombres propios o nombres de nivel básico (por ej., verbos, preposiciones, artículos, conjunciones...) Debemos por tanto reconocer explícitamente el punto teórico de que la referencia lingüística es un acto social en el que una persona intenta conseguir que otra persona focalice su atención sobre algún aspecto del mundo"* (TOMASELLO, 1999, pág, 97).

Dejando al margen otras consideraciones que excederían los propósitos de la presente argumentación, el lenguaje —y con él todos los sistemas de representación explícita generados por la cultura— sería un sistema para representar perspectivas o actitudes con respecto a los objetos, de forma que el conocimiento, en cuanto *actitud proposicional* (DIENES y PERNER, 1999), sólo podría existir, compartirse y acumularse, en la medida en que disponga de lenguajes o sistemas de representación que, más allá de esa primera encarnación implícita, permitan codificarlo. Entendida así, la adquisición de conocimiento requerirá, además de los procesos hasta aquí mencionados (la supresión y suspensión representacionales), mecanismos que den cuenta de la adquisición de nuevos sistemas representacionales, que permitan la combinación de representaciones explícitas en la sala de mapas cognitivos, la nave central de la catedral donde confluyen todas las voces procedentes de las distintas capillas, que, para poder ser interpretadas, deben ser traducidas a lenguajes mutuamente comprensibles. Si la mente no dispone, como suponía el cognitivismo clásico y aún muchos autores siguen suponiendo (por ej., PINKER, 1997), de un lenguaje abstracto y amodal primigenio, un *mentalés* básico, será necesario, para eludir el riesgo de la Biblioteca de Babel, que disponga de mecanismos para traducir explícitamente unas representaciones en otras. KARMILOFF-SMITH (1992) ha propuesto que esos mecanismos consisten en unos procesos de redescripción representacional, que darían cuenta de la forma en que nuestras representaciones implícitas se convierten en representaciones explícitas.

## Redescripción representacional

*Mucha gente cree que escribir consiste en colocar una palabra detrás de otra. Desde esta concepción, las palabras permanecerían en la caja de herramientas hasta ser seleccionadas por el escritor con el gesto de cálculo con el que el aficionado al bricolaje separa un tornillo de otro. En parte es eso, sí, con la diferencia de que las palabras son activas, de manera que tienden a colocarse por su cuenta. Si uno va, por ejemplo, al cajón de los sustantivos y coge la palabra noche, inmediatamente aparecerá a su lado el adjetivo oscura. Hay, pues, que tener las tijeras a mano para podar los sustantivos, a los que les salen más ramas de las necesarias. Así que escribir no sólo consiste en decir lo que uno quiere, sino en evitar que el lenguaje diga lo que le da la gana...*

*Finalmente, situados en la posición de negociar, se puede cargar el acento en lo que uno quiere decir o en lo que le apetece contar a las palabras. Esta última es la opción que algunos identifican con la sabiduría y tal vez tengan razón. Desde luego, es mucho más relajante levantarse de la cama pensando: 'vamos a ver qué quieren decir hoy las palabras (o la realidad)' que meterse en la ducha con la idea de que uno tiene toda la responsabilidad de lo que sucede dentro de la cuartilla o en la calle.*

Juan José MILLÁS: "Palabras"
*Cuerpo y prótesis*, 2000, págs. 173-174.

Como señala el propio RIVIÈRE (1997b), la importancia de los sistemas modulares en la construcción de la mente no debe hacernos olvidar la inviabilidad de un sistema cognitivo exclusivamente modular, al menos para dar cuenta del funcionamiento del *homo discens*. Una vez más ni contigo (los módulos) ni sin ti tienen nuestros males remedio. Ni podemos vivir siempre dentro de la sombra que nuestro cuerpo produce en el mundo ni, para conocer ese mismo mundo, podemos abandonar definitivamente nuestra sombra. Una mente sin módulos (o sistemas específicos de aprendizaje) estaría sometida al vaivén aleatorio de los estímulos, pero una mente compuesta sólo de módulos estaría también rígidamente prisionera de las "affordances" que esos mismos estímulos le proporcionaran a nuestros sistemas encarnados de representación, jamás podría saltar fuera de su sombra: "*En sentido estricto, **ningún sistema de pensamiento puede ser así, porque el coste de la modularidad es el automatismo estricto y la inflexibilidad**"* (RIVIÈRE, 1997b, pág. 34 del original en cast. con énfasis del autor).

Como vimos al final del Capítulo IV, una solución propuesta por diversos autores (por ej., CAREY, 1985, 1995; KEIL y SILBERSTEIN, 1996; POZO y cols., 1992; POZO y GÓMEZ CRESPO, 1998) es asumir una modularidad moderada, o *no fodoriana*, según la cual esos sistemas inicialmente encapsulados pueden, como consecuencia del aprendizaje explícito, "desempaquetarse" o hacerse penetrables al funcionamiento de otros sistemas, de forma que puedan intercambiar e integrar representaciones entre sí. En los apartados anteriores, al analizar el origen y el sustrato neurológico del conocimiento, hemos visto cómo los lóbulos frontales pueden desempeñar ese papel, al contener, como nos recuerda GOLDBERG (2001) "*un mapa de toda la corteza*", de modo que "*las estructuras subcorticales antiguas, que solían desempeñar ciertas funciones independientemente, se encontraron ahora subordinadas al neocórtex y asumieron funciones de soporte a la sombra del nuevo nivel de organización neural*" (GOLDBERG, 2001, pág. 48 de la trad. cast.). De este modo, esas estructuras cerebrales y cognitivas más antiguas se integran en un sistema jerárquico en el que desarrollan nuevas funciones. Los productos del funcionamiento modular, si no el propio funcionamiento en sí, deben de algún modo ser gestionados por las estructuras superiores, cuya función parece ser precisamente reorganizar o gestionar las funciones de los sistemas más primitivos (GOLDBERG, 2001; también POVINELLI, BERING y GIAMBRONE, 2000).

¿Pero cómo se produce ese "desencapsulamiento" de las representaciones implícitas y encarnadas? En los apartados precedentes hemos visto cómo esa explicitación es progresiva y puede implicar diferentes niveles, desde la simple supresión o inhibición de algunos *objetos* de representación, hasta la suspensión de algunas de las acciones o *actitudes* representacionales con respecto al objeto, de modo que la representación puede ser "desacoplada" de sus "affordances" o desencadenantes ambientales inmediatos para adquirir un significado simbólico o metafórico. Dando un paso más, KARMILOFF-SMITH (1992) ha propuesto un proceso de redescripción representacional para explicar cómo el proceso de convertir una representación implícita en conocimiento (o representación explícita) implica un cambio más general en la naturaleza de los sistemas representacionales. Este proceso hace posible no sólo "abrir" esas representaciones encapsuladas, y en gran medida compulsivas, a otros sistemas de representación sino también construir el propio yo-agente (como componente de la teoría del conoci-

miento propuesta por DIENES y PERNER, 1999), una identidad cognitiva que surgiría en forma de *teoría* específica de dominio a partir de la redescripción representacional de las relaciones o actitudes mantenidas ante diferentes objetos en
un mismo dominio de conocimiento. Originalmente es un modelo evolutivo, pensado para explicar cómo surgen las representaciones explícitas en el curso del
desarrollo cognitivo. Sin embargo, es también un modelo relevante para dar
cuenta del proceso mediante el que las representaciones implícitas o encarnadas se transforman en verdadero conocimiento en diferentes contextos de
aprendizaje (para una aplicación de este modelo a otros dominios de conocimiento ver también BRUNER, 1997; CLARK, 1991; POVINELLI, BERING y GIAMBRONE,
2000; POZO, 2001).

Según KARMILOFF-SMITH (1992, pág. 39 de la trad. cast.) existen *"cuatro niveles en los que el conocimiento puede representarse y re-representarse. Les he
dado los nombres de Implícito (I), Explícito 1 (E1), Explícito 2 (E2) y Explícito 3
(E3)"*. En el nivel implícito (I), las representaciones tendrían una naturaleza esencialmente procedimental y podrían ser interpretadas en términos conexionistas
(CLARK, 1991; KARMILOFF-SMITH, 1992). Un rasgo importante de estas representaciones implícitas, de naturaleza procedimental, es que la información que contienen *"no se encuentra a disposición de otros operadores del sistema cognitivo.
Así, si hay dos procedimientos que contienen información idéntica, esta potencial
comunidad interrepresentacional no se encuentra aún representada en la mente
del niño. Los procedimientos están a disposición de otros operadores, en calidad
de datos, como totalidades, no así sus partes componentes"* (*op cit*, pág. 40 de la
trad. cast.). En otras palabras, en este nivel las representaciones tienen una naturaleza procedimental y no son accesibles a otras partes del sistema cognitivo en
el sentido de poder descomponer o suspender algunos de sus componentes para
reemplazarlos y combinarlos con otros: *"Una representación procedimental es un
todo no susceptible de ser analizado, que se computa en su totalidad, sin que se
vuelva a tener acceso a sus componentes"* (*op cit*, pág. 199 de la trad. cast.).

Esta idea es congruente con el supuesto de DIENES y PERNER (1999) de que lo
primero que puede explicitarse en una representación es el objeto (antes que
la actitud o el agente), ya que implica acceder al resultado del procesamiento
como un todo pero no a las partes que lo componen. Por tanto, en la medida en
que sólo se puede acceder al objeto de representación, y no a la actitud, sólo es
posible, en el mejor de los casos suprimir o inhibir la representación como un
todo, pero no suspenderla, ya que, como vimos, la suspensión representacional
implica acceder a los componentes de las representaciones. De hecho, KARMI-
LOFF-SMITH (1992) sitúa aquí la frontera entre las habilidades representacionales
del *homo discens* y del resto de los animales, quizá con la excepción de algunos
primates. Los animales serían capaces de adquirir una *maestría conductual* de
sus representaciones implícitas, en el sentido de lograr automatizar a través de la
práctica secuencias de acciones específicas, pero no de descomponer esas
secuencias dominadas para recuperarlas parcialmente, de modo explícito o
intencional, para nuevas metas o funciones cognitivas. Sus representaciones
estarían *fosilizadas* en el sentido de VYGOTSKI (1931). Por ejemplo, los estudios
sobre el aprendizaje del canto en las aves sirven para mostrar cómo los procesos
de aprendizaje procedimental descritos por ANDERSON (2000; ANDERSON y LEBIE-
RE, 1998) son muy similares a los que tienen lugar en la adquisición de maestría

conductual en muchos animales (por ej., EDELMAN 1987; HAUSER, 2000). Como consecuencia de ese proceso, en todo caso, las representaciones procedimentales se convierten en unidades de información encapsuladas e impenetrables, opacas al resto del sistema cognitivo, podríamos decir que se modularizan, en el sentido de FODOR (POZO, 1996a).

Pero, además de esta naturaleza procedimental de las representaciones implícitas como auténticas "teorías en acción", en el modelo de KARMILOFF-SMITH son de especial interés las diferencias entre los tres niveles de representación explícita. En el nivel E1, esas representaciones iniciales en forma de procedimientos, se "comprimen" en "abstracciones en un lenguaje de nivel superior", es decir se convierten en representaciones simbólicas, o "paquetes de información" condensada, que serían estables o explícitas en el sentido de estar presentes como tales en la memoria, pero serían implícitas en el sentido de que el sujeto aún no podría informar de ellas. En realidad, KARMILOFF-SMITH (1992) emplea el concepto de representación explícita en un sentido diferente al que le atribuyen la mayor parte de los autores, y al que yo he asumido aquí a partir de la definición de ANDERSON (1996) según la cual "una representación es explícita cuando podemos informar de ella". Para la mayor parte de los psicólogos cognitivos una representación es explícita cuando está disponible y además la conciencia puede acceder a ella de algún modo. Sin embargo, KARMILOFF-SMITH (1992) diferencia entre las representaciones disponibles, presentes como tales en la memoria pero aún no conscientes (que serían el nivel E1), y las representaciones accesibles, que además pueden hacerse conscientes (que como veremos se corresponden con el nivel E2). Como han señalado recientemente DEHAENE y NACCACHE (2001), esta distinción entre disponibilidad y accesibilidad de las representaciones, como criterios de explicitación progresiva, tiene relevancia neuropsicológica y, de hecho, ayudaría a explicar muchas discrepancias empíricas con respecto a los "umbrales de conciencia" en los experimentos de aprendizaje implícito, en los que la variación de ciertas condiciones experimentales, sobre todo en las medidas de recuerdo o aprendizaje, puede aumentar la accesibilidad de las representaciones disponibles (ver DIENES y BERRY, 1997).

En la teoría de KARMILOFF-SMITH (1992), además de ciertas variables contextuales que pueden afectar a la accesibilidad de una representación (es decir a su probabilidad de explicitación), hay componentes *estructurales* en el proceso de explicitación, que tienen que ver con la propia naturaleza de los procesos de adquisición de conocimiento. De hecho, este primer nivel de explicitación, o de redescripción representacional, hace posible el acceso a nuevas redescripciones, al nivel E2: *"El nivel E1 consta de representaciones definidas explícitamente que pueden manipularse y ponerse en relación con otras representaciones redescritas. Por consiguiente, las representaciones E1 superan las restricciones impuestas en el nivel I...Una vez definido explícitamente el conocimiento que antes estaba embutido en procedimientos, es posible marcar y representar internamente las relaciones potenciales entre los componentes de esos procedimientos"* (KARMILOFF-SMITH, 1992, pág. 41 de la trad. cast.).

Es decir, al empaquetarse esa información de modo estable y duradero en los sistemas de representación, al estar ya *disponible* como tal, en formato simbólico o esquemático en la memoria (POZO, 2001), las representaciones así redescritas, o compiladas, están en condiciones de hacerse accesibles para otras representaciones explícitas, es decir pueden ser recuperadas y actualizadas en la sala de mapas cognitivos. Un rasgo sugerente del modelo de KARMILOFF-SMITH (1992) es que la redescripción de las representaciones implícitas —de carácter distribuido al modo de los modelos conexionistas (CLARK, 1991)— en representaciones explícitas requiere probablemente un nivel intermedio de representaciones simbólicas, de naturaleza esquemática o estable, ya que eso hace más probable que se hagan explícitos o conscientes los rasgos estables, abstractos, que estructuran nuestras representaciones implícitas en forma de teorías y cuya modificación, o reestructuración, suele ser muy costosa (ver POZO, 2001).

En otras palabras, en la medida en que las representaciones episódicas se reconstruyen recursivamente, acaban por formar representaciones abstractas o prototípicas de los rasgos más estables de las mismas, que a su vez constituirán el molde o patrón desde el que se construyan nuevos modelos mentales situacionales para afrontar nuevas demandas cognitivas (RODRIGO y CORREA, 2001). Como señala CLARK (1991, 1997), asumir el carácter esencialmente implícito y distribuido, encarnado y modal, de buena parte de nuestras representaciones no supone negar la existencia de otras representaciones simbólicas —verdaderos "precocinados cognitivos" según la feliz expresión de RODRIGO (1993)— que desempeñarían un papel esencial en el proceso de redescripción o explicitación, al aumentar la disponibilidad, y en consecuencia la accesibilidad, de esas representaciones (aún implícitas, en el sentido de no conscientes, pero para KARMILOFF-SMITH, 1992, ya explícitamente presentes en nuestros sistemas de representación). Un ejemplo de ello sería el debate sobre la naturaleza abstracta o episódica de las "reglas" adquiridas en los experimentos de aprendizaje implícito con gramáticas artificiales (por ej., NEAL y HESKETH, 1997; STADLER, 1997; TUBAU y MOLINER, 1999). En el modelo que estamos comentando se trataría de representaciones E1 —reglas abstractas presentes ya en la memoria— disponibles, pero aún inaccesibles, por lo que ciertas variaciones en la naturaleza de la tarea, que redujesen el "umbral de conciencia" las harían fácilmente accesibles (POZO, 2003a).

Otro ejemplo de la importancia de estas representaciones simbólicas o abstractas que no pueden ser reducidas a unidades de información distribuidas son las propias teorías implícitas, que sustentarían buena parte de nuestras representaciones intuitivas, según vimos en el capítulo anterior, que se basarían en ciertos *principios* estables o independientes del contexto, auténticas reglas para representar la información en dominios específicos (GOPNIK y MELTZOFF, 1997; POZO y GÓMEZ CRESPO, 1998; POZO y RODRIGO, 2001). Esos principios que estructuran nuestras representaciones implícitas en forma de teorías serían más estables y difíciles de cambiar que los modelos mentales situacionales a través de los que normalmente se reconstruyen esas teorías implícitas, por lo que tendrían una estructura esquemática —similar a las representaciones E1 en la teoría de KARMILOFF-SMITH (1992)— frente al carácter situacional de los modelos mentales (RODRIGO, 1997).

De hecho, según KARMILOFF-SMITH (1992) esas representaciones se pueden explicitar en nuevos niveles de redescripción (E2 y E3), que implicarían ya verdaderas representaciones explícitas, ya que no sólo estarían disponibles, sino que también serían accesibles para otras representaciones explícitas o conscientes: *"la posibilidad de acceso consciente y de verbalización sólo se alcanza superan-*

*do el nivel E1. La hipótesis es que en el nivel E2 las representaciones se hacen accesibles a la conciencia pero aún no pueden expresarse verbalmente (lo cual sólo será posible en el nivel E3)".* A continuación, la diferencia entre el nivel E2 y el nivel E3 se explica de la siguiente manera: *"Aunque según algunos teóricos la conciencia puede reducirse a la expresabilidad verbal, el modelo defiende la idea de que las representaciones E2 –que son redescripciones de las representaciones E1— son accesibles a la conciencia pero están aún en un código representacional semejante a las de las representaciones E1. Por ejemplo, las representaciones espaciales E1 se recodifican en representaciones espaciales E2 a las que puede accederse conscientemente. Muchas veces dibujamos diagramas de problemas que no somos capaces de verbalizar"* (op cit, pág. 42 de la trad. cast.).

Aunque luego volveremos sobre esta frontera que separa el nivel E2 (representaciones conscientes pero no verbalizables) de las representaciones E3 (conscientes y verbalizables), menos clara de lo que aparenta, vemos que el proceso de redescripción representacional va más allá de los procesos explícitos antes revisados (supresión y suspensión de representaciones) y postula que la plena explicitación, la construcción de conocimiento, requiere redescribir o traducir una representación en un nuevo sistema o *formato representacional* (KARMILOFF-SMITH 1992). No se trata ya de inhibir o suprimir un objeto de conocimiento y sustituirlo por otro, ni tampoco de suspender algunas de las actitudes representacionales que mantenemos con respecto a él, sino de establecer un nuevo sistema de relaciones entre representaciones. No se trata de sustituir un objeto por otro, ni tampoco de construir una metáfora a partir de un objeto o acción suspendida, sino de elaborar toda una *alegoría* o si se quiere una nueva *teoría* —un sistema de significados relacionados— según argumenté al final del capítulo anterior.

El acceso a los niveles E2 y E3 exige una explicitación plena, en el sentido de DIENES y PERNER (1999), ya que no sólo hay que explicitar el *objeto* (como en la supresión), y la *actitud* (como en la suspensión) sino también el *agente* de esa representación, es decir, los sistemas de representación desde los que ese agente mantiene ciertas actitudes epistémicas o proposicionales con respecto a ciertos objetos. Se trata de representarnos nuestras propias teorías, en forma de relaciones entre representaciones, siendo capaces no sólo de ver el mundo a través de ellas sino, más allá de ello, de vernos a nosotros mismos en ellas: *"la información que se encuentra implícita **en** la mente llega a convertirse en conocimiento explícito **para** la mente"* (KARMILOFF-SMITH, 1992, pág. 37 de la trad. cast., énfasis de la propia autora).

El autorreconocimiento en el espejo, reflejado en la cubierta de este libro, es un test que superan con facilidad los chimpancés, pero no el resto de los primates que ven en el espejo sólo un *objeto*, otro animal (BOYSEN y HIMES, 1999; THOMPSON, 1995). Igualmente, el acceso a un conocimiento explícito (E2/E3) hace que nos veamos a nosotros mismos en nuestras representaciones en lugar de ver en ellas sólo un reflejo del mundo. Acceder a un conocimiento plenamente explícito implica, por tanto, diferenciar por fin el mapa del territorio, en el sentido usado en la metáfora de BORGES, no casualmente titulada "Del rigor en la ciencia", aceptar que las representaciones que se explicitan forman parte del propio sistema cognitivo, son representaciones mentales y no objetos del mundo, en suma, asumir la naturaleza constructiva de nuestras representaciones. En palabras de Eduardo

MORTIMER (2001), acceder de esta forma al conocimiento implica asumir que nuestras representaciones *no son transparentes* y convertirlas en objeto de representación, haciéndonos conscientes de la forma en que nuestras representaciones modelan el mundo y a nosotros mismos. Parece que nuestro *zombi* implícito (PLACE, 2000), como los vampiros y otros autómatas cognitivos, no se refleja en el espejo de nuestras representaciones, sino que es transparente representacionalmente (MORTIMER, 2001). Sólo el acceso a la explicitación hace visible nuestra mente en el espejo del mundo. La superación de esta "transparencia representacional" hace posible también superar el realismo ingenuo que, como veremos en el Capítulo VI, adoptan nuestras representaciones implícitas (PÉREZ ECHEVERRÍA, 2000; PÉREZ ECHEVERRÍA y cols., 2001; SCHEUER DE LA CRUZ y POZO, 2002) y asumir un cierto perspectivismo epistemológico (CORREA, CEBALLOS y RODRIGO, 2002; HOFER y PINTRICH, 2002; RODRIGO y CORREA, 1999).

Profundizar en el significado de nuestras representaciones, o en su explicitación, requiere por tanto también adoptar actitudes proposicionales —representar *nuestras* representaciones o perspectivas conceptuales y las de los demás— y finalmente un sentido de la propia agencialidad, que se correspondería con la *conciencia autonoética* de TULVING (1989), que según WHEELER, STUSS y TULVING (1997) estaría nuevamente ligada a la actividad de los lóbulos frontales del cerebro. De hecho, entendido así, el recuerdo sería una forma de conocimiento (TULVING, 2002; ver POZO, 2001), el acceso a representaciones del pasado, liberándonos de la esclavitud del presente. Para ello, es necesario no sólo suprimir o controlar la activación de ciertas representaciones, o incluso suspender algunos de sus componentes, sino más allá de ello una redescripción representacional de esos recuerdos en forma de memoria autobiográfica, que se constituye en una narración o discurso. La memoria personal no es simplemente la recuperación o reconstrucción de nuestro pasado, sino un verdadero ejercicio de redescripción representacional mediado por los propios géneros discursivos o estructuras narrativas desde los que cada cultura construye, según BRUNER (1990) "*una versión longitudinal del Yo*" (también NELSON, 1996; ROSA, BELLELLI y BAKHURST, 2000a).

El conocimiento requiere adquirir de algún modo una representación de la propia *agencia cognitiva* (DE VEGA 1997), si se quiere un "sentido del yo" (DAMASIO, 1994) como algo más que un estado biológico que se activa repetidamente, al menos como una continuidad. Por más que esa continuidad sea ficticia o construida —puesto que a nivel neurológico no existe tal continuidad, sino distribución y fragmentación (DAMASIO, 1994; DEHAENE y NACCACHE, 2001)— constituye un rasgo esencial, específico, de nuestra *identidad cognitiva* o representacional. Como la pintora de la cubierta, el *homo discens* se reconoce como una entidad individual (recordemos, *in-dividis*) en el espejo de sus representaciones, por más que, a nivel cognitivo, no sea sino un mosaico de representaciones fragmentarias, distribuidas y contextuales (POZO, 2001). Cuando ese espejo se rompe y perdemos esa noción de continuidad —y por tanto nos hallamos en un estado mental mucho más cercano a como la psicología cognitiva nos reconoce— nos encontramos ante una grave disfunción del sistema cognitivo (GOLDBERG, 2001; ROSETTI y REVONSUO, 2000a). La explicitación no es por tanto un proceso de introspección. La "mirada interior" es, en realidad, una redescripción representacional, una narración o historia que nos contamos sobre nosotros mismos, mediada, según veremos en el próximo apartado, por sistemas culturales de representación explícita, que permiten dar coherencia, hilvanar un sentido de agencia cognitiva a partir de estados o actitudes representacionales discontinuos.

Por tanto, en su forma más compleja, los procesos de aprendizaje explícito implicarían una *reestructuración* de los conocimientos en un dominio dado (CHI, 1992; POZO, 1989; POZO, MATEOS y PÉREZ ECHEVERRÍA, 2002; RUMELHART y NORMAN, 1978; VOSNIADOU, 1994a), de forma que la explicitación de una teoría implícita sólo es posible mediante su redescripción en un nuevo marco teórico, representacionalmente más potente. Aunque en el Capítulo VI volveré sobre estos procesos de reestructuración o cambio teórico, también llamado cambio conceptual (SCHNOTZ, VOSNIADOU y CARRETERO, 1999), vemos por ahora que la comprensión o representación de una teoría o sistema de conocimientos sólo será posible en la medida en que dispongamos de otro sistema más potente en el que podamos redescribirlo o traducirlo.

Según hemos ido viendo a lo largo de esta sección, los diversos niveles de análisis se hacen comprensibles, en sus restricciones y posibilidades, a medida que accedemos a los niveles superiores, de acuerdo con los supuestos de la integración jerárquica (MESAROVIC, MACKO y TAKAHARA, 1980; POZO, 2001; ROSA, HUERTAS y BLANCO, 1993). De esta forma, siempre tendremos la incómoda, pero también estimulante, certidumbre de que nunca alcanzaremos un conocimiento o comprensión plenos de ningún fenómeno, ya que ello requeriría de un nuevo nivel de análisis en el que redescribir nuestro conocimiento actual, lo que a su vez haría necesario un nuevo nivel de redescripción para comprender ese nuevo nivel, y así sucesivamente... Pero además, la redescripción representacional implica un proceso de reconstrucción de las representaciones implícitas a partir de nuevos sistemas o estructuras de representación, por lo que la adquisición de conocimiento, en su forma más compleja o completa, de "explicitación plena" (DIENES y PERNER, 1999), implica un verdadero *cambio representacional* (Pozo y RODRIGO, 2001), ya que exige nuevos códigos o lenguajes desde los que representar, o metarrepresentar, esas representaciones.

Pero esto a su vez plantea otros problemas teóricos surgidos de la propia naturaleza, genética o integradora, de la redescripción. Si la explicitación requiere una reconstrucción de las representaciones (primero implícitas y luego simbólicas) en conocimientos (en el sentido amplio aquí asumido), ¿qué sucede con aquellas primeras representaciones tras esta redescripción? Según KARMILOFF-SMITH (1992, pág. 41 de la trad. cast.): *"Es importante resaltar que las representaciones originales de nivel I siguen intactas en la mente del niño, que puede recurrir a ellas para determinar finalidades cognitivas que requieran velocidad y automaticidad. Las representaciones redescritas se utilizan para otros fines que requieren conocimiento explícito".* De esta forma, incluso para un mismo objeto o contenido, la mente puede disponer de representaciones de diferente naturaleza (tanto implícitas como explícitas), con funciones cognitivas distintas. La idea de que coexisten diferentes representaciones para un mismo dominio, o incluso para un mismo contexto, en vez de reemplazarse unas a otras, choca con una fuerte tradición reduccionista, basada en el principio de correspondencia entre las representaciones y el mundo (ver Capítulos II y III), pero está avalada por datos empíricos obtenidos de investigaciones que muestran la existencia de dicha *pluralidad representacional* en diferentes dominios (CARAVITA y HALLDÉN, 1994,

GÓMEZ CRESPO, POZO y SANZ, 1995; POZO, GÓMEZ CRESPO y SANZ, 1999; POZO y RODRIGO, 2001). La existencia de representaciones *alternativas* se desplaza entonces de las teorías a la propia mente humana, que de esta forma podría activar o construir representaciones diferentes en función de las demandas del contexto. Adquirir conocimiento no es sustituir ni eliminar representaciones, sino multiplicarlas e integrarlas. Como veremos en el Capítulo VI, ni siquiera la adquisición de conocimientos científicos en dominios específicos por parte de los expertos conlleva el abandono de aquellas representaciones implícitas que constituyen nuestro equipamiento cognitivo de serie, o de guardia, en esos dominios (POZO, 2002; POZO y GÓMEZ CRESPO, 2002).

Esta idea de que los diversos tipos de representaciones pueden cumplir *funciones* cognitivas distintas en *contextos* diferentes está siendo defendida por los partidarios de la cognición situada (por ej., CARAVITA y HALLDÉN, 1994; HALLDÉN, 1999; LAVE y WENGER, 1991; SALJÖ, 1999), pero también desde la psicología cultural (COLE, 1996), especialmente a partir de la idea de la "heterogeneidad" de las formas de pensamiento de TULVISTE (1991; también CUBERO, 1997; RAMÍREZ y CUBERO, 1995). Desde estas posiciones, se viene a defender que el análisis de las representaciones no puede separarse de sus contextos de uso, o de *actividad*, por lo que en buena medida esas representaciones se hallan socialmente *distribuidas* (SALOMON, 1993), es decir son formas de interacción social y por tanto no suceden sólo dentro de la mente, como supone la psicología cognitiva dominante, sustentada también en el dualismo sujeto/objeto, sino entre personas, por lo que su cambio no sería sólo conceptual o interpersonal, sino también social o cultural, como veremos más adelante.

Sin embargo, aceptar la naturaleza contextual o situacional del conocimiento no supone abandonar la idea de que su adquisición implica una reestructuración progresiva. De hecho, al interpretar los niveles de explicitación representacional, en términos de una *integración jerárquica* (POZO, 1999), de acuerdo con las características atribuidas en el Capítulo Primero a las jerarquías de niveles (MESAROVIC, MACKO y TAKAHARA, 1980; ROSA, HUERTAS y BLANCO, 1993), podemos asumir que los niveles inferiores, en este caso las representaciones implícitas, imponen restricciones internas (cuerpo) y externas (mundo) a los niveles superiores, las representaciones explícitas; pero a su vez estos niveles superiores, explícitos, pueden redescribir (o reconstruir) las representaciones de nivel inferior, y por tanto darles significado. Sin embargo, no sucede lo mismo en el sentido opuesto: en contra de la tradición reduccionista imperante en la psicología cognitiva, una representación explícita no se puede "comprimir", o comprender, en una representación implícita. Las representaciones explícitas no pueden redescribirse implícitamente, aunque con la práctica y el cambio de sus funciones cognitivas, el conocimiento explícito pueda llegar a compilarse y automatizarse, digamos a *implicitarse* o, en palabras de VYGOTSKI (1931), a fosilizarse. Pero este fenómeno tiene una naturaleza distinta, ya que lo que aquí se automatiza o compila es una secuencia de acciones, no su significado o relación explícita con otras representaciones, que a veces sigue siendo accesible, o al menos estando disponible (MARTÍ, 1999; MATEOS, 1999; POZO, 1996a).

A partir de esta multiplicidad de representaciones, ya no disociadas, sino asociadas por diferentes procesos, ya sea de integración jerárquica o de coexistencia representacional (POZO y RODRIGO, 2001), podemos asumir que existen diversas formas de representar el mundo, tanto entre los niveles señalados (implícitas y explícitas, pero también, como veremos, culturales) como *dentro* de cada uno de esos niveles (donde las personas podríamos tener diferentes representaciones implícitas o explícitas para un mismo dominio). La existencia de esos diferentes tipos de representación no será redundante —es decir, contraria a un principio de economía cognitiva o energética que debe regir el funcionamiento de todos los sistemas físicos, incluida nuestra mente, como veíamos en el Capítulo II— en la medida en que, como señala Karmiloff-Smith (1992), esas diferentes representaciones cumplan *funciones cognitivas distintas*. Mientras las representaciones implícitas, en el sentido de no conscientes (I y E1) serían muy eficaces en situaciones o contextos que requirieran respuestas o acciones automatizadas, rígidas, pero rápidas e inmediatas, las representaciones explícitas (E2 y E3) permitirían abordar otro tipo de situaciones en las que se demandaran respuestas más flexibles o nuevas, planificadas y controladas con una cierta independencia o "desacoplamiento" del contexto inmediato.

Estas diferentes funciones cognitivas pueden interpretarse desde distintos marcos teóricos, por ejemplo en términos de la clásica distinción entre procesamiento controlado y automático para diferentes contextos o demandas cognitivas. Pero, en el marco de una psicología del conocimiento, podemos también interpretar que estas diferentes formas de representar el mundo —de lo implícito a lo explícito— se sitúan en un continuo definido por distintos tipos de acciones o relaciones cognitivas entre la mente y el mundo. A partir de la propuesta de Kirsh y Maglio (1994), ya mencionada, podemos diferenciar entre *acciones pragmáticas*, consistentes en respuestas automatizadas, basadas en representaciones implícitas, y *acciones epistémicas*, que tendrían por función modificar de alguna forma nuestra relación cognitiva con esa situación o ese contexto. Mientras la acción pragmática serviría para precedir o controlar lo que sucede en el mundo, y en esa medida estaría dirigida al *objeto* de la representación, la acción epistémica serviría para cambiar nuestra relación con el mundo a través del cambio de nuestras representaciones, y por tanto debería explicitar como mínimo nuestra *actitud representacional* con respecto a ese objeto. Sin duda se pueden encontrar viejos ecos en esta distinción, ya sea en términos de la diferencia funcional entre *réussir* (tener éxito) y *comprendre* (comprender) en el último Piaget (1974), o de la misma distinción entre herramientas y signos en la mediación instrumental de Vygotski (1978). Mientras que la acción pragmática tiene por función cambiar directa o inmediatamente el mundo representado (el objeto), la acción epistémica tiene por función cambiar al propio agente a través de su relación con el objeto (actitud).

Así, cuando "prestamos conciencia" a nuestra mente, cuando en la sala de mapas cognitivos convertimos una representación en un conocimiento, estamos adoptando una *actitud epistémica* o, en los términos más clásicos de Dienes y Perner (1999), una actitud proposicional con respecto a un contenido mental, a una representación. Hacer consciente esa relación epistémica (creo, recuerdo, siento, olvido, conozco, ignoro) nos ayuda a reconstruir no sólo el contenido de esa representación (el trozo o contexto del mundo a que se refiere) sino también la propia representación en sí, que de esta forma se convierte en *objeto de conocimiento*, o si se quiere de autorreferencia. Como señalaba antes, no vemos ya sólo el mundo sino nuestra propia visión del mundo. Nuestras representaciones dejan de ser transparentes y *a través de* ellas empezamos no sólo a conocer el mundo sino también a nosotros mismos. No sólo vemos el mundo, sino también nuestra *sombra* en él. Como en la caverna platónica, en la sala de mapas cognitivos nunca se proyectan las sombras del mundo real, que está ahí fuera, sino la representación encarnada de esas sombras, la forma en que nuestras estructuras corporales y neurales traducen a información, representan los cambios físicos que ocurren en el entorno. Al adoptar una actitud epistémica con respecto a una representación, se hace explícito su contexto representacional, su dependencia de la actitud y del agente, y en suma la posibilidad de alcanzar una independencia relativa con respecto a las "affordances" o exigencias concretas con que el mundo restringe las funciones de esa mente encarnada a la que todos estamos encadenados y que, si bien no podemos abandonar, sí podemos suprimir temporalmente, suspender o incluso redescribir, sin por ello perder nuestras representaciones implícitas iniciales que siguen estando ahí, agazapadas, a la espera de cumplir compulsivamente su función pragmática.

Ahora bien, si disponemos de diferentes representaciones para distintas funciones —pragmáticas y epistémicas—, ¿cuándo y cómo utilizamos cada una de ellas?, ¿qué situaciones exigen conocer y en cuáles es suficiente con representarnos implícitamente el mundo de forma encarnada? Dada la primacía defendida para el sistema cognitivo implícito debemos asumir que la inmensa mayoría de nuestro funcionamiento cognitivo cotidiano lo realizamos en piloto automático, lo que equivale a afirmar que sólo conocemos una pequeña parte del mundo en que vivimos. En un provocativo artículo titulado "La conciencia y el zombi que llevamos dentro", PLACE (2000) sostiene que este sistema cognitivo implícito constituye una especie de equipo cognitivo de guardia, un zombi que todos llevamos dentro, que filtraría la información que debe acceder a la conciencia. Sólo los *inputs* problemáticos, es decir aquellos que fueran "inesperados o motivacionalmente significativos", requerirían un escrutinio consciente. La función (pragmática) del zombi es proteger a la conciencia de la sobrecarga informativa que supondría tener que *atender* o explorar, en la sala de mapas cognitivos, todas las representaciones activas en un determinado momento, conocer todo lo que sucede en el mundo. Es lo que BARGH y CHARTRAND (1999) han denominado, recurriendo al título del libro de Milan KUNDERA, la *insoportable automaticidad del ser* que, según estos autores, constituiría el modo estándar o defectivo del funcionamiento cognitivo humano. Salvo orden explícita en contra, nuestra actividad cognitiva (fijación de metas, identificación y reconocimiento de estímulos, activación de representaciones, formación de impresiones y actitudes, atribución de valores, respuestas emocionales y adopción de estados de ánimo, etc.) se llevaría a cabo de forma implícita o automática (BARGH y CHARTRAND, 1999).

Como vimos en el Capítulo III a partir del concepto de información, sólo aquello que produce incertidumbre o novedad es realmente informativo para el sistema cognitivo. Podemos realizar tareas cognitivas de una extraordinaria complejidad sin tener una mínima conciencia de ellas. Habitualmente sólo tomamos conciencia de nuestros órganos, sólo los sentimos, cuando nos *duelen*, cuando informan de una anomalía o desviación con respecto a lo esperado. Ya vimos en su momento que el propio sistema implícito de detección de contingencias se apoya en un mecanismo similar dirigido a reducir la incertidumbre informativa, ya que los animales no procesan todos los cambios energéticos sino sólo aquellos que son informativos, es decir que tienen un valor predictivo (RESCORLA, 1968). El conocimiento es un nuevo nivel representacional en el que podemos resolver los problemas que se nos presentan. Pero, en mi opinión, hay dos diferencias esenciales en la forma en que ambos sistemas —implícito y explícito— resuelven los *problemas* que afrontan.

*En primer lugar*, el sistema implícito dispone sólo de soluciones estereotipadas, que son muy poco eficaces ante situaciones realmente nuevas. Cuanto más nuevo o cambiante sea el entorno con respecto a aquel en el que nuestro sistema cognitivo fue seleccionado, menos probable es que el sistema cognitivo implícito tenga respuestas flexibles para adaptarse a él. Basta con mirar a nuestro alrededor (el teclado del ordenador, un libro, el reloj, un aula o una sala de conciertos, un vagón del metro) para darse cuenta de que estamos rodeados de objetos y contextos para los que no hemos sido seleccionados y cuyo aprendizaje posiblemente requiere alguna forma de conocimiento, que sin embargo una vez adquirido puede, como vimos anteriormente, *implicitarse* en parte o automatizarse, someterse al control del piloto automático en la medida en que deja de ser problemático o novedoso. Por tanto, las relaciones entre el sistema implícito y explícito en el aprendizaje se producen en los dos sentidos: no sólo las representaciones implícitas pueden hacerse explícitas, sino que también con mucha frecuencia las representaciones explícitas se hacen implícitas mediante procesos de automatización (ANDERSON, 1983, 2000; HOGARTH, 2001; POZO, 1996a). Es interesante que ese proceso de automatización dé lugar en buena medida a representaciones encapsuladas, *técnicas* o rutinas, que se comportan como pequeños sistemas modulares. KARMILOFF-SMITH (1992) denomina a este proceso *maestría conductual* y, según ella, sería un requisito para la posterior redescripción de una representación. Las representaciones automatizadas se convierten en rutinas inflexibles que pueden ejecutarse sin control consciente al no ser problemáticas, en el sentido de PLACE (2000). Se trata de hecho de acciones rígidas, ritualizadas, que, como el resto de nuestras representaciones implícitas, son escasamente eficaces cuando nos encontramos con problemas realmente nuevos (PÉREZ ECHEVERRÍA y POZO, 1994; POZO y POSTIGO, 2000), situaciones, que, de acuerdo con PLACE (2000), nos exigen conciencia o conocimiento.

*Una segunda diferencia* muy importante entre los problemas que afronta el sistema cognitivo explícito y los que podemos afrontar implícitamente es que sólo a través del conocimiento podemos convertir en problemas situaciones que no son tales desde el punto de vista pragmático, es decir, en términos de éxito o fracaso representacional tal como lo define PLACE (2000). O dicho de otra manera, una función (epistémica) de conocimiento es problematizar el mundo que nos rodea, preguntarnos sobre él. Mientras que el sistema cognitivo implícito tiene esencialmente *respuestas*, es un sistema reactivo, el sistema cognitivo explícito está haciendo continuamente *preguntas*. Como dice SPERBER (1996, pág. 71), "*dudar o no creer requieren representar una representación como algo improbable o falso. Supuestamente otros animales no tienen la capacidad de no creer en lo que perciben o están codificando*". Es como esos niños de 4 o 5 años —no es casualidad que sea la edad a la que supuestamente se accede al conocimiento pleno, las metarrepresentaciones, en forma de teoría de la mente, medida por la tarea de la *falsa creencia*, memoria autobiográfica, etc.— que están continuamente preguntando (¿por qué es de noche? ¿y por qué vuelan las estrellas? ¿y por qué hay que dormir? ¿y por qué tú no te duermes todavía? ¿y por qué...?) Mantener una actitud epistémica es hacerse preguntas y buscar en todas las naves o capillas de nuestra mente posibles respuestas o fragmentos de representaciones (suspendidas) con las que construir una nueva respuesta. No nos limitamos a aceptar las respuestas inmediatas que la mente encarnada nos proporciona, sino que intentamos ir más allá de ellas y construir conocimientos a partir de las piezas restringidas o predefinidas de ese *lego* cognitivo.

Todas las instituciones sociales del conocimiento (la ciencia, el arte, la religión, etc.) tienen, entre otras, esa función epistémica (BURKE, 2000). De hecho, podríamos decir que cada cultura, en cuanto sistema de representaciones socialmente distribuidas, según la definición de SPERBER (1996), tiene sus propios formatos representacionales, que implican no sólo sistemas de respuesta aceptados sino también formas de preguntarse, de dudar o no creer, socialmente aceptadas, que pueden variar, y de hecho varían significativamente de unas culturas a otras, produciendo diferencias cognitivas relevantes no sólo en los conocimientos que hay que aprender en cada cultura sino, como veremos de inmediato, también en las formas de aprenderlos, en los propios procesos de adquisición de conocimiento (NISBETT y cols., 2001). Si es así, como señala BLANCO (2002), no existiría en la mente humana nada parecido a un *instinto epistémico*. El *homo discens*, tal como sostenía ya el propio ORTEGA y GASSET (1940) en *Ideas y creencias*, no tendría una forma natural de conocer el mundo —aunque sí de representárselo implícitamente o en términos de ORTEGA de formar "creencias"—, sino funciones cognitivas generadas en la evolución y socialización de la mente, que hacen posibles distintas capacidades o competencias cognitivas que nos proporcionan diferentes formas de conocer el mundo y de adquirir conocimiento a partir de las restricciones primarias impuestas por ese sistema cognitivo implícito.

Según esta idea, conocer, explicitar las propias representaciones, es ante todo una actividad social o cultural. Sin embargo, en la teoría del conocimiento planteada por KARMILOFF-SMITH (1992) la redescripción representacional es un proceso individual de añejo sabor piagetiano: el conocimiento se origina en la acción individual sobre los objetos. Pero, al analizar el modelo de suspensión progresiva de las representaciones en el apartado anterior, veíamos que RIVIÈRE (1997b) destacaba ya la naturaleza cultural de ese proceso de explicitación. Lo mismo podemos decir en realidad del proceso de redescripción representacional (GELLATLY, 1997; POZO, 2001). Según veíamos unas páginas más atrás, KARMILOFF-SMITH (1992) distingue entre dos niveles plenamente explícitos, el nivel E2, consistente en representaciones conscientes no verbales, y el nivel E3, que constaría de representaciones conscientes verbales. Pero, tras establecer esta distinción, la propia KARMILOFF-SMITH (*op cit.* pág. 43) añade: "*No voy a distinguir entre los niveles E2 y E3, los dos que implican acceso consciente. No hay investigaciones que se hayan centrado directamente en el nivel E2 (acceso consciente sin expresabilidad verbal); la mayoría de los estudios metacognitivos, si no todos, se centran en la expresabilidad verbal (es decir, en el nivel E3). Sin embargo, como ya he dicho, no quiero renunciar de antemano a la posibilidad de que haya representaciones espaciales, cinestésicas o de otro tipo codificadas de modo no lingüístico y que sean accesibles a la conciencia*".

Aunque no haya motivos para desechar esa posibilidad, al menos en el plano fenoménico, no parece probable que los sistemas explícitos de representación tengan esa naturaleza cinestésica o espacial, en suma individual. Si bien es posible, como veremos en el próximo apartado, que tenga su origen en esas representaciones icónicas o cinestésicas (DONALD, 1991; WILSON, 1998), el conocimiento, tal como se ha analizado aquí, no puede entenderse sin considerar la mediación de los sistemas culturales de representación que hacen posible la redescripción de los contenidos de la propia mente, que *dan forma al conocimiento* (DONALD, 1991; MITHEN, 2000). Quizá no sea casual que no haya investigaciones en ese nivel E2 y que todas las formas de explicitación que conocemos se apoyen en sistemas de representación culturalmente dados. La propia KARMILOFF-SMITH admite que la redescripción representacional es una seña de identidad cognitiva del *homo discens*: "*el modelo de redescripción representacional es fundamentalmente una hipótesis sobre la capacidad* **específicamente** *humana de enriquecerse desde dentro, explotando el conocimiento ya almacenado y no simplemente explotando el ambiente*" (KARMILOFF-SMITH, *op cit.*, pág. 43, esta vez el énfasis lo he puesto yo). Posiblemente buena parte de la diferencia entre el *homo discens* y otras especies es que ese conocimiento no se acumula a lo largo de la vida de cada individuo sino que hay una acumulación cultural, un efecto "engranaje" (TOMASELLO, 1999).

De hecho, el acceso a la cultura promueve competencias cognitivas nuevas incluso en algunos primates. Así, los "primates enculturados", expuestos de alguna forma a culturas humanas, o humanoides, dan muestras inequívocas de capacidades cognitivas (imitación, uso de herramientas, representación y comunicación simbólica), interpretables en términos de redescripción representacional, que no están presentes en sus congéneres desarrollados en su hábitat natural (GÓMEZ, 1998; TOMASELLO, 1999; WHITEN, 2000). DONALD (2001) ha propuesto estudiar este proceso de enculturación en los primates en términos de una "zona de evolución próxima" vygotskiana, que permitiría generar, gracias a la mediación cultural, nuevas capacidades o competencias cognitivas a partir de las funciones primarias de la "mente primate". Según DONALD (2001), ese proceso de reconstrucción de la mente primate sería muy similar al que hace miles, si no millones de años, comenzó con el hibridaje entre mente y cultura en la propia evolución de la mente humana, cuyas capacidades de representación simbólica no pueden entenderse analizando únicamente la mente como un sistema cognitivo individual o aislado, como reconocen ya los propios psicólogos cognitivos (KINTSCH, 1998).

Los sistemas de representación, los códigos y lenguajes, mediante los que reconstruimos nuestras representaciones encarnadas, y con ellas nuestra mente, son sistemas culturalmente generados de representación explícita, por lo que la adquisición de conocimiento no puede entenderse al margen de esos sistemas, no solamente porque buena parte del conocimiento que adquirimos tenga su origen en esa acumulación cultural, sino porque los propios procesos y sistemas de representación mediante los que adquirimos esos conocimientos son también sistemas culturales. Esta idea, cuyo añejo sabor es ahora nítidamente vygotskiano, nos conduce al siguiente y último problema que se trata en este capítulo la mediación de los sistemas culturales de representación en la construcción del conocimiento.

## La mediación cultural en la adquisición de conocimiento

*Si fuésemos agradecidos habríamos, desde luego, caído en la cuenta de que todo esto que nos es la Tierra como realidad y que nos permite en no escasa medida saber a qué atenernos con respecto a ella, tranquilizarnos y no vivir estrangulados por un incesante pavor, lo debemos al ingenio y esfuerzo de otros hombres. Sin su intervención estaríamos en nuestra relación con la Tierra, y lo mismo con lo demás que nos rodea, como estuvo el primer hombre, es decir, aterrados. Hemos heredado todos aquellos esfuerzos en forma de creencias que son el capital sobre el que vivimos... el hombre es, por encima de todo, heredero. Y que esto y no otra cosa es lo que le diferencia radicalmente del animal. Pero tener conciencia de que se es heredero, es tener conciencia histórica.*

José ORTEGA Y GASSET, *Ideas y creencias*, 1940, pág. 45.

*Las falsedades que creen los hombres son más significativas desde el punto de vista cultural que los hechos que desconocen*

Felipe FERNÁNDEZ-ARMESTO,
*Civilizaciones*, 2002, pág. 264.

Si en apartados anteriores hemos visto cómo pudieron surgir en nuestra historia evolutiva las capacidades de representar (en las páginas 81-84 del capítulo anterior) y de conocer (páginas 120-129 de este capítulo), lo cierto es que la explicación del origen y naturaleza de la mente humana no puede hacerse sólo invocando los procesos de selección natural, ya que no es sólo una evolución biológica, sino sobre todo, especialmente en sus fases más recientes, cultural, o según DONALD (2001) una evolución *biocultural*. En palabras de PINKER (1997, página 208), "*los cerebros humanos evolucionaron a partir de una serie de leyes, las de la selección natural y la genética, y ahora interactúan entre sí de acuerdo con otra serie de leyes, las de la psicología cognitiva y social, la ecología humana y la historia*". La construcción cultural de nichos cognitivos, más allá de aquellos ambientes originales por los que fue seleccionada la mente humana, supone que, desde hace al menos 40.000 años, cuando inequívocamente se produjeron las representaciones simbólicas externas, pero quizá desde mucho antes, la humanidad haya ido construyendo mecanismos culturales que implican, también aquí, una suspensión progresiva de los principios de la selección natural. La acción humana, culturalmente acumulada, supone en buena medida la negación de esos principios (CARBONELL y SALA, 2002). Por tanto, desde hace miles de años nuestra mente no evoluciona según principios darwinianos sino lamarckianos, ya que la cultura acumula los éxitos adaptativos (y también las consecuencias nocivas de esos éxitos) con mucha más rapidez que la selección natural. Si los conocimientos adquiridos no se trasmitieran de generación en generación, si no hubiera esa herencia cultural, ni yo estaría escribiendo estas páginas aquí, ni habría nadie ahí para leerlas. Como señalara ORTEGA y GASSET (1940) toda fe es, en un cierto sentido, heredada. Es esta otra perspectiva *histórica* sin la que el conocimiento, y con él su estudio, tampoco tendría sentido.

## La evolución conjunta de la mente y la cultura

Aunque no esté claro, en mi opinión, que la meta última de la cultura sea eliminar todas las presiones ambientales o naturales sobre la humanidad, como sostienen CARBONELL y SALA (2002), lo cierto es que estamos camino de ello. Simplemente, como ejemplo, el desarrollo del conocimiento y la técnica médica hacen que muchas enfermedades no puedan ser seleccionadas naturalmente y aumenten su probabilidad de reproducirse. CARBONELL y SALA (2002) ponen un ejemplo muy gráfico: la prolongación de la esperanza de vida hace imposible que la selección natural actúe sobre enfermedades como el Alzheimer, ya que, cuando sus síntomas aparecen, los genes que la contienen habitualmente ya han sido transmitidos.

Podemos hablar por tanto de una coevolución de la mente, como sistema adaptativo seleccionado por el ambiente, y de la cultura, como un sistema de representaciones o ambientes cognitivos compartidos. Sin embargo en un determinado momento de desarrollo tecnológico, esta coevolución rompe su equilibrio, con lo que la evolución *biocultural* comienza a perder parte de su componente biológico. Aunque la mente sigue teniendo una raíz biológica, en la medida en que está restringida por sus estructuras encarnadas, que a su vez restringen el desarrollo de esos formatos culturales (como veremos en el próximo apartado), la selección biológica, o natural, de las estructuras cognitivas ha dado paso a una selección social, como vemos más lamarckiana que darwiniana (CARBONELL y SALA, 2002; COLE, 1996; PINKER, 1997).

Una propuesta muy sugerente de cómo pudo haberse producido esa coevolución o hibridación entre la mente y la cultura, al menos en sus primeras fases, la ha proporcionado DONALD (1991, 1993) con su teoría de la evolución de la mente humana en cuatro estadios, separados entre sí por tres transformaciones culturales, que hicieron posibles y necesarias otras tantas transformaciones cognitivas. La mente humana, tal como la conocemos, y como la estudia la psicología cognitiva, es un producto más, quizá el más elaborado, de la acumulación cultural de conocimiento. La adquisición de conocimiento es por tanto una actividad no sólo cognitiva sino también cultural. No habría *homo discens* sin intercambio social de representaciones, lo que requiere sistemas culturales de representación cada vez más potentes, que hagan más fluido y eficaz ese intercambio. Pero, al incorporarse, en sentido literal, a la mente, esos sistemas de representación la reformatean, producen nuevos sistemas de memoria y representación mental (DONALD, 2001; POZO, 2001; WELLS, 2000).

Se trata de un relato en buena medida complementario al de la construcción de la catedral del conocimiento por parte de MITHEN (1996, ver Figura 1 de la página 127), dos formas distintas de narrar la misma historia, que pueden redescribirse mutuamente y que, en conjunto, constituyen un relato mucho más creíble que por separado. Según DONALD (1993, pág. 737) *"hubo tres importantes transformaciones cognitivas por las que la mente humana moderna surgió a lo largo de varios millones de años, partiendo de un conjunto de destrezas parecidas a las de un chimpancé. Esas transformaciones dejaron por un lado tres sistemas de representación y memoria nuevos, exclusivamente humanos y, por otro, tres capas intercaladas de cultura humana, cada una de ellas basada en su propio sistema de representaciones".*

Los primeros homínidos, como los chimpancés actuales, se caracterizaban por disponer de una *mente episódica*, especializada en detectar y representar covariaciones entre sucesos y acciones en el ambiente. Se trata de representaciones fuertemente dependientes del entorno y de las regularidades que en él acontecen, tal como en el Capítulo IV se han descrito las representaciones implícitas y encarnadas en términos de teorías implícitas. Los escasos estudios realizados han mostrado notables paralelismos entre la física intuitiva de los chimpancés y de los humanos (CALL, 2000; TOMASELLO, 1999; volveremos sobre ello en el Capítulo VI). Según HAUSER (2000) la mente animal, en general, dispone de unos "universales cognitivos" especializados en "reconocer objetos, contar y orientarse", que estarían en el origen de esta mente episódica de los primates. Esta mente permitiría no sólo aprender sobre regularidades ambientales, sino también adquirir destrezas y secuencias procedimentales eficaces ligadas también a una representación encarnada del ambiente, lo que permite a los primates un manejo rudimentario de ciertas herramientas simples que no impliquen transformar el *objeto* para nuevas funciones cognitivas o acciones (MITHEN, 1996). Los primates son capaces de un uso de las herramientas que no implique combinar acciones o representaciones (WYNN, 2000). Se trata de representaciones implícitas, en el sentido de KARMILOFF-SMITH (1992), y por tanto deben recuperarse como un todo y no están disponibles para combinarse con otras representaciones. Son muy eficaces en entornos restringidos o estables, pero son muy difíciles de flexibilizar ante demandas ambientales nuevas, ya que se trata de representaciones situadas —aquí y ahora— que es muy difícil movilizar en ausencia de las claves situacionales adecuadas.

En un segundo nivel, el primer paso hacia la descontextualización o explicitación progresiva de la mente se daría, según DONALD (1991), con el acceso a un nuevo tipo de representaciones, culturalmente generadas, que conformarían la *mente mimética*. El cuerpo, que actúa ya como vehículo o soporte de la comunicación y, por tanto, de la representación en muchas otras especies animales, mediante mensajes rígidos y estereotipados, se convierte en un *sistema de representación* más flexible y adaptado a los cambios ambientales. Las representaciones ya no sólo están encarnadas en el cuerpo sino también a través de él. Las acciones corporales se convierten en sistema de representación. El cuerpo, en especial el rostro y las manos (WILSON, 1998), se convierte en un instrumento, al mismo tiempo interno y externo, para la representación y la comunicación cultural. Según DONALD (1991) la mimesis como sistema de representación habría aparecido con el *homo erectus*, hace unos 2 millones de años, y estaría muy ligada al desarrollo de la capacidad de imitar o emular la conducta de los otros, que sería un precursor de la capacidad de simular los estados mentales de otros. De hecho, en esta fase la imitación está aún centrada en la reproducción de las acciones, no en la representación de los planes o intenciones que subyacen a ellas (BYRNE y RUSSON, 1998). Este carácter mimético o reproductivo explicaría, según DONALD, ese millón largo de años que transcurrió hasta la nueva transición cognitiva y cultural. Las representaciones miméticas, aunque permiten ya externalizar las emociones y estados mentales, están aún muy ligadas al presente, al contexto inmediato, y resultan muy difíciles de modificar o desligar de las restricciones presentes.

La mimesis se caracterizaría por un control progresivo de la acción (DONALD 2001), que conduciría, como hemos visto, a una progresiva suspensión representacional de algunos componentes de la acción y, por tanto, a una primera reconstrucción de esas representaciones encarnadas en la acción, verdaderas *encarn/acciones*. A diferencia de la mente episódica, centrada en la representación implícita de sucesos "aquí y ahora", la mente mimética tiene como función más bien la re-representación de esos sucesos, a uno mismo y a los demás, en forma de mimesis o copia. Las acciones miméticas ya no están dirigidas sólo al objeto presente (que puede quedar suspendido) sino a un objeto o acción ausente (que se emula, se reproduce o incluso se comunica). La mente mimética dispone ya así de un cierto sistema de comunicación o intercambio de representaciones primario, que aunque no es aún plenamente explícito, implica ya una suspensión representacional de algunos componentes de la acción en su mimesis. Según DONALD (1991), este sistema de representación habría desempeñado una función esencial en el acceso al conocimiento, ya que posiblemente constituyó una protosintaxis, en el sentido que EDELMAN y TONONI (2000) atribuyen a la comunicación gestual, secuencias de acciones simuladas o emuladas que comenzaron a establecer un código compartido, que seguramente fue suficiente para transmitir o conservar el bagaje cultural de aquellas sociedades primitivas, que en su último período llegaron a dominar técnicas tan complejas (y exclusivamente humanas) como el fuego, que los humanos conoceríamos desde hace unos 200.000 años (CARBONELL y SALA, 2002).

El tercer momento en esta evolución cultural llegaría con el dominio de un nuevo y decisivo sistema de comunicación y representación: el lenguaje simbólico, que haría posible la formación de la *mente simbólica* o mítica y la explosión cultural que supuso el acceso inequívoco a la explicitación en forma de representaciones simbólicas, manifestaciones artísticas, etc., hace unos 60.000-40.000 años. Para DONALD (1991) el lenguaje no sería el origen de las representaciones explícitas, pero sí el motor de su multiplicación y ubicuidad en todas esas manifestaciones culturales. En este sentido, coincide con otros autores (como SPERBER, 1996 o TOMASELLO, 1999) en que *"los seres humanos modernos desarrollaron el lenguaje en respuesta a la presión para mejorar su aparato conceptual y no viceversa"* (DONALD, 1991, pág. 215). De hecho, DONALD pone el acento en el origen semántico, más que sintáctico, de las estructuras del lenguaje, un punto en el que coincide con los partidarios de lo que podríamos llamar la "semántica encarnada" (LAKOFF y JOHNSON 1980, 1999; ROSCH, 2000; TOMASELLO, 1998). La adaptación fonológica, con el descenso del tracto vocal en la laringe, hace unos 60.000-100.000 años, hizo posible la comunicación oral fluida, pero por sí misma no pudo crear el léxico. Recordemos que TOMASELLO (1999) dice que eso sería como explicar el origen de la economía por la acuñación de monedas.

DONALD (1991, 1993) encuentra una continuidad entre esas representaciones miméticas que, como en los primates actuales, debían incluir no sólo gestos sino vocalizaciones, y el desarrollo del sistema fonológico, al que describe como un "subsistema mimético especializado". Sea cual sea su filogénesis, y no es este el momento para ocuparse de ella, el lenguaje permitió el acceso a las representaciones simbólicas, plenamente explícitas. Abrió paso así a una nueva forma de representar el mundo, la mente mítica, cuyo soporte son las narraciones. El motor del desarrollo del lenguaje no sería la codificación en los genes de una "gramática universal" sino su capacidad de representar simbólicamente los episodios que antes sólo podían ser representados a través de la mimesis: *"El lenguaje no con-*

*siste en inventar palabras. Consiste en contar historias en grupos. **Los lenguajes se inventaron como narrativas por colectividades de intelectos conscientes.** Pasaron por muchos estadios de evolución antes de alcanzar su nivel actual de refinamiento, y categorías tales como nombres, verbos y adjetivos surgieron sólo después de que las representaciones episódicas se hubieran especificado*" (DONALD, 2001, pág. 292, énfasis del autor). La mente inicialmente episódica sigue estando presente en las mentes mimética y simbólica, pero sus posibilidades representacionales han cambiado. Los formatos representacionales dominantes en esta nueva mente simbólica son las narraciones e historias, la reconstrucción mítica de episodios, que aún perdura como uno de los formatos más eficaces en el funcionamiento de la mente humana (BRUNER, 1997; ROSA, BELLELLI y BARKHURST, 2000a; SPERBER, 1996).

Los nuevos sistemas representacionales, culturalmente generados, logran así reformatear la mente, reconstruir sus propias funciones mentales. En el proceso de coevolución de mente y cultura propuesto por DONALD (1991), la cultura no sólo proporciona el alimento, el contenido de nuestras representaciones, sino los propios formatos o estructuras mentales desde los que interpretamos el mundo. El acceso a la simbolización permite desligar esas representaciones de las presiones del entorno inmediato, y así representar no sólo el aquí y ahora, sino usar diferentes inflexiones temporales para referirse a lo ido y lo por venir; y representar también lo deseado y lo temido, lo añorado y lo esperado, usando para ello todo el abanico de verbos mentalistas disponibles en todas las lenguas. Las representaciones ya no sólo se usan en "tiempo real" (EDELMAN y TONONI, 2000) y en primera persona, sino que permiten viajar en el tiempo y en el espacio, construyendo nuevas perspectivas de los objetos representados.

El lenguaje se convierte así en un sistema de representación privilegiado que permite ya no sólo hacer referencia explícita a los objetos presentes, sino también *re-presentar* sucesos no presentes, así como las actitudes o perspectivas propias con respecto a ellos. De hecho, según TOMASELLO (1999) esa sería la característica esencial del lenguaje, constituir un sistema de representación de perspectivas, que genera nuevas posibilidades cognitivas: "*la naturaleza perspectivista de los símbolos lingüísticos, y el uso de esos símbolos lingüísticos en las interacciones discursivas en las que se contrastan y comparten **explícitamente** diferentes perspectivas, proporciona el material básico a partir del cual los niños de todas las culturas construyen las representaciones cognitivas flexibles y con perspectivas múltiples —tal vez incluso dialógicas— que dan a la cognición humana gran parte de su impresionante y exclusiva potencialidad*" (TOMASELLO, 1999, pág. 163, el énfasis es mío).

Pero, con toda su potencia y su posibilidad de suspender el mundo presente e imaginar otros mundos posibles, las representaciones lingüísticas siguen aún estando atrapadas en el presente en la medida en que no dejan huellas permanentes, más allá del momento en que se producen. Las culturas orales, las mentes míticas, para combatir este carácter contextual de las producciones lingüísticas, generan mitos, historias, narraciones con la finalidad de conservar o hacer permanentes las partes esenciales de la cultura, en suma para descontextualizarlas. La cultura oral, en cuanto conocimiento acumulado, es algo que hay que conservar, que reproducir, no algo que pueda ser repensado o redescrito en cada generación (OLSON, 1994). Como dijera ya LÉVI-STRAUSS (1971, pág. 585): "*en el seno de cada sociedad, el orden del mito excluye el diálogo: no se discuten los mitos del grupo, los transformamos creyendo repetirlos".*

Para encontrar el conocimiento como diálogo, como *objeto* de discusión y reflexión, y en suma de transformación, es preciso acceder al último tipo de mente propuesto por DONALD (1991), la *mente teórica,* hay que disponer de sistemas externos de representación, muy recientes históricamente, ya que aparecieron sólo hace unos 5.000 años con la invención de los primeros sistemas de escritura jeroglífica. Con ellos, las representaciones se externalizan plenamente y se convierten físicamente en *objetos* de representación, y por tanto en metarrepresentaciones. Con ello, la cultura material no es ya sólo una memoria externa del mundo, sino una nueva forma de pensar y representar el mundo, en la medida en que los nuevos artefactos producidos por esa cultura material, cuyos inicios se manifestaron en la explosión cultural neolítica, son, como señala MITHEN (2000), *sistemas para representar ideas,* "tecnologías simbólicas" cuya función es convertirse en "espejo de la mente" (DONALD, 2001), ya que sus características físicas —su naturaleza de objeto externo— les convierte no sólo en vehículo de representación sino, como veremos, en objeto explícito de representación.

La invención de los sistemas de notación hará posible una nueva forma de conocer y, con el tiempo dará lugar al desarrollo de una mente teórica, inseparable de esos sistemas de representación o notación externa. Esa mente teórica se desarrolla en el marco de una verdadera *sociedad del conocimiento*, que si bien ha explotado en este último siglo, se remonta a los primeros escritos teóricos, se supone que hace unos 3.000 años. Desde entonces, las formas de organización social del conocimiento (ver BURKE, 2000) han ido cambiando de modo paralelo a la propia evolución de esos sistemas externos de representación, estrechamente vinculada a sus usos sociales, que a medida que se van haciendo más complejos, pasan de ser simplemente pragmáticos a tener fines epistémicos (OLSON, 1994; POZO, 2001; WELLS, 2000). Más adelante, me ocuparé de la influencia de estos fines pragmáticos y epistémicos en la adquisición de conocimiento.

De esta forma, diferentes culturas pueden dar lugar a la construcción de mentes diferentes a través de sistemas de representación explícita (conocimiento) también diferentes, cuya adquisición sin embargo no tiene que ser necesariamente explícita, al menos en todos sus componentes. En todo caso, de acuerdo con el modelo de redescripción representacional aquí defendido, basado en una integración jerárquica de niveles de representación, las diferentes mentes y/o sistemas de representación propuestas por DONALD (1991) no serían sucesivas, no se sustituirían unas a otras, sino que se integrarían jerárquicamente. Los sistemas de representación más complejos no sustituirían, ni mental ni socialmente, a los anteriores, sino que estos, de acuerdo con el proceso de redescripción representacional, quedarían reducidos a sus funciones pragmáticas más simples, siendo los nuevos sistemas, más complejos, los que adquirirían funciones culturales epistémicas. Aunque quienes nos dedicamos a leer y escribir textos como este seamos un ejemplo del cultivo de la mente teórica, seguimos teniendo una mente mítica, mimética y episódica, tanto por nuestra historia cultural como por nuestro propio desarrollo personal (es de hecho llamativa la similitud entre los niveles culturales de representación propuestos por DONALD, 1991, y la ontogénesis de esos mismos sistemas propuesta hace años por BRUNER, 1966, en términos de representaciones enactivas, icónicas y simbólicas).

Pero además, esos nuevos sistemas serían una redescripción representacional de los anteriores, ya que se basarían en ellos para generar nuevas formas de representar y, finalmente, conocer el mundo. Así, las representaciones miméticas requieren necesariamente la existencia de representaciones episódicas previas (emociones, procedimientos, etc.), cuya suspensión genera nuevas formas de representar. A su vez las representaciones simbólicas, o lingüísticas, integran a las representaciones miméticas, ya que, según veíamos, para DONALD (1991), el sistema fonológico es un "subsistema mimético", al punto de que no las suprimen del todo: el lenguaje oral se acompaña aún hoy de gestos y representaciones miméticas, difícilmente suprimibles (¡gesticulamos incluso cuando hablamos por teléfono!). Y, por último, la mente teórica no podría existir si antes no se hubiera desarrollado la mente mítica, a la que redescribe nuevamente, en la medida en que los sistemas de escritura y notación redescriben esos códigos simbólicos previos. El lenguaje escrito no es una transcripción del lenguaje oral, sino una reconstrucción del mismo en un nuevo código (OLSON, 1994). Otro tanto puede decirse de otros códigos culturales, como los sistemas de representación en el arte, que lejos de *transcribir* la percepción, como ingenuamente solemos suponer, la redescriben, generando nuevas formas de ver y *sentir* el mundo (ASENSIO, POL y SÁNCHEZ, 1998; JOVÉ, 2001, 2002; MARTY, 1999).

Este proceso de integración jerárquica implica, por tanto, una asimetría entre esos sistemas, que no surgen de forma casual ni arbitraria, sino de acuerdo con una historia o una génesis precisa. Implican una *progresión* hacia una explicitación creciente y, con ello, hacia una liberación o "desacoplamiento" cada vez mayor de las representaciones con respecto a sus restricciones encarnadas originales, tal como se analizaron en el Capítulo IV. De esta forma, los sistemas culturales de representación van a ser un motor esencial para lograr esa fluidez mental o convergencia de representaciones específicas en la nave central de la catedral, que no se habría podido construir sin ellos, como ha reconocido el propio MITHEN (2000). La Tabla 7 resume la conexión entre esos diferentes formatos representacionales de creciente complejidad y los distintos procesos de aprendizaje explícito explicados en el apartado anterior.

**Tabla 7.** *Correspondencia entre los niveles de representación de DONALD (1991) y los procesos de aprendizaje explícito descritos en páginas anteriores.* (En negrita figuran los procesos que se dominan plenamente en cada nivel.)

| Sistema de representación | Componente explícito dominante | Proceso de aprendizaje explícito dominante |
|---|---|---|
| Mente episódica | Objeto | Supresión representacional |
| Mente mimética | **Objeto**<br>Actitud | **Supresión representacional**<br>Suspensión representacional |
| Mente mítica o simbólica | **Actitud**<br>Agencia | **Suspensión representacional**<br>Redescripción representacional |
| Mente teórica | **Agencia** | **Redescripción representacional** |

Así, en *un primer nivel*, las representaciones episódicas, muy apegadas al contexto situacional inmediato, permiten como máximo una supresión o inhibición de las "affordances" que el ambiente provoca en forma de representaciones encarnadas. De hecho, tal como predice DONALD (1991), los primates muestran una capacidad notable, en comparación con otros mamíferos, para controlar e inhibir sus acciones. GOLDBERG (2001) relata una interacción suya con un gibón, que era capaz de retomar el hilo de sus exploraciones del ambiente tras la presentación de estímulos distractores prolongados, una competencia cognitiva, la de suprimir las exigencias ambientales y gobernar el curso de las propias representaciones, que no está al alcance de otros mamíferos como los gatos y los perros (GOLDBERG, 2001, HAUSER, 2000). Además, estas representaciones episódicas posiblemente permiten ya explicitar los objetos representacionales, pero no generar actitudes alternativas con respecto a ellos. Las investigaciones muestran capacidades limitadas de muchos primates en tareas de adopción de perspectivas o en tareas que requieran la representación de conceptos relacionales (CALL, 2000; THOMPSON, 1995), tales como por ejemplo, la comprensión de las relaciones causales entre fenómenos, lo que limita su capacidad de usar herramientas nuevas en secuencias medios-fines (BOYSEN y HIMES, 1999). En cambio, todos los primates se muestran muy eficaces en la representación de sucesos y en la recuperación de información (espacial, física, social, etc.) en contexto (CALL, 2000). En todo caso, se trataría de una memoria episódica en el sentido original establecido por TULVING (1972), como memoria de sucesos y acciones organizada por contigüidad espacio-temporal, no en el más reciente sentido de memoria explícita como conciencia autonoética, o acceso explícito a las propias representaciones (TULVING, 2002; WHEELER, STUSS y TULVING, 1995).

*En el segundo nivel*, el sistema de representación mimética requiere ya no sólo procesos de inhibición, que seguramente siguen siendo muy importantes, sino cada vez más mecanismos de suspensión representacional, aunque sea sólo en los dos primeros niveles descritos por RIVIÈRE (ver la Tabla 6 en la página 143, a partir de BAQUERO, 2001). Sin embargo, en esos primeros niveles de suspensión representacional, todavía no hay una suspensión plenamente simbólica, por lo que en estas representaciones la flexibilidad o despegue con respecto a las representaciones desencadenadas por los estímulos es aún muy limitada. Será con el acceso a las representaciones simbólicas cuando nos encontremos con una acción sistemática de suspensión de propiedades de los estímulos y de representación de las actitudes o perspectivas representacionales con respecto a ellos. Igualmente estas representaciones simbólicas permiten ya convertir las propias representaciones en objeto de representación, es decir en metarrepresentaciones, o conocimiento propiamente dicho, si bien será con la mente teórica cuando el propio sistema de representación, o la agencia cognitiva, podrá convertirse en objeto de representación y discurso, gracias a la mediación de diferentes sistemas de representación cultural que hacen posibles los procesos de redescripción representacional.

Vemos por tanto que estos sistemas de representación reconstruyen la mente, en la medida en que permiten nuevos lenguajes o códigos en los que representar información que no es extraída del ambiente sino de las propias representaciones generadas por el sistema cognitivo con los amplificadores proporcionados por la cultura. La sala de mapas cognitivos, las zonas de proyección y convergencia representacional en los lóbulos frontales ven amplificada su capacidad de redescripción representacional gracias a estos nuevos códigos y sistemas que, especialmente los más recientes, no son producto de la evolución del cerebro, sino que han aprovechado de modo oportunista las competencias cognitivas a su disposición, han generado nuevas funciones cognitivas a partir de las ya disponibles. Las representaciones *culturales* —que, según la definición de SPERBER (1996), serían las que están ampliamente distribuidas en una sociedad— deben aprovechar la susceptibilidad cognitiva de la mente humana a su transmisión: "*la mente humana es susceptible a las representaciones culturales de la misma forma que el organismo humano es susceptible a las enfermedades*" (SPERBER, 1996, pág. 57). Pero, para ser más contagiosas y distribuirse más ampliamente, esas representaciones culturales deben adaptarse a las restricciones impuestas por la mente humana primitiva, que de alguna manera actuaría como un sistema cognitivo inmunológico, que nos previene de contagios inútiles o nocivos (POZO, 2002). Cabe pensar que la naturaleza cognitiva de la mente humana haya restringido también de algún modo el desarrollo de esos nuevos sistemas de representación explícita. Como veremos de inmediato, la cultura actúa no sólo como prótesis cognitiva, como un sistema de "órganos artificiales", en términos de VYGOTSKI (1931), que genera una mente extendida (CLARK, 1997; DRAAISMA, 1995; WILSON, 2000), sino más allá de ello, reconstruyendo la mente, de acuerdo con el proceso de redescripción representacional descrito.

Pero también la mente reconstruye la cultura, en la medida en que todo producto cultural, incluidos los sistemas de representación en los que se basa el conocimiento, es también un producto cognitivo. Finalmente, según nos recuerda FREEMAN (1995, pág. 2), "*todo el conocimiento se origina en los cerebros individuales*", por lo que la estructura de esos cerebros y de las mentes mediante las que funcionan debe restringir de algún modo el propio desarrollo de esos sistemas culturales de representación, que deben ser cognitivamente viables, o lo que es lo mismo, deben respetar, de acuerdo con la lógica de los sistemas jerárquicos, las restricciones impuestas en el nivel cognitivo más primario de las representaciones implícitas.

## La reconstrucción mental de la cultura

Acabamos de ver que la mente y la cultura han evolucionado conjuntamente y que, al menos en sus últimas fases, esta evolución no estaría gobernada por leyes biológicas —los principios de la selección natural— sino por las leyes que rigen el funcionamiento social, en las que los mecanismos de producción, difusión y adquisición de conocimiento desempeñan una función esencial (BURKE, 2000). No hay por tanto mente sin cultura, algo frecuentemente olvidado desde el enfoque cognitivo dominante. Pero tampoco cultura sin mente, algo que en mi opinión también se olvida con frecuencia desde el enfoque sociocultural. En el próximo apartado veremos cómo la cultura —y más en concreto los sistemas culturales de representación— ha ayudado a reconstruir las funciones cognitivas de la mente a través del conocimiento, pero antes conviene que nos detengamos, siquiera brevemente, en un aspecto aún menos estudiado desde la psicología, tanto cognitiva como cultural: la forma en que la propia mente restringe la construcción de la cultura, o en el caso de la adquisición de conocimiento, cómo la mente reconstruye la cultura al apropiarse de ella en forma de conocimiento.

Retomando la idea desarrollada por DAWKINS (1976a) en *El gen egoísta* según la cual el fenotipo —el cuerpo y la mente— es el instrumento que tienen los genes para reproducirse, podríamos decir también que las mentes son el instrumento que tienen las culturas para reproducirse. Aunque las representaciones culturales estén socialmente distribuidas —ya que nadie es propietario de ellas, nadie las posee por completo ni conoce todo su significado e historia (DONALD, 2001)—, finalmente se generan, se preservan y se transmiten en forma de representaciones mentales. Aunque en sus formas más complejas dispongan, como acabamos de ver, de sistemas externos de memoria, de soportes físicos que ya no son dependientes del sustrato orgánico de la mente, esos "objetos representacionales" o "tecnologías simbólicas" (DONALD, 2001) —tales como los números, los iconos, las letras y los conocimientos científicos o artísticos que con ellos se construyen— sólo se convierten en conocimiento en la medida en que haya una mente que los interprete o explicite (WELLS, 2000). Ninguna tecnología simbólica, incluidos los modernos computadores, contiene representaciones o conocimientos si no hay una mente —que sepamos una mente humana— capaz de decodificarlas o interpretarlas. Los propios sistemas culturales de representación analizados en el próximo apartado, en cuanto prótesis cognitivas u órganos artificiales de conocimiento, en el sentido vygotskiano, estarán restringidos por la naturaleza encarnada del sistema cognitivo humano.

El conocimiento es siempre un proceso, no sólo un producto (FREEMAN, 1995) y su naturaleza está estrechamente ligada a los procesos mentales que lo generan o lo adquieren. Es muy sugerente en este sentido la búsqueda de *universales cognitivos* en forma de restricciones comunes impuestas por la mente a todas las culturas o formas de conocimiento en diferentes dominios (BOYER, 1995, 2000; CAREY y SPELKE, 1994; VOSNIADOU 1994b). Según esta idea, las teorías implícitas impondrían una restricción o estructura cognitiva a la forma en que distintas culturas construyen su conocimiento en diferentes dominios, de forma que los conceptos nucleares, los principios en que se sustentan esas teorías, constituirían el *esqueleto* en torno al cual se construirían esos diferentes cuerpos de conocimiento. En palabras de VYGOTSKI (1931, pág. 41 de la trad. cast.) "*la cultura de la humanidad se fue creando, estructurando, bajo la condición de una determinada estabilidad y constancia del tipo biológico humano. Por ello, sus herramientas e instrumentos materiales, sus instituciones y aparatos socio-psicológicos están destinados a un organismo psicofisiológico normal*".

Según los argumentos desarrollados en el capítulo anterior sobre los dominios esenciales o fundacionales del conocimiento humano, los universales cognitivos, las restricciones que la mente impone a todos los sistemas culturales, estarían básicamente constituidos por nuestra física y nuestra psicología intuitivas, los principios que imponemos a la representación de los objetos y las personas. En el Capítulo VI me ocuparé de nuevo de esos dominios de conocimiento nuclear y del grado en que los principios o compromisos en que se basan esos universales cognitivos pueden ser revisados, o reconstruidos, por procesos de aprendizaje explícito, ya que la existencia de ciertos universales o invariantes cognitivos, de unas señas de identidad cognitiva de la mente humana, no excluye su posible reconstrucción a través de la cultura y la instrucción (CAREY y SPELKE,

1994). Por ahora basta con comprender cómo restringirían, de modo implícito, la producción cultural de conocimientos, al igual que restringen el propio funcionamiento mental, haciendo que ciertas representaciones posibles —aquellas que violan esos principios— *no corran*, por así decirlo, en la mente humana, o corran con mucho esfuerzo (explícito) y dificultad, ya que serían de algún modo incompatibles con el *sistema operativo*, según la metáfora de RIVIÈRE (1997b), de nuestro equipamiento cognitivo de serie para ese dominio.

Al modo de los célebres "objetos imposibles" de CARELMAN, existirían *representaciones imposibles* —o en algunos casos sólo improbables como veremos— para la mente humana, que por tanto serían también culturalmente imposibles (o improbables). De hecho, la metodología de la investigación sobre las representaciones implícitas de los recién nacidos se basa en este supuesto: crear verdaderas sesiones de *magia cognitiva*, de las que nos ocuparemos en el Capítulo VI, generando sucesos que resultan imposibles para el bebé y por tanto atraen su atención, objetos que cambian bruscamente y sin acción externa aparente de dirección, sólidos que repentinamente se fragmentan, etc. (SPELKE, 1994). De la misma forma, a todos nosotros nos resulta literalmente increíble interpretar la conducta de las personas que nos rodean en términos estrictamente mecanicistas, no intencionales, tal como señala FODOR (1988). Es más, extendemos las explicaciones intencionales más allá de su dominio original y las aplicamos a objetos no humanos, animales, máquinas e incluso Dioses. Según ha mostrado BOYER (2000), las creencias religiosas —al menos las creencias populares, otra cosa sería el conocimiento teórico o teológico (MCCAULEY, 2000)— se sustentan no ya en creencias sobrenaturales, como sugiere el propio FODOR (1988), sino más bien en creencias sobrehumanas, es decir en una violación —o suspensión representacional en el sentido de RIVIÈRE (1997b)— de algunas propiedades de la mente humana en su asunción por una entidad divina (que es inmortal, o sigue teniendo estados mentales tras su muerte o logra que otros objetos u organismos se comporten como personas). La imagen de un Dios mecanicista, carente de intenciones, deseos y creencias, aquel relojero del universo imaginado por los precursores de la ciencia moderna, es culturalmente imposible porque no parece "correr" bien en la mente humana. Las creencias religiosas, a diferencia del conocimiento científico, serían un universal cognitivo (todas las culturas, aunque no necesariamente todas las personas, tienen creencias religiosas, en la medida en que se apoyan en esa psicología intuitiva universal, MCCAULEY, 2000).

En el Capítulo IV veíamos un ejemplo de ese mundo representacional/mente imposible, reflejado por BORGES en *Tlön, Uqbar, Orbis Tetrius*, donde imagina un planeta, Tlön, en el que el lenguaje carece de sustantivos, dado que no hay *objetos* —independientes del observador, según nos recuerda FODOR— sino que cada persona conoce subjetivamente su propio mundo en cada momento. Pero hemos visto, al analizar la teoría del conocimiento de DIENES y PERNER (1999), que las actitudes proposicionales, al igual que el lenguaje, se constituyen a partir de objetos (sustantivos), entre los que se establecen relaciones o actitudes (verbos). Es imposible un lenguaje compuesto sólo de verbos porque no correría en la mente humana. De la misma forma, a diferencia de lo que sucede en Tlön, parece poco probable que una cultura humana, cualquier cultura humana, no esté, al menos inicialmente, sustentada sobre un cierto realismo representacional, en la creencia de que existe un mundo ahí fuera, que es independiente de nuestras relaciones o actitudes con respecto a él, y que en definitiva conocer es aprehender ese mundo. Nuestro sistema cognitivo, tal como suponía el propio PIAGET (1926), se basaría en un realismo implícito sin el cual ni nuestras representaciones ni el lenguaje podrían cumplir su función (COSMIDES y TOOBY, 2000; PÉREZ ECHEVERRÍA y cols., 2001; POZO y cols., 1999) ni posiblemente interactuaríamos igual con otras personas ni resolveríamos de la misma forma nuestros conflictos con ellas (ROSS y WARD, 1996). En último extremo, como señalan EDELMAN y TONONI (2000), desde una perspectiva neurofisiológica una escena o suceso sólo puede ser representada en cada momento desde un único punto de vista, por lo que contrastar ese punto de vista con otros, construir varias representaciones del mismo objeto, es un logro cognitivo complejo. En términos de la clasificación de DONALD (2001) diríamos que superar ese *presentismo* o realismo episódico requiere acceder a una mente mimética, si bien la integración de varias perspectivas sólo será posible mediante el uso de sistemas simbólicos de representación y comunicación (TOMASELLO, 1999). Superar el realismo implícito en nuestras representaciones es por tanto el producto de nuevas funciones cognitivas epistémicas.

Paradójicamente, la psicología cognitiva ha mostrado que la mente humana se parece más a la de los habitantes de Tlön de lo que podemos aceptar, ya que se caracteriza por sus representaciones situadas, fragmentarias, centradas en un observador, que percibe un mundo construido, no real, estructuradas temporalmente, etc. (ver Tabla 2 de la pág. 62; también POZO, 2001). Y es que la psicología cognitiva, como la propia física, o las matemáticas, es un sistema de conocimiento muy alejado de esos supuestos esenciales en los que se sustenta nuestra mente. El mundo de Tlön y otras utopías cognitivas que van más allá de nuestro "equipamiento cognitivo de serie" son representacionalmente improbables, pero no imposibles. Mediante sistemas de representación específicos, la mente teórica del *homo discens* ha logrado superar o trascender algunas de esas restricciones iniciales, haciendo posible la representación de objetos tan imposibles *realmente* como el cero, el vacío o el infinito. Son objetos que, en la medida en que no pueden ser extraídos implícitamente de las regularidades habidas en el mundo, tal como nuestro cuerpo permite representarlo, sólo pueden surgir como representaciones simbólicas (CLARK, 1997), generadas por procesos de aprendizaje explícito en el marco de un sistema de representación o teoría, que a su vez forma parte de una historia cultural o científica más amplia.

La historia de *la nada* —del cero y del vacío— es una muestra de cómo el *homo discens* ha logrado superar las restricciones impuestas por la mente humana, que aborrece el vacío, ya que, como hemos visto, toda representación y todo estado mental tiene que tener un contenido, tiene que ser sobre *algo*, no sobre *nada*. Se trata de un largo proceso de reconstrucción cultural de esas restricciones mentales, magistralmente narrado por BARROW (2000). Ya ARISTÓTELES asumía que la existencia del vacío implicaba una contradicción ya que una cosa no puede ser (algo) y no ser (nada) al mismo tiempo. La tradición científica occidental, a la que me referiré con más detalle en un próximo apartado, basada en esta lógica de la contradicción (como muestra el excelente análisis de LEVINAS, 1998, sobre la función de la contradicción en la construcción del conocimiento científico), retrasó notablemente la representación de la nada (química, pero también numérica) en nuestra cultura (BARROW, 2000). El cero o el vacío no son objetos que puedan ser percibidos, de los que podamos tener una representación implícita o encarnada, y por tanto sólo podemos acceder a ellos de forma explícita, mediante la *incorporación* (en sentido literal) de sistemas de conocimiento culturalmente generados, que tienen tras de sí una larga y laboriosa historia de invenciones y construcciones, mediadas por el desarrollo de nuevas tecnologías simbólicas o del conocimiento (DONALD, 2001; POZO, 2001; SALOMON, 1992). La "historia de la nada" (BARROW, 2000) es la historia de una invención cultural que requiere ir más allá de las propias limitaciones de la mente. Pero para ello es preciso no sólo *saltar fuera de la sombra* que nos impone el cuerpo, mediante la supresión o suspensión de nuestras representaciones encarnadas, por seguir la terminología de apartados anteriores, sino, más allá de ello, su redescripción progresiva a través de modelos y teorías que van creando sus propios mundos representacionales, sus propios universos empíricos.

Es, por lo demás, una historia similar a otras muchas historias que podrían contarse en nuestra sociedad del conocimiento. En todas ellas encontramos que esa invención o construcción de un nuevo mundo mental se apoya en procesos y sistemas de representación explícitos, que han sido diseñados de forma deliberada para resolver algunos problemas culturales. Pero, una vez generado ese conocimiento, su difusión y generalización, en suma su adquisición, suele basarse en procesos diferentes, ya que, como señala DE VEGA (1995, pág. 290) en relación con el diseño y uso de artefactos culturales: *"Debemos distinguir entre la creación y el uso de artefactos. La creación suele ser un proceso gradual y colectivo, realizado por los miembros de una comunidad a lo largo de varias generaciones. El uso de artefactos, en cambio, es el fruto de un aprendizaje individual que está constreñido por las características cognitivas, así como la experiencia del individuo".*

Mientras la construcción de un sistema cultural de conocimiento requiere procesos explícitos, más o menos profundos (supresión, suspensión y redescripción), su adquisición por otros *usuarios* suele apoyarse tanto en procesos explícitos como implícitos. O si se quiere, la construcción de esos sistemas de conocimiento requiere una explicitación plena (de objeto, actitud y agencia, según DIENES y PERNER, 1999) en el marco de una actividad epistémica, mientras que para su adquisición suele bastar con explicitar sólo algunos de esos componentes (el objeto o contenido fáctico de la representación) en el marco de una actividad básicamente pragmática, de modo que con frecuencia muchos otros componentes quedan implícitos en su aprendizaje. De esta forma, muchos sistemas culturales de representación (escritura, numeración, tiempo, etc.), acaban por naturalizarse u objetivarse al ser adquiridos o generalizados mediante procesos de alfabetización, haciendo que pierdan buena parte de su carácter representacional y se asimilen a objetos reales (POZO, 2001; ver también el próximo apartado, donde se ilustrará esta idea con los sistemas de representación numérica y cronológica).

Como dice BOYER (2000) la cultura no se *baja,* como se baja una herramienta para descomprimir archivos o la última balada de Zizzi Possi, sino que debe ser reconstruida individualmente en cada una de las mentes que hacen uso de esas herramientas culturales, ya que, recordemos, las mentes son el dispositivo mediante el que la cultura se conserva y perpetúa, pero también la herramienta esencial para su cambio. Esa reconstrucción mental de la cultura en el proceso de apropiación ha sido estudiada tanto desde la psicología social

(MOSCOVICI, 1976) o la antropología cognitiva (SPERBER, 1996), como desde la psicología cultural (por ej., COLE 1996; NUCCI, SAXE y TURIEL, 2000; ROSA, 2000; VALSINER, 1996, 2001), pero es también parte del proceso de adquisición de conocimiento.

De hecho, algunas de las ideas desarrolladas aquí a partir del concepto de representaciones implícitas y encarnadas ayudan a dar cuenta, por ejemplo, de los procesos de asimilación de representaciones sociales propuestos por MOSCOVICI (1976; FAFR y MOSCOVICI, 1994), según los cuales ese proceso de asimilación implica una objetivación (conversión de la representación social en un objeto, cuando no en información factual), basada a su vez en tres mecanismos: 1) construcción selectiva 2) de un esquema figurativo y 3) naturalización del mismo. En términos del presente modelo diríamos que los conocimientos culturales explícitos han sido asimilados, y en esa medida reducidos o restringidos, al funcionamiento implícito de la mente. Mientras la construcción o invención del conocimiento es un proceso necesariamente explícito, su reconstrucción, como señala DE VEGA (1995), tiende a restringir o limitar ese conocimiento, ya que con frecuencia la asimilación de esos sistemas culturales complejos requiere ir más allá de nuestro "equipamiento cognitivo de serie", compuesto por esos sistemas implícitos de representaciones encarnadas.

Así, no todos los conocimientos generados en la sociedad se convierten en cultura, al menos en el sentido de SPERBER (1996) de alcanzar una amplia distribución social, aunque siempre pueden considerarse las culturas específicas de ciertas "comunidades epistemológicas", generalmente formadas por expertos (BURKE, 2000). Según la "epidemiología de las representaciones" de SPERBER (1996), algunas de estas representaciones (entre ellas desde luego la noción de vacío, pero también la mayor parte de las nociones científicas e incluso del arte contemporáneo), no se distribuyen socialmente por su "*falta de compatibilidad y correspondencia con la organización cognitiva humana*" (SPERBER, 1996, página 140). Como señalaba antes, nuestro equipamiento cognitivo de serie constituye un *sistema cognitivo inmunológico*, que nos previene o vacuna contra ciertos contagios representacionales inconvenientes o innecesarios. En el Capítulo VI veremos que este es un serio problema que aqueja a la adquisición de conocimientos en ciertos dominios específicos en los que se pretende una alfabetización generalizada de la población en sistemas de conocimiento claramente incompatibles con la mentalidad de quienes deben aprenderlos, lo que exige nuevos procesos de aprendizaje o cambio conceptual (POZO, 1999; POZO y GÓMEZ CRESPO, 1998; SCHNOTZ, VOSNIADOU y CARRETERO, 1999) y nuevas formas de intervención instruccional, ya que los sistemas de distribución social habituales (por ej., el sistema educativo o la divulgación científica) no aseguran un "contagio" suficiente de esos conocimientos. Así, por ejemplo, nociones como el vacío tienden a asimilarse a una representación encarnada de la materia en la que no cabe el vacío (GÓMEZ CRESPO y POZO, 2000, 2002; POZO y GÓMEZ CRESPO, 2002), porque, como veíamos unas páginas más atrás, es imposible representarse la nada como *objeto* de conocimiento. Como el cero o el infinito, el vacío sólo puede representarse en la mente humana como parte de un *sistema* de representación que redescriba las relaciones entre diferentes objetos de conocimiento (BARROW, 2000). De hecho, el conocimiento, tal como lo entendemos y lo vivimos, está estrechamente ligado al desarrollo de esos sistemas culturales de representación externa, sin los cuales no hubiera sido posible la *mente teórica* (DONALD, 1991) que caracteriza al *homo discens*, una mente reconstruida por la cultura, que tiene la improbable capacidad de convertir en conocimiento todo lo que toca, representa o imagina.

## La reconstrucción cultural de la mente

Si aceptamos que la cultura requiere, para su generación y difusión, *colonizar* las mentes individuales que forman parte de ella, también implica *cultivar* esas mentes (BLANCO, 2002; ROSA, 2000) haciendo posible superar algunas de las restricciones impuestas por la naturaleza cognitiva de la mente humana. Ese cultivo no sólo enriquece la mente del *homo discens,* sino que puede llegar a trascenderla, a ir más allá de ella: "*los productos de ese enriquecimiento, por ejemplo la lógica y la matemática, pueden trascender algunas de las limitaciones fenotípicas de la mente ligada al cuerpo y eliminar algunas de las restricciones que estas limitaciones nos imponen*" (EDELMAN y TONONI, 2000, pág. 259 de la trad. cast.).

Pero no sólo la lógica y la matemática, sino otros muchos sistemas de representación y conocimiento generados por la cultura hacen posible, en los términos aquí empleados, la redescripción representacional de la mente. De hecho, la evolución del *homo discens* está íntimamente vinculada al desarrollo de los sistemas culturales de representación (VYGOTSKI, 1931), desde la invención de los primeros sistemas de escritura jeroglífica que dan lugar a la aparición de lo que OLSON (1994) llama la *mente letrada*, hasta la explosión de sistemas de representación en la moderna sociedad del conocimiento, que están abriendo paso a lo que podríamos llamar la nueva *mente multimedia* (POZO, 2001). El propio OLSON (1994) proporciona un relato fascinante de ese desarrollo, sobre el que no volveré aquí (ver POZO, 2001, en prensa). Los sistemas externos de representación, en cuanto sistemas de *notación* o registro de la información, tienen propiedades que les diferencian no sólo de las representaciones mentales, internas, sino también de los otros sistemas de representación cultural, miméticos y simbólicos, en términos de DONALD (1991). En concreto, según MARTÍ y POZO (2000; también MARTÍ, 2003; POZO, 2001), las posibilidades cognitivas de esa mente teórica estarían estrechamente vinculadas a cuatro rasgos esenciales de los sistemas externos de representación:

1. *Los sistemas externos de representación existen como objetos independientes del contexto en que fueron producidos.* A diferencia de las representaciones miméticas y del lenguaje oral, que son representaciones que están ligadas de forma inherente al sujeto que las produce, las notaciones siguen existiendo como tales a pesar de que no esté presente la relación entre productor y notación. Esta independencia entre la notación y el proceso intencional de su producción permite que las notaciones adquieran un cierto grado de independencia en tanto que objetos de conocimiento, pero también obligan a quien interpreta una notación o una información registrada en una memoria externa a reconstruir, a partir de las marcas, su significado en ausencia muchas veces de informaciones relevantes sobre el contexto de producción de esas marcas. Parte del proceso de inter-

pretación implicará por tanto reconstruir el contexto de producción de esas representaciones, lo que exigirá comprender la actitud epistémica o proposicional de quien las produjo (OLSON, 1994). Por tanto, más aún que en el lenguaje oral, el uso de representaciones externas favorece la explicitación de la actitud representacional.

2. *Las representaciones externas se basan en un soporte material que les proporciona cierta permanencia.* Esto hace que puedan ser fácilmente manipuladas, transportadas, archivadas, modificadas y sobre toco que puedan ser accesibles para otros sistemas de representación explícita, tanto internos como externos. Las representaciones externas, al menos en sus componentes explícitos, que no son todos, permiten la relación con otras representaciones explícitas y, por tanto, facilitan su redescripción en otras representaciones (KARMILOFF-SMITH, 1992). De hecho, la gran revolución tecnológica de la sociedad de la información, cuyas consecuencias, incluso cognitivas, sólo estamos empezando a percibir, ha sido no sólo facilitar de modo extraordinario la conservación, el transporte y el acceso a esas representaciones externas, sino multiplicar los formatos de la memoria externa y al mismo tiempo flexibilizarlos a través de la redescripción representacional de unos sistemas en otros. Los nuevos sistemas de representación multimedia están demandando ya una mente multimedia para la que muchos no nos sentimos muy preparados, al tiempo que reclaman nuevas formas de alfabetización (gráfica, informática, científica, artística) (DISESSA, 2000), cuando aún está por completar la primera alfabetización (literaria y numérica) que implica una universalización de esos sistemas de representación externa en cuanto vehículos de conocimiento, si bien únicamente en sus funciones pragmáticas y no epistémicas, ya que estas son más exigentes (POZO, en prensa; SÁNCHEZ, en prensa). Además, en cuanto tecnologías de la instrucción, estos nuevos sistemas abren nuevos espacios para el aprendizaje y la instrucción.

3. *La mayoría de los sistemas de memoria externa se despliegan en el espacio y no en el tiempo, es decir son sistemas de notación gráfica.* Aunque existen ya sistemas organizados temporalmente (el *My way* de Frank Sinatra que escucho mientras escribo) y cabe esperar que los nuevos desarrollos tecnológicos nos proporcionarán pronto otros sistemas temporales de memoria para otros tipos de información (olfativa, gustativa), en nuestra cultura las memorias externas tienen una organización espacial, o si se prefiere, con algunas excepciones como el sistema Braïlle (HARRIS, 1995; ROSA, HUERTAS y SIMÓN, 1993), visoespacial. De hecho, es la manera de utilizar este espacio gráfico lo que distingue unas representaciones de otras en tanto que objetos semióticos (dibujos y mapas, escritura y notación numérica, notación numérica y musical, etc.) (MARTÍ, 2003). La historia de esos sistemas de memoria externa es, en buena medida, la historia del aprovechamiento de esas propiedades espaciales (linealidad, proximidad, continuidad, tamaño, inclinación) como recursos representacionales.

4. *La memoria cultural externa requiere sistemas de representación con una organización tanto sintáctica como semántica.* La característica esencial de las representaciones externas culturales es que constituyen sistemas organizados. Basta pensar en la escritura o en la notación matemática

para darnos cuenta de la importancia de la organización que relaciona unas marcas con otras. Cada sistema de representación externa tiene sus propias restricciones sintácticas para distribuir espacialmente las informaciones explicitadas externamente (visibles, directamente perceptibles). Pero el origen de esas restricciones sintácticas debemos encontrarlo, de acuerdo con DONALD (1991), en las exigencias de representación semántica, tal como vimos anteriormente. Los componentes explícitos de una representación externa están limitados no sólo por los límites del espacio en el que deben desplegarse sino también por los propios límites de la mente humana. Eso hace que la propia evolución de los sistemas culturales de representación conduzca a una progresiva *implicitación* de esas restricciones sintácticas, que sin embargo deben ser decodificadas por quien hace uso de la representación (POSTIGO y POZO, 1999). Una de las dificultades para el uso de esos sistemas externos es, una vez más, la de integrar los componentes explícitos e implícitos de la representación externa o cultural, siendo capaz de inferir a partir de la información explícita aquella otra que está implícita u omitida (FERREIRO, 1986) y cuya reconstrucción por parte de quien interpreta esa representación externa (sea una gráfica, un número, un mapa o un diagrama) requiere transformar esa representación mediante ciertas operaciones o convenciones en cierto modo inversas a las que en su momento realizó quien produjo esa representación (POSTIGO y POZO, 1998, 1999, 2000). Cuando los niños aprenden a dibujar no dibujan objetos reales del mundo (la casa en la que viven), sino representaciones convencionales de esos objetos (la casa típica con su tejado y su chimenea humeante que nunca han visto en el barrio de Moratalaz, donde viven). Dibujar esos "dibujos" —las representaciones culturales de los objetos— en vez de los objetos mismos es una actividad metarrepresentacional, que requiere apropiarse de un conjunto de convenciones gráficas, es decir, hacer explícitas convenciones gráficas que la propia cultura ha ido haciendo implícitas (SCHEUER y cols., 2001b; SCHEUER, DE LA CRUZ y POZO, 2002). Lo mismo sucede con el dominio de la escritura, las notaciones numéricas y el resto de los sistemas externos de representación (por ej., MARTÍ, 2003; MARTÍ y POZO, 2000; SCHEUER y cols., 2000). Una vez más, adquirir conocimiento, en este caso de los sistemas de representación, exige la explicitación progresiva de sus componentes.

Estas propiedades de los sistemas culturales de representación les convierten en vehículos ideales para la representación y adquisición de conocimiento. De hecho, son objetos que tienen una doble naturaleza: por un lado son objetos perceptibles, manipulables, con determinadas características espaciales, pero al mismo tiempo son objetos representativos que remiten a otra realidad, que tienen de hecho un contenido semántico. Esta doble naturaleza la poseen en cuanto representaciones explícitas (KARMILOFF-SMITH, 1992), por lo que a la vez que representan una parte del mundo pueden ser objeto de representación. Son por tanto, al menos en su origen o creación, objetos metarrepresentacionales. Este rasgo esencial va a hacer que estos sistemas desarrollen una función epistémica fundamental en todos los dominios del conocimiento social, que poseen sus propios sistemas especializados de representación o notación. Son sistemas de este tipo no sólo la escritura (FERREIRO, 1986; OLSON, 1994; SCHEUER y cols., 2001a) y los sistemas de notación matemática (NUNES, 1999; SCHEUER y cols., 2000), sino también los códigos artísticos (ASENSIO, POL y SÁNCHEZ, 1998; JOVÉ, 2001; MARTY, 1999), los sistemas de representación gráfica (POSTIGO y POZO, 1999, 2000), los relojes, calendarios y otros sistemas de medición del tiempo (POZO, 2001; RATCLIFF, 2002), los mapas y planos (IVARSSON, SCHOULTZ y SALJÖ, 2002; POSTIGO y POZO, 1998, en prensa), la notación musical (SLOBODA, 1999), los sistemas de notación en ajedrez (HOLDING, 1985; SAARILUOMA, 1996) o el uso de lenguajes de programación en los sistemas computacionales (DISESSA, 2000).

Cada uno de estos sistemas constituye en sí mismo una *tecnología del conocimiento,* culturalmente generada en respuesta a las demandas representacionales específicas de un dominio en una sociedad concreta, pero para nuestros propósitos esas tecnologías se convierten también en el medio esencial para la redescripción representacional —o explicitación— de los contenidos de nuestra mente. De esta forma sirven no sólo para extender o prolongar nuestra mente en el mundo exterior, y evitar una demanda excesiva de recursos cognitivos (DRAAISMA, 1995), sino sobre todo para redescribirla o explicitarla, en esa doble acción, pragmática y epistémica (KIRSH y MAGLIO, 1994), a la que me he referido ya. Esa función epistémica es una de las grandes contribuciones que las tecnologías sociales del conocimiento o tecnologías simbólicas para el desarrollo de la mente (SALOMON, 1992), de forma que esos sistemas culturales de representación, al internalizarse, se convierten en representaciones mentales y generan nuevas formas de conocimiento.

Comprender la forma en que cada uno de esos sistemas reconstruye la mente —es decir sus representaciones implícitas y encarnadas— en un dominio dado exigiría analizar en detalle cada uno de esos dominios, algo que está fuera de mis propósitos y posibilidades. El ejemplo más paradigmático de los cambios cognitivos producidos por un sistema de representación cultural es sin duda el del sistema escrito, que da lugar a una "mente letrada" con nuevas funciones epistémicas: *"la magia de la escritura proviene no tanto del hecho de que sirva como nuevo dispositivo mnemónico, como ayuda para la memoria, sino más bien de su importante **función epistemológica**. La escritura no sólo nos ayuda a recordar lo pensado y dicho; también nos invita a ver lo pensado y lo dicho de una manera diferente"* (OLSON, 1994, pág. 16 de la trad. cast.; esta vez el énfasis es mío). De hecho, sin esta mente letrada nuestras formas de conocer serían distintas. Es por tanto una mente que requiere explicitar (ser consciente de) sus propias representaciones, al compararlas con otras. Es una mente metarrepresentacional: *"El rasgo principal del pensamiento letrado es que trata de representaciones tales como afirmaciones, ecuaciones, mapas diagramas, y no del mundo en sí mismo"* (op. cit., pág. 123 de la trad. cast.). Sin ella no hubiera sido posible el conocimiento científico: *"nuestra comprensión del mundo, es decir, nuestra ciencia, y nuestra comprensión de nosotros mismos, es decir, nuestra psicología, son producto de nuestras maneras de interpretar y crear textos escritos, de vivir en un mundo de papel"* (op. cit., pág. 39 de la trad. cast.).

Entender la mente humana requiere por tanto comprender los efectos del principal sistema cultural de representación, la escritura, sobre la forma en que representamos el mundo, que nos hace tomar conciencia de nuestras propias representaciones, convertirlas en conocimiento. Buena parte de nuestras "actitudes proposicionales" o de las funciones epistémicas de la mente, más allá de las más inmediatas contenidas de algún modo en nuestra teoría de la mente, tendrían así su origen en los cambios que la alfabetización ha producido en la mente letrada. Pero, por su trascendencia y complejidad, detenernos en analizar la génesis de esa mente letrada y sus implicaciones para la adquisición de conocimiento nos llevaría muy lejos, dado que la producción y comprensión de textos ha sido uno de los campos más estudiado por la investigación cognitiva en las últimas décadas. No obstante, sólo algunos de los trabajos se han ocupado, más allá de los procesos de codificación y comprensión, de esta función epistémica de redescripción cultural de la mente a través de la cultura y de las dificultades que plantea (ver OLSON, 1994; pero también MANGUEL, 1996; POZO, 2001, en prensa; RAMÍREZ, 2000; SÁNCHEZ, en prensa; VÉLEZ DE OLMOS, 2000; WERTSCH y RAMÍREZ, 1994).

Me limitaré por tanto a ilustrar esta reconstrucción cultural como un proceso de redescripción representacional de la mente en dos dominios concretos, más específicos, que he analizado en mayor detalle en otro lugar (POZO, 2001): la construcción de la "mente numérica", mediante el dominio de los sistemas de representación matemática, y la "mente cronológica" o reconstrucción de la mente a través de los sistemas culturales de representación del tiempo. La Tabla 8 recoge las principales ideas que resumiré a continuación.

**Tabla 8.** *La reconstrucción cultural de la mente numérica y cronológica de acuerdo con los niveles establecidos por Donald (1991).*

| Sistema de representación | Mente numérica | Mente cronológica |
|---|---|---|
| *Mente episódica* | Representaciones encarnadas de la numerosidad | Representación encarnada de sucesos y episodios |
| *Mente mimética* | Representación del número mediante el propio cuerpo | Representación del tiempo mediante el ritmo y las acciones |
| *Mente simbólica* | Dominio de los sistemas de numeración | Dominio del sistema de medición del tiempo: reloj y calendario |
| *Mente teórica* | Conocimiento de los sistemas de numeración | Conocimiento de los sistemas cronológicos: tiempo geológico, histórico y físico |

La representación del número es un notable ejemplo de la naturaleza *encarnada* de nuestras representaciones implícitas, tal como las definí en el Capítulo IV. Frente al clásico supuesto piagetiano de que los niños no tienen una representación del número hasta una edad relativamente tardía, hoy sabemos de la existencia de representaciones preverbales de la cantidad, asociadas a una representación intuitiva o implícita, no sólo en niños preverbales sino también en numerosos animales (por ej., CAREY y XU, 2001; GALLISTEL y GELMAN, 1992; SPEL-

KE y TSIVKIN, 2001; THOMPSON, 1995). A los pocos días de nacer, los bebés ya se muestran sensibles a la "numerosidad" o "cantidad" de los objetos que perciben (ANTELL y KEATING, 1983). A los pocos meses acreditan ya una habilidad para "contar" de modo implícito, al menos hasta tres unidades (GALLISTEL y GELMAN, 1992; KARMILOFF-SMITH, 1992). Esa representación implícita de la cantidad se basa en correspondencias uno a uno y tiene con certeza un fuerte anclaje perceptivo, o si se prefiere analógico o espacial. Así, la "matemática intuitiva" de los bebés tiene su origen en la física intuitiva que genera nuestra mente encarnada, en los cambios corporales internos producidos por los cambios físicos en e ambiente (POZO 2001).

GALLISTEL y GELMAN (1992) sugieren que esta representación implícita de la numerosidad consiste de hecho en formar "análogos computacionales" de los estímulos, en una línea muy próxima a la defendida por GLENBERG (1997) con respecto a las representaciones analógicas o encarnadas. Según GALLISTEL y GELMAN (1992) la representación implícita del número tiene una naturaleza analógica, tal como sucede por ejemplo cuando representamos gráficamente una cantidad mediante un histograma (a mayor cantidad más altura alcanza la representación) frente a su representación algebraica, que es totalmente arbitraria (al representar un conjunto de objetos como 30 no preservamos su apariencia perceptiva). Una vez más, vemos cómo en la mente encarnada la energía física se transforma en información de una manera relativamente directa, aunque eso sí mediada por el cuerpo, por lo que nuestras teorías implícitas preservan en buena medida la estructura física del mundo. Pero esos histogramas mentales tienen una potencia representacional muy restringida, ya que no permiten operar con esas cantidades ni representar los objetos de modo flexible, en ausencia de indicios contextuales o de "affordances" del ambiente.

Se trata, en suma, de *representaciones episódicas* en el sentido de DONALD (1991) (Tabla 8), sometidas a todas las restricciones de este tipo de representaciones situadas y por tanto difícilmente generalizables. Aunque las personas seguimos usando este tipo de representaciones analógicas o encarnadas para *calcular* cualitativamente relaciones numéricas más complejas como las razones o proporciones (SOPHIAN, 2000), muy pronto aprendemos a usar, como representación numérica *externa*, precisamente nuestro propio cuerpo. Es significativo que la mayor parte de las culturas encuentren en el cuerpo una estructura inmediata muy adecuada para la representación del número. Mucho antes de las recientes revoluciones digitales, a las que me referí en el Capítulo III, con su aluvión de nuevas tecnologías, casi todas las culturas inventaron una tecnología *digital* más primaria para la representación matemática: utilizar los *dedos* y otras partes del cuerpo para representar los números. No son sólo los niños los que utilizan los dedos, los gestos y las expresiones corporales, para representar las cantidades. Son muchos los pueblos que han inventado sistemas de numeración organizados desde el propio cuerpo, que actuaría no ya como mediador interno (implícito) sino externo o cultural (explícito). Los numerosos estudios sobre la "antropología de los números" nos proporcionan ejemplos muy curiosos e interesantes de esas matemáticas cuyas unidades son las diferentes partes del cuerpo (por ej., BISHOP, 1991; CRUMP, 1990; IFRAH, 1985). El uso de estos sistemas primitivos de contabilidad, al que recurren también los niños de manera espontánea, amplía el horizonte representacional más allá de las restricciones impuestas por las representaciones analógicas iniciales, permitiendo realizar las operaciones matemáticas necesarias (contar y medir) para llevar a cabo las actividades propias de esa cultura, las de un pueblo agrícola y ganadero que no conoce el dinero, y que por tanto no necesita sistemas de cómputo complejos (NUNES, 1999). Se trata de una representación *mimética* del número, que permite desligar ya en parte la representación de las cantidades de los sucesos que las desencadenan, pero que está aún sujeta a fuertes restricciones cognitivas. Pero al tiempo que reformatean la "mente numérica", haciendo posibles nuevas funciones y estructuras, estos sistemas culturales restringen o limitan las representaciones mentales del número, en la medida en que estas no respondan a las actividades y contextos que en esa cultura son relevantes. Los sistemas culturales explicitan nuevas representaciones numéricas pero, al tiempo, oscurecen o niegan aquellas otras que no pueden generarse a partir de la capacidad combinatoria del sistema.

Los sistemas de numeración "en base al cuerpo" son quizá las formas culturales más simples, ya que conservan aún esa naturaleza encarnada del conocimiento implícito, aunque ya externalizada, como sucede con las representaciones miméticas. Pero, a medida que la complejidad de la vida social, al igual que sucede con la escritura (OLSON, 1994), hace necesario disponer de representaciones precisas y permanentes, desligadas del contexto y de las restricciones encarnadas, se hace precisa una externalización plena del sistema numérico en forma de sistema de notación. LANCY (1983) analizó 225 sistemas culturales numéricos diferentes y los clasificó en cuatro grandes grupos, de complejidad creciente: *1)* sistemas, como los que acabo de mencionar, basados en contar partes del cuerpo; *2)* sistemas que emplean piezas u objetos, como los *quipus* de los incas, o las conchas usadas por muchas culturas africanas, cuya base suele ser entre 2 y 5; *3)* sistemas de bases mixtas, con nombres compuestos, en vez de unidades discretas (por ej., representando 15 como dos manos y un pie); *4)* sistemas de base 10, con nombres discretos en vez de compuestos para todos los números.

El uso de objetos o elementos externos da paso así a complejos sistemas numéricos, cuyas propiedades no analizaré aquí (ver BARROW, 2000; NUNES, 1999). Pero no todos esos sistemas tienen las mismas funciones pragmáticas ni las mismas posibilidades epistémicas. La introducción de un sistema posicional, exigido por el cómputo de cantidades (literalmente) astronómicas, hizo necesaria la notación de una "ranura" o "posición" vacía en el sistema, y con ella la representación del *cero*, que sólo puede existir como parte de un sistema de representaciones explícitas o conocimiento matemático, laboriosamente generado en la historia cultural (ver por ej., BARROW, 2000). Sin embargo, en la adquisición de esos sistemas muchos aprendices se limitan a dominar los objetos matemáticos (números) y, como máximo, explicitar algunas relaciones (actitudes) entre sus componentes en forma de operaciones matemáticas, sin necesariamente conocer o comprender las propiedades del sistema como un todo (agencia). El sistema matemático en que todos basamos nuestros cálculos cotidianos está sometido a numerosas paradojas —desde la "paradoja de la flecha" de Zenón a la "paradoja de Galileo", según la cual "hay y no hay más números naturales que pares" (ver GUZMÁN, 2000)— que por fortuna no es necesario saber resolver, ni siquiera conocer, para hacer un uso pragmático de ese sistema. De hecho, las matemáticas del siglo XX, representadas sobre todo por el Teorema de Gödel, atribuyen tales propiedades al sistema numérico, en especial la pérdida definitiva de la certidumbre matemática (GUZMÁN, 2000) que resultan no sólo extrañas sino incomprensibles para la mayor parte de los usuarios de ese sistema que, si hubieran de comprenderlas para poder usarlo, probablemente serían incapaces de hacerlo. Según PAULOS (1988) la alfabetización numérica, muy extendida en nuestras sociedades, no ha supuesto sin embargo una comprensión generalizada del sistema matemático que usamos, sino que, al contrario, puede hablarse del "hombre anumérico" en la medida en que la mayoría de nosotros, que podemos hacer cálculos relativamente sofisticados, no conocemos sin embargo algunos de los principios en que esos cálculos se sustentan, como muestran por ejemplo los estudios sobre razonamiento probabilístico, en los que seguimos usando reglas heurísticas pragmáticamente eficaces, pero que se alejan notablemente de las leyes del cálculo probabilístico. Como mostraran TVERSKY y KAHNEMAN (1974; también HOGARTH, 2001. Cap. 4) las personas somos más sensibles a los hechos concretos que a las relaciones matemáticas entre ellos (PÉREZ ECHEVERRÍA, 1990). Aún hoy nuestra mente numérica sigue siendo más episódica que teórica.

La mayor parte de os usuarios del sistema numérico construyen por tanto representaciones que podríamos considerar episódicas o, como máximo, simbólicas pero no teóricas, en la medida en que no se representan el sistema numérico como un todo, sino sólo las relaciones entre sus componentes de las que se derivan actividades pragmáticas en su contexto cultural. Como veremos en el próximo apartado, aunque muchos sistemas culturales de representación requieren para su construcción y desarrollo una explicitación plena, o conocimiento del sistema, en su transmisión o adquisición cultural, en el marco de la creciente *alfabetización* multimedia de la población (DISESSA, 2000; MONEREO y POZO, 2001, 2002) acaban por reducirse a un uso pragmático más que epistémico de sus componentes. Así, en el mejor de los casos, dan lugar a representaciones simbólicas, pero no a una mente teórica que pueda repensar y conocer el propio sistema que está usando y la forma en que ese sistema de conocimiento modifica su representación del mundo, con lo que esas nuevas representaciones acaban por ser nuevamente transparentes: para la mayor parte de la gente los números no están en nuestra mente, sino en el mundo, son *objetos reales*, no representacionales (POZO, 2001). Un estudio recientemente difundido en una importante web de física (CREASE, 2002) ha mostrado que, para buena parte de los físicos, los números reales son objetos reales... ¡pero no los imaginarios! Igualmente consideran que los genes, los electrones, los átomos o los quarks son objetos reales, pero dudan que lo sean las alucinaciones, las post-imágenes perceptivas e incluso las emociones. Y no aceptan como objetos reales ni el átomo de Bohr ni el sistema ptolemáico. Según este estudio sólo los conocimientos científicamente aceptados en su "comunidad epistémica" son aceptados como objetos "reales" por los físicos.

Si, más allá del conocimiento numérico, nos fijamos en la representación del tiempo, encontramos un proceso de redescripción representacional similar (ver Tabla 8). También aquí hay datos que nos permiten afirmar que la representación implícita, producto de esa mente encarnada, se transforma y genera nuevas funciones de conocimiento gracias a la mediación de los sistemas culturales para representar y medir el tiempo, para compartirlo y comunicarlo, en suma para tener *conocimiento* del tiempo, y no sólo una información o representación de él (ver POZO, 2001). De hecho, cada la naturaleza íntima y personal, incomunicable, del tiempo subjetivo, el efecto de esos sistemas culturales para la redescripción de nuestras representaciones temporales es más claro aún que en otros dominios. Nuestra representación implícita se apoya en una percepción o sensación íntima del tiempo, vinculada una vez más a nuestro cuerpo, a la mente encarnada. Sin duda la más primaria representación del tiempo es la anticipación de un suceso a partir de la ocurrencia de otro, que está a la base de las formas más simples de aprendizaje asociativo que compartimos con otras muchas especies, nuestro sistema de aprendizaje primario (REBER, 1993). Anticipar que *los sucesos se suceden* en el tiempo, buscar claves informativas (o "causas") que anticipen acontecimientos relevantes para la propia supervivencia y formar expectativas a partir de la ocurrencia de ciertos sucesos contribuyen sin duda a la función adaptativa primaria de la memoria, y con ella de la mente, que no es tanto recordar el pasado como anticipar el futuro (POZO, 2001).

Nos encontramos por tanto ante una representación episódica del tiempo, totalmente dependiente del contexto. Los bebés, como todos los organismos, tienen sin duda un sentido encarnado, inmediato si no innato, del tiempo, ligado a los cambios corporales que se producen como consecuencia de ciertos sucesos que anticipan otros sucesos relevantes, pero también de los propios cambios internos del organismo. El tiempo subjetivo es directamente dependiente del cambio, de la estimulación presente en el ambiente externo e interno. Es un tiempo *situado* pero también un tiempo que no puede compartirse ni comunicarse, ya que no tiene ningún marcador externo. Podemos observar los inicios del *tiempo mimético*, en el sentido de DONALD (1991) en la realización de acciones que se repiten según una secuencia fija, y más allá de ellas en el desarrollo del sentido del ritmo (SLOBODA, 1999), una hazaña cognitiva, también esta, específicamente humana, con permiso de las aves. Esa sucesión permite generar una primera representación de secuencias y duraciones, de relación entre sucesos, que sin embargo sólo será posible, de forma plena, mediante la objetivación del tiempo gracias a la representación simbólica del tiempo, que en nuestra cultura se apoya en su medición a través del reloj y el calendario.

Por su propia naturaleza, el tiempo personal y subjetivo es discontinuo, ya que, a diferencia de los ordenadores que llevan incorporado un reloj digital interno, los seres vivos en realidad no tenemos ningún reloj interno, ningún mecanismo preciso y centralizado de cómputo del tiempo, sino que percibimos el tiempo a través de las alteraciones que en nuestro cuerpo, en nuestras representaciones encarnadas, producen los cambios energéticos externos e internos. El tiempo subjetivo no puede ser compartido ni comunicado ya que no se apoya en ningún lenguaje ni código universal que pueda ser externalizado, sino en sensaciones íntimas, personales, muy difíciles de explicitar, que según Vladímir NABOKOV constituyen la verdadera sustancia de la que estamos hechos. Así, no estaríamos constituidos por "paquetes de energía" como suponen los físicos, sino por "destellos de tiempo": "*Inicialmente, no tuve conciencia de que el tiempo, tan ilimitado en la primera luz del alba, fuese una prisión. Al escudriñar mi infancia (que es lo que más se parece a escudriñar la propia eternidad) veo el despertar de la conciencia como una serie de destellos espaciados, y los intervalos que los separan van disminuyendo gradualmente hasta que se forman luminosos bloques de percepción que proporcionan a la memoria un resbaladizo asidero*" (NABOKOV, 1966, página 21 de la trad. cast.).

Para vivir en un tiempo social, compartido, es necesario externalizar el tiempo, hacerlo público, objetivándolo a través de ciertos objetos externos. La historia de la invención del tiempo, del descubrimiento de los sistemas de representación externa para medirlo y retenerlo es una historia fascinante en la que no puedo detenerme aquí (véase por ej., BOORSTIN, 1983; POZO, 2001; RATCLIFF, 2002), desde los calendarios egipcios y mayas, o los relojes de agua, sol o arena, hasta llegar al péndulo y a los modernos relojes atómicos. Como dice BOORSTIN (1983, pág. 13 de la trad. cast.): "*El primer gran descubrimiento fue el tiempo, el terreno de la experiencia. Sólo señalando los meses, las semanas y los años, los días y las horas, los minutos y los segundos, pudo la humanidad liberarse de la cíclica monotonía de la naturaleza. El correr de las sombras, de la arena, y del agua, del tiempo mismo, traducido al staccato del reloj, se convirtió en una útil medida de los movimientos del hombre a través del planeta. Los descubrimientos del tiempo y el espacio llegaron a ser una dimensión continua. Las comunidades de tiempo produjeron las primeras comunidades de conocimiento, las maneras de compartir el descubrimiento. una frontera común de lo desconocido*".

La antropología del tiempo, como sucedía en el caso del número, nos presenta muchas soluciones ingeniosas al problema de cómo medir y contener algo tan elusivo como el tiempo, a la vez que nos muestra cómo esos sistemas externalizados actúan como verdaderas representaciones simbólicas, cuya complejidad va incrementándose a medida que las actividades sociales reclaman un tiempo más preciso y compartido. Las culturas agrarias se representan el tiempo astronómico mirando al cielo y a los movimientos planetarios que constituyen los primeros sistemas de representación del ciclo del día y la noche, de las estaciones, etc. En cambio, medir el tiempo en sus unidades más pequeñas (horas, minutos, segundos) ha sido mucho más costoso. Tuvieron que producirse cambios sociales y tecnológicos importantes para que ese tiempo de reloj fuera no sólo posible sino necesario: "*Mientras la humanidad vivió cultivando la tierra y apacentando sus rebaños, no hizo falta medir el tiempo en unidades pequeñas… las unidades de tiempo más cortas continuaron sin ser definidas y tuvieron muy poca importancia en la experiencia humana colectiva hasta hace pocos siglos. Nuestra hora, exacta y uniforme, es una invención moderna, mientras que el minuto y el segundo son todavía más recientes*" (BOORSTIN, 1983, págs. 37 y 38 de la trad. cast.). Todos esos intentos, hasta el invento reciente de los relojes digitales, se han basado en buscar representaciones analógicas del tiempo, es decir en su proyección en el espacio.

Pero este tiempo cultural, el del calendario y el de los relojes, no actúa sólo como mente extendida sino que redescribe una vez más el propio sentido de aquel tiempo personal, impreciso, discontinuo y subjetivo. Al explicitar nuestro tiempo personal a través de esos sistemas culturales estamos cambiando de modo profundo nuestra representación del tiempo, y con ella la de la propia mente, que está tejida con los hilos de ese tiempo. La mente simbólica, para comprender el sistema cronológico, debe constituirse en *mente teórica*. Sin embargo, como sucede con la adquisición o alfabetización cultural del sistema numérico, el uso social del sistema cronológico suele ser más pragmático que epistémico, de forma que os relojes y calendarios, en lugar de ser instrumentos que miden el tiempo dentro de un sistema culturalmente dado, se convierten una vez más en objetos reales, se vuelven representacionalmente transparentes. Como señala FRIEDMAN (1993), acabamos por vivir una "ilusión cronológica" y creer que el tiempo es lo que miden los relojes y los calendarios, en lugar de pensar que los relojes y calendarios son formas convencionales, sistemas culturales de representar el tiempo.

Para la mayor parte de nosotros, la representación del tiempo se "naturaliza", en el sentido de MOSCOVICI, se hace transparente representacionalmente, como sucede en general con los sistemas culturales de mediación (WERTSCH, 1991). Esa naturalización o transparencia de los sistemas culturales de conocimiento, además de apoyarse, según hemos visto, en las restricciones impuestas por el sistema cognitivo, tiene también una función en la preservación cultural de esos conocimientos, como nos recuerda BURKE (2000) al referirse a la imagen del "árbol de conocimiento" con la que solían representarse, en el Renacimiento, las clasificaciones del conocimiento: "*La imagen del árbol ilustra un fenómeno central en la historia cultural: la naturalización de lo convencional o la presentación de la cultura como si se tratase de naturaleza, del invento como si fuese un descubrimiento. Esto implica negar que los grupos sociales son responsables de las clasificaciones, con lo cual se refuerza la reproducción cultural y se pone resistencia a la innovación*" (BURKE, 2000, pág. 118 de la trad. cast.).

Así, al igual que ocurre con el cero en el sistema numérico —que siendo una gran invención cultural se acepta, incluso por los físicos, como un objeto del mundo real— el tiempo continuo, preciso, objetivo, se nos presenta como un objeto real, por lo que nos resulta casi imposible percibir que se trata de un objeto cultural, una invención, que cambia radicalmente nuestra forma de percibir y representarnos mentalmente el tiempo, y más allá de eso nuestra relación *social* con el tiempo. Comprender el carácter convencional de nuestras formas culturales de medir el tiempo, poderlas separar conceptualmente del propio tiempo que miden, implica, como en el caso de la numeración, explicitar el propio sistema como tal, convertirlo en objeto de representación. Si la representación mental del tiempo no adquiere esta función epistémica —orientada hacia el propio sistema y no hacia el mundo que representa—, si no se explicitan o conocen algunos de los componentes de ese sistema de representación (en forma de actitudes o agencias representacionales, en el modelo de DIENES y PERNER, 1999), no es posible alcanzar algunos logros conceptuales o epistémicos en la representación del tiempo —más allá del uso pragmático del reloj y el calendario— como comprender el carácter convencional de las eras y periodos cronológicos (por ej., CARRETERO, ASENSIO y POZO, 1991) o de los husos horarios (SCHNOTZ y PREUB, 1999), que requerirán una vez más actividades culturales de instrucción, diseñadas explícitamente para lograr este cambio representacional, que conduzca a nuevas formas de usar los conocimientos sobre el sistema cronológico (POZO y POSTIGO, 2000).

Así, la comprensión del tiempo histórico como un sistema cronológico (CARRETERO, ASENSIO y POZO, 1991) o más aún la representación del tiempo geológico (PEDRINACI, 1998; POZO, 2000) requieren superar una vez más las restricciones impuestas por nuestro equipamiento cognitivo de serie. Pero más lejos aún de las fronteras del sentido común, más lejos de las posibilidades de nuestra mente encarnada, está la representación del tiempo en términos de la mecánica clásica newtoniana. Considerando que la luz viaja a 300.000 kilómetros por segundo, de esa concepción del tiempo se derivan consecuencias tan increíbles, por opuestas a nuestra mente encarnada, como que "*la luz tarda un segundo en llegarnos desde la luna, ocho minutos desde el Sol, pero tarda cuatro años en recorrer el camino desde la estrella más cercana… (así) el telescopio es una máquina para retro-*

*ceder en el tiempo... Vemos la nebulosa de Orión tal como era a fines del Imperio Romano. Y la galaxia de Andrómeda, visible a simple vista, es una imagen que tiene dos millones de años*" (REEVES, 1996, págs. 27 y 28 de la trad. cast.). Lo que es lo mismo que afirmar, no ya desde un punto de vista metafísico, sino literalmente físico, que *"en sentido estricto, nunca se puede ver el estado presente del mundo"*. Sólo podemos ver el pasado, tras un lapso infinitesimal en nuestro mundo cotidiano, pero pasado. Por fortuna, podemos hacer un uso pragmático del tiempo simbólico sin conocer algunas de estas inquietantes consecuencias epistémicas del tiempo teórico, al igual que sucedía con el sistema numérico y que sucede con otros sistemas culturales de representación, como el propio sistema escrito (SÁNCHEZ, en prensa) o los sistemas de representación gráfica (POSTIGO y POZO, 1999).

Este uso limitado de los sistemas de representación explícita del tiempo, el número, etc., limita las posibilidades de reconstrucción cultural de la mente, que requieren quizá el diseño de actividades sociales en las que esas nuevas formas de conocimiento tengan una función epistémica efectiva, cosa que no suele suceder en la mayor parte de los contextos sociales, o incluso de instrucción. Pero a la vez plantea, como vimos ya en el apartado anterior, la asimetría entre los procesos de construcción de esos sistemas —que sin duda requieren un conocimiento pleno de todos sus componentes y del sistema como tal— y los procesos de apropiación o adquisición de esos mismos sistemas, en el marco de procesos de instrucción o enculturación, en los que muchos de esos componentes o el propio sistema como tal permanecen implícitos. Gran parte del conocimiento elaborado de forma explícita y laboriosa —a través de una explicitación progresiva del objeto, la actitud y la agencia— es luego distribuido socialmente, o *adquirido*, por procesos sólo parcialmente explícitos, que en muchas ocasiones aseguran sólo el conocimiento del objeto —y como consecuencia su objetivación o naturalización, su conversión en *objeto real*—, pero sólo en parte las actitudes y menos aún la agencia epistémica que los ha hecho posibles y necesarios.

De esta forma, aunque los sistemas culturales de representación sean claramente explícitos, su adquisición se basa en procesos en gran medida implícitos. Así, parte de esos sistemas de conocimiento se hacen, como acabamos de ver, representacionalmente transparentes. Como ya avanzara ORTEGA Y GASSET, las ideas de una generación se convierten en las creencias de las siguientes. Hacemos un uso pragmático de esas representaciones, que conforman nuestra mente, pero sin llegar a hacernos conscientes de ellas, a conocerlas plenamente. Aún más, como vamos a ver a continuación, es la propia cultura, como tal, la que se hace transparente, no sólo, como es obvio y paradigmático, para la investigación en psicología cognitiva, que ha olvidado clamorosamente la relevancia de la cultura en la construcción de la mente, sino también para las propias mentes que forman parte de ella y ayudan a su conservación y transmisión a las nuevas generaciones. Posiblemente atendemos muy poco a la cultura en psicología por el simple hecho de que todas nuestras representaciones son cultura, y tal como hemos visto con las creencias "realistas" de los físicos sobre las entidades conceptuales de su materia, tendemos a asumir el carácter "real" o "natural" de los filtros culturales desde los que construimos y adquirimos nuestros conocimientos. Sólo viajando a otras culturas podemos comprender las diferencias que los sistemas culturales de representación y conocimiento pueden producir en la mente humana y, en definitiva, en los procesos mediante los que adquirimos el conocimiento.

## Mentes diferentes para culturas diferentes

No es exagerado afirmar que la mayor parte de las corrientes que han dominado la investigación en aprendizaje humano durante el pasado siglo han asumido la universalidad de los procesos psicológicos, ya fueran en términos de conductas, de representaciones simbólicas o incluso de conexiones neuronales. Esta creencia tiene sin duda raíces muy profundas en nuestra tradición cultural, ya sean en el empirismo británico (NISBETT, PENG, CHOI y NORENZAYAN, 2001) o en el sueño de la Razón, desde SÓCRATES a la Ilustración (SERPELL y HATANO, 1997; TWEED y LEHMAN, 2002), pero lo cierto es que ha dominado, de un modo larvado o implícito, no sólo los desarrollos teóricos en psicología, sino sobre todo sus acercamientos empíricos. Basta revisar cualquiera de las revistas al uso para comprobar que la mayor parte de la investigación sobre los procesos psicológicos se ha realizado con un sujeto, o *participante*, muy específico (el, o más bien *la*, estudiante de psicología) ya que se asume, nuevamente de un modo larvado, implícito, que el funcionamiento psicológico básico no se ve modificado ni por la cultura ni tampoco por la instrucción específica en psicología, ya que es previo a cualquier experiencia cultural, de acuerdo con el innatismo de procesos asumido no sólo por la psicología cognitiva, sino por la mayor parte de los enfoques psicológicos, como vimos en el Capítulo IV al defender la naturaleza específica de las representaciones.

Según NISBETT y cols. (2001), el riesgo que está corriendo la psicología al estudiar esos procesos al margen de la cultura es estar haciendo en realidad investigación etnográfica sin saberlo. O al menos no saber cuánto hay de etnografía en sus modelos y propuestas. Según veíamos unas páginas más atrás, se han investigado muy poco los posibles *universales cognitivos* en la mente humana, tal vez porque se daba por supuesto, como acabo de recordar, que la mayor parte de los procesos que se estudian son no sólo universales sino además inmutables, lo que sin duda es mucho suponer, si atendemos a los argumentos desarrollados en páginas anteriores, y aún más, si tenemos en cuenta la escasa, pero significativa, investigación en psicología cultural, que muestra las diferencias que se producen en esos procesos, y en concreto para nuestros intereses aquí, en las formas de representar y aprender sobre el mundo en diferentes sociedades (por ej., BERRY, DASEN y SARASWATHI, 1997; COLE, 1996) o en diferentes contextos culturales dentro de una misma sociedad (RAMÍREZ, CUBERO y SANTAMARÍA, 1990; VALSINER, 1996, 2001).

Muchas de esas diferencias culturales podrían analizarse en términos de los diferentes sistemas mentales y representacionales propuestos por DONALD (1991) analizados en páginas anteriores. En concreto la mayor parte de ellas, desde la clásica investigación de VYGOTSKI y LURIA en Uzbekistán (LURIA, 1974), han estado centradas en la formación de la *mente teórica* a partir del acceso a nuevos sistemas de representación y conocimiento, esencialmente la alfabetización (por ej., RAMÍREZ, CUBERO y SANTAMARÍA, 1990; SCRIBNER y COLE, 1981; SERPELL y HATANO, 1997), pero también, como acabamos de ver, los sistemas de numeración (BISHOP, 1991; NUNES, 1999), o de representación del tiempo (BOORSTIN, 1983; POZO, 2001; RATCLIFF, 2002). Estos trabajos muestran que esos nuevos sistemas de representación surgen de la necesidad de resolver problemas generados por nuevas actividades sociales (comercio, navegación, ciencia, etc.) que a su vez generan nuevas funciones epistémicas y cognitivas.

Pero aquí me voy a centrar en otras investigaciones más recientes, y por ello aún más escasas, que estudian la forma en que diferentes sociedades resuelven los mismos problemas cognitivos, dando lugar a diferentes mentes (teóricas) para diferentes culturas (o sistemas de conocimiento). En concreto algunos estudios recientes (por ej., MOTOKAWA, 1989; NISBETT y cols., 2001; PENG y NISBETT, 1999; SERPELL y HATANO, 1997; TWEED y LEHMAN, 2002) han comparado los sistemas de conocimiento occidental y oriental, analizando el modo en que esas distintas formas de conocer el mundo influyen en la construcción de mentes distintas, caracterizadas por un funcionamiento cognitivo al menos en parte distinto. En la más completa de esta serie de investigaciones, Richard NISBETT y su grupo (NISBETT y cols., 2001; NORENZAYAN, CHOI y NISBETT, 1999; NORENZAYAN y cols., 2002; PENG y NISBETT, 1999) han comparado el sistema de conocimiento "occidental" (también llamado "griego, "platónico" o "socrático" por otros autores) con la tradición "oriental" (o también "asiática", "chino-japonesa" o "taoísta"), comprobando experimentalmente los efectos que estos sistemas culturales tienen sobre el funcionamiento de diferentes procesos cognitivos y sistemas de representación (atención, memoria, detección de covariaciones, razonamiento, atribución causal, física intuitiva, etc.). Según estos autores, las diferencias cognitivas entre lo que llaman los sistemas de conocimiento *socrático* y *taoísta* respectivamente, se deben a las diferentes formas en que esas sociedades organizan su actividad social y con ellas a la propia organización social del conocimiento, de forma que "*las diferencias sociales considerables que existen entre diferentes culturas afectan no sólo a sus creencias sobre aspectos específicos del mundo sino también a a) sus sistemas metafísicos (ontológicos) ingenuos a un nivel profundo; b) sus epistemologías tácitas; y c) incluso la naturaleza de sus procesos cognitivos*" (NISBETT y cols., 2001, pág. 291).

En concreto, la tradición socrática, en la que supuestamente se encuentra no sólo nuestra cultura europea, sino la inmensa mayoría de la investigación psicológica que conocemos, sitúa el origen de la acción social y del conocimiento en la agencia personal o individual, de forma que cada persona debe buscar su propia *verdad*, a través del debate, la confrontación y el análisis. En cambio, la tradición taoísta u oriental se basa en un sentido de agencia colectiva, en el que el conocimiento es una empresa común, basada en la búsqueda de la *armonía*, de la conciliación entre los extremos. De esta forma, NISBETT y cols. (2001; para análisis similares ver MOTOKAWA, 1989; TWEED y LEHMAN, 2002) establecen una serie de diferencias entre lo que ellos llaman la tradición *analítica* u occidental y la tradición *holística* u oriental.

De modo resumido (ver Tabla 9), en nuestra tradición occidental el conocimiento está centrado en analizar los atributos del objeto (sea un objeto físico o social), disociándolos o separándolos de acuerdo con reglas lógicas, sustentadas en la lógica de la contradicción, según la cual *a* y *no-a* no pueden ser simultáneamente ciertos (ver LEVINAS, 1998), y por consiguiente en un dualismo no sólo epistemológico (la lógica binaria de los valores de verdad de un enunciado) sino también ontológico (el dualismo cartesiano, o más aún socrático, que separa forma y contenido, mente y cuerpo, sujeto y objeto, etc.). Por el contrario, la tradición taoísta u oriental sitúa siempre el objeto de conocimiento en el contexto, del que no puede separarse o abstraerse, por lo que confía más en la experiencia y el conocimiento práctico que en la lógica formal. En lugar de basarse en la contra-

**Tabla 9.** *Diferencias entre las epistemologías y ontologías implícitas de las tradiciones occidental y oriental.* (Elaborado a partir de Nisbett y cols., 2001.)

| Tradición analítica Socrática | Tradición holística Taoísta |
|---|---|
| Atributos del objeto | Contexto |
| Reglas lógicas | Experiencia |
| Dualismo | Integración global |
| Contradicción lógica | Conciliación dialéctica |
| Realismo | Perspectivismo |

dicción, acepta la conciliación dialéctica de las diferencias, de forma que todo conocimiento debe integrar diferentes perspectivas en lugar de buscar analíticamente una verdad única. Por consiguiente esta tradición rechaza cualquier tipo de dualismo (verdadero/falso; contenido/forma; mente/cuerpo; cultura/naturaleza) y en cambio asume la integración de los elementos (ying-yang) en una estructura global como la vía de acceso al conocimiento. De esta forma, la tradición oriental rechaza no sólo el dualismo mente/cuerpo, sino también la separación tajante entre sujeto y objeto que caracteriza a la epistemología occidental o socrática, centrada como hemos visto en la agencia individual y con ella en la existencia de un conocimiento verdadero o real del mundo. La clave del budismo es de hecho la negación del yo, de la agencia cognitiva que da cuenta del conocimiento en la tradición occidental según vimos en el modelo de Dienes y Perner (1999): "*El budismo considera el mundo percibido por una persona ordinaria únicamente como una proyección de la imagen que su mente ha creado. Por tanto, a menos que abandone su mente consciente y se vuelva inconsciente, nunca podrá captar la verdadera naturaleza del mundo y de ese modo nunca podrá alcanzar la iluminación*" (Motokawa, 1989, pág. 492).

Así, mientras la epistemología intuitiva en nuestra sociedad tiende a basarse en un realismo más o menos ingenuo, según el cual hay un conocimiento verdadero que es necesario buscar, ya que debe existir una correspondencia uno a uno entre el conocimiento y el mundo, la tradición oriental asume por definición la necesidad de conciliar múltiples perspectivas. Para Motokawa (1989, pág. 503-504), "*la lógica occidental es muy clara: tiene una estructura en la que cada afirmación está fuertemente conectada y ordenada linealmente para alcanzar una conclusión. La lógica japonesa no es tan clara... lo que los japoneses intentan hacer es describir un hecho desde varios puntos de vista. Cada visión está conectada mediante imágenes a las otras, no mediante una lógica estricta como la de un silogismo... los occidentales prefieren un punto de vista fijo, mientras los orientales prefieren múltiples puntos de vista*". Estas diferencias en la forma de concebir el conocimiento han producido notables diferencias en los sistemas culturales de representación y conocimiento en ambas tradiciones. El sinólogo Gernet (1972, pág. 38 de la trad. cast.) caracteriza de la siguiente manera a la cultura china, por oposición a la occidental: *"A la exclusión de los contrarios, a la idea de absoluto, a la distinción tajante entre la materia y el espíritu, prefiere las nociones de complementariedad, correlación, influjo, acción a distancia, modelo y la idea del orden como totalidad orgánica... para el pensamiento chino los sistemas de símbolos variables y dinámicos son los que mejor traducen el orden de los seres y del mundo. Su lógica no es el producto de un análisis lingüístico; se basa en la manipulación de signos de valores opuestos y complementarios".*

Estas diferencias alcanzan también a la forma de hacer ciencia. Como señala MOTOKAWA (1989), más allá del supuesto, de nuevo occidental o socrático, de una ciencia universal, lógica e independiente del contexto y la cultura, ambas tradiciones han producido formas muy diferentes de hacer ciencia y conocer el mundo (Tabla 10). Mientras la tradición occidental se basa en una descomposición recursiva del todo en los elementos que la componen (ya sea en química, en forma de partículas, en biología mediante los genes, en física moderna mediante los *quanta*, o en psicología cognitiva mediante las unidades de información), de acuerdo con una lógica disociativa (ROSETTI y REVONSUO, 2000b), la ciencia oriental es holista y asume que su objeto de estudio es continuo, de modo que no puede separarse en partes sin perder sentido. Mientras la ciencia occidental se basa en el análisis de elementos, cuyas relaciones estarían regidas por relaciones idealmente formalizadas en forma de leyes, la ciencia oriental se orientaría hacia la síntesis o integración de partes del mundo en un nuevo contexto o situación, que a menudo requiere conciliar dialécticamente posiciones encontradas. En consecuencia la ciencia occidental se ha orientado más al desarrollo teórico de principios formales, mientras que la tradición oriental ha tenido una orientación más pragmática y, en consecuencia, un mayor interés por la tecnología que por la ciencia entendida como el desarrollo de leyes y principios universales.

**Tabla 10.** *Diferencias entre la naturaleza del conocimiento científico en las tradiciones occidental y oriental.*

| Tradición analítica<br>Socrática | Tradición holística<br>Taoísta |
|---|---|
| Unidades discretas (análisis) | Mundo continuo (síntesis) |
| Elementos, partes | Totalidades, campos |
| Objetos regidos por reglas | Relaciones contextuales |
| Principios lógico-formales | Principios dialécticos |
| Ciencia teórica | Tecnología |
| Lenguaje formal | Imágenes |
| Escritura alfabética | Escritura ideográfica |
| Actividad individual | Actividad colectiva |

Las diferencias en los procesos están también relacionadas con los sistemas de representación en que se apoya el conocimiento, o la mente teórica de DONALD (1991), en una y otra tradición. Mientras que nuestra cultura científica se apoya en un lenguaje formal y abstracto, y desdeña de hecho, como muy bien sabemos en psicología, la fuerza de las imágenes, la ciencia oriental se apoya en las imágenes y desconfía de la palabra como forma de representar el mundo (MOTOKAWA, 1989). Estas diferencias se observan claramente en la naturaleza de los respectivos sistemas de escritura en cuanto sistemas de representación externa: los occidentales son alfabéticos, es decir, analíticos, componenciales y están basados en reglas formales, mientras que los orientales son ideográficos o pictográficos, o sea holísticos y basados en imágenes. En estos sistemas ideográficos cada signo corresponde a una unidad semántica, y no guarda ninguna correspondencia con la segmentación fonética en el lenguaje oral (GERNET, 1972), lo que sin duda reduce la productividad del sistema pero incrementa su contextualidad.

Por último, como señala MOTOKAWA (1989), en la tradición científica occidental —según él la ciencia *hamburguesa* frente a la ciencia *sushi,* lo que no deja de ser otra forma de reduccionismo—, de acuerdo con la cultura individualista, se pone el acento en la acción individual (la aportación de NEWTON, DARWIN, EINSTEIN, etc.) frente a la actividad colectiva, al contrario de lo que sucede en la cultura científica oriental, donde la ciencia, y en general el conocimiento, se concibe como una tarea colectiva: "*la sociedad china hace que el individuo se sienta en gran medida como una parte de un organismo social más amplio y complejo, y en general benefactor*" (NISBETT y cols., 2001, pág. 292).

Pero en relación con el estudio de la adquisición de conocimiento, lo más interesante es que todas estas divergencias en las "culturas epistemológicas" producen, según los datos obtenidos por NISBETT y cols. (2001) en sus investigaciones, notables diferencias en el funcionamiento cognitivo, generando mentes distintas para culturas —o sistemas de conocimiento— diferentes. Así por ejemplo, en tareas de atención los orientales son más sensibles al contexto de procesamiento de la información en diferentes tareas; en investigaciones sobre razonamiento e ilusión de control, los orientales son en cambio menos proclives a incurrir en sesgos de ilusión de control y se muestran más precisos en la detección de contingencias, al hacer un procesamiento más contextual, o dependiente de campo, y menos restringido por sus creencias previas; la atribución causal también es diferente en ambas culturas, ya que los orientales tienden a explicar la conducta más en términos situacionales que personales y por tanto son también menos proclives al "error fundamental de atribución", etc. La conclusión de NISBETT y cols.,(2001 pág. 305) es contundente: "*un número indefinidamente amplio de procesos cognitivos supuestamente 'básicos' pueden ser altamente maleables. Cuando los psicólogos realizan experimentos sobre 'categorización', 'inferencia inductiva', 'razonamiento lógico' o 'procesos de atribución' no se les ocurre normalmente que sus datos puedan aplicarse sólo de modo bastante local a las personas que han crecido en una tradición de cultura europea*"

Junto a esta conclusión, la comparación entre estas dos tradiciones tan diferentes, que han generado un amplio bagaje de conocimientos teóricos y de sistemas y "culturas de aprendizaje" diferentes para transmitirlos (CLAXTON, 1999; TWEED y LEHMAN, 2002; SERPELL y HATANO, 1997), da un nuevo sentido a algunas de las reflexiones que he venido realizando sobre la adquisición de conocimiento.

Vemos cómo cada uno de nosotros adquirimos el conocimiento en el marco de una cultura que se sustenta en una serie de supuestos *implícitos*, habitualmente no expresados, con respecto a la propia naturaleza de ese conocimiento y sus mecanismos de adquisición. La adquisición de conocimiento está por tanto guiada por una epistemología implícita (por ej., HOFER y PINTRICH, 2002; PECHARROMÁN, 2003) en la que se sustentan nuestras propias teorías implícitas con respecto al aprendizaje, a lo que debemos hacer para adquirir ese conocimiento (CLAXTON, 1999; PÉREZ ECHEVERRÍA y cols., 2001; POZO y SCHEUER, 1999; POZO y cols., 1999; SCHEUER y cols., 2001b; TWEED y LEHMAN, 2002). En la segunda parte del próximo capítulo volveré sobre estas teorías implícitas con respecto al aprendizaje, recuperando para ello algunos de los problemas aquí planteados.

Pero esas distintas epistemologías implícitas no sólo guían la adquisición de conocimiento sino también su producción cultural. De hecho, al leer la caracterización que NISBETT y cols. (2001) hacen de la "ciencia occidental" y sus diferencias con la ciencia *sushi*, es imposible sustraerse a la idea de que la Biblioteca de Babel y todo el edificio conceptual de la psicología cognitiva del procesamiento de información, que visitamos en el Capítulo III, no es sino una conquista lenta y tenaz de un territorio culturalmente definido hace ya muchos siglos. O, por volver a la metáfora de BORGES, más bien lo que está redescubriendo, o reproduciendo de manera fiel, es el mapa que hace ya muchos siglos nuestra tradición cultural asumió para adentrarse en cualquier tipo de terreno, en cualquier dominio de conocimiento, un mapa diferente, como podemos ver, del que guía la producción y adquisición de conocimiento en otras culturas no menos desarrolladas. Muchas de las restricciones que la psicología cognitiva ha impuesto al investigar la mente humana son un reflejo fiel, exacto, de los supuestos implícitos en los que esa ciencia, como una forma más de actividad social, se basa. La Biblioteca de Babel es necesariamente una invención occidental, ya que no es comprensible ni imaginable una empresa similar en una cultura basada en una escritura ideográfica y en la que el lenguaje y la gramática, como dicta la nueva psicolingüística, están más regidos por criterios pragmáticos y contextuales que por el arte combinatorio y generativo de la gramática estructural occidental (FREEMAN y HABERMANN, 1996). La naturaleza composicional, lingüiforme y analítica de la mente computacional es un reflejo milimétrico, fiel hasta sus últimos detalles, de la propia naturaleza composicional, lingüiforme y analítica de la cultura escrita de la que esa mente, como producción científica, ha surgido.

Es bien cierto que, en términos generales, la ciencia occidental ha tenido globalmente un éxito indudable, por lo que en apariencia no cabría dudar de esos supuestos seculares en los que se ha sustentado. Sin embargo, como señala MOTOKAWA (1989, pág. 501) tras reconocer ese éxito, *"no sabemos si la ciencia occidental tal como es ahora seguirá siendo tan poderosa en el futuro. Una ciencia vive en la historia. Qué tipo de ciencia tiene el mayor valor adaptativo depende de los estadios de desarrollo de la propia ciencia y de la sociedad. La ciencia occidental puede necesitar alguna modificación en el futuro inmediato y es bueno recordar que hay otros tipos de ciencia en el mundo"*.

Bajando un poco la mirada hacia nuestra propia ciencia, para dar cuenta de los fenómenos relacionados con la adquisición de conocimiento —uno de los logros más específicos, si no el más específico, del *homo sapiens* en cuanto sistema psicológico— es necesario situarse, según se ha argumentado aquí, en un nuevo nivel de análisis, de modo que al estudio de las representaciones propio del enfoque cognitivo se incorporen nuevos componentes, como los contenidos encarnados, la conciencia explícita o la cultura (Pozo, 2001, 2003b). Curiosamente, según acabamos de ver, algunas de esas alternativas teóricas, que la psicología cognitiva debe asumir para dar cuenta de la adquisición de conocimiento, forman parte de la tradición cultural de la ciencia oriental, entre otras:

a) la relevancia de las imágenes y las representaciones analógicas;
b) la importancia del contexto y la pragmática en el conocimiento;
c) las relaciones entre lo implícito (o inconsciente) y lo explícito (o consciente);
d) la adopción de un perspectivismo conceptual en forma de actitudes representacionales con respecto a los objetos;
e) la superación del dualismo en el que se ha sustentado buena parte de la psicología cognitiva, o mejor de los diferentes dualismos (proceso/contenido; mente/cuerpo; sujeto/objeto; naturaleza/cultura; etc.); y, en suma
f) la búsqueda de una integración entre formas y sistemas de representación, en lugar de aceptar una lógica disociativa o dicotómica.

Algunas de estas ideas surgen de las propias necesidades teóricas generadas, según hemos visto en capítulos anteriores, por la investigación psicológica reciente, pero también, como sugiere Motokawa (1989), parecen responder a cambios más profundos con respecto a la naturaleza del conocimiento en la nueva sociedad postindustrial, que exige nuevas formas de gestión social del conocimiento, que ponen en duda los criterios de verdad del conocimiento como consecuencia de una larga historia de pérdida de la certeza (Fernández-Armesto, 1997). Este alejamiento del paraíso perdido de la *verdad* conduce además a un redescubrimiento de la importancia de los conocimientos alternativos y del saber práctico y a una mayor preocupación por nuevas formas de organizar y distribuir socialmente ese conocimiento (Burke, 2000). En el marco de esta sociedad del conocimiento (¿o sólo de la información?), se reclaman, por tanto, nuevas formas de conocer y con ellas otras formas de aprender, nuevas formas de organizar socialmente los espacios de aprendizaje (Keating 1996) e incluso, como veremos en el Capítulo VI, otras concepciones o teorías del aprendizaje y la enseñanza que completen o modifiquen las concepciones implícitas tradicionales en nuestra cultura (Bruner, 1997; Pozo y cols., 1999). En general estas nuevas formas de conocer suponen una nueva "cultura del aprendizaje" (Pozo 1996a), que implica un abandono de la certidumbre y una asunción de la naturaleza relativa o "construida" de todos los saberes (Burke, 2000), lo que plantea paradojas de difícil solución (Fernández-Armesto, 1997), y en todo caso mal resueltas desde la psicología cognitiva del aprendizaje tras la fácil aceptación del llamado enfoque constructivista (Carretero y Limón, 1997; Pérez Echeverría y cols., 2001; Pozo, 1996b). También supone aceptar el carácter social, o más aún colaborativo, de los procesos de adquisición de conocimiento (Glaser, 2001; Keating, 1996) y una mayor demanda de integración de saberes, que compense la especialización cada vez más extrema del conocimiento en esta sociedad llamada "del conocimiento" (UNESCO, 1996).

Tal vez no sea casual la necesidad de repensar la forma en que la psicología cognitiva concibe el conocimiento y su adquisición si tenemos en cuenta que la propia concepción de la mente y sus modos de funcionar están en todas las culturas muy ligadas a las *tecnologías del conocimiento* imperantes en esa sociedad, que suelen actuar no sólo como metáfora de la mente (DRAAISMA, 1995) sino, más allá de ello, como modelo cultural de la propia mente. Los cambios que están teniendo lugar en esas tecnologías del conocimiento reclaman una nueva concepción del aprendizaje acorde con estos tiempos. Mientras algunos enfoques, como el conexionismo, asumen directamente esas nuevas tecnologías como metáfora de la mente —en forma de red de unidades de información—, cabe también pensar en otro modelo de la mente que asuma que esas tecnologías no contienen conocimiento en sí mismas, no son un cuerpo de conocimiento, a no ser que sean literalmente *incorporadas* a una mente que interactúe con ellas y las redescriba. No habría en suma conocimiento fuera de las mentes humanas, aunque sea bien cierto que buena parte del conocimiento humano se extiende o distribuye socialmente, más allá de las mentes individuales.

La cultura orienta propone abandonar la mente al cuerpo, "suspender" la mente para que el cuerpo actúe *("¿cómo puede un hombre convertirse en un Buda? Arrojando lejos su propio yo y volviéndose inconsciente"* sostiene MOTOKAWA, 1989, pág. 492). Pero si esa solución nos resulta culturalmente inaceptable, tampoco parece posib e, como nuestra tradición cultural ha pretendido con tanto denuedo, lo contrario, abandonar el cuerpo y reducir el conocimiento al saber abstracto y descontextualizado, a una forma sin contenido. Entre otras razones, porque como dice Juan José MILLÁS en su texto titulado *Cuerpo y prótesis: "entre uno mismo y la realidad se interponen multitud de impurezas: la más grave de ellas es sin duda el cuerpo. No estoy proponiendo que nos despojemos de él (entre otras cosas no sabríamos cómo hacerlo), sino constatando que su espesor nos impide el contacto con todo lo esencial"* (MILLÁS, 2000, pág. 310). La propuesta que aquí se ha defendido no es abandonar las representaciones que el cuerpo nos proporciona, ni tampoco suspender esas representaciones, sino más bien redescribir explícitamente nuestras experiencias encarnadas a través de los sistemas de representación que nos proporciona la cultura. Para construir otras realidades, u otros conocimientos, distintos de los que nos dicta el cuerpo será preciso que atravesemos ese espesor, que saltemos de algún modo fuera de la sombra que nuestro cuerpo produce en el mundo, aunque sabemos que más temprano que tarde acabaremos volviendo, como un muelle, al abrigo de la sombra que nuestro cuerpo produce en el mundo. Parece que cuando, gracias al conocimiento, intentamos saltar más allá de las restricciones encarnadas de nuestras representaciones, siempre conservamos una parte del cuerpo, y por tanto de la mente, dentro de esa sombra, que, aunque no siempre nos guste, aunque a veces sea insoportable según BARGH y CHARTRAND (1999), es parte de nuestra identidad cognitiva.

Pero dar ese salto no supone, al menos desde el punto de vista teórico, abandonar necesariamente la psicología cognitiva, sino intentar integrar en ella nuevos problemas y perspectivas que sin duda exigen una profunda reformulación de sus supuestos, algunos de los cuales, como he intentado mostrar en este apartado, están arraigados a mucha profundidad, si se midiera en tiempo, a miles de años de profundidad. Explicitar esos supuestos es seguramente el primer paso para lograr redescribirlos representacionalmente en busca de nuevas formas de integración teórica. Pero un paso más allá en el proceso de repensar estas ideas es ilustrar su relevancia para construir una verdadera psicología del conocimiento a partir de los cimientos de la psicología cognitiva. Para ello, dentro del territorio conocido de la psicología occidental, en la Segunda Parte intentaré mostrar cómo se reconstruyen explícitamente las representaciones implícitas en los dominios de conocimiento nuclear o fundacional (física y psicología intuitiva), partiendo de un análisis de las relaciones entre el aprendizaje implícito y el explícito en la adquisición de conocimiento, o, si se prefiere, de la idea de que adquirir conocimiento es un proceso de explicitación progresiva no sólo de nuestras representaciones implícitas sino también de los procesos, igualmente implícitos, en los que se basan.

# SEGUNDA PARTE

# La adquisición de conocimiento en dominios específicos

# La hélice del conocimiento

En los capítulos anteriores he argumentado que el aprendizaje humano puede abordarse desde diferentes niveles de análisis (conducta, información, representación, conocimiento) que implicarían una complejidad creciente, ya que cada uno de ellos, según la lógica de la integración jerárquica (MERASOVIC, MACKO y TAKAHARA, 1980; POZO, 2001; ROSA, HUERTAS y BLANCO, 1993), requiere de los niveles anteriores o, si se quiere, los redescribe en un nuevo nivel jerárquico. Pero también he sostenido que sólo en los dos últimos niveles —de representación y conocimiento— tiene sentido el aprendizaje como un proceso cognitivo de cambio de las representaciones mantenidas con respecto al mundo, y que sólo en el último de estos niveles de análisis, el de las representaciones explícitas o conocimiento propiamente dicho, encontramos la especificidad cognitiva del *homo discens,* los procesos que nos identifican como *especie cognitiva,* que están íntimamente ligados a la *adquisición de conocimiento.*

La Figura 2 es una síntesis del sistema de adquisición de conocimiento, tal como se ha descrito en los capítulos que componen la Primera Parte, como un proceso de explicitación progresiva de las representaciones implícitas mediado por el uso de sistemas culturales de representación, que hace posible generar nuevas funciones cognitivas, de naturaleza epistémica o de búsqueda de conocimiento, más allá de las funciones pragmáticas que definen el funcionamiento del sistema cognitivo implícito. Así, según este esquema, sólo aquellos cambios energéticos externos o internos que constituyen sucesos imprevistos por un sistema cognitivo le proporcionan *información,* entendida como entropía negativa, aquello que reduce la incertidumbre o entropía de un sistema. Pero esta información es codificada de acuerdo con las restricciones encarnadas que el organismo dispone para representar los objetos esenciales que constituyen el mundo natural de ese organismo, para el que ese sistema cognitivo ha sido seleccionado. La información se codifica en forma restringida, no equipotencial, como las piezas de un rompecabezas o, mejor, de un *lego* que encajan entre sí de ciertas formas, pero no de cualquier manera posible. Estas representaciones específicas estarían basadas en ciertos principios que organizan la información obtenida en

**Teorías implícitas**

Transparencia representacional

**Procesos de aprendizaje implícito:**
Detección de regularidades
en el ambiente

Representaciones situadas
y dependientes del contexto

Restricciones encarnadas
y específicas de dominio

**REPRESENTACIÓN**

(f) = predecir y controlar
acciones y sucesos en el mundo:
**actividad pragmática**

*Actitudes proposicionales*

Explicitación de objeto

actitud

agencia

**Procesos de aprendizaje explícito:**
Supresión ⎫
Suspensión ⎬ representacional
Redescripción ⎭

Mediación de sistemas
culturales de representación

Independencia progresiva del contexto

**Representaciones explícitas
CONOCIMIENTO**

(f) = desarrollar perspectivas
con respecto a las representaciones:
**actividad epistémica**

**INFORMACIÓN**
cambios o sucesos inesperados
**en el mundo externo o interno**

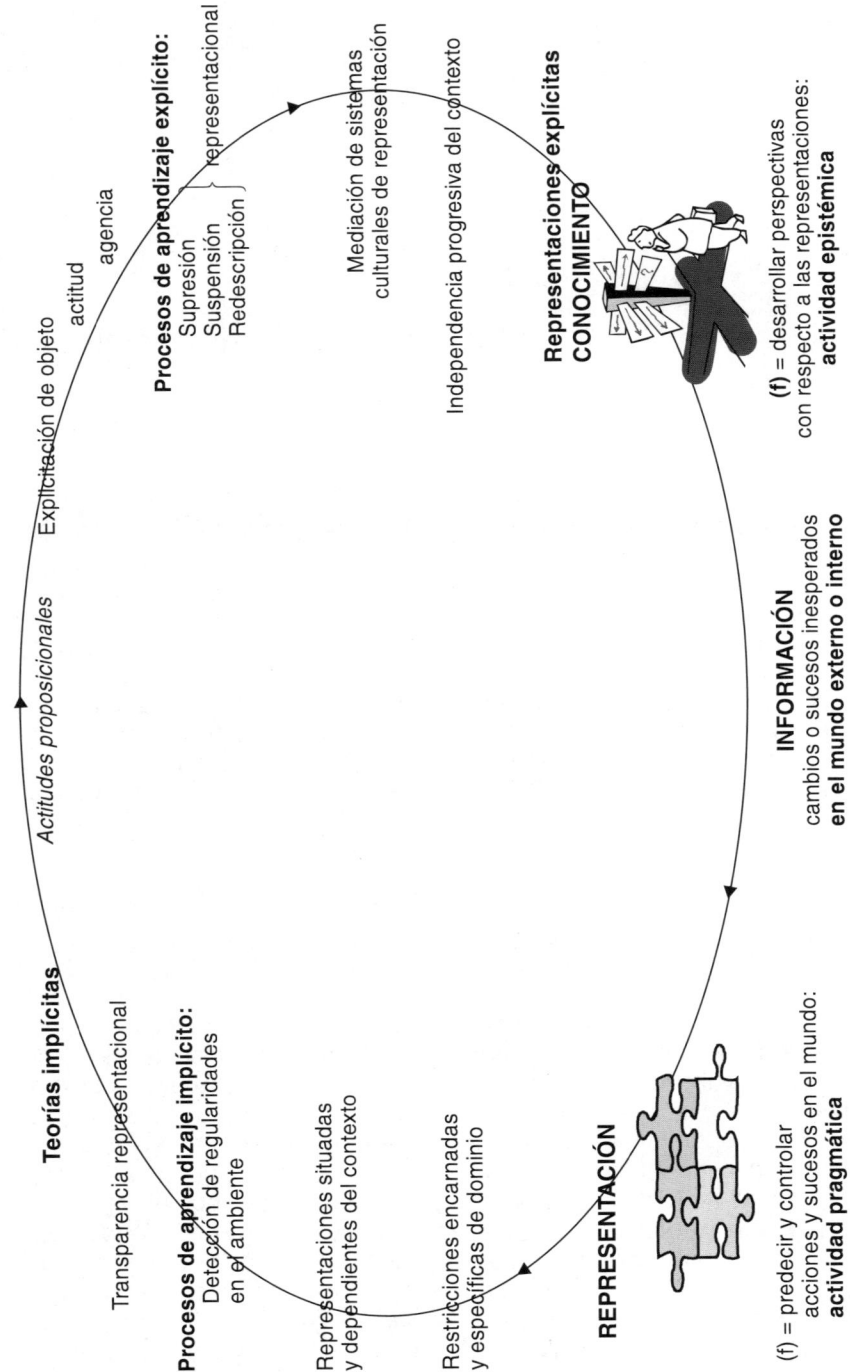

**Figura 2.** *El sistema de adquisición de conocimiento tal como se describe en el texto.*

cada dominio, y responden por tanto a la forma en que el propio organismo procesa los cambios que se producen en el ambiente, más que a los cambios físicos que tienen lugar en el ambiente.

Se trata no obstante de representaciones situadas, fuertemente dependientes de las "affordances" del ambiente, que se desencadenan de modo automático y se basan en la detección de regularidades mediante procesos asociativos de aprendizaje implícito. Estas representaciones encarnadas, situadas y específicas de dominio pueden entenderse por tanto como teorías implícitas, ya que por un lado son representaciones organizadas de acuerdo con supuestos o principios propios de cada dominio, y por otro tienen una naturaleza implícita, en la medida en que el sistema cognitivo no puede acceder, en todo o en parte, a sus propias representaciones para regularlas o modificarlas, por lo que serían transparentes desde un punto de vista representacional, es decir tenderían a atribuirse al objeto más que al sujeto.

Este funcionamiento implícito, muy antiguo en la filogénesis y en la ontogénesis, se vería modificado, en el caso del *homo discens,* por la capacidad de adoptar actitudes proposicionales, es decir de convertir sus propias representaciones en objeto de representación, explicitando progresivamente el objeto, la actitud y la agencia cognitiva de esas representaciones. Esa capacidad es un producto de la evolución cognitiva como consecuencia del desarrollo de nuevas estructuras cerebrales que permiten integrar y controlar las representaciones generadas por los sistemas implícitos específicos. El acceso a esas representaciones explícitas o conocimiento propiamente dicho requiere al menos tres procesos de aprendizaje explícito de complejidad y profundidad creciente: *a)* la supresión o inhibición de las demandas ambientales en forma de representaciones encarnadas; *b)* la suspensión de algunos componentes de esas representaciones, lo que permite la aparición de verdaderas representaciones simbólicas; y *c)* finalmente la redescripción de esas representaciones en nuevos sistemas o teorías que proporcionan a las representaciones mentales una independencia y flexibilidad progresiva con respecto al contexto inmediato. Esa redescripción está mediada a su vez por sistemas culturales de representación y/o conocimiento (miméticos, simbólicos, teóricos) que facilitan la explicitación progresiva de las representaciones y su reconstrucción en nuevas formas de conocimiento.

Pero este proceso no es lineal, ni unidireccional, sino que tiene una naturaleza recursiva, de modo que si las representaciones implícitas recorren un largo camino de explicitación y reconstrucción hasta producir esos sistemas culturales de conocimiento, la adquisición de conocimiento permite a su vez la "implicitación", por así decirlo, de algunas de esas representaciones explícitamente generadas e incluso adquiridas, que se convertirían por tanto en nuevos moldes o principios desde los que se generarían representaciones implícitas para la predicción y el control de nuevos sucesos. La Figura 2, más que la espiral del conocimiento debería representar un sistema helicoidal, en el que cada nuevo giro no supone el regreso a la casilla cero para volver a empezar la partida, sino la construcción de un nuevo nivel que integre y reconstruya las representaciones anteriores, de modos que nos son aún en gran medida desconocidos, en lugar de eliminarlas o sustituirlas por las nuevas.

A partir de esta *hélice del conocimiento,* en las próximas páginas se ilustrarán estos procesos de reconstrucción explícita de nuestras representaciones encarnadas en dos dominios nucleares del conocimiento humano: el conocimiento de los objetos y de las personas. En el Capítulo VI se propone que la adquisición de conocimiento en los dos dominios nucleares de la mente humana (conocimiento físico y conocimiento psicológico) puede interpretarse, a la luz de todas estas reflexiones, como un proceso de redescripción representacional de nuestras teorías implícitas en esos dominios, a partir de los conocimientos científicos generados por la cultura para esos mismos dominios. De esta forma, la adquisición de esos conocimientos científicos requiere no sólo un cambio conceptual sino un verdadero cambio representacional (Pozo y Rodrigo, 2001), que sólo será posible, e incluso necesario, mediante una instrucción explícitamente diseñada para tal fin.

## CAPÍTULO VI

# Adquisición de conocimiento y cambio
# conceptual en dominios específicos

*Según estudios de toda solvencia, el alto índice de fracaso escolar se debe a la falta de conexión entre los planes de estudio y la realidad. En otras palabras: que el principio de Arquímedes o el pretérito imperfecto del verbo amar, por poner dos ejemplos sencillos, no tienen nada que ver con la vida. A lo mejor ya nadie desaloja la misma cantidad de agua de la bañera que el volumen de su cuerpo al introducirse en la bañera. Ni nadie amó a alguien en un tiempo remoto y le apetece expresarlo de esta forma verbal: yo amaba, tú no, él etcétera. Yo amaba a Beatriz...*

*Personalmente, si no hubiera aprendido a hacer análisis sintácticos, no sabría desmontar mis estados de ánimo y echaría la culpa de todo lo que me pasa al portero, al jefe o al Gobierno. Quizá otra cosa no, pero la gramática sí tiene mucho que ver con la realidad. En cierto modo, la construye...*

*Y es que continuamos llamando realidad a cualquier cosa, no aprendemos. De modo que hay días en los que se asoma uno a la ventana, o a los pactos municipales, y le dan ganas, en efecto, de coger la mochila de su hijo y correr al colegio, para huir de la quema. En otras palabras, que visto lo visto quizá sería preferible que los planes de estudios continuaran alejados de la realidad. Vida y cultura no deberían ser cosas diferentes, pero si llegaran a serlo y hubiera que elegir, uno preferiría quedarse con la cultura. La vida da asco, con perdón del asco*

Juan José MILLÁS. "La vida"
*Cuerpo y prótesis*, 2000, págs. 103-104.

Si el lector ha tenido la paciencia de seguir los argumentos desarrollados en la Primera Parte y ha llegado incluso a viajar en la hélice del conocimiento que se acaba de proponer, podrá entender, si no compartir, la tesis aquí mantenida de que nuestras representaciones y conocimientos son en gran medida específicos de dominio, entendiendo por dominio un conjunto de sucesos o contextos que procesamos de acuerdo con las mismas restricciones o principios. Mientras que los modelos y teorías psicológicos de "dominio general" suponen que las reglas de cómputo o procesamiento son las mismas para todos los sucesos y contextos —de acuerdo con una versión más o menos estricta del principio de equipotencialidad—, las teorías de "dominio específico" asumen la existencia de diferentes mecanismos o principios que organizan —en el sentido de restringir el flujo informativo en la "Biblioteca de Babel"— y hacen posible la comprensión del mundo. ¿Pero cuáles y cuántos son esos dominios?

## Dominios psicológicos, epistemológicos e instruccionales

Como vimos ya en el Capítulo IV, hay distintas propuestas dependiendo del enfoque desde el que se responda a esa pregunta. Desde una perspectiva evolucionista, MITHEN (1996) diferenciaba cuatro "capillas" o dominios esenciales en la "catedral" del conocimiento: social, natural, técnico y lingüístico. Desde la hipótesis de la "modularidad masiva" se asume un número mayor de mecanismos cognitivos especializados (por ej., CARRUTHERS y CHAMBERLAIN, 2000a; SPERBER, 2000), que dan lugar a una mente bastante más barroca. Por su parte, los estudios sobre el desarrollo del conocimiento diferencian un número más limitado pero bastante variable de dominios, desde el conocimiento físico y social, en el que todos coinciden, hasta el conocimiento matemático, lingüístico, biológico, etc.[1]. A su vez, los estudios sobre la adquisición de conocimiento y la formación de expertos identifican algunos de esos dominios (matemáticas, física, biología), pero también otros más específicos, como la mecánica, la música, la química, la economía o la historia, cuando no más arbitrarios, como el ajedrez o la mecanografía (CHI, GLASER y FARR, 1988; ERICSSON, 1996; ERICSSON y SMITH, 1991).

En realidad estas diferentes clasificaciones o taxonomías responden a distintos conceptos o enfoques de lo que es un dominio de conocimiento. Los propios dominios de conocimiento —entendidos como ese conjunto de situaciones que se representan a partir de los mismos principios o restricciones— varían y evolucionan con el mismo conocimiento generado por la cultura, no solamente en sus formas de clasificación social (BURKE, 2000), sino también en su estructura psicológica. Al igual que en el Capítulo Primero asumí la diferenciación de CARRETERO y LIMÓN (1997) entre tres tipos de constructivismo (psicológico, epistemológico e instruccional), también podemos diferenciar aquí tres tipos de especialización del conocimiento, en buena medida paralelos a aquellos, y hablar así de *I) dominios psicológicos* (los dominios nucleares o universales cognitivos del conocimiento humano); *II) dominios epistemológicos* (el sistema de disciplinas desde el que se clasifica el conocimiento en una sociedad); y *III) dominios instruccionales* (el sistema de disciplinas en las que se instruye a los ciudadanos en una sociedad). Aunque no podemos asumir que estos tres criterios sean independientes entre sí —por ej., la función de la instrucción sería en buena medida construir nuevos dominios psicológicos, nuevas ortopedias o capacidades cognitivas más allá de las funciones originales del sistema cognitivo— cuáles y cuántos sean los dominios que deben estudiarse depende, en buena medida, de des-

---

[1]  Como para gustos están los colores, hay también muy diferentes propuestas de taxonomías de dominios, que aquí no se van a desarrollar pero que el lector más interesado puede revisar (por ej. y sin ánimo de ser exhaustivo: CAREY y GELMAN, 1991; GÓMEZ y NÚÑEZ, 1998; GOPNIK y MELTZOFF, 1997; GOPNIK, MELTZOFF y KUHL, 1999; HIRSCHFELD y GELMAN, 1994; KARMILOFF-SMITH, 1992; LESLIE, 2000; POZO, 1994; SPERBER, PREMACK y PREMACK, 1995).

de cuál de estos criterios definimos los dominios. Nadie duda de que las matemáticas o la música sean un dominio instruccional o epistemológico, ¿pero son también un dominio psicológico? Y a la inversa, aunque tienda a aceptarse hoy que el conocimiento de las personas es un dominio psicológico, en el sentido señalado de un universal cognitivo, sólo desde tiempos muy recientes se ha aceptado en nuestra cultura la psicología como un dominio epistemológico y, en menor medida aún, como un dominio instruccional (por ej., todavía hoy la psicología sigue entre nosotros ausente de la formación general de los ciudadanos).

Son muchas las preguntas que plantea la relación entre estos tipos de dominio. Por ejemplo, ¿preceden siempre los dominios epistemológicos a los instruccionales? Si es así, ¿cómo se convierte un dominio epistemológico en instruccional? ¿Tiende el conocimiento a una diferenciación progresiva en dominios más específicos o a su integración en saberes más universales? ¿Y son siempre más específicos los dominios epistemológicos que los instruccionales o a la inversa? Pero el interés se centra en el efecto de la organización cultural del conocimiento sobre la organización cognitiva de la mente, y viceversa. En este sentido, si aceptamos los argumentos desarrollados al final del Capítulo V, la organización cultural del conocimiento, que tiende a una creciente especialización (BURKE, 2000), debería modificar en esa misma dirección el propio funcionamiento cognitivo. Así, desde una "mente renacentista" inicial organizada según unos pocos dominios esenciales se adquirirían, en nuestra cultura, diferentes dispositivos específicos, que darán lugar a una mente que, como el propio conocimiento, está cada vez más modularizada o especializada, lo que plantea, tanto desde el punto de vista epistemológico como instruccional o incluso psicológico, graves problemas de integración entre esos saberes que, por así decirlo, tan laboriosamente han sido desintegrados o separados por la cultura y la instrucción. Según este supuesto (ver por ej., CAREY, 1985), la adquisición de conocimiento producirá una diferenciación mental progresiva entre distintos dominios, cada vez más numerosos y diversificados, a partir de unos pocos *dominios básicos* o nucleares que constituirían el *esqueleto* cognitivo (GELMAN y WILLIAMS, 1997) sobre el que se construirían diferentes —y no siempre compatibles— *cuerpos* de conocimiento. En realidad, la propia organización instruccional de los dominios en el sistema educativo responde a esta lógica de diferenciación progresiva de los saberes, o especialización creciente del conocimiento, si bien esta tendencia a la especialización y formación de expertos en saberes específicos, choca entre nosotros con una tradición cultural que, a diferencia de las tradiciones orientales y según veíamos al final del Capítulo V, valora más el conocimiento general y abstracto, la formalización del conocimiento, que los saberes prácticos y específicos.

Pero limitándonos a esos dominios básicos o psicológicos, a los universales cognitivos de la representación y el conocimiento humano, tampoco hay un acuerdo total sobre ellos, aunque sí un mínimo consenso. Todos los autores reconocen dos dominios esenciales, que organizarían el funcionamiento de la mente humana desde edades muy tempranas, tal vez desde el mismo momento del nacimiento: el dominio de los objetos o *física intuitiva* y el dominio de las personas o *psicología intuitiva*. Construir representaciones de objetos a partir de los cambios físicos que se producen en el ambiente y atribuir estados mentales a los propios congéneres son las dos señas esenciales del funcionamiento cognitivo humano, las que hacen que nuestras representaciones y, en último extremo nuestro conocimiento, sean como son. Así lo expresa, con contundencia, FODOR (1988, pág. XII), siempre tan certero en sus juicios aunque no por ello siempre tan acertado:

> "....si la psicología intencional de sentido común llegara realmente a colapsar, esa sería, sin comparación, la mayor catástrofe intelectual en la historia de nuestra especie; si estuviéramos tan equivocados sobre la mente, sería la mayor equivocación que hubiéramos cometido nunca con respecto a cualquier cosa. El colapso de lo sobrenatural, por ejemplo, no se podría comparar; el teísmo no ha llegado nunca a estar tan íntimamente implicado en nuestro pensamiento y nuestra práctica —sobre todo en nuestra práctica— como lo está la explicación en términos de deseos/intenciones. Nada, excepto quizás nuestra física de sentido común —nuestro compromiso con un mundo de objetos de tamaño medio, independientes del observador— está tan cerca de nuestro núcleo cognitivo como lo está la explicación intencional. Estaremos en graves, muy graves dificultades si tenemos que abandonarla".

*Objetivar* y *mentalizar* serían por tanto las dos formas básicas de representarse y conocer el mundo para la mente humana. Todas las culturas, y todas las personas en todas las culturas, construimos objetos y personas como unidades básicas de representación y, en su caso, comprensión, del mundo. Pero a partir de esta distinción básica, distintos autores añaden otros tantos dominios supuestamente básicos, como el conocimiento de los seres vivos, del número, del espacio o del lenguaje. En el caso de la biología intuitiva, según algunos autores constituiría un dominio básico, ya que todos los organismos necesitan representarse de modo específico el ambiente natural en el que viven, con el fin de optimizar sus probabilidades de obtener la energía que necesitan y de reproducirse (MITHEN, 1996). Pero para otros autores la representación de los seres vivos, en cuanto objetos específicos, sería, al menos en el caso del *homo discens*, una diferenciación tardía a partir de la psicología intuitiva (CAREY, 1995). Quienes piensan que se trata de un dominio básico (por ej., ATRAN, 1990; INAGAKI y HATANO, 2002), sostienen que está basado en principios teleológicos (KEIL, 1995) —aunque según LORENZ (1996) serían más bien teleonómicos— distantes por igual del mecanicismo de la física intuitiva y de la intencionalidad de la psicología intuitiva. En cuanto el número o el espacio, que para algunos autores constituyen dominios básicos para la mente humana (por ej., SPELKE y TSIVKIN, 2001), tal como se analizan en el próximo apartado pueden considerarse en principio propiedades de los objetos materiales y, en cuanto tales, parte de nuestra representación implícita inicial del mundo físico (POZO, 2001), si bien posteriormente sin duda se constituirían, en todas las culturas, en dominios específicos de conocimiento.

Finalmente, con respecto al lenguaje, el tema sería muy complejo, ya que nos llevaría al dominio primordial de la gramática chomskyana, la madre teórica de todos los demás dominios, lo que excede con mucho los propósitos de este texto, así que no me ocuparé como tal de él. Por ello, más que a riesgo de simplificar, con el propósito deliberado de hacerlo, podemos suponer que nuestra representación implícita del lenguaje es un dispositivo específico que forma parte de nuestra psicología intuitiva, en la medida en que ante todo sirve para comunicar y representar *actitudes proposicionales*, que como vimos en el Capítulo V tienen su origen supuestamente en esa misma psicología intuitiva o representación implícita y encarnada de nuestras interacciones mentalistas con otras personas. En cuanto tal dispositivo para representar *estados mentales* habría unos universales semánticos, en el sentido no tanto del contenido como de la estructura básica de nuestras categorías semánticas (LAKOFF y JOHNSON, 1980, 1999; LANGACKER, 1998; ROSCH, 2000), que estarían en el origen de nuestra gramática implícita. En suma, el lenguaje respondería a la necesidad de representar y comunicar explícitamente los contenidos esenciales de la mente, que según DONALD (1991) en su origen sería una mente episódica. Así, la gramática universal sería una gramática de sucesos o de casos, restringida por la naturaleza de los contenidos que debe representar, en lugar de a la inversa, del mismo modo que la intención de comunicar y representar es un requisito previo para que exista el lenguaje como sistema de representación y comunicación (DONALD, 1991, 2001; SPERBER 1996; TOMASELLO, 1998, 1999). Como vimos en su momento, desde una perspectiva evolucionista sería la función de comunicación y representación la que crearía el órgano (chomskyano) del lenguaje. El lenguaje podría entenderse, por tanto, como un subsistema específico del dominio psicológico, una forma sumamente potente y específica de ejercitar nuestra psicología intuitiva (tan específica que no se abordará aquí, por fortuna para el lector), que acabará por reconstruir nuestra mente, haciendo posible, a partir de esa mente episódica original, la mente simbólica o mítica (DONALD, 1991, 2001), y constituyéndose, en mayor medida aún que otros sistemas culturales de representación, como la notación numérica o el lenguaje escrito, en un dominio de conocimiento específico, que modifica nuestro funcionamiento cognitivo.

En suma, dado que análisis más detallados nos obligarían a estudiar esos diferentes subsistemas (número, espacio, lenguaje oral y escrito, etc.) y sus efectos sobre nuestra representación primordial de los objetos y las personas, reduciré la exposición a esos dos dominios básicos, que supuestamente constituyen los universales cognitivos desde los que todas las mentes humanas intentamos representar el mundo y a partir de los cuales construimos, de forma cada vez más diferenciada, el resto de nuestros conocimientos. Pero finalmente una división tan esencial entre esos dos mundos básicos —el de los objetos y el de las personas—, acaba dejando en el aire un aroma tan intensamente *dualista* que uno ya no sabe si está realmente ante dominios cognitivos universales, como supone, o incurriendo una vez en los hábitos culturales dualistas desde los que se ha edificado casi toda la ciencia occidental, tal como veíamos anteriormente. Como nos sucede siempre con la adquisición de conocimiento, y queda claro desde la misma cubierta de este libro, es difícil saber si la imagen que vemos es un reflejo de nuestra mirada o si, a la inversa, nuestra mirada es un reflejo de esa misma imagen. Es el precio de tener una mente encarnada, que es un reflejo del mundo —físico y social— al mismo tiempo que el mundo —físico y social— sólo existe como un reflejo de nuestra mente. Sucede aquí como en la escena final de *La dama de Shangai*, la inquietante película de Orson Welles: llega un momento en que ya no sabemos cuál de esas múltiples imágenes reflejadas en otros tantos espejos responde a nuestra mente original y cuál a sus múltiples y recursivas reconstrucciones. Así que tal vez lo que estamos viendo en el espejo sea en realidad el reflejo de otro reflejo. Y puede que yo también falle el disparo.

## El conocimiento de los objetos: De la física intuitiva al conocimiento científico

*Los simples tienen algo más que los doctores, que suelen perderse en la búsqueda de leyes muy generales: tienen la intuición de lo individual, Pero esa intuición por sí sola no basta. Los simples descubren su verdad, quizá más cierta que la de los doctores de la iglesia, pero después la disipan en actos impulsivos. ¿Qué hacer? ¿Darles la ciencia? Sería demasiado fácil o demasiado difícil. Además, ¿qué ciencia?*

Umberto Eco, *El nombre de la rosa*, 1980, pág. 250.

Todos los seres vivos que habitamos este planeta vivimos en un mundo en el que se producen cambios físicos que obedecen a leyes que son independientes de las conductas, representaciones o, en el caso humano, conocimientos de esos seres vivos. La materia se organiza y está sometida a cambios energéticos que responden a ciertas regularidades, de modo que anticipar y, en lo posible, controlar o regular esos cambios energéticos aumentará notablemente las probabilidades de sobrevivir de cualquier organismo. Aunque muchos seres vivos dispongan de mecanismos psicológicos para detectar de forma implícita esas regularidades físicas, es difícil creer que no dispongan también, como parte de su equipamiento cognitivo de serie, de sistemas específicos para detectar las variaciones estructurales fundamentales de su mundo físico, aquellas que organizan y restringen el resto de los cambios. Podemos recordar aquí la distinción establecida en la Tabla 3 (en la pág. 89), a partir de PREMACK (1995), entre causalidad *arbitraria* (los procesos implícitos de detección de regularidades) y causalidad *natural* (las restricciones "a priori" en el procesamiento de sucesos, basadas en programas específicos). Los animales deben tener restricciones cognitivas que les permitan representarse con más probabilidad aquellos sucesos que son más probables en su propio mundo natural o representacional. De hecho, como recuerdan COSMIDES y TOOBY (1994a), la selección natural puede ser vista también como un mecanismo de detección de contingencias extraordinariamente potente, que conduce a seleccionar aquellos fenotipos más contingentes con las variaciones físicas o energéticas esenciales. Así lo veía, de hecho, el propio SKINNER (1974) al asumir la similitud entre la "selección por las consecuencias" de la conducta y la selección natural.

Pero esas restricciones, lejos de ser una consecuencia de aprendizajes asociativos —o arbitrarios— que requieren, entre otras cosas, una gran cantidad de práctica, serían en buena medida la causa u origen de esos aprendizajes asociativos (KEIL, 1995; LESLIE, 1995). Más que ser el producto de una experiencia más o menos *arbitraria*, son los *principios* en los que se sustentaría, de forma *natural* (es decir, restringida por la selección natural) esa experiencia. Como vimos en el capítulo anterior, nuestras representaciones implícitas —y en el caso del mundo físico sin duda también las de muchos otros animales— asumen ciertas restricciones, en forma de principios, de modo que podemos hablar de teorías implícitas en la medida en que existe un compromiso con esos principios, que no sólo son probables sino *necesarios*. Existen tantas posibles correlaciones entre sucesos, entre cambios físicos, que sólo un sistema dotado de potentes restricciones puede extraer alguna información útil de esas covariaciones. Como ya mostrara Charles PEIRCE (1931) con el célebre caso del extraterrestre que explora el Censo de los Estados Unidos, sólo si un organismo "sabe" lo que busca podrá encontrar algo en el mundo físico. Y por lo visto, todos los animales "saben" —aunque por supuesto implícitamente— lo que buscan en su mundo físico, ya que guían su procesamiento por ciertos principios con respecto a las acciones de los *objetos*, esos paquetes de información esencialmente tridimensional, sólidos y compactos, que forman "unidades" que pueden contarse y ocupan un espacio físico, pudiendo desplazarse según leyes y principios muy definidos. Estos principios representacionales para regular la conducta de la materia, como *objeto físico*, constituyen probablemente un universal cognitivo que subyace no sólo a nuestra física intuitiva (GOPNIK, MELTZOFF y KUHL, 1999; LESLIE, 1995; POZO, 2001; POZO y GÓMEZ CRESPO, 1998; REINER, CHI, SLOTTA y RESNICK, 2000; VOSNIADOU, 1994a) sino también a la de otros animales (HAUSER, 2000; THOMPSON, 1995), en especial los primates (CALL, 2000; GÓMEZ y NÚÑEZ, 1998; TOMASELLO, 1999), si bien como veremos con algunas diferencias notables.

## Trucos de magia: La física intuitiva

GOPNIK, MELTZOFF y KUHL (1999) sugieren una buena forma de pensar en esos principios que subyacen a nuestras teorías implícitas sobre el mundo físico. Pensemos en una sesión de magia, a ser posible de buena magia. Un hábil prestidigitador sostiene un pañuelo extendido ante nosotros, hace con él una bola que aprieta entre sus manos, acerca éstas a su pecho y de pronto de entre ellas surge un bastón; el pañuelo no sólo ha desaparecido sino que se ha convertido en un bastón, que a su vez luego se transforma en una chistera, que con un golpe de su varita mágica pasa a ser un sombrero cordobés, que de pronto cambia de color. Vemos también que una persona desaparece en el fondo de un baúl o que una flor oculta bajo el sombrero cordobés, que antes fue una chistera, y antes un bastón y aún antes un pañuelo, aparece de pronto en el bolsillo de un sorprendido espectador. Lo que hace a la magia fascinante es que produce *sucesos imposibles*. De acuerdo con los principios que restringen nuestra física intuitiva, los objetos no cambian de repente de apariencia física o de color, no desaparecen ni se mueven sin que otro objeto actúe sobre ellos. Cualquiera de estos hechos viola un principio de nuestra física intuitiva y por eso es mágico. No son sucesos improbables, como los que pueda producir un malabarista o un saltimbanqui o el mismísimo Michael Jordan. No son tampoco como las sensaciones que experimentamos en las atracciones de cualquier parque temático al uso, que somete a prueba los principios esenciales de nuestra física intuitiva (eso sí suspendida por nuestro conocimiento explícito: nuestras representaciones implícitas nos advierten de amenazas que sabemos que no se van a cumplir, o al menos eso creemos). Son simplemente sucesos *imposibles* porque violan uno de esos compromisos sobre los que están sustentadas de forma natural o necesaria nuestras teorías sobre el mundo físico. Y eso es lo que hace fascinante a la magia: *sabemos* que no son reales, que hay *truco*.

De hecho, gran parte de la investigación sobre la física intuitiva de los bebés (por ej., BAILLARGEON, KOTOVSKY y NEEDHAM, 1995; LESLIE, 1995; SPELKE, 1994; SPELKE, PHILLIPS y WOODWARD, 1995) y recientemente de los primates (por ej., HOOD, HAUSER, ANDERSON y SANTOS, 1999), ha recurrido a este tipo de sesiones de "magia experimental", en las que el investigador se convierte en mago y produce uno de esos sucesos imposibles (por ej., un objeto que desaparece súbitamente tras una pantalla y ya no está cuando esta se retira: una violación de la "permanencia del objeto", una de las nociones básicas de nuestra física intuitiva), con el fin de comprobar —midiendo por ejemplo el tiempo de fijación de la mirada— el grado en que el sujeto se fascina o sorprende en comparación con otros hechos más o menos esperables. Así, se ha descubierto que los bebés de tres meses tienen ya al menos tres principios (cohesión, continuidad y contacto, explicados ya en la páginas 90-91) para representar el mundo físico en el que viven, a los que muy pronto añaden otros, como la inercia o la gravedad (SPELKE, 1994).

De esta forma construyen, construimos, una representación estable del mundo físico, basada en la existencia de objetos físicos con propiedades muy definidas. Aquellos "paquetes de energía" de los que está hecha toda la materia, son para nosotros *objetos* tridimensionales, *sólidos* que tienen una unidad o *continuidad* entre sus partes, de forma que tienen existencia individual y pueden contarse (HAUSER, 2000). Además ocupan un *espacio* físico que no puede ser ocupado simultáneamente por otro objeto, y sólo pueden cambiar ese espacio físico por otro de acuerdo con ciertos principios del *movimiento*. A diferencia de los objetos animados —de los que se ocupa el próximo apartado— los objetos inanimados requieren, según los principios de nuestra física intuitiva, que otro objeto actúe sobre ellos, ejerciendo una fuerza, para moverse (por ej., GELMAN, DURGIN y KAUFMAN, 1995). Todas las acciones de los objetos tienen por principio una *causa externa inmediata* (POZO, 1987; VIENNOT, 1996; VOSNIADOU, 1994a). Entre los movimientos característicos de los objetos en nuestra física intuitiva estaría un cierto sentido de la *inercia*, como movimiento continuado de la acción de una fuerza (POZO, 1987; POZO y CARRETERO, 1992) y la acción de la *gravedad*, por la que esperamos que los objetos no soportados caigan (HOOD y cols., 1999; POZO, 1987; SPELKE, 1994), de forma que el *peso* suele ser en nuestra física intuitiva la causa del comportamiento de los objetos físicos en muchas situaciones, ya sea en su velocidad de caída o en la fuerza que ejercen sobre otros objetos (POZO, 1987; POZO y CARRETERO, 1992), en la flotación de los objetos (BAILLO y CARRETERO, 1996; CARRETERO, 1984) y en otras muchas nociones (VIENNOT, 1996).

En suma, según nuestra física intuitiva, el mundo está compuesto de objetos *reales,* sólidos, tridimensionales y contables, que se mueven por la acción de otros objetos. Como tales tienen un carácter "objetivo", por lo que asumimos que se regulan por leyes que son independientes de nuestra acción sobre ellos. Sin embargo, este carácter de objetos externos no debe hacernos olvidar que buena parte de esa física intuitiva se sustenta en nuestra propia acción sobre los objetos o, por recuperar el término antes acuñado, en nuestra *encarn/acción* de los objetos. Como ha señalado WILSON (1998) la mano es una herramienta sumamente poderosa que diferencia al *homo discens* de otros animales, incluidos en parte nuestros primos los primates. No sólo nos permite actuar sobre el mundo, sino también, como consecuencia de esas acciones, construir nuevas representaciones de los objetos, una nueva física intuitiva, más allá de ciertos universales cognitivos que compartimos, como consecuencia de nuestra propia historia natural, con otras especies: "*Evidentemente, la física elemental estaba implementada en el cerebro y la médula espinal de los mamíferos desde hacía muchísimo tiem-*

po... *Pero este cerebro (el humano) habría incorporado una nueva física, una manera nueva de registrar y representar el comportamiento de los objetos que se mueven y cambian bajo el control de la mano*" (WILSON, 1998, pág. 71 de la trad. cast.) Las nuevas posibilidades de representación, y finalmente de conocimiento, generadas por la manipulación física de los objetos, por nuestra propia *encarn/acción* sobre esos objetos, recuperan de algún modo la epistemología piagetiana de la acción, que sin embargo muy pronto se convertirá en una acción mediada por nuevos sistemas representacionales, tanto físicos (herramientas, aparatos, la física virtual de las máquinas y los sistemas mecánicos) como sobre todo mentales, ya que buena parte del lenguaje cotidiano se apoya en metáforas espaciales y mecánicas (LAKOFF y JOHNSON, 1980). En todo caso, constituyen un área de investigación apenas explorada en el estudio de la física intuitiva, a pesar de que la mecánica —la representación del movimiento de los objetos— es uno de los núcleos esenciales de nuestro conocimiento del mundo material (POZO, 1987).

Aunque puede pensarse que los niños, y los animales, extraen los principios que rigen su física intuitiva de la propia observación de regularidades físicas (así lo creen por ejemplo BAILLARGEON, KOTOVSKY y NEEDHAM, 1995 o PERRUCHET y VINTER, 1998; para otros argumentos en contra de la especificidad de estas representaciones ver también DONALD, 2001; SMITH, 2001), hay varias razones por las que esta explicación —según la cual la causalidad natural puede reducirse a causalidad arbitraria— resulta, en mi opinión, poco convincente. Aunque no creo, como hacen otros autores, que esta explicación asociacionista —o en un sentido más amplio generalista (DONALD, 2001; SMITH, 2001)— haya sido refutada por la investigación empírica, ni siquiera que pueda ser refutada directamente, creo que es poco consistente desde un punto de vista teórico, por varias razones.

Así, se ha comprobado que diferentes animales, que disponen de sistemas distintos para extraer información de su entorno (química, olfativa, visual, etc.), procesan sin embargo los cambios que en él se producen de acuerdo con los mismos principios. Un ejemplo de ello sería la representación de la cantidad o "numerosidad" de los objetos, que responde a los mismos principios en diversas especies, a pesar de que disponen de sistemas de procesamiento de la información muy diferentes entre sí (HAUSER, 2000). Todos los animales, a excepción de los humanos una vez que acceden a los sistemas culturales de numeración, se representan las cantidades en términos de relación entre números de objetos, basadas en correspondencias uno a uno, y no en términos absolutos, y además sólo "cuentan" un número limitado de objetos sólidos, que constituyen una unidad, esos mismos *objetos* sobre los que, según acabamos de ver, se asienta toda nuestra física intuitiva. Esas representaciones numéricas intuitivas, o "numerones" según GALLISTEL y GELMAN (1992), pueden utilizarse para contar diferentes clases de objetos, por lo que no pueden reducirse a "regularidades sensoriales" sino que se basan en ciertos principios abstractos que restringen el procesamiento (GELMAN y WILLIAMS, 1997). Son abstracciones de las propiedades físicas de los objetos, no simples recuentos o tabulaciones de regularidades en el ambiente (KEIL, 1995), pero siguen estando estrechamente ligadas a su representación encarnada e implícita, o si se quiere a las *represent/acciones* realizadas sobre esos objetos. Los animales utilizan los números como categorías, no como conceptos (HAUSER, 2000). Diferencian entre dos y tres como diferencian entre el rojo y el verde, entre un objeto grande y otro más pequeño, o entre un palo y una piedra. Según esta distinción (ver también Pozo, 1989), los conceptos requieren relacionar una representación con otra, por tanto poder acceder a las propias representaciones de los objetos, y manipularlas mentalmente, en lugar de manipular sólo físicamente los objetos.

Si es difícil pensar que los animales puedan aprender por procesos asociativos a representar la cantidad, otro tanto puede decirse del origen del conocimiento espacial (por ej., Spelke y Tsivkin, 2001). Distintos animales utilizan sistemas de procesamiento diferentes basados en el mismo principio de "navegación por estima", que combina su representación implícita de los movimientos del Sol y su propia representación encarnada del desplazamiento realizado (Gallistel, 2000; Hauser, 2000). De hecho, una segunda razón para asumir que estos principios no pueden ser un producto exclusivamente de procesos de aprendizaje asociativo es que los intentos de "enseñar" o instruir por procedimientos asociativos sistemas de representación alternativos al "específico" de cada animal suelen conducir al fracaso o a extenuantes ejercicios de instrucción con resultados bastante dudosos. Mientras los principios se adquieren, según Premack (1995), de forma "natural", esos entrenamientos resultan arbitrarios y por ello tienen efectos muy limitados. Por ejemplo, Boysen (1996) dedicó tres largos años a entrenar a una chimpancé a asociar los números arábigos con las cantidades correspondientes. ¡Y sólo del 1 al 4! Finalmente la chimpancé resolvía algunas tareas simples de sumas y restas con el sistema notacional, lo cual constituye sin duda una notable hazaña cognitiva para su especie, mostrando una vez más la existencia de una *zona de evolución próxima*, en el sentido vygostskiano (Donald, 2001), al menos en los primates, por la que la instrucción y la enculturación pueden favorecer el desarrollo de nuevas competencias cognitivas a partir de las funciones originales. Sin embargo, la chimpancé de Boysen (1996) podía ser confundida fácilmente cuando el nuevo sistema de cómputo, arbitrariamente adquirido, entraba en conflicto con su propia representación intuitiva del número, con sus "numerones", la estimación encarnada de la cantidad. La chimpancé había asociado costosamente, muy costosamente de hecho, las notaciones con las cantidades, pero no era capaz de sustituir unas por otras, de usar un sistema para representar el otro. Recurriendo a los procesos de aprendizaje explícito desarrollados en el Capítulo V, podemos decir que ni siquiera lograba inhibir o suprimir del todo una representación más primaria (Hauser, 2000), menos aún suspender o redescribir sus representaciones encarnadas en un nuevo sistema notacional, cosa que hacen con aparente facilidad los niños de 4 o 5 años en casi todas las culturas (ver Nunes, 1999; Nunes y Bryant, 1996). La chimpancé había realizado un aprendizaje asociativo pero no hay pruebas de que hubiera adquirido, como los niños, una representación simbólica del número. La cantidad seguía siendo una categoría más que un sistema de conceptos, una distinción, recordemos, esencial para adquirir verdaderas representaciones simbólicas (Hauser, 2000; Pozo, 1989).

Esto demuestra, en mi opinión, dos cosas. *La primera*, más general, es que conocer —en el sentido de aprender explícitamente mediante procesos de supresión, suspensión y redescripción representacional— parece ser una función cognitiva, si no exclusiva, del *homo discens*, al menos específica/mente humana (Pozo, 2001). Tal vez sea una función cognitiva que se encuentre en la "zona de evolución próxima" de otros primates (Donald, 2001), que pueden adquirirla de forma costosa y limitada, pero los humanos parecemos adquirirla de modo natural, en el sentido de PREMACK (1995), siempre que asumamos, como aquí se ha hecho, que, a diferencia de otros animales, la cultura es el contexto *natural* para construir la mente humana y, en suma, para adquirir conocimiento (DONALD, 2001).

*La segunda*, más centrada en el argumento presente, es que ni siquiera tres años de denso entrenamiento y reforzamiento modifican los principios de la física intuitiva, ya que éstos no responden a un emparejamiento arbitrario de sucesos sino a un orden natural, a la estructura del ambiente físico para el que la mente, animal o humana, ha sido seleccionada. De hecho, esta resistencia al cambio es una buena razón para dudar que el origen de esos principios esté en mecanismos de aprendizaje asociativo o detección de contingencias (aunque en otro sentido sí podría tener su origen en la detección de contingencias o configuraciones ambientales del mundo físico realizada por la propia selección natural, COSMIDES y TOOBY, 1994a). Al igual que le sucede a los chimpancés con su física intuitiva, y a otros tantos animales que se resisten a aprender asociaciones para las que no están biológicamente preparados (SELIGMAN, 1970), nosotros tampoco modificamos fácilmente nuestras representaciones intuitivas sobre el mundo físico. Al contrario, numerosas investigaciones realizadas en contextos instruccionales muestran que las personas nos resistimos firmemente a modificar nuestras "teorías implícitas" sobre los objetos, incluso, como la chimpancé de BOYSEN (1996), tras largos años de instrucción.

Las investigaciones sobre el aprendizaje de la ciencia en las últimas décadas han estado de hecho mayoritariamente dedicadas a estudiar esas representaciones en forma de lo que se ha dado en llamar las *misconceptions* o concepciones erróneas de los alumnos. Hay catálogos abundantes de esas ideas (por ej., DRIVER y cols., 1994). Una reciente web que recopila y organiza las investigaciones acumuladas en las últimas décadas sobre las concepciones del mundo material, incluyendo, como aquí estamos haciendo, las creencias biológicas, ha encontrado ¡más de 5.000 concepciones distintas! (FLORES, 2002), si bien posiblemente no todas ellas tienen la misma relevancia y generalidad, es decir, no todas constituyen *creencias nucleares* o básicas sobre la naturaleza de ese mundo material [2].

Un rasgo característico de nuestras teorías implícitas sobre el mundo físico es que han resultado muy resistentes a los intentos de modificarlas a través de una instrucción o alfabetización científica, ya que de hecho muchos de los principios en que se asienta nuestra física intuitiva, tal como los acabo de resumir, son contrarios a las ideas científicamente aceptadas hoy en día. Por ejemplo, nuestra idea intuitiva de que "todo movimiento implica una fuerza" o acción externa de otro objeto es contraria al principio newtoniano de inercia. Y de hecho, la mayor parte de nosotros, tras años de instrucción en física somos, como la chimpancé de BOYSEN (1996), muy remisos a abandonar esas representaciones implícitas, en gran medida porque, dada su naturaleza implícita, ignoramos que las tenemos. Enfrentados a la tarea de explicar qué fuerzas están actuando sobre una

---

[2] Hay también numerosos estudios dedicados a analizar su naturaleza y origen cognitivo, que por supuesto no se van a revisar aquí (ver por ej., CARRETERO, 1996; DISESSA, 1993, 2000; LIMÓN y MASON, 2002; POZO y CARRETERO, 1987; POZO y GÓMEZ CRESPO, 1998; POZO y cols., 1992; REINER y cols., 2000; RODRÍGUEZ MONEO, 1999; SCHNOTZ, VOSNIADOU y CARRETERO, 1999; VOSNIADOU, 1994a).

moneda lanzada al aire cuando está aún subiendo, la mayor parte de las personas (¡incluidos muchos físicos!) sostienen que son dos las fuerzas que actúan (SEBASTIÁ, 1984; ver también POZO, 1987; POZO y CARRETERO, 1992): la "fuerza" ascendente que le hemos dado a la moneda y la gravedad; cuando *realmente* (o sea, según la Física) sólo hay una fuerza, la de la gravedad, ya que el movimiento ascendente es inerte. Para nosotros una fuerza es una acción que se ejerce sobre un objeto. Una vez más, es una *encarn/acción:* cuando los objetos están en reposo, en contra de lo que hace la Física, no concebimos que haya fuerzas actuando sobre ellos, pero cuando están en movimiento nos representamos fuerzas actuando en la dirección y con la intensidad del movimiento, en lugar de representar un movimiento inerte. Nos resulta muy difícil creer que, cuando dos objetos interactúan (por ej., la Tierra y una pelota), las fuerzas que ejercen entre ellos son de la misma intensidad (POZO, 1987). Diga lo que diga la mecánica newtoniana, y todos la hemos estudiado, nuestro cuerpo nos está informando continuamente de que, para mover objetos, debemos ejercer una fuerza de intensidad análoga al movimiento que queremos obtener, y que los objetos se detienen cuando esa fuerza se agota. Las fuerzas son para nosotros entidades materiales, el músculo que hace posible el movimiento *encarnado* de los objetos.

Igualmente, tras varios años de instrucción en química, las personas (¡incluidos nuevamente muchos químicos!) siguen pensando que entre las partículas que componen un sólido no puede haber ningún espacio intermedio vacío, aunque sí puede haber vacío en los gases y tal vez en los líquidos (GÓMEZ CRESPO y POZO, 2000; POZO y GÓMEZ CRESPO, 1998, 2002). Nuestra tendencia a convertir en entidades materiales o *sustancializar* los conceptos físicos intuitivos (MORTIMER, 1998, 2001) ilustra una vez más la naturaleza encarnada de nuestras representaciones implícitas, que se ocupan de *objetos* en un mundo tridimensional, de entidades materiales que ocupan espacio real en el mundo, aunque sean imperceptibles. Podemos aceptar que la materia está compuesta de partículas imperceptibles, pero les atribuiremos, por analogía con el mundo sensorial, propiedades macroscópicas, y así, de acuerdo con el realismo ingenuo que subyace a nuestras representaciones encarnadas, tenderemos a hacerlas tan reales como el mundo en que vivimos, aunque, eso sí, invisibles. De esta forma, los alumnos de secundaria —que son la población más estudiada sobre estos temas, pero cuyas ideas al respecto no difieren demasiado de las que tenemos los adultos, incluso universitarios (GÓMEZ CRESPO, POZO y SANZ, 1995; POZO, GÓMEZ CRESPO y SANZ, 1999), al igual que sucede en otras áreas de la "física intuitiva" (POZO, 1987; POZO y CARRETERO, 1992)— nos dirán, a partir de sus representaciones encarnadas, que "las moléculas de agua están mojadas" o que "las partículas de la Cocacola se mueven pero las del agua no" (POZO y GÓMEZ CRESPO, 1998).

Otro tanto sucede con nuestra representación implícita de otros muchos conceptos físicos, como el calor, la electricidad o la energía (ver por ej. POZO y GÓMEZ CRESPO, 1998; REINER y cols., 2000; VIENNOT, 1996), e incluso de fenómenos biológicos, como la salud y la enfermedad (LÓPEZ MANJÓN, 1996) que igualmente se conciben como objetos o entidades materiales, con lo que les atribuimos propiedades muy distintas de las que tienen en las teorías científicas correspondientes. Para todos nosotros el calor es aumento de temperatura (WISER y AMIN, 2001), algo a lo que nuestro cuerpo es muy sensible; así decimos que una manta da calor en lugar de representárnosla como un aislante térmico que reduce el intercambio de energía con el ambiente e impide el equilibrio térmico. Mientras que para la Física, según vimos en el Capítulo II, la energía es una moneda nmaterial sometida inexorablemente a las leyes de la conservación y la degradación (o entropía), para nosotros es una sustancia más o menos material (gasolina, una batería, incluso un buen bocadillo de chorizo) que ocupa espacio, se transporta o desplaza, y que, lejos de conservarse, se consume. Finalmente esa idea de que la materia puede reducirse a "paquetes de energía" resulta ajena a nuestra física intuitiva, ya que esta se basa en el principio opuesto de materializar o convertir en *objeto* todo lo que toca. Los objetos que tienen propiedades como fuerza, energía, calor, peso, etc., pueden constituirse en agentes físicos que transmiten esas propiedades a otros objetos.

Y así llegamos a *una última razón,* por la que los principios que sustentan nuestra física intuitiva, nuestras teorías implícitas sobre el mundo de los objetos, no pueden ser producto exclusivamente de la detección, o "tabulación" (KEIL, 1995), de regularidades en el ambiente. Y es que muchos de los sucesos que predice nuestra física intuitiva son también a su manera trucos de magia, en este caso de *magia cognitiva,* ya que en realidad no suceden como tales en el mundo, sino sólo en nuestra mente, gracias a las restricciones impuestas por esos principios. Como ya señalara SCHRODINGER (1944) si nos representáramos *el mundo tal como es* —lo que dicho por un físico quiere decir sin más rodeos *tal como la física dice que es*—, no percibiríamos objetos continuos, sólidos, estáticos, moviéndose sólo por la acción directa de otros objetos, sino una interacción permanente, *histérica,* de partículas separadas entre sí por agujeros vacíos en búsqueda continua de nuevas formas de equilibrio. De hecho, no veríamos objetos, entidades físicas sólidas y tridimensionales, que ocupan espacio, se desplazan como un todo y constituyen unidades que pueden ser enumeradas.

La Física contemporánea, cuyo objeto de estudio son esas partículas microscópicas que constituyen los "paquetes mínimos de energía" de los que todos estamos compuestos, está regida por el Principio de Incertidumbre, enunciado por HEISENBERG, según el cual no podemos predecir a la vez la posición y el movimiento de ninguna partícula. En cambio, nuestra física intuitiva se basa más bien en un *principio de certidumbre* basado en la solidez y el carácter estático de esos objetos. Pero esos objetos sólidos y estáticos, permanentes, son una construcción cognitiva, como ya mostrara PIAGET (1937) en sus célebres estudios sobre el desarrollo de la "noción de objeto" en los bebés. La simple percepción de un objeto (un balón) en movimiento, el cálculo de la velocidad con la que se desplaza, que nos permite sincronizar las acciones para cogerlo, requieren un cuerpo que informe de los cambios que están teniendo lugar y permita construir una representación continua, a partir de informaciones discontinuas en términos físicos. Frente a la naturaleza discreta de las unidades de análisis en la mayor parte de las ciencias (quarcks y átomos en física, células o genes en biología, bits en cibernética, unidades neuronales en el conexionismo, etc.), nuestro cuerpo construye representaciones continuas. Así vemos la materia como continua (POZO y GÓMEZ CRESPO, 1998), pero también damos continuidad a los estados mentales mediante la conciencia (ROSETTI y REVONSUO, 2000b), como vimos en el Capítulo V y recuperaremos en el próximo apartado.

Vemos el mundo como lo vemos porque nuestra mente encarnada le impone un orden más allá de su inevitable sometimiento a la entropía. Nuestra física intuitiva sería, según la feliz expresión de PINKER (1997), una *física inversa* —es decir la solución evolutiva a muchos problemas físicos cuya naturaleza exacta en muchos casos aún desconocemos— y, como tal, contiene su propia magia cognitiva, una magia inversa que hace posibles pero también necesarios ciertos trucos representacionales con los objetos, de forma que resultan mucho más previsibles y controlables, al menos para nosotros. Uno puede imaginar al extraterrestre de Peirce o a los habitantes de Tlön, aquel planeta ideado por BORGES, mundos, imaginemos, sin gravedad, o simplemente bidimensionales o multidimensionales, seres dotados de una física intuitiva diferente a la nuestra, que asistirían perplejos a nuestras sesiones de magia cognitiva, como nosotros a las suyas.

En realidad, basta con desplazar nuestra física intuitiva a un mundo diferente del nuestro para comprobar que muchos de esos trucos cognitivos ya no funcionan. En un experimento realizado en el espacio, con astronautas, MCINTYRE y cols. (2001) han mostrado las dificultades que estos tienen para adaptar sus teorías implícitas sobre el movimiento a las nuevas condiciones gravitatorias. Tras quince días en el espacio seguían prediciendo que una pelota lanzada al aire "caería" con la misma aceleración que en la Tierra. Los autores concluyen que esos comportamientos rígidos reflejan la existencia de un "modelo de la gravedad" impreso en el cerebro, podríamos decir una representación encarnada e implícita de nuestra física inversa que permite "mágicamente" predecir con exactitud el movimiento de los objetos sin necesidad de hacer explícitamente los sofisticados cálculos que exige el diseño de un robot o la solución de un típico problema de física. Según los autores nuestra física inversa no está adaptada a las condiciones ideales de las leyes newtonianas, sino a las más mundanas restricciones que nuestras representaciones encarnadas producen en nuestra mente. Una vez más, resulta difícil saltar fuera de la sombra que nuestro cuerpo produce en el mundo.

De hecho, si algo les falta a los sistemas cognitivos artificiales, que por lo dicho en capítulos anteriores carecerían no ya de conocimiento (Capítulo V), sino de auténticas representaciones (Capítulo IV), en la medida que son sistemas exclusivamente informativos (Capítulo III) (POZO, 2003b), es precisamente unas mínimas dosis de *magia cognitiva.* Lo que les falta es la *sombra* de un cuerpo. Tienen toda la fuerza computacional imaginable, pero carecen de representaciones específicas de dominio. Por ejemplo carecen de "física inversa", porque no han desarrollado sus sistemas para solucionar ningún problema específico, sino más bien —recordemos una vez más la Biblioteca de Babel— todos los problemas imaginables o representables. Así, construir objetos y ponerlos en movimiento es una de las hazañas cognitivas que hoy por hoy están fuera del alcance de los sistemas artificiales de conocimiento —salvo en contextos limitados, en ámbitos de procesamiento local, en el sentido fodoriano— que son sin embargo capaces de sofisticados cálculos analíticos, de manipular representaciones formales, sintácticamente impolutas, y así lograr jugar al ajedrez o gobernar una nave en su viaje a Marte. Como sugiere DONALD (2001), ¡qué más quisieran los ingenieros que poder emular las hazañas cognitivas de una simple hormiga o de una abeja! De hecho, uno de los grandes logros de la *mobótica* —el diseño de robots móviles— son unos insectos elementales, unas cucarachas metálicas que apenas pueden moverse sin tropezarse por el espacio restringido del laboratorio

(CLARK, 1997). Nada que ver con aquella hormiga tunecina cuyas habilidades de navegación recordábamos en el Capítulo IV (página 83). Al lado de esa cucaracha metálica tan costosamente construida, la hormiga tunecina merecería sin duda que se le concediera el Premio Nobel de Geografía, o se creara para ella. De hecho, como dice Juan José MILLÁS (2000) en una de sus historias ("Cuestión de precio"), las avispas son "bichos de tecnología punta", ya que es imposible imaginar tantas funciones en tan poco espacio, de modo que si hubiera que fabricarlas serían carísimas.

En suma, los principios desde los que representamos el mundo físico no pueden haber sido extraídos *exclusivamente* de nuestra experiencia física con el mundo. No nos limitamos, como el extraterrestre de Peirce, a detectar regularidades en el ambiente, mediante procesos de aprendizaje implícito, sino que esos principios son restricciones que nuestra mente encarnada, a través de sus acciones físicas y mentales, sus *encarn/acciones*, impone al procesamiento de los *objetos* con el fin de regular u ordenar a esos cambios físicos, haciendo más probable la supervivencia del organismo en ese nuevo mundo construido, el nicho cognitivo de los objetos físicos. Pero eso no quiere decir que los mecanismos de aprendizaje asociativo no desempeñen ninguna función en nuestra representación implícita del mundo físico. Seguramente ambos mecanismos son necesarios (KEIL y SILBERSTEIN, 1996; POZO, 1989, 1996a). La construcción de teorías requiere acumular información que capture de algún modo la "estructura correlacional" del mundo, donde no todos los sucesos tienden a covariar con la misma probabilidad. Aunque sea "falso" que los objetos floten o se hundan en función de su peso, un truco más de "magia cognitiva" muy extendido entre nosotros (BAILLO y CARRETERO, 1996; CARRETERO, 1984), lo cierto es que los objetos pesados, en términos absolutos, tienen más probabilidad de hundirse que los más livianos, como cualquier niño puede comprobar jugando en la bañera, así que detectar covariaciones y "tabular datos" (KEIL, 1995) al respecto ayuda a elaborar una teoría más precisa, aunque sea de modo implícito y bajo las restricciones impuestas por la física intuitiva. De hecho, la propia detección de correlaciones en el mundo parece guiada por estas restricciones de *contenido* (AHN y KALISH, 2000; CHENG y HOLYOAK, 1995; PÉREZ ECHEVERRÍA, 1990).

Una vez más no se trata de un proceso general, independiente del contenido. La adquisición de representaciones específicas sobre el mundo físico requiere también de mecanismos o procesos generales que permitan detectar regularidades entre esos sucesos específicos. Nuestra física intuitiva se apoyaría también en esos mecanismos de aprendizaje asociativo. Nuestras teorías implícitas sobre el mundo físico serían por tanto producto en buena medida de la aplicación de los mecanismos asociativos propios del aprendizaje implícito a la representación, mediada por nuestras estructuras corporales, de la información procedente del mundo físico. En otras palabras, las reglas asociativas (como la covariación, contigüidad, semejanza, etc.) se aplicarían no ya a las relaciones entre los estímulos o parámetros energéticos de ese mundo físico sino a la información que nuestro cuerpo extrae de ese mundo en forma de "representaciones primordiales" o encarnadas, que, como sabemos a su vez, son producto de la selección *natural*, que se basa también, como los propios procesos de aprendizaje asociativo, en la de detección de contingencias entre conducta y ambiente (COSMIDES y TOOBY, 1994a).

Como vimos ya en su momento (Capítulo III), para que haya información, tiene que haber un cambio, una situación inesperada. Son los cambios, y no los estados esperados del mundo los que resultan informativos y los que plantean demandas cognitivas que exigen la construcción de nuevas representaciones para afrontar esas situaciones. Cada vez que nos enfrentamos a un suceso nuevo, o sea, moderadamente discrepante de nuestras expectativas, iniciamos, una búsqueda causal, generalmente de naturaleza implícita o automática, con el fin de encontrar información que nos permita predecir y controlar ese hecho (Pozo, 1987; Pozo y cols., 1992). Cuando esto sucede, cuando un objeto no se comporta de acuerdo con nuestras representaciones implícitas, solemos recurrir a ciertas reglas simplificadoras que nos identifican las "causas" más probables y frecuentes, reduciendo la complejidad del mundo sensorial a unos pocos elementos destacados, eliminando el *ruido* de tantos otros factores irrelevantes. En otras palabras, cuando se producen esos cambios informativos, construimos representaciones situacionales basadas en reglas asociativas, o heurísticas (Tversky y Kahneman, 1974), que se corresponderían básicamente con las leyes del aprendizaje asociativo implícito revisadas en el capítulo anterior (ver Pozo, 1987). La Tabla 11 presenta algunos ejemplos de las representaciones implícitas que estas reglas de semejanza, covariación y contigüidad nos proporcionan a partir de nuestras representaciones encarnadas del mundo (Pozo, 1987; Pozo y cols., 1992), que hacen que nuestra física intuitiva esté muy pegada a la piel, siguiendo una regla según la cual "lo que no se percibe, o lo que no se hace, no se concibe" (o es muy difícil de concebir) con lo que se distancia notablemente de la física científica, que se refiere a abstracciones, no a hechos o sucesos directamente perceptibles.

De hecho, la construcción del conocimiento científico a partir de estas representaciones implícitas y encarnadas requiere no sólo adquirir nuevos conocimientos —en el sentido de *incorporar* nueva información— sino sobre todo, en mi opinión *reestructurar*, por procesos de aprendizaje explícito, nuestras teorías implícitas sobre el mundo físico. En otras palabras, de acuerdo con las ideas presentadas en capítulos anteriores, aprender ciencia requiere un proceso de explicitación y reconstrucción progresiva de las representaciones implícitas y encarnadas en este dominio.

## La adquisición de conocimiento científico: Más allá de las teorías implícitas

De acuerdo con el modelo de adquisición de conocimiento como un proceso de explicitación progresiva de los componentes de una representación (objeto, actitud y agencia), desarrollado en el Capítulo V a partir de Dienes y Perner (1999), las teorías implícitas sobre el mundo físico, según acabamos de ver, hacen explícito únicamente el *objeto* de la representación en términos de sustancia material (Reiner y cols., 2000). Todos nosotros podemos explicitar fácilmente el contenido u objeto de nuestra representación física intuitiva, en forma de predicción o de acción, pero, tal como señalaba Reber (1993) al indicar las propiedades del aprendizaje implícito, nos será más difícil explicar o justificar esa predicción. Así, por ejemplo, la atribución del movimiento de los objetos a una

**Tabla 11**. *Algunos ejemplos de la utilización de heurísticos o reglas simplificadoras en la construcción de representaciones implícitas a partir de los contenidos de la mente encarnada.* (Adaptado de Pozo y Gómez Crespo, 1998.)

| REGLA | EJEMPLOS |
|---|---|
| • Semejanza | • Si hace calor, nos quitamos ropa, ya que la ropa "da calor".<br>• El fenotipo es un reflejo del genotipo.<br>• Si me duele el estómago, será algo que he comido.<br>• Si el agua es húmeda, las partículas de agua también serán húmedas.<br>• Si un sólido está visiblemente quieto, las partículas que lo componen también estarán inmóviles. |
| • Contigüidad espacial | • Las bombillas más cercanas a la pila en un circuito en serie lucirán con más intensidad que las más alejadas.<br>• El agua condensada en las paredes de un vaso es agua que se filtra a través de las paredes.<br>• La contaminación sólo afecta a las ciudades, ya que en el campo se respira aire puro. |
| • Contigüidad temporal | • Si nos duele la cabeza o el estómago, se deberá a lo último que hayamos hecho o comido.<br>• La forma de las montañas se debe a la erosión y no a los movimientos geológicos.<br>• Si se nos seca el bonsái será que la semana pasada hizo calor (aunque tal vez llevemos dos años sin abonarlo). |
| • Covariación cualitativa o cuantitativa | • Si cuando tengo fiebre y dolor de cabeza tomo un antibiótico y me curo, por más que digan los médicos, creeré que los antibióticos curan la gripe.<br>• Para calentar más rápidamente la casa suele subirse al máximo la temperatura en el termostato.<br>• Se asume que cuanta más velocidad lleva un cuerpo, mayor es la fuerza adquirida.<br>• Se asume que la velocidad de caída de los objetos aumenta con el peso. |

fuerza causal externa hace que estas teorías intuitivas guarden un gran parecido con las concepciones aristotélicas o medievales del movimiento (McCloskey, 1983; Pozo, 1987; Pozo y Carretero, 1992), pero mientras estas teorías estaban explícitamente articuladas, la física intuitiva sigue siendo en gran medida implícita. Como señalaba en capítulos anteriores, lo que se hace explícito en estas teorías implícitas viene a ser como la punta del iceberg, que sobresale por encima de la superficie de nuestras representaciones, pero oculta una estructura mucho más profunda cuya explicitación suele ser bastante más difícil. Aprender ciencia requiere en buena medida reconsiderar o redescribir algunos de los supuestos epistemológicos, ontológicos y conceptuales que subyacen, de forma implícita, a nuestras predicciones o acciones físicas y que son en lo fundamental contrarios a los que mantiene la propia ciencia (CHI, SLOTTA y DE LEEUW, 1994; POZO y GÓMEZ CRESPO, 1998; VOSNIADOU, 1994a).

Uno de estos supuestos parece ser un *realismo* más o menos ingenuo, por el que asumimos que nuestras representaciones —los productos de nuestra magia cognitiva— son objetos físicos reales, de tal manera que debe haber una correspondencia exacta entre los productos de la mente y el mundo o, como decía PIAGET (1926) al referirse al realismo infantil, tendemos a atribuir a los objetos las estructuras mentales que les imponemos como sujetos. Recuperando la metáfora de BORGES una vez más, nuestras teorías implícitas, en la medida en que sólo explicitan el objeto, tienden a confundir el mapa con el territorio o, según MORTIMER (2001) son representacionalmente transparentes. Si no hay movimiento, no hay fuerza; la energía es un objeto tangible, material; las moléculas tienen las mismas propiedades que el objeto macroscópico que componen. Adquirir conocimiento científico implica, según CHI, SLOTTA y DE LEEUW (1994), convertir esos objetos en procesos, es decir en relaciones entre sucesos, o si se prefiere, en los términos aquí empleados, en *actitudes* epistémicas, o como dijera ya VYGOTSKI (1931) pasar de un "análisis del objeto" a un "análisis del proceso". El peso en la física newtoniana no es ya una propiedad material, absoluta, de los objetos, sino una relación entre dos objetos (o mejor aún entre sus masas). El calor tampoco es una propiedad material de los objetos sino una relación energética. Ni siquiera la energía —de la que todos estamos finalmente compuestos— es ya una sustancia material en la física moderna (ver por ej. BARROW, 2000).

Representar el mundo físico en términos de relaciones entre conceptos implica ir más allá del conocimiento categorial que, en el mejor de los casos, nos proporcionan las teorías implícitas. La función pragmática de las representaciones implícitas permite predecir los objetos/estados más probables del mundo, pero no explicarlos o redescribirlos en relación con otros estados u objetos. De hecho, las personas tendemos a sobreestimar nuestra capacidad de explicar fenómenos naturales y materiales en buena medida porque asumimos que una mera descripción, basada en el conocimiento de los *objetos* o partes de un sistema, es ya una explicación de ese sistema (ROZENBLIT y KEIL, 2002). Para poder explicar realmente el sistema será necesario que las representaciones tengan una función epistémica, es decir, que estén dirigidas a conocer las propias representaciones, que de este modo dejarían de ser transparentes desde el punto de vista representacional. En términos de DIENES y PERNER (1999), se trataría de explicitar no sólo el objeto sino también la *actitud* o relación conceptual entre esos sucesos. A su vez, la comprensión de las relaciones entre estas diferentes relaciones conceptuales requiere hacer explícita la teoría o sistema conceptual en el que se enmarcan, que en términos del modelo de DIENES y PERNER (1999) se correspondería con la *agencia* cognitiva, en la medida en que diferentes agentes, con distintas teorías, generarían representaciones distintas. Los propios conceptos —o relaciones entre objetos— forman parte de una red de relaciones que es la que les proporciona su significado, de forma que aprender ciencia implicaría no tanto adquirir nuevos conceptos o sustituir unos conceptos —mediante procesos de crecimiento o supresión representacional, tal como vimos en el Capítulo V— por otros como construir nuevas relaciones entre conceptos y finalmente nuevas teorías (BENLLOCH y POZO, 1996; POZO y GÓMEZ CRESPO, 1998). El cambio conceptual sería en realidad un cambio de concepciones (WHITE, 1994) o de sistemas de representación (POZO y RODRIGO, 2001).

Sin embargo, la mayor parte de los intentos por lograr un *cambio conceptual* mediante estrategias de instrucción científica han estado esencialmente dirigidos a reemplazar formas simples de conocimiento —las *misconceptions* de los alumnos— por conocimientos científicos complejos, es decir se han centrado sobre todo en suprimir las representaciones implícitas. Los resultados de esos intentos han sido más bien frustrantes. Una vez más, como veíamos en el apartado anterior, y como le sucediera también a la chimpancé instruida por BOYSEN (1996), las teorías implícitas se han mostrado sumamente resistentes al cambio. De hecho, según DUIT (1999, pág. 270), *"hay que afirmar que no hay ni un solo estudio en la literatura de investigación sobre las concepciones de los estudiantes en la que una concepción concreta de las profundamente arraigadas en los alumnos haya sido totalmente extinguida y sustituida por una nueva idea. La mayoría de las investigaciones muestran que hay sólo un éxito limitado en relación con la aceptación de las ideas nuevas y que las viejas ideas siguen básicamente 'vivas' en contextos particulares'*.

Hay diversas explicaciones de esas dificultades para lograr un verdadero cambio conceptual, en cuyo detalle no puedo entrar aquí (ver POZO, 2002; POZO y GÓMEZ CRESPO, 1998)[3]. Pero una posible razón por la que no se ha logrado el abandono de esas teorías implícitas tal vez sea que el aprendizaje de la ciencia, en forma de cambio conceptual, no requiera en realidad el abandono de esas representaciones implícitas en favor de un conocimiento más elaborado mediante procesos de supresión, sino, de acuerdo con el modelo de adquisición de conocimiento como un proceso de redescripción representacional, la *integración jerárquica* de unos sistemas de representación en otros (POZO, 1999; POZO y GÓMEZ CRESPO, 1998). Según esta idea, adquirir conocimiento no implica sustituir unas representaciones u *objetos* de conocimiento por otros, sino multiplicar las perspectivas o *actitudes* epistémicas con respecto a esos objetos, y finalmente integrarlas en una única teoría o *agencia* cognitiva que redescriba las relaciones entre esos componentes en un nuevo nivel. No basta ya con representar el mundo a través de las teorías, sino que hay que representar las propias teorías. Conocer implica de algún modo vernos reflejados en el objeto de nuestro conocimiento, identificarnos en nuestras teorías, que sólo así podremos modificar.

Por tanto, aprender ciencia requiere no sólo ir más allá de las representaciones encarnadas e implícitas que nos proporciona el equipamiento cognitivo de serie, sino redescribir esa experiencia del mundo físico en nuevos niveles representacionales, que sólo serán posibles mediante la instrucción. El conocimiento científico no puede sustituir a otras formas de saber, pero sí puede integrar jerárquicamente a algunas de ellas, redescribiendo (es decir explicando) sus predicciones, sus *objetos*. Para ello hay que abandonar la idea de que esos conocimientos previos son concepciones erróneas —o *misconceptions*—, el término más utilizado durante muchos años, y en su lugar intentar que ese conocimiento

---

[3] Otros análisis complementarios pueden encontrarse por ejemplo, en CARRETERO (1996), LEVINAS (1998), MORTIMER, (2000) RODRÍGUEZ MONEO (1999) o también en los volúmenes editados recientemente por BENLLOCH (2002), LIMÓN y MASON (2002) o SCHNOTZ, VOSNIADOU y CARRETERO (1999).

científico sirva para dar sentido a las representaciones encarnadas que todos tenemos. La química puede redescribir ciertos fenómenos de cocina —o al menos eso es lo que propone CÓRDOVA (1990) con tanta precisión como deleite— pero sería empobrecedor reducir la cocina a una actividad química; la medicina debe ayudarnos a entender nuestros dolores y reacciones corporales, pero no a abandonarlas.

De esta forma, más que acumular saberes o sustituir unos por otros, la instrucción científica debería promover una reflexión o redescripción representacional de unos saberes en otros, para lo que es preciso asumir que ciertas formas de conocimiento (científico) tienen mayor potencia representacional —o, en el sentido de LAKATOS (1978), un exceso de contenido empírico— con respecto a otras formas de conocimiento menos complejas, que sin embargo tienen una gran funcionalidad cognitiva y por tanto no pueden ser permanentemente suprimidas, ya que esas formas más elementales de conocimiento, basadas en la organización de nuestras representaciones implícitas, forman parte esencial de nuestra identidad cognitiva, que no podemos *reprimir* o violentar de forma continua. Recordemos que según el proverbio árabe que abría el libro, "*el hombre no puede saltar fuera de su sombra*". Todos seguimos viendo al Sol moverse por el horizonte, aunque en cierto nivel de análisis (jerárquicamente superior) sepamos que no se mueve. La teoría científica puede redescribir mi experiencia encarnada, sensorial, pero no al revés. Y a su vez, esa teoría científica puede ser redescrita por otra (en realidad ahora sabemos que el Sol *sí* se mueve como consecuencia de la expansión continua del universo...). También podemos saber que la materia está en realidad compuesta de partículas en continua interacción y movimiento, separadas entre sí por un espacio vacío, aun cuando lo que *veamos* realmente sean objetos sólidos, continuos y estáticos, ocupando un espacio, y nos comportemos habitualmente *como si* tales objetos existieran. O como le recuerda sabiamente un alumno estudiado por MORTIMER (2001) a uno de sus compañeros, aunque los cristales de vidrio sean para todos nosotros objetos sólidos —con todas las propiedades de los sólidos— en clase de ciencias "conviene" verlos como líquidos, aunque luego al salir al patio baste con pensar que son sólidos.

Por tanto, frente a la idea de que el conocimiento científico debe sustituir al conocimiento cotidiano —que es la que ha predominado en los modelos didácticos del cambio conceptual, y es la que justifica la anterior afirmación de DUIT (1999)—, debemos asumir que la función de la instrucción científica debería ser promover una redescripción o explicación de ese conocimiento cotidiano en términos de modelos científicos más complejos y potentes. Mientras las teorías implícitas tendrían una función pragmática (predecir y controlar sucesos), el conocimiento científico tiene una función epistémica (entender por qué pasan las cosas) y ello nos ayudará a reestructurar las situaciones cuando las cosas de hecho no vayan bien (cuando la función pragmática de las teorías implícitas fracase). Como señalara ORTEGA Y GASSET (1940) los conocimientos (explícitos, en los términos aquí empleados) surgen en los "huecos" que dejan las creencias (implícitas).

Por tanto, la conversión de las representaciones implícitas sobre el mundo físico en conocimiento científico requiere procesos de aprendizaje explícito. Pero esos procesos no implicarían sólo la *supresión* o sustitución de unas formas de conocimiento por otras —que sin duda puede ser necesaria en algún caso—, ya que no sería pragmático, desde el punto de vista representacional, el esfuerzo de concebir siempre los cristales de la ventana como líquidos, o el suelo del avión en que volamos como un sistema de partículas en continua interacción y movimiento, ¡y aún más separadas por espacios vacíos! La adquisición de nuevos conocimientos no hace perder su función pragmática a nuestras representaciones implícitas. Tampoco sirve suprimir contextual o situadamente ciertas representaciones —como ese alumno, que asume con cierto cinismo o resignación que "ahí fuera los vidrios son sólidos, pero a él (al profesor) es mejor decirle que son líquidos"—, ya que eso no favorece un verdadero cambio conceptual, sino meramente un uso contextual de diferentes representaciones. De hecho, la aceptación de un "relativismo contextual", según el cual en cada contexto puede valer un conocimiento diferente, conduce sin duda a una parálisis epistemológica que puede encontrarse no sólo en la cultura (FERNÁNDEZ-ARMESTO 1997), sino también en las propias concepciones populares sobre el conocimiento (HOFER y PINTRICH, 2002). Tal como sucede en otros ámbitos de cambio psicológico, por ejemplo clínicos (WENZLAFF y WENGER, 2000), la supresión o inhibición deliberada de conocimientos no es suficiente para asegurar el cambio conceptual. La *suspensión* representacional —basada en el uso de analogías o metáforas (DUIT y cols., 2001; también GENTNER y WOLF, 2000)— puede ayudar a este proceso de cambio conceptual, pero finalmente será necesaria una *redescripción* representacional, o integración jerárquica de unos sistemas de representación en otros. Ese proceso de cambio representacional se apoyaría así en tres procesos de aprendizaje interrelacionados (desarrollados en detalle en POZO y GÓMEZ CRESPO, 1998):

— Una *reestructuración teórica*: frente a las estructuras simplificadoras del conocimiento cotidiano, basado en reglas asociativas de aprendizaje implícito (covariación, contigüidad, semejanza, etc.) que se basan en una causalidad lineal, el conocimiento científico requiere interpretar los fenómenos en términos de relaciones de interacción y conservación dentro de sistemas tendentes a ciertos estados de equilibrio dinámico. Las relaciones causales lineales que nuestra física intuitiva predice entre fuerza y movimiento, calor y temperatura, etc., se convierten en el conocimiento científico en parte de un sistema de relaciones tendentes al equilibrio y la conservación de las propiedades globales del sistema. Adquirir conocimientos más complejos requiere también disponer de estructuras conceptuales más complejas en las que integrar las representaciones más primarias.

— Una *explicitación* progresiva de las representaciones implícitas y encarnadas así como de las estructuras subyacentes a ese *iceberg* representacional, en forma de teorías implícitas, diferenciándolos de las estructuras y modelos utilizados por las teorías científicas. Ello implica no sólo una reflexión o explicitación de esas teorías implícitas, sino también el dominio de nuevos lenguajes y sistemas explícitos de representación que, tal como vimos en el Capítulo V, permiten redescribir esos conocimientos en términos de sistemas conceptuales más potentes.

— Una *integración jerárquica* de las diversas formas de conocimiento cotidiano y científico. Como hemos visto, frente al supuesto de que la instrucción debe estar dirigida al abandono por los aprendices de su ciencia intuitiva, —de sus teorías implícitas supuestamente erróneas—, adquirir conocimiento científico requiere una instrucción explícitamente dirigida a ayudar a esos aprendices a reconstruir y redescribir sus intuiciones, situándolas en un nuevo y más potente marco conceptual, pero sin abandonarlas, ya que forman parte no sólo de su sentido común sino de un acervo cultural largamente acumulado, por lo que tienen tras de sí una larga historia de éxitos personales y culturales.

Entendida así, la adquisición de conocimiento científico no sólo hace necesaria la reconstrucción cultural de la mente, tal como reclamaba al final del Capítulo V, sino que, ante todo, la hace posible. La ciencia sería una construcción que hace posible representarse el mundo más allá de ese equipamiento cognitivo de serie con el que todos venimos al mundo, un *sistema de conocimiento,* cultural e históricamente generado (BLANCO, 2002; BURKE, 2000), que nos permite acceder a otros mundos posibles además del mundo real, de objetos tridimensionales y mesocósmicos (RIVIÈRE, 1991), en el que todos vivimos de una forma las más de las veces implícita y siempre encarnada. Es por tanto una prótesis cognitiva de largo alcance, cuya *incorporación* a nuestro sistema cognitivo crea no sólo nuevas formas de representar el mundo, sino a través de ellas también nuevos mundos posibles, si bien no resulta fácil, ya que recordemos que en buena medida nuestro sistema cognitivo implícito nos *inmuniza,* a través de las restricciones que impone, contra algunas formas de conocimiento, incluido sin duda el conocimiento científico (POZO, 2002). Ya ORTEGA y GASSET (1940, pág. 43) al diferenciar entre creencias (implícitas) e ideas (explícitas) hablaba del *"carácter ortopédico de las ideas: actúan allí donde una creencia se ha roto o debilitado".* Adquirir conocimiento —o sea, representarnos nuestras propias representaciones— es, por tanto, una actividad cultural que genera no sólo nuevas representaciones, sino también nuevas formas de representar y, con ellas, como veremos aún con más claridad en el caso de la adquisición de conocimiento psicológico, nuevas formas de aprender, es decir nuevas formas de adquirir conocimiento. Una vez más, ya desde la misma cubierta, los espejos se multiplican y las imágenes que en ellos se reflejan son tal vez el reflejo de otro espejo. Y tal vez falle de nuevo el disparo.

## El conocimiento de las personas: De la psicología intuitiva a la psicología científica

> *Cuando ofreces a los circunstantes —como el copero que sirve en rueda los vasos— el vino de tus mejillas, encendidas de pudor, no me quedo atrás en beberlo; Que a este vino lo hacen generoso los ojos de los que, al mirarte, te hacen ruborizar, mientras que al otro lo hacen generoso los pies de los vendimiadores*
> Del visir sevillano Abu-l-Walid Ismail Ben MUHAMMAD, hacia 1048.

En el apartado anterior hemos visto cómo todos los animales disponen de algún tipo de representación de las características físicas de su entorno que les permite predecir y, hasta cierto punto, controlar las acciones de los objetos, su cantidad y sus desplazamientos en el espacio. La física intuitiva forma parte del equipo cognitivo de serie que compartimos con otros animales, si bien nuestra capacidad, única hasta donde sabemos, de conocer nuestras propias representaciones, hace que también nuestra física intuitiva acabe siendo específica. Pero las diferencias son mucho más acusadas en el caso de la psicología intuitiva o representación implícita de los objetos sociales, que en el caso del *homo discens* son las personas. En general, los investigadores tienden a aceptar hoy en día que la capacidad de representar las acciones de los otros en términos mentalistas, la atribución de mente a los congéneres y a uno mismo, es la competencia cognitiva más característica de nuestra especie, el rasgo esencial de nuestra identidad cognitiva (por ej., GÓMEZ y NÚÑEZ, 1998; HAUSER, 2000; RIVIÈRE y NÚÑEZ, 1996; TOMASELLO, 1999), que, según vimos en el Capítulo V estaría en el origen de nuestra capacidad de conocer o representar nuestras propias representaciones en forma de actitudes proposicionales o epistémicas.

Por supuesto, no somos la única especie capaz de diferenciar a los objetos sociales, e incluso a los seres vivos, de los objetos físicos. Uno de los rasgos distintivos de los seres vivos es su capacidad de moverse autónomamente, sin la existencia de una causa directa que impulse ese movimiento (PREMACK, 1995). Los bebés diferencian ya claramente los movimientos autónomos de los causados externamente, si bien en las tecnologías "automóviles" les crean dificultades para las que no están preparados por la evolución (GELMAN, DURGIN y KAUFMAN, 1995). Pero esta distinción representacional entre objetos animados e inanimados no es propia sólo de nuestra especie. Casi todos los animales, al menos los que poseen sistemas cognitivos de una cierta complejidad, lo hacen (DONALD, 2001; HAUSER, 2000). Tampoco somos los únicos en reconocer a los congéneres, diferenciarlos de otras especies e incluso identificar a individuos concretos dentro de nuestra especie (HAUSER, 2000; THOMPSON, 1995). Por supuesto, tampoco somos los únicos capaces de representarnos las conductas de otros miembros de nuestra especie, y de otras especies, y anticipar sus consecuencias. Ni siquiera somos los únicos que podemos comunicar o intercambiar nuestras representaciones con otros miembros de nuestra especie. Las aves, las abejas —¡e incluso los pulpos!— aprenden "socialmente", de sus congéneres (al menos según HAUSER, 2000).

Todas estas competencias cognitivas requieren sistemas de representación específicos de una gran complejidad cognitiva que convierten al más sofisticado de los sistemas expertos —con toda su capacidad de cómputo e incluso de aprendizaje conexionista— en una triste sombra de la eficacia cognitiva de una abeja o una hormiga. Al igual que veíamos en el apartado anterior, los sistemas exclusivamente informativos, con toda su potencia computacional, carecen en general de *magia*, no sólo de una física inversa sino también, según vemos ahora, de una *psicología inversa*. Pero con toda su complejidad, la "psicología intuitiva" del resto de los animales, incluidos los primates palidece en comparación con la del *homo discens*: "*Todos los animales disponen de una herramienta mental para reconocer a los demás, distinguir a los machos de las hembras, a los jóvenes de los viejos, a los parientes de los que no lo son. Sólo un pequeño número de especies animales tiene evolucionada una herramienta de autorreconocimiento que les permite distinguir el yo de las demás entidades del mundo. De este subgrupo aún más pequeño de animales, es posible que nuestra propia especie sea la única que tenga la capacidad de entender en qué consiste el sen-*

*tido del yo, un estado mental único y personal, y las experiencias emocionales"* (HAUSER, 2000, pág. 164 de la trad. cast.). Aunque otras especies pueden reconocer a sus congéneres e incluso, en el caso de algunos primates, a sí mismos en el espejo, sólo los humanos hemos recorrido la larga distancia cognitiva entre reconocer y conocer, una vez más entre categorizar y conceptualizar (POZO, 1989), entre leer las conductas de los demás y leer sus mentes. Parece que somos los únicos que asumimos que estamos rodeados de otros "objetos con mente" (RIVIÈRE, 1991).

## Magia mentalista: La psicología intuitiva

Nuestra física inversa, según veíamos en el apartado anterior, nos provee de una magia cognitiva que hace de nuestro mundo representacional una realidad aparentemente continua, poblada de objetos discretos, sólidos y contables, que se desplazan por ese mundo de forma regular, a pesar de la profunda discontinuidad de ese mundo físico, en el que, al modo de HERÁCLITO, todo fluye, de modo que *en realidad*, como le sucedía a Funes el memorioso, aquel personaje de otro cuento de BORGES, nos encontramos siempre ante sucesos nuevos en términos físicos, que sin embargo nuestra magia cognitiva permite reconocer fácilmente. Pero si dar continuidad al mundo físico es un logro cognitivo extraordinario —como muy bien saben los investigadores en robótica y en inteligencia artificial—, dar continuidad a nuestro mundo mental, psicológico, es algo aún más asombroso, que requiere un nuevo tipo de representaciones específicas de dominio. Se trata de un nuevo truco de magia, en este caso de *magia mentalista,* que permite el más difícil todavía, dar continuidad psicológica a ese yo físico discontinuo mediante las funciones cognitivas conscientes (DAMASIO, 1999; ROSETTI y REVONSUO, 2000b).

El truco consiste en disponer de una *psicología intuitiva* que nos permite, no ya anticipar la conducta de los objetos para poder manipularla, sino leer las mentes humanas, las de otras personas pero también la nuestra, anticipando de ese modo su conducta, y la nuestra, para poder *manipularla* (o habría que decir más bien mentalizarla, ya que la herramienta de *represent/acción* no es ya la mano, como con los objetos físicos, sino la propia mente). Esta psicología intuitiva o inversa se basa en la atribución a otros, y a uno mismo, de deseos, creencias, intenciones, etc., en forma de *estados mentales* o representaciones que anticiparían las acciones de esos agentes cognitivos. Frente a la representación del mundo físico en términos de una causalidad mecanicista —toda acción o movimiento, recordemos, estaba causada por la acción directa de otro objeto— los objetos que pertenecen al dominio psicológico, los objetos con mente de Ángel RIVIÈRE (1991), serían sistemas *intencionales* o si se prefiere *teleológicos*, de modo que su conducta se interpretaría no en función de sus antecedentes causales sino de sus consecuencias, de las metas buscadas en forma de intenciones. Pero no todos los sistemas dirigidos a metas son teleológicos o intencionales, y de hecho no todas las funciones de aprendizaje son intencionales (POZO, 2003b). Por ejemplo los sistemas biológicos tienen una meta o función que satisfacer —el sistema respiratorio sirve para el procesamiento químico del oxígeno extraído del aire, las hormonas tienen como meta mantener los niveles de equilibrio corporal, la amígdala tiene como función representar los estados emocionales del organismo—, pero desde DARWIN sabemos que no son sistemas intencionales. Es la diferencia entre los *sistemas teleonómicos*, guiados por metas no intencionales, que incluirían no sólo los sistemas biológicos sino también los artefactos —las sillas están diseñadas para sentarse, los programas de reconocimiento de voz para procesar lo que decimos, aunque a veces no lo parezca— y los *sistemas teleológicos*, que no sólo tienen metas sino conocimiento de esas metas en forma de intenciones.

Las investigaciones sobre la intencionalidad, que han crecido notablemente en los últimos años (ver por ej., BYRNE y RUSSON, 1998; GOPNIK y MELTZOFF, 1997; PREMACK, 1995; TOMASELLO, 1999; TOMASELLO, KRUGER y RATNER, 1993), diferencian entre varios niveles o tipos de intencionalidad, jerárquicamente organizados. Las formas más elementales, y más implícitas, de intencionalidad estarían presentes ya en los recién nacidos y en otros primates no humanos. Sin embargo, parece crecer el consenso de que las formas más complejas o flexibles, aquellas que se corresponden con la llamada teoría de la mente —la atribución de estados mentales o representacionales a los demás y a uno mismo— serían específicamente humanas (HAUSER, 2000; POVINELLI, BERING y GIAMBRONE, 2000; TOMASELLO, 1999), desarrollándose plenamente a partir, cómo no, de la edad *mágica* de los 4 años (por ej., GÓMEZ y NÚÑEZ, 1998; PERNER, 1991; RIVIÈRE y NÚÑEZ, 1996). Parece que sólo los humanos resolvemos de modo eficiente e inequívoco tareas como la de la "falsa creencia", es decir comprendemos que diferentes personas pueden tener estados mentales o representaciones distintos en función de su diferente acceso a la información sobre el mundo.

La solución a esta tarea requiere una capacidad metarrepresentacional que sólo el *homo discens* tiene, al menos de modo inequívoco. Recordemos, que como vimos en el Capítulo IV (pág. 86), ni siquiera Sarah, posiblemente la chimpancé más *educada* del mundo, era capaz de concebir un mapa como una metarrepresentación (PREMACK y PREMACK, 1983). De la misma forma, aunque casi todos los animales disponen de conductas de engaño rígidas o estereotipadas (por ej. HAUSER, 2000), y aunque algunos primates son capaces incluso de ciertas conductas de "engaño táctico", el engaño y la mentira —es decir generar intencionalmente en los demás "falsas creencias", estados mentales que no se corresponden con el estado informativo del mundo— son una habilidad que la mente humana ha convertido, como todos sabemos, en arte. La función metarrepresentacional, que hace posible la adquisición de conocimiento, hace posibles también otros muchos trucos de *magia mentalista* específicamente humanos, que requieren también representarnos nuestras propias representaciones, conocerlas, como son el humor, las metáforas, la ironía, el engaño, la memoria autobiográfica (RIVIÈRE, 1997b; ROSAS, 2001) o la propia identidad personal, esa continuidad del yo más allá de la fragilidad molecular sobre la que está construido, que constituye uno de los trucos de magia más sorprendentes: "*deberíamos maravillarnos de cómo un cerebro, compuesto por proteínas que duran, como máximo, unos pocos días, puede mantener viva una memoria durante ochenta años. Incluso memorias de una complejidad inimaginable, como el vínculo mutuo entre madre e hijo, pueden persistir a lo largo de toda la vida de una persona cuyo cuerpo no ha retenido un solo átomo de su yo físico joven. ¿Cómo es esto posible?*" (DONALD, 2001, pág. XII).

Al comienzo del Capítulo V ya me ocupé de cómo esta capacidad específica/mente humana de conocer surge probablemente en el dominio psicológico; es una consecuencia de la interacción social y cognitiva con otras mentes. También vimos que una hipótesis muy sugerente sobre el origen de la intencionalidad y en suma del conocimiento sostiene que surge de nuestra capacidad de convertir las emociones en sentimientos, de conocer nuestros propios estados emocionales (DAMASIO, 1994, 1999). Las emociones tendrían entre sus funciones —teleonómicas— preparar la respuesta del organismo ante sucesos que le afectan o interesan, de modo que permitan anticipar acciones futuras (FERNÁNDEZ-ABASCAL, PALMERO y MARTÍNEZ, 2002). Según la teoría del origen *caliente* o emocional del conocimiento, tendríamos una representación encarnada de nuestras emociones en forma de "marcadores somáticos" (DAMASIO, 1994) o "sistemas de valores" (EDELMAN y TONONI, 2000) en y desde los que detectamos los cambios que el mundo produce en nuestro cuerpo. Esas representaciones encarnadas se proyectarían en la nueva sala de mapas cognitivos construida en los lóbulos frontales —donde, recordemos, hay un mapa de toda la corteza, a la que sin duda llegan las señales de esos marcadores somáticos— de forma que continuamente estaríamos leyendo las "agujas" de esos distintos indicadores del estado de nuestros órganos y anticipando nuestra conducta a partir de ellos, convirtiendo las emociones en sentimientos e intenciones, en suma en conocimiento.

Según Gerald EDELMAN, Premio Nobel de Medicina, en contra de la tradición dualista en la que estamos inmersos y que, entre otras cosas, como hemos visto, separa la razón de la emoción (DAMASIO 1994), podemos encontrar el origen funcional del conocimiento, tal como aquí lo venimos estudiando, precisamente en el funcionamiento de las emociones: "*a pesar de la aparente paradoja, creemos probable que fueran sobre todo las emociones las que impulsaron a los humanos a levantar su magnífico edificio de pensamiento*" (EDELMAN y TONONI, 2000, pág. 261 de la trad. cast.) Cuando los indicadores emocionales se alteran o desvían de sus "estados de fondo" (DAMASIO, 1994) o de sus "sistemas de valores" (EDELMAN y TONONI, 2000) habituales es cuando surge la necesidad pragmática de recuperar ese estado de equilibrio y con ella ocasionalmente la demanda epistémica de interpretar el sentido de esa desviación. Pero no sólo tenemos "marcadores somáticos" internos sino que en la interacción con otras mentes disponemos también de marcadores externos, a través de la expresión corporal de las emociones. Los humanos leemos la mente de los otros en buena medida mediante representaciones específicas que nos permiten detectar esas emociones en el cuerpo de los otros (MARTÍNEZ, FERNÁNDEZ-ABASCAL y PALMERO, 2002). La preferencia de los bebés por las caras como objeto perceptivo facilita la lectura continua de las expresiones faciales, que con tanta facilidad imitan a edades muy tempranas (GOPNIK y MELTZOFF, 1997), en un ejercicio de empatía que sin duda facilita el conocimiento emocional. De hecho, se sabe que la representación de las caras humanas, junto con la de la mano, ocupa un espacio desproporcionado, en relación con su tamaño físico real, en nuestro cerebro (WILSON, 1998). Nuestra especialización cognitiva parece proceder en parte de la capacidad de manipular físicamente el mundo (la mano o física intuitiva), pero también de "manipular" mentalmente a los otros (a través del procesamiento de las expresiones faciales y la atribución consiguiente de estados mentales en términos de psicología intuitiva).

Nuestra capacidad de leer en nosotros mismos y en los demás esos marcadores somáticos externos e internos de las emociones tendría una función esencial en el desarrollo de esa psicología intuitiva. Como señala HUMPHREY (1983, pág. 15 de la trad. cast.), esta psicología natural se apoya en "*utilizar un cuadro privilegiado de su propio yo como modelo de lo que es la otra persona*". Según esta hipótesis de la simulación (GOLDMAN, 2000; RIVIÈRE, 1997b), dado que nosotros sentimos y padecemos, deseamos y anhelamos, pensamos y engañamos (con independencia de la eficacia causal de esos estados mentales, que esa es otra cuestión), y que además podemos representarnos todas esas acciones mentales con respecto a nosotros mismos porque tenemos "marcadores somáticos" de sus consecuencias, podemos usar, una vez más de modo implícito, esas representaciones mentalistas en *primera persona* para hacer más predecible y controlable la conducta de los demás cuando detectamos en ellos estados emocionales similares. Dado que tenemos representaciones encarnadas e implícitas de los estados emocionales, podemos atribuir a los demás las mismas intenciones o consecuencias conductuales que nosotros sentimos cuando vivimos esa misma emoción.

Pero conocer nuestras emociones y convertirlas en intenciones nos permite, además, poder controlar la expresión e incluso el sentimiento de esas emociones, o como en el poema del visir sevillano, deleitarnos en ese rubor. O reprochárnoslo, ya que como recordara irónicamente Mark TWAIN "*somos el único animal que se sonroja. O que al menos tiene motivos para hacerlo*" (citado por HAUSER, 2000, pág. 40 de la trad. cast.). Somos también los únicos que utilizamos el llanto como sistema de comunicación y representación emocional (LUTZ, 1999). El llanto que inicialmente es una respuesta primaria, un interruptor que se dispara ante ciertos estados emocionales, en presencia de ciertos marcadores somáticos internos al bebé, es interpretado por los padres de tal forma que acaba adquiriendo, probablemente mediante procesos de suspensión y redescripción representacional, nuevas funciones y significados culturales, más allá de su función emocional original como "marcador somático" externo de ciertos estados emocionales (ver por ej., LUTZ, 1999, Cap. 4).

Somos también la única especie que ha desarrollado una mente mimética (DONALD, 1991) que, como veíamos en su momento (Capítulo V), nos permite una cierta explicitación o conocimiento de los estados emocionales propios e incluso ajenos a través de esas mismas acciones (o *represent/acciones*) corporales. La investigación ha demostrado que expresar corporalmente una emoción, aunque sea inducida experimentalmente, e incluso implícitamente (BARGH y CHARTRAND, 1999), genera un estado mental acorde con esa expresión emocional (ver por ej., GLENBERG, 1997). Aunque controlar o suprimir las propias emociones no resulta fácil, los códigos y sistemas de representación social nos ayudan a redescribirlas y en esa medida a conocerlas. De hecho, si la paleta básica de las emociones humanas es universal, su redescripción representacional en forma de sentimientos es muy diferente en distintas culturas (EKMAN, 1993; EVANS, 2001; MARTÍNEZ, FERNÁNDEZ-ABASCAL y PALMERO, 2002). De esta forma, conocer nuestras emociones, como en general conocer nuestras representaciones, hace posible un control de las mismas. Como veíamos en el Capítulo V, POVINELLI, BERING y GIAMBRONE (2000) han propuesto que esta psicología intuitiva tiene por función reorganizar cognitivamente otras funciones más antiguas en la filogénesis, que no serían específicamente humanas. Pero, a su vez, la reconstrucción social o cultural de esa psicología intuitiva supone nuevas redescripciones representacionales que hacen necesario, y posible, ir más allá de esas teorías implícitas sobre lo mental, de acuerdo con el modelo que aquí se viene proponiendo.

## La adquisición de conocimiento psicológico: Las teorías sobre el aprendizaje

Al igual que sucede con el otro dominio nuclear, la representación y el conocimiento sobre los objetos, nuestra psicología intuitiva está constituida básicamente por teorías implícitas sobre diferentes componentes o procesos mentales de las personas, como por ejemplo la inteligencia (STERNBERG, 2001), la personalidad (KELLY, 1955; NORENZAYAN, CHOI y NISBETT, 1999), los estereotipos y creencias sociales (RODRIGO, RODRÍGUEZ y MARRERO, 1993), las formas de educar y socializar (MÁIQUEZ y cols., 2000), la motivación (HUERTAS y AGUDO, 2003), el aprendizaje (KEMBER, 1997; PÉREZ ECHEVERRÍA y cols., 2001; POZO y cols., 1999) o el conocimiento como tal (HOFER y PINTRICH, 1997, 2002; PECHARROMÁN, 2003). Aunque estas teorías han sido investigadas mucho menos que las teorías implícitas sobre el mundo físico, en los últimos años se ha incrementado el interés por las representaciones específicas sobre el mundo psicológico y en concreto sobre cómo concebimos las personas el funcionamiento cognitivo. Pero a su vez, la adquisición de conocimiento psicológico y social, produciría una diferenciación de esa psicología intuitiva, según acabamos de analizarla, en diferentes dominios de conocimiento social y psicológico, que conservarían las huellas de esa psicología intuitiva mentalista, si bien permitirían ir adquiriendo sistemas de conocimiento diferenciados para el mundo social (DELVAL, 1994), la economía (BERTI, 1999) la historia (CARRETERO, 1995; CARRETERO, POZO y ASENSIO, 1989; CARRETERO y VOSS, 1994; VOSS y CARRETERO, 1998), el conocimiento moral y ético (PÉREZ DELGADO y MESTRE, 1999; REED, TURIEL y BROWN, 1996), la familia (RODRIGO, TRIANA y SIMÓN, 2002) o el aprendizaje y la enseñanza (POZO y cols., 1999; POZO, MARTÍN y PÉREZ ECHEVERRÍA, 2002).

Posiblemente la adquisición de conocimiento en cada una de esas áreas específicas a partir de la psicología intuitiva original requiere procesos de aprendizaje explícito que implican, en mayor o menor medida, una redescripción representacional de los supuestos mentalistas en los que se basa esa psicología intuitiva, por lo que para entender esos procesos deberíamos analizar específicamente cada una de esas áreas, lo cual sin duda está fuera de las posibilidades y propósitos de este escrito. Elegiré por tanto una sólo de esas temáticas, cuyo análisis es además especialmente relevante para el estudio de la adquisición de conocimiento. Se trata de la adquisición de teorías sobre el aprendizaje como un proceso de cambio representacional a partir de las concepciones implícitas sobre el conocimiento y su adquisición que subyacen a la propia teoría de la mente (HOFER y PINTRICH, 2002; PÉREZ ECHEVERRÍA y cols., 2001).

Según hemos visto, existen diferencias *esenciales* entre la física y la psicología intuitiva, derivadas de sus distintas *gramáticas* explicativas, que estructuran de modo distinto ambos dominios de conocimiento. Pero también podemos encontrar paralelismos funcionales entre nuestras representaciones implícitas sobre el mundo físico y el mundo psicológico, que nos remiten a los rasgos generales del conocimiento humano. Al igual que sucedía con la represertación del mundo físico, también aquí nos encontramos ante teorías implícitas, de las que usualmente sólo son accesibles, como la punta del iceberg, los *objetos* o productos del procesamiento, pero no tanto las actitudes ni la agencia. Así, la teoría de la mente puede concebirse como una teoría implícita similar a las teorías sobre la naturaleza de la materia o del movimiento, en la medida en que hace explícito el objeto de la represen:ación, en forma en este caso de estado mental, pero sólo parcialmente los procesos o actitudes que conducen a esa representación, dejando usualmente implícita la agencia de la representación, que resulta una vez más representacionalmente transparente. Es en ese sentido en el que podemos decir que la teoría de la mente es una teoría implícita, ya que su uso representacional —la atribución de estados mentales a uno mismo y a los demás— no requiere hacer explícita la propia teoría como tal, ser conscientes de nuestra *actitud mentalista*, del mismo modo que, según veíamos en el apartado anterior, asumir que todo "movimiento implica una fuerza" no supone hacer explícitos los supuestos "aristotélicos" con respecto al movimiento de los objetos que subyacen a esa idea.

De hecho, al igual que sucede con nuestras teorías implícitas sobre el mundo físico, nuestra teoría de la mente —reflejada en esa tarea de la falsa creencia que nos separa de otros "objetos con mente" pero sin conocimiento— asume un *realismo* representacional, según una regla (implícita, por supuesto) que vendría a decir "ojos que no ven mente que no conoce". Desde muy pequeños, os niños asumen una correspondencia entre lo que se ve y lo que se conoce; de hecho utilizan la mirada como un sistema esencial para compartir la atención (TOMASELLO, 1999) y acceder así a la misma información y representaciones que los demás tienen. Como muestra la tarea de la falsa creencia, la teoría de la mente, tal como hasta ahora ha sido formulada, asume que el acceso a la misma información implica la misma representación (o conocimiento). CHANDLER (1987) se refiere irónicamente a esta idea que subyace al realismo ingenuo como la "doctrina de la inmaculada percepción', una doctrina según la cual el conocimiento es un reflejo o copia directa de lo que veo, de la información a la que accedo (KING y KITCHENER, 1994; WELLMAN, 1990). La forma personal de ver el mundo tiende a asumirse como verdadera, lo que sin duda tiene implicaciones no sólo para las concepciones del aprendizaje (PÉREZ ECHEVERRÍA y cols., 2001) sino para la interacción social (por ej., ROSS y WARD, 1996) e incluso para las formas de institucionalización social del conocimiento (BURKE, 2000).

CORREA, CEBALLOS y RODRIGO (2003) diferencian en este sentido entre lo que ellas llaman el "perspectivismo referencial" (o informativo), implícito en la tarea de la falsa creencia, y el "perspectivismo conceptual" que implicaría aceptar que una misma información puede dar lugar a representaciones o conocimientos diferentes. Desde el punto de vista de la teoría del conocimiento de DIENES y PERNER (1999), se trataría una vez más de la distinción entre explicitar el objeto (o referente) y explicitar la actitud (o concepto). Sólo en este último caso nos encontraríamos ante la capacidad de superar o trascender el realismo epistemológico ingenuo que parece subyacer a nuestras teorías implícitas en diferentes dominios (POZO y cols., 1999), por el que tendemos a atribuir al objeto (físico o social) nuestras propias representaciones.

De hecho, el acceso a la llamada "teoría representacional de la mente", que supuestamente subyace a nuestra capacidad metarrepresentacional (PERNER, 1991), requeriría simplemente explicitar el objeto de la representación, asumiendo una correspondencia directa entre nuestras representaciones y el mundo. Según esta teoría *directa,* que en su versión más elemental se manifiesta ya en niños de 3-4 años (POZO y SCHEUER, 1999), el aprendizaje se reduce a la copia de resultados o conductas, sin la mediación de ningún proceso psicológico. Se trata, en términos del modelo de DIENES y PERNER (1999) de explicitar únicamente el *objeto* del aprendizaje. Aprender es imitar a la realidad, copiando ya sean conocimientos o acciones, de forma que la ayuda social —o pedagogía implícita— exigida es meramente transmisiva: basta con presentar los contenidos y objetivos de aprendizaje de la forma más nítida posible (BRUNER, 1997). Considerando sus supuestos implícitos, tanto epistemológicos como ontológicos y conceptuales (POZO y cols., 1999), aunque no obviamente su propia elaboración explícita, estas concepciones se hallarían próximas a un cierto *conductismo ingenuo,* que entendería el aprendizaje como un proceso asociativo o meramente reproductivo, por el que el aprendiz acaba por ser un espejo del mundo al que se enfrenta (CASE, 1996; POZO, 1989). De hecho, en sus concepciones sobre el aprendizaje del dibujo (SCHEUER y cols., 2001b; SCHEUER, DE LA CRUZ y POZO, 2002) o de la escritura (SCHEUER y cols., 2001a), los niños preescolares asumen esta concepción implícita del aprendizaje, como una "teoría de la copia" (POZO y SCHEUER 1999). Versiones más sofisticadas de esta teoría han dominado sin embargo durante muchos años, si no siglos, las prácticas sociales dirigidas a la adquisición de conocimiento tanto en contextos informales como sobre todo en contextos de instrucción formal (BRUNER, 1997; CASE, 1996; POZO, 1996a), y aún pueden encontrarse larvadas en la forma en que muchos profesores enseñan y, sobre todo, evalúan, asumiendo implícitamente que una fiel reproducción de los contenidos enseñados es la mejor prueba de aprendizaje por parte de los alumnos (DE LA CRUZ y POZO, 2003); o también en la propia práctica de los alumnos que creen —muchas veces con razón— que los mejores apuntes o anotaciones de las explicaciones del profesor son los que más fielmente las reproducen (MONEREO y cols., 2000).

En la medida en que esta teoría comienza a considerar tanto las condiciones externas del aprendizaje (práctica, exposición a la ejecución de la acción y no sólo a la acción ya acabada), e internas del aprendiz (edad, inteligencia, motivación, etc.), el aprendizaje comienza a concebirse como el resultado de la mediación de ciertas actitudes o procesos de aprendizaje. En esta teoría *interpretativa*, el aprendizaje es el resultado de la actividad personal del aprendiz, que debe ejercer ciertos procesos cognitivos (motivación, atención, aprendizaje, memoria, etc.). Sin embargo, desde el punto de vista epistemológico, sigue asumiendo que la meta o función del aprendizaje es lograr copias lo más exactas posibles de la realidad (PÉREZ ECHEVERRÍA, 2000; PÉREZ ECHEVERRÍA y cols., 2001). Según esta teoría el aprendizaje tiene por meta imitar a la realidad, pero esto casi nunca es posible con exactitud ya que se requiere la puesta en marcha de procesos mediadores por parte del aprendiz que con frecuencia hacen muy difícil, si no imposible, lograr copias exactas. Esta concepción coincidiría con la anterior en sus supuestos epistemológicos, al respetar el principio de correspondencia, pero concibe el aprendizaje como un *proceso* o actitud que exige una actividad mental por parte del aprendiz. No se centra ya sólo en los objetos sino sobre todo en las *actitudes* de aprendizaje. Si la teoría anterior guarda una cierta similitud con el conductismo, esta teoría se halla más cercana a los modelos de procesamiento de información (CASE, 1996; PÉREZ ECHEVERRÍA y cols., 2001; STRAUSS y SHILONY, 1994). Versiones ingenuas de esta teoría se encuentran ya en niños (POZO y SCHEUER, 1999; SCHELER y cols., 2001b; SCHEUER, DE LA CRUZ y POZO, 2002), pero en forma más elaborada pueden encontrarse también en sujetos adultos, ya sean padres (por ej., MÁIQUEZ y cols., 2000) o también personas dedicadas a aprender, como los alumnos universitarios (KEMBER, 1997; PÉREZ ECHEVERRÍA, POZO y RODRÍGUEZ, 2003), o incluso a enseñar, es decir a ayudar a otros a adquirir conocimiento, como maestros o profesores (DE LA CRUZ y POZO, 2003; STRAUSS y SHILONY, 1994). Esta teoría da lugar a diferentes concepciones, que varían tanto en su complejidad como en el grado en que esos procesos están regulados más externa o internamente (ver SCHEUER, DE LA CRUZ y POZO, 2002), pero todas ellas compartirán los supuestos de que *a*) un aprendizaje es más eficaz cuando logra una reproducción más fiel, si bien *b*) ello requiere una intensa actividad e implicación personal por parte de quien aprende. Es un aprendizaje activo pero reproductivo (PÉREZ ECHEVERRÍA y cols. 2001).

Como acabamos de ver, en sus versiones más complejas la teoría interpretativa se orienta hacia un control interno de los procesos de aprendizaje, una *agencia* interna del aprendizaje (SCHEUER, DE LA CRUZ y POZO, 2002) que permite, según DIENES y PERNER (1999) una explicitación plena de la representación. Ello hace posible, aunque no necesaria, una nueva concepción del aprendizaje, una teoría propiamente *constructiva*, que difiere de las anteriores en algunos de sus supuestos epistemológicos implícitos (detallados en POZO y cols., 1999), ya que la concepción constructiva admite la existencia de saberes múltiples, al romper la correspondencia entre conocimiento adquirido y realidad. También difieren en la naturaleza de los procesos cognitivos postulados, ya que para que tenga lugar esa construcción es necesario que los procesos psicológicos se orienten más hacia la regulación del funcionamiento cognitivo del sujeto que hacia la mera apropiación de un conocimiento previamente establecido, es decir hacia una explicitación de la agencia (DIENES y PERNER, 1999). No se trata tanto de interpretar una realidad ya existente —convertir una información en un conocimiento— como de construir una agencia cognitiva que pueda dar cuenta de ese objeto de aprendizaje. Pero de la misma manera que sucediera en el caso de la física intuitiva, también aquí acceder a estas teorías más complejas parece resultar muy difícil tanto desde el punto de vista cognitivo como instruccional. Aunque los datos disponibles en este dominio son menos abundantes, los estudios tienden a mostrar un predominio de teorías interpretativas o directas, no sólo, como cabría esperar, en niños (por ej., POZO y SCHEUER, 1999; SCHEUER, DE LA CRUZ y POZO, 2002), sino también en adultos (MÁIQUEZ y cols., 2000), incluso, como señalaba antes entre personas dedicadas a ayudar a otros a aprender (DE LA CRUZ y POZO, 2003; STRAUSS y SHILONY, 1994), que supuestamente han estado expuestas a las nuevas ideas constructivistas que dominan hoy en día esos espacios instruccionales (CARRETERO, 1993; POZO, MATEOS y PÉREZ ECHEVERRÍA, 2002; POZO, 1996a).

Dejando de lado otras consideraciones que pudieran explicar la resistencia al cambio de esas concepciones, el cambio conceptual, —de las teorías implícitas al conocimiento explícito—, requiere nuevamente procesos de aprendizaje explícito cuya utilización no forma parte del equipo cognitivo de serie sino que constituye una conquista cultural y en último extremo instruccional. Así, incluso entre estudiantes universitarios, que han debido de estar "profesionalmente" dedicados a la adquisición de conocimiento durante muchos años de su vida, predominan las teorías implícitas que reducen el aprendizaje a sus objetos (PÉREZ ECHEVERRÍA, POZO y RODRÍGUEZ, 2003). Es decir que reducen el aprendizaje a uno solo de sus componentes, los *resultados* o contenidos aprendidos, sin tener en cuenta los otros componentes, y muy especialmente los *procesos* que hacen posibles esos aprendizajes (POZO, 1996a). Sólo los alumnos que han recibido una instrucción explícita en psicología del aprendizaje, y han repensado —o redescrito— su propia práctica como aprendices a la luz de esas teorías psicológicas, conciben el aprendizaje como un sistema complejo en el que esos procesos son un componente esencial (PÉREZ ECHEVERRÍA, POZO y RODRÍGUEZ, 2003).

Pero esa instrucción formal, como sucediera en el caso de la física intuitiva, siendo necesaria, tampoco resulta suficiente para asegurar el cambio representacional en las concepciones sobre el conocimiento y su adquisición. Los esfuerzos por cambiar los modelos de enseñanza y aprendizaje y acomodarlos a las nuevas demandas de la sociedad del aprendizaje y del conocimiento suelen chocar, entre otras cosas, con teorías implícitas, hábitos y creencias profundamente arraigadas con respecto a la naturaleza del conocimiento (HOFER y PINTRICH, 2002) y los procesos que pueden favorecer su adquisición (PÉREZ ECHEVERRÍA y cols., 2001; POZO y cols., 1999). De hecho, si analizáramos las prácticas instruccionales como un espacio en que se utilizan las teorías implícitas sobre el aprendizaje, encontraríamos que estas, al igual que sucedía con nuestra física ingenua, están profundamente ancladas o encarnadas en nuestros hábitos cotidianos de aprendizaje, ya sea en los espacios informales (por ej., MÁIQUEZ y cols., 2000) o en la organización social del aprendizaje, por ejemplo en el propio diseño de la educación secundaria (POZO, MARTÍN y PÉREZ ECHEVERRÍA, 2002) o incluso universitaria (MONEREO y POZO, 2003). Acceder a las concepciones del aprendizaje más complejas implicará por tanto de nuevo un triple proceso de reconstrucción de las propias teorías implícitas, basado en:

— Una *reestructuración teórica*. También aquí las teorías ingenuas se basan en modelos simplificadores: el aprendizaje como un producto directo de las condiciones o del ambiente, o como máximo la consecuencia de la aplicación lineal o mecánica de ciertos procesos (atención, motivación, repetición, etc.). Pasar de concebir el aprendizaje como un estado (teoría directa) a concebirlo como un proceso (interpretativa) o como un sistema (teoría constructiva) requiere estructuras conceptuales más complejas, que reorganicen los niveles representacionales anteriores (POZO y cols., 1999). También aquí adquirir conocimientos más complejos requiere disponer de estructuras conceptuales más complejas en las que integrar las representaciones más primarias.

— Una *explicitación* progresiva de las representaciones implícitas así como, una vez más, de las estructuras subyacentes al *iceberg* de las teorías implícitas, diferenciándolos de las estructuras y modelos utilizados por las teorías científicas. Según hemos visto, esas diferentes teorías requieren una explicitación cada vez más exhaustiva de los componentes representacionales, desde el objeto (teoría directa), a la actitud (teoría interpretativa) para alcanzar finalmente la explicitación plena de la agencia cognitiva (teoría constructiva).

— Una *integración jerárquica* de las diversas formas de conocimiento intuitivo y científico sobre el aprendizaje. Una vez más no se trata de sustituir unas formas de aprender por otras, ya que posiblemente todas ellas son funcionales en diferentes contextos. De hecho, así sucede con las diferentes teorías científicas sobre el aprendizaje, que lejos de ser incompatibles o excluyentes, según hemos ido viendo a lo largo de estas páginas, deben integrarse en un marco teórico común.

Tal como se ha intentado mostrar en este texto, una concepción integradora de los procesos —exclusivamente humanos— de adquisición de conocimiento no supone un abandono ce las formas más elementales de aprender —igualmente humanas pero compartidas con otros animales—. Según esta idea, sólo podremos entender la especificidad cognitiva del *homo discens* mediante la integración jerárquica entre las formas de aprendizaje implícito, que constituyen mecanismos atávicos de adquisición de representaciones, y los mecanismos más recientes de aprendizaje explícito y cambic representacional, fuertemente dependientes de la cultura y la instrucción, y en suma de la propia evolución de la sociedad del conocimiento (BURKE, 2000) y de la historia de las formas de conocer (BLANCO, 2002; FERNÁNDEZ-ARMESTO, 1997). Es esta doble herencia, de funciones biológicas de adaptación por un lado, y de herramientas culturales para construir nuevas representaciones y nuevos mundos mentales por otro, la que permite dar sentido a los procesos de adquisición de conocimiento que, lejos de ser inmutables, evolucionarían con la propia cultura y la sociedad, como una forma más de *conocimiento* cultural.

Los procesos de adquisición de conocimiento son una herramienta fundamental para aprender la cultura y, de ese modo, son un motor esencial de su evolución, de acuerdo con el efecto "engranaje" de TOMASELLO, KRUGER y RAFTER (1993), al que me refería al inicio de este texto, hace ya demasiadas páginas. Como hemos visto, la cultura se aprende en el marco de una *cultura del aprendizaje,* relacionada con las epistemologías implícitas compartidas, de modo que las nuevas formas de gestión social del conocimiento requieren también nuevas formas de concebir el aprendizaje y el conocimiento y, en suma, nuevas formas de aprender. En este sentido, en la Introducción ya avanzaba que "el creciente valor del conocimiento y su gestión social en nuestra sociedad debería revalorizar también la importancia de los procesos de adquisición de conocimiento", ya que son uno de los recursos culturales fundamentales para promover esas nuevas formas de gestión social del conocimiento. Pero decía también que se trata de herramientas que, como todos los bienes —y males— culturales, están repartidas de forma muy poco equitativa. Promover la sociedad del conocimiento, extender las formas de saber simbólico (científico, artístisco, literario, etc.) que identifican a nuestra sociedad y a las que todos los ciudadanos tienen derecho a acceder, requiere promover también el derecho a *adquirir* esos *kit* o herramientas cognitivas para adquirir nuevos conocimientos en dominios específicos.

Debemos saber que, en todo caso, adquirir esos *kit* no exige el compromiso de abandonar o devolver a la fábrica, por inoperantes o defectuosas, nuestras formas ancestrales de aprender, esas que nos han convertido en lo que somos, *homo discens* capaces de reconstruirnos cultural/mente sin por ello saltar del todo, o nunca por mucho tiempo, fuera de nuestra propia sombra, la sombra que nuestro cuerpo, de acuerdo con aquel viejo proverbio árabe con el que abría este libro, produce sobre el mundo. Una sombra de la que sólo podemos salir mediante el conocimiento, en mi opinión nuestra principal seña de identidad cognitiva, la que define al *homo discens* como especie cognitiva. Sólo a través del conocimiento, haciendo que la carne se convierta en verbo, pero verbo encarnado, la hominización puede completarse en una verdadera *humanización* de la sociedad, de la que, como nos recuerdan CARBONELL y SALA (2002), aún estamos tan lejos, como desgraciadamente podemos comprobar a diario con sólo abrir el periódico; una humanización que finalmente le es aún más necesaria y urgente a la propia psicología como ciencia si quiere cumplir con su función social.

Si el conocimeinto es siempre, como muestra la cubierta, un autorretrato, la humanización exigida requiere que, como agentes del aprendizaje, seamos capaces de reconstruir el autorretrato del *homo discens,* y de este modo logremos cambiar nuestras formas de gestionar socialmente el conocimiento y, en definitiva, de adquirirlo.

# Bibliografía

ADOLPHS, R. (2002): "Emoción y conocimiento en el cerebro humano". En I. MORGADO (Ed.) *Emoción y conocimiento. La evolución del cerebro y la inteligencia.* Barcelona: Tusquets.

AGUADO, L. (1983): "Tendencias actuales en la psicología del aprendizaje animal". *Anuario de Psicología, 29,* págs. 69-88.

— (Ed.) (1990): *Cognición comparada. Estudios experimentales sobre la mente animal.* Madrid: Alianza Editorial.

AHN, W.-K. y KALISH, C. W. (2000): "The role of mechanism beliefs in causal reasoning". En: F. C. KEIL y R. A. WILSON (Eds.) *Explanation and cognition.* Cambridge, Mass.: The MIT Press.

ANDERSON, J. R. (1976): *Language, Memory and Thought.* Hillsdale, N.J.: Erlbaum

— (1978): "Arguments concerning representations for mental imagery". *Psychological Review, 85(4),* págs. 249-277.

— (1983): *The architecture of cognition.* Cambridge, Ma: Harvard University Press.

— (1996): "Implicit memory and metacognition: why is the glass half full?" En: L. M. REDER (Ed.) *Implicit memory and metacognition.* Mahwah, N.J.: Erlbaum.

— (2000): *Learning and memory. A integrated approach (2.ª ed.)* Nueva York: Wiley.

— y LEBIERE, C. (1998): *The atomic components of thought.* Mahwah, N.J.: Erlbaum.

— y SCHUNN, C. D. (2000): Implications of the ACT-R learning theory: no magic bullets. En: R. GLASER (Ed.) *Advances in Instructional Psychology. Vol. 5.* Mahwah, N.J.: Erlbaum.

ANTELL, S. E. y KEATING, D. P. (1983): "Perception of numerical variance in neonates". *Child Development,* 54, págs. 695-701.

ARSUAGA, J. L. (2001): *El enigma de la esfinge.* Barcelona: Plaza y Janés.

ASENSIO, M.; POL, E. y SÁNCHEZ, E. (1998): *El aprendizaje del conocimiento artístico.* Madrid: Ediciones de la UAM.

ATKINS, P. W. (1992): *Creation revisited.* Oxford: Freeman. Trad. cast. de J. Beltrán: *Cómo crear el mundo.* Barcelona: Crítica, 1995.

ATTRAN, S. (1990): *Cognitive foundations of natural history. Towards an anthropology of science.* Cambridge University Press.

BAILLARGEON, R.; KOTOWSKY, L. y NEEDHAM, A. (1995): "The acquisition of physical knowledge in infancy". En D. SPERBER; D. PREMACK y A. J. PREMACK (Eds.) *Causal cognition. A multidisciplinary debate.* Oxford: Clarendon Press.

BAILLO, M. y CARRETERO, M. (1996): "Desarrollo del conocimiento y cambio conceptual en la comprensión de la flotación". En M. CARRETERO (Ed.) *Construir y enseñar: las ciencias experimentales.* Buenos Aires: Aique.

BAKER, A. G.; MURPHY, R. A. y MEHTA, R. (2001): "Contingency learning and causal reasoning". En: R. R. MOWRER y D. B. KLEIN (Eds.) *Handbook of contemporary learning theories*. Mahwah, N.J.: Erlbaum.

BAQUERO, R. (2001): "Ángel Rivière y la agenda post-vigotskiana de la psicología del desarrollo". En R. ROSAS (comp.) *La mente reconsiderada. En homenaje a Ángel Rivière*. Santiago de Chile, Ed. Psykhe.

BARGH, J. A. y CHARTRAND, T. L. (1999): "The unbearable automaticity of being". *American Psychologist*, 54 (7), págs. 462-479.

BARROW, J. (2000): *The book of nothing*. Londres: Jonathan Cape. Trad. cast. de J. García Sanz: *El libro de la nada*. Barcelona, Crítica, 2001.

BARSALOU, L. (1999): "Perceptual symbol systems". *Behavioral and Brain Sciences*, 22, páginas 577-660.

BATESON, G. (1955): "A theory of play and fantasy". *A.P.A. Psychiatric Research Reports*, 2. Reproducido en: G. BATESON *Steps to an ecology of mind*. Aylesbury: Chandler, 1972.

BAUMEISTER, R. F.; BRATLAVSKY, E.; MURAVEN, M. y TICE, D. M. (1998): "Ego depletion: is the active self a limited resource?" *Journal of Personality and Social Psychology*, 74, páginas 1252-1265.

BAYNES, K. y GAZZANIGA, M. S. (2000): "Consciousness, introspection and the split-brain: the two minds/one body problem". En: M. S. GAZZANIGA (Ed.) *The new cognitive neurosciences. 2.ª ed*. Cambridge, Ma.: The MIT Press.

BENLLOCH, M. (Ed.) (2002): *La educación en ciencias: ideas para mejorar su práctica*. Barcelona: Paidos.

— y POZO, J. I. (1996): "What changes in conceptual change? From ideas to theories". En: G. WELFORD; J. OSBORNE y P. SCOTT (Eds.) *Research in Science and Education in Europe*. Londres: Falmer Press.

BERRY, D. C. (Ed.) (1997): *How implicit is implicit learning?* Oxford: Oxford University Press.

BERRY, J. W.; DASEN, P. y SARASWATHI, P. T. (Eds.) (1997): *Handbook of cross-cultural psychology. Volume 2. 2.ª ed*. Boston: Allyn & Bacon.

BERTI, A. E. (1999): "Knowledge restructuring in an economic subdomain". En: W. SCHNOTZ; S. VOSNIADOU y M. CARRETERO (Eds.) *New perspectives on conceptual change*. Londres: Elsevier.

BICKHARD, M. H. (2000): "Dynamic representing, representational dynamics". En: E. DIETRICH y A. MARKMAN (Eds.) *Cognitive dynamics. Conceptual and representational change in humans and machines*. Mahwah, N.J.: Erlbaum.

BISHOP, A. (1991): *Mathematical enculturation*. Dordrecht, Holanda: Kluwer Academic Press. Trad. cast. de G. Sánchez: *Enculturación matemática*. Barcelona: Paidos, 1999.

BLANCO, F. (2002): *El cultivo de la mente*. Madrid: Antonio Machado.

BOAKES, R. A. (1984): *From Darwin to behaviorism*. Cambridge, Mass.: Cambridge University Press. Trad. cast. de V. García Hoz y J. Linaza: *Historia de la psicología animal: de Darwin al conductismo*. Madrid: Alianza, 1989.

BOLLES, R. C. (1975): "Learning, motivation and cognition". En W. K. ESTES (Ed.) *Handbook of learning and cognitive processes. vol 1*. Hillsdale, N.J.: Erlbaum. Trad. cast. de A. Fernández en: A. PÉREZ y J. GIMENO (Eds*.) Lecturas de aprendizaje y enseñanza*. Madrid: Zero, 1981.

BOORSTIN, D. (1983): *The discoverers*. Nueva York: Random House. Trad. cast. De S. Lijtmaer: *Los descubridores*. Barcelona: Crítica, 1986.

BORGES, J. L. (1941): *Ficciones*. Barcelona: Emecé, 1995.

BOYER, P. (1995): "Causal understandings in cultural representations: cognitive constraints on inferences from cultural inputs". En D. SPERBER; D. PREMACK y A. J. PREMACK (Eds.) *Causal cognition. A multidisciplinary debate*. Oxford: Clarendon Press.

BOYER, P. L. (2000): "Evolution of the modern mind and the origins of culture: religious concepts as a limiting case". En: P. CARRUTHERS y A. CHAMBERLAIN (Eds.) *Evolution and the human mind.* Cambridge, Mass: Cambridge University Press.

BOYSEN, S. T. (1996): "'More is less': The distribution of rule-governed resource distribution in chimpanzees". En: A. RUSSON; K. BARD y S. T. PARKER (Eds.) *Reaching into thought : the minds of the great apes.* Cambridge, Ma: Cambridge University Press.

— y HIMES, G. T. (1999): "Current issues and emerging theories in animal cognition". *Annual Review of Psychology,* 50, págs. 683-705.

BRELAND, K. y BRELAND, M. (1961): "The misbehavior of organisms". *American Psychologist,* 16, págs. 681-684. Trad. cast. de A. M. Meneses en W. S. SAHAKIAN (Ed.) *Aprendizajes, sistemas, modelos y teorías.* Madrid: Anaya, 1980.

BROWN, A. L. y DELOACHE, J. S. (1978): "Skills, plans and self-regulation". En: R. SIEGLER (Ed.) *Children's thinking: what develops?* Hillsdale, N. J.: Erlbaum.

BRUNER, J. S. (1966): *The growth of representational processes in childhood.* Trad. cast. de A. Maldonado en: J. S. BRUNER: *Acción, pensamiento y lenguaje* (compilación de J. Linaza). Madrid: Alianza, 1984.

— (1972): "Nature and uses of inmadurity". *American Psychologist,* 27, 8, págs. 1-22. Trad. cast. de I. Enesco en: J. S. BRUNER: *Acción, pensamiento y lenguaje* (compilación de J. Linaza) Madrid: Alianza, 1984.

— (1990): *Acts of meaning.* Harvard: President and Fellows of Harvard College. Trad. cast. J. C. Gómez Crespo y J. Linaza: *Actos de significado. Mas allá de la revolución cognitiva.* Madrid: Alianza, 1991.

— (1997): *The culture of education.* Trad. cast. de Félix Díaz: *La educación puerta de la cultura.* Madrid: Visor, 1997.

—; GOODNOW, J. y AUSTIN, G. A. (1956): *A study of thinking.* Nueva York: Wiley. Trad. cast. de J. Vegas: *El proceso mental en el aprendizaje.* Madrid: Narcea, 1978.

BUCHNER, A. y WIPPICH, W. (1998): "Differences and commonalities between implicit learning and implicit memory". En: M. A. STADLER y P. A. FRENSCH (Eds.) *Handbook of implicit learning.* Thousand Oaks, Ca.: Sage.

BURKE, P. (2000): *A social history of knowledge.* Cambridge: Polity Press. Trad. cast. de I. Arias: *Historia social del conocimiento.* Barcelona: Paidos, 2002.

BYRNE, R. y RUSSON, A. (1998): "Learning by imitation: a hierarchical approach". *Behavioral and Brain Sciences,* 21, págs. 667-721.

CABEZA, R. y NYBERG, L. (2000): "Imaging cognition II: an empirical review of 275 PET and fMRI studies". *Journal of Cognitive Neurosciences,* 12 (1), págs. 1-47.

CAIRNS-SMITH, A. G. (1996): *Evolving the mind: on the nature of matter and the origin of consciousness.* Cambridge, G.B.: Cambridge University Press. Trad. cast. de M. González: *La evolución de la mente.* Madrid: Cambridge University Press, 2000.

CALL, J. (2000): "Representing space and objects in monkeys and apes". *Cognitive Science,* 24 (3), págs. 397-422.

CAPARRÓS, A. (1980): *Los paradigmas en psicología: sus alternativas y crisis.* Barcelona: Horsori.

CARAVITA, S. y HALLDEN, O. (1994): "Re-framing the problem of conceptual change". *Learning and Instruction,* 4(1), págs. 89-111.

CARAMAZZA, A. (1998): "The interpretation of semantic category-specific deficits: what do they reveal about the organisation of conceptual knowledge in the brain?" *Neurocase,* 4, págs. 265-272.

— (2000): "The organization of conceptual knowledge in the brain". En: M.S. GAZZANIGA (Ed.) *The new cognitive neurosciences.* 2.ª ed. Cambridge, Ma.: The MIT Press.

CARBONELL, E. y SALA, R. (2002): *Aún no somos humanos.* Barcelona: Península.

CAREY, S. (1985): *Conceptual change in childhood.* Cambridge, Mass: M.I.T. Press.

— (1991): "Knowledge acquisition: enrichment or conceptual change?" En: S. CAREY y R.

GELMAN (Eds.) *The epigenesis of mind: essays on biology and cognition*. Hillsdale, N.J.: Erlbaum.

CAREY, S. (1995): "On the origins of causal understanding". En: D. SPERBER; D. PREMACK y A. J. PREMACK (Eds.), *Causal cognition. A multidisciplinary debate*. Oxford: Clarendon Press.

— y GELMAN, R. (Eds.) (1991): *The epigenesis of mind: essays on biology and cognition*. Hillsdale, N.J.: Erlbaum.

— y JOHNSON, S. (2000): "Metarepresentation and conceptual change: evidence from Williams syndrome". En D. SPERBER (Ed.) (2000) *Metarepresentations. A multidisciplinary perspective*. Nueva York: Oxford University Press.

— y SPELKE, E. (1994): "Domain specific knowledge and conceptual change". En: L. HIRSCHFELD y S. GELMAN (Eds.) *Mapping the mind*. Cambridge, Ma.: Cambridge University Press. Trad. cast. de A. Ruiz: *Cartografía de la mente*. Barcelona: Paidos, 2002.

— y XU, F .(2001): "Infant knowledge of objects: beyond object files and object tracking". *Cognition*, 80 (1-2), págs. 179-213.

CARREIRAS, M. (1997): *Descubriendo y procesando el lenguaje*. Madrid: Trotta.

CARRETERO, M. (1984): "De la larga distancia que separa la suposición de la certeza". En: M. CARRETERO y J. A. GARCÍA MADRUGA (Eds.) *Lecturas de Psicología del pensamiento*. Madrid: Alianza.

— (1985): "El desarrollo cognitivo en la adolescencia y la juventud: las operaciones formales". En: M. CARRETERO; J. PALACIOS y A. MARCHESI (Eds.) *Psicología Evolutiva 3. Adolescencia, madurez y senectud*. Madrid: Alianza.

— (1993): *Constructivismo y educación*. Madrid: Edelvives.

— (ed.) (1995): *Construir y enseñar: las Ciencias Sociales y la Historia*. Buenos Aires: Aique.

— (ed.) (1996): *Construir y enseñar: las ciencias Experimentales*. Buenos Aires: Aique.

— (1997): *Introducción a la psicología cognitiva*. Buenos Aires: Aique.

—; ASENSIO, M. y POZO, J. I. (1991): "Time and causes in history. A cognitive and instructional study". En: M. CARRETERO; M. POPE; P. J. SIMMONS y J. I. POZO (Eds.) *Learning and Instruction. European Research in an International Context*. Londres: Pergamon Press.

— y GARCÍA MADRUGA, J. (Eds.) (1984): *Lecturas de Psicología del pensamiento,* Madrid: Alianza.

— y LIMÓN, M. (1997): "Problemas actuales del constructivismo: de la teoría a la práctica". En M. J. RODRIGO y J. ARNAY (Eds.) *La construcción del conocimiento escolar*. Barcelona: Paidos.

—; POPE, M.; SIMMONS, P. J. y POZO, J. I. (Eds.) (1991): *Learning and Instruction. European Research in an International Context*. Londres: Pergamon Press.

—; POZO, J. I. y ASENSIO, M. (Eds.) (1989): *La enseñanza de las ciencias sociales*. Madrid: Visor.

— y VOSS, J. F. (Eds.) (1994): *Cognitive and instructional processes in History and Social Sciences*. Hillsdale, N. Jersey: Erlbaum.

CARRUTHERS, P. (2000): "The evolution of consciousness". En: P. CARRUTHERS y A. CHAMBERLAIN (Eds.) *Evolution and the human mind*. Cambridge: Cambridge University Press.

— y CHAMBERLAIN, A. (Eds.) (2000a): *Evolution and the human mind*. Cambridge: Cambridge University Press.

— y CHAMBERLAIN, A. (2000b): "Introduction". En: P. CARRUTHERS y A. CHAMBERLAIN (Eds.) *Evolution and the human mind*. Cambridge: Cambridge University Press.

CARVER, S. M. y KLAHR, D. (Eds.) (2001): *Cognition and Instruction. Twenty-five years*. Mahwah, N.J.: Erlbaum.

CASE, R. (1996): "Changing views of knowledge and their impact on educational research and practice". En: D. OLSON y N. TORRANCE (Eds.) *The Handbook of Education and Human Development*. Oxford: Blackwell.

CECI, S. J. y NIGHTINGALE, N. N. (1990): "The entanglement of knowledge and process in development". En: W. SCHNEIDER y F. E. WEINERT (Eds.) *Interactions among aptitudes, strategies and knowledge in cognitive performance.* Nueva York: Springer-Verlag.

CELA CONDE, C. J. y AYALA, F. J. (2001): *Senderos de la evolución.* Madrid: Alianza.

CHANDLER, M. (1987): "The Othello effect". *Human Development,* 30, págs. 137-159.

CHASE, W. G. y SIMON, H. (1973): "Perception in chess". *Cognitive Psychology,* 4, págs. 55-81.

CHENG, P. y HOLYOAK, K. J. (1995): "Complex adaptive systems as intuitive statisticians: causality, contingency and prediction". En: H. L. ROITBLAT y J.-A. MEYER (Eds.) *Comparative approaches to cognitive science.* Cambridge, Mass.: The MIT Press.

CHI, M. T. H. (1978): "Knowledge structures and memory development". En: R. SIEGLER (ed.) *Childrens' thinking: what develops?* Hillsdale, N. Jersey: Erlbaum.

— (1992): "Conceptual change within and across ontological categories: examples from learning and discovery in science". En R. GIERE (comp.) *Cognitive models of science. Minnesota Studies in the Philosophy of Science.* Minneapolis: University of Minnesota Press.

—; FELTOVICH, P. J. y GLASER, R. (1981): "Categorization and representation of physics problems by experts and novices". *Cognitive Science,* 5, págs. 121-151.

—; GLASER, R. y FARR, M. (Eds.) (1988): *The nature of expertise.* Hillsdale, N.J: Erlbaum.

— y ROSCOE, R. D. (2002): "The processes and challenges of conceptual change". En: M. LIMÓN y L. MASON (Eds.) *Reconsidering conceptual change.* Dordrecht, Holanda: Kluwer.

—; SLOTTA, J. y DE LEEUW, W. (1994): "From things to processes: A theory of conceptual change for learning science concepts". *Learning and Instruction,* 4 (1), págs. 27-43.

CHOMSKY, N. (1957): *Syntactic structures.* La Haya: Mouton. Trad. cast.: *Las estructuras sintácticas.* Madrid: Aguilar, 1970.

— (1980): *Rules and Representations.* Nueva York: Columbia University Press. Trad. cast.: *Reglas y representaciones.* México D.F.: F.C.E.

CLARK, A. (1991): "In defense of explicit rules". En: W. RAMSEY; S. P. STICH, y D. RUMELHART (Eds.) *Philosophy and connectionist theory.* Hillsdale, N.J.: Erlbaum.

— (1997): *Being there. Putting brain, body and world togheter again.* Cambridge, Mass: The MIT Press. Trad. cast. de G. Sánchez: *Estar ahí.* Barcelona: Paidos, 1999.

— (2000): "Twisted tales: causal complexity and cognitive scientific explanation". En: F. C. KEIL y R. A. WILSON (Eds. ) *Explanation and cognition.* Cambridge, Mass.: The MIT Press.

— (2001): *Mindware. An introduction to the philosophy of cognitive science.* Nueva York: Oxford University Press.

CLAXTON, G. (1984): *Live and learn.* Londres: Harper & Row. Trad. cast. de C. González: *Vivir y aprender.* Madrid: Alianza, 1987.

— (1999): *Wise up.* Londres: Bloomsbury. Trad. cast. de P. Paterna: *Aprender: el reto del aprendizaje continuo.* Barcelona: Paidos, 2001.

CLEEREMANS, A. y JIMÉNEZ, L. (2002): "Implicit learning and consciousness: a graded, dynamic perspective". En: R. M. FRENCH y A. CLEEREMANS (Eds.) *Implicit learning and consciousness.* Hove: The Psychology Press.

CLORE, G. L. y TAMIR, M. (2002): "Affect as embodied information". *Psychological Inquiry,* 13 (1), págs. 37-45.

COLE, M. (1996): *Cultural psychology. A once and future discipline.* Cambridge, Mass.: Harvard University Press. Trad. cast de T. del Amo: *Psicología cultural. Una disciplina del pasado y del futuro.* Madrid: Morata, 1999.

CÓRDOVA, J. L. (1990): *La química y la cocina.* México: F.C.E./La ciencia para todos.

CORREA, N.; CEBALLOS, E. y RODRIGO. M. J. (2003): "Perspectivismo conceptual y argumentación en alumnos universitarios". En: C. MONEREO y J. I. POZO (Eds.) *La universidad ante la nueva cultura educativa.* Madrid: Síntesis.

CORTÁZAR, J. (1968): *Rayuela.* Barcelona: Edhasa, 1980.

COSMIDES, L. y TOOBY, J. (1994a): "Origins of domain specificity: the evolution of functional organization". En: L. HIRSCHFELD y S. GELMAN (Eds.) *Mapping the mind*. Cambridge, Mass.: Cambridge University Press. Trad. cast. de A. Ruiz: *Cartografía de la mente*. Barcelona: Paidos, 2002.

— y TOOBY, J. (1994b): "Beyond intuition and instinct blindness: toward an evolutionarily rigorous cognitive science". *Cognition*, 50, págs. 41-77

— y TOOBY, J. (2000): "Consider the source: the evolution of adaptations for decoupling and representations". En D. SPERBER (Ed.) (2000): *Metarepresentations. A multidisciplinary perspective*. Nueva York: Oxford University Press.

CREASE, R. P. (2002): "Points of view: This is your philosophy". *Physics World*. http://physicsweb.org/article/world/15/4/2.

CRUMP, T. (1990): *The anthropology of numbers*. Cambridge, Mass.: Cambridge University Press. Trad. cast. de P. Gómez Crespo: *La antropología de los números*. Madrid: Alianza, 1993.

CRUZ, J. (1989): *Teorías del aprendizaje y tecnologías de la enseñanza*. México: Trillas.

CUBERO, M. (1997): *Escenarios de actividad y modos de pensamiento: un estudio sobre la heterogeneidad del pensamiento verbal*. Tesis doctoral inédita. Departamento de Psicología Experimental. Universidad de Sevilla.

DAMASIO, A. (1994): *Descartes's error. Emotion, reason and the human brain*. Nueva York: Avon Books. Trad. cast. de J. Ros: *El error de Descartes*. Barcelona: Crítica, 1996.

— (1999): *The Feeling of What Happens. Body and Emotion in the Making of Consciousness*. Nueva York: Harcourt Barce y Company. Trad. cast. de F. Páez: *La sensación de lo que sucede*. Madrid: Debate, 2001.

DAWKINS, R. (1976a): *The selfish gene*. Oxford: Oxford University Press. Trad. cast.: *El gen egoísta*. Barcelona: Salvat Ediciones, 1994.

— (1976b): "Hierarchical organization: a candidate principle for ethology". En: P. BATESON y R. A. HINDE (Eds.) *Growing points of ethology*. Cambridge, Cambridge Univ. Press.

DE LA CRUZ, M. y POZO, J. I. (2003): "Concepciones sobre el currículum universitario ¿centrado en los contenidos o centrado en los alumnos?" En: C. MONEREO y J. I. POZO (Eds.) *La universidad ante la nueva cultura educativa: enseñar y aprender para la autonomía*. Madrid: Síntesis.

DE VEGA, M. (1981): "Una exploración de los metapostulados de la psicología cognitiva". *Análisis y modificación de conducta*, 16, págs. 345-376.

— (1984): *Introducción a la psicología cognitiva*. Madrid: Alianza.

— (1995): "Representaciones mentales: paradojas, debates y soluciones". En: J. MAYOR y M. DE VEGA (Eds.) *Memoria y representación*. Madrid: Alhambra.

— (1997): "Embodiment and language-based memory: some qualifications". *Behavioral and Brain Sciences*, 20 (1), págs. 22-23.

— (1998): "La psicología cognitiva: ensayo sobre un paradigma en transformación". *Anuario de Psicología*, 29 (2), págs. 21-44.

— (2002): "Del significado simbólico al significado corpóreo". *Estudios de Psicología*, 23 (2), págs. 153-174.

— y RODRIGO, M. J. (2001): "Updating spatial layouts mediated by pointing and labelling under physical and imaginary rotation". *European Journal of Cognitive Psychology*, 13, páginas 369-393.

DEHAENE, S. (1997): *The number sense*. Nueva York: Oxford University Press.

— y NACCACHE, L. (2001): "Towards a cognitive neuroscience of consciousness: basic evidence and a workspace framework". *Cognition*, 79, págs. 1-37.

DELIUS, J. D. (2002): "Inteligencias y cerebros: un enfoque comparativo y evolutivo". En: I. MORGADO (ed.) *Emoción y conocimiento. La evolución del cerebro y la inteligencia*. Barcelona: Tusquets.

DELOACHE, J. S. y BROWN, A. L. (1983): "Very young children's memory for the location of objects in a large scale environment". *Child development*, 54, págs. 888-897.

Delval, J. (1994): "Stages un the child's construction of social knowledge". En M. Carre-tero y J. F. Voss (Eds.) *Cognitive and instructional processes in History and Social Sciences.* Hillsdale, N.J.: Erlbaum.

— (1997): "Tesis sobre el constructivismo". En M. J. Rodrigo y J. Arnay (eds.) *La construcción del conocimiento escolar.* Barcelona: Paidos.

Denis, M. (1991): *Image and cognition.* Nueva York: HarvesterWheatsheaf.

Dennett, D. (1991): *Consciousness explained.* Boston: Little Brown.

Diamond, J. (1995): "La evolución de la inventiva humana". En: M. P. Murphy y L. O'Neill (Eds.) *La biología del futuro.* Barcelona: Tusquets, 1999.

Dickinson, A. (1980): *Contemporary animal learning theory.* Cambridge, Mass.: Cambridge University Press. Trad. cast. de L. Aguado: *Teorías del aprendizaje animal.* Madrid: Debate, 1984.

Dienes, Z. y Berry, D. (1997): "Implicit learning: under the subjective threshold". *Psychonomic Bulletin & Review,* 4 (1), págs. 3-23.

— y Perner, J. (1999): "A theory of implicit and explicit knowledge". *Behavioral and Brain Sciences,* 22, págs. 735-808.

— y Perner, J. (2002): "A theory of yhe implicit nature of implicit learning". En: R. M. French y A. Cleeremans (Eds.) *Implicit learning and consciousness.* Hove: The Psychology Press.

Dietrich, E. y Markman, A. B. (2000): "Cognitive dynamics: computation and representation regained". En: E. Dietrich y A. Markman (Eds.) *Cognitive dynamics. Conceptual and representational change in humans and machines.* Mahwah, N.J.: Erlbaum.

Diges, M. (1986): "Procesos de recuperación mnésica y estados de conciencia". En F. Valle-Inclán (dir.) *La conciencia en la psicología actual.* Bilbao: UPV.

— y Perpiñá, R. (1994): "Psicopatología de la memoria". En: A. Belloch; B. Sandín y F. Ramos (Eds.) *Manual de psicopatología.* Madrid: McGraw-Hill.

diSessa, A. (1993): "Towards an epistemology of physics". *Cognition and Instruction,* 10 (2-3), págs. 105-225.

— (1996): "What do 'just plain folk' know about physics". En: D. Olson y N. Torrance (eds.) *The Handbook of Education and Human Development.* Oxford: Blackwell.

— (2000): *Changing minds.* Cambridge, Mass.: The MIT Press.

— (2002): "Why 'conceptual ecology' is a good idea". En: M. Limón y L. Mason (eds.) *Reconsidering conceptual change.* Dordrecht, Holanda: Kluwer.

Donald, M. (1991): *Origins of the modern mind. Three stages in the evolution of culture and cognition.* Cambridge, Mass.: Harvard University Press.

— (1993): Précis of "Origins of the modern mind. Three stages in the evolution cf culture and cognition". *Behavioral and Brain Sciences,* 16, págs. 737-791.

— (2001): *A mind so rare. The evolution of human consciousness.* Nueva York: Norton.

Draaisma, D. (1995): *De metaforenmachine –een geschiedenis van het geheugen.* Amsterdam: Historische Vutgeverij. Trad. Cast. de C. Ginard: *Las metáforas de la memoria.* Madrid: Alianza, 1998.

Drestke, F. (1995): *Naturalizing the mind.* Cambridde, Ma.: The MIT Press.

Driver, R.; Squires, A.; Rushworth, P. y Wood-Robinson, V. (1994). *Making sense of secondary school science.* Londres: Routledge. Trad. cast. de M. J. Pozo: *Dando sentido a la ciencia en secundaria.* Madrid: Visor, 2000.

Duit, R. (1999): "Conceptual change. Approaches in science education". En: W. Schnotz; S. Vosniadou y M. Cafretero (Eds.) *New Perspectives on conceptual change.* Oxford: Elsevier.

—; Roth, W.-M.; Komorek, M. y Wilbers, J. (2001): "Fostering conceptual change by analogy- between scylla and charbirds". *Learning and Instruction,* 11 (4-5), págs. 283-303.

Dunbar, R. (1993): "Co-evolution of neocortical size, group size amd language in humans". *Behavioral and Brain Sciences,* 16 (4), págs. 681-735.

DUNBAR, R. (2000): "On the origin of human mind". En: P. CARRUTHERS y A. CHAMBERLAIN (Eds.) *Evolution and the human mind.* Cambridge: Cambridge University Press.

DUPUY, J.-P. (2000): *The mechanization of mind.* Princeton, N.J.: Princeton University Press.

EDELMAN, G. (1987): *Neural Darwinism.* Nueva York: Basic Books.

— y TONONI, G. (2000): *A universe of consciousness. How matter becomes imagination.* Nueva York: Basic Books. Trad. cast. de J. L. Riera: *El universo de la conciencia.* Barcelona: Crítica, 2002.

EIGEN, M. (1995): "¿Qué quedará de la biología del siglo XX?" En: M. P. MURPHY y L. O'NEILL (Eds.) *La biología del futuro.* Barcelona: Tusquets, 1999.

EKMAN, P. (1993): "Facial expression and emotion". *American Psychologist,* 48, págs. 384-392.

ENGELS, F. (1876): "El papel del trabajo en la transformación del mono en hombre". En: K. MARX y F. ENGELS. *Obras escogidas. Tomo II.* Madrid: Fundamentos, 1976.

ERICSSON, K. A. (Ed.) (1996): *Road to excellence.* Hillsdale. N. Jersey: Erlbaum.

— y SMITH, J. (Eds.) (1991): *Toward a general theory of expertise. Prospects and limits.* Cambridge: Cambridge University Press.

ESPAÑOL, S. (2001): "Un modo particular de concebir el símbolo y la ficción". En: En R. ROSAS (comp.) *La mente reconsiderada. En homenaje a Ángel Rivière.* Santiago de Chile, Ed. Psykhe.

— (en prensa): *Hacer cosas sin palabras: símbolos y ficción en la infancia temprana.* Madrid: Antonio Machado.

EVANS, D. (2001): *Emotions. The science of sentiment.* Trad. cast. de P. Hermida: *Emoción. La ciencia del sentimiento.* Madrid: Taurus, 2002.

FARR, F. y MOSCOVICI, S. (Eds) (1984): *Social representations.* Cambridge, Ma.: Cambridge University Press.

FERNÁNDEZ, T. y LÓPEZ RAMÍREZ, M. L. (1990): "Adaptación, cognición y límites biológicos del aprendizaje". En: L. AGUADO (Ed.) *Cognición comparada.* Madrid: Alianza.

FERNÁNDEZ-ABASCAL, E. G.; PALMERO, F. y BREVA, A. (2002): "Emociones básicas I: Miedo alegría y tristeza". En: F. PALMERO; E. G. FERNÁNDEZ-ABASCAL; F. MARTÍNEZ y M. CHÓLIZ (Eds.) *Psicología de la motivación y de la emoción.* Madrid: McGraw Hill.

—; PALMERO, F. y MARTÍNEZ, F. (2002): "Introducción a la psicología de la motivación y de la emoción". En: F. PALMERO; E. G. FERNÁNDEZ-ABASCAL; F. MARTÍNEZ y M. CHÓLIZ (Eds.) *Psicología de la motivación y de la emoción.* Madrid: McGraw Hill.

FERNÁNDEZ-ARMESTO, F. (1997): *Truth. A history.* Londres: Bantam Press. Trad. cast. de D. Chiner: *Historia de la verdad.* Barcelona: Herder, 1999.

— (2000): *Civilizations: culture, ambition and the transformation of nature.* Trad. cast. de J. Cuellar: *Civilizaciones. La lucha del hombre por controlar la naturaleza.* Madrid: Taurus, 2002.

FERREIRO, E. (1986): "La complejidad conceptual de la escritura". En *Proceedings del Simposio Sobre Sistemas de Escritura y Alfabetización.* México, Ediciones del Ermitaño.

FLAVELL, J. H. (1999): "Cognitive development: children's knowledge about the mind". *Annual Review of Psychology, 50,* págs. 21-45.

FLORES, F. (coord.) (2002): Ideas previas. http://ideasprevias.cinstrum.unam.mx.2048.

FODOR, J. A. (1975): *The language of thought.* Nueva York: Harper & Row. Trad. cast. de J. Fernández: *El lenguaje del pensamiento.* Madrid: Alianza, 1985

— (1979): "Fixation des croyances et acquisition de concepts". En M. PIATELLI-PALMARINI (Ed.) *Theories du langage. Theories de l'apprentissage.* París. Ed. du Seuil. Trad. cast. de S. Furió: *Teorías del lenguaje: Teorías del Aprendizaje.* Barcelona: Crítica, 1983.

— (1983): *The modularity of mind.* Cambridge., Mass.: The MIT Press. Trad. cast. de J. M. Igoa: *La modularidad de la mente.* Madrid: Morata, 1986.

— (1988): *Psychosemantics. The Problem of meaning in the psilosophy of mind.* Cambridge, Mass: The MIT Press.

— (2000): *The mind doesn't work this way.* Cambridge, Mass.: The MIT Press. (Trad. cast.: *La mente no funciona así.* Madrid: Siglo XXI, 2003.)

FORDE, E. y HUMPHREYS, G. W. (Eds.) (2002): *Category specificity in brain and mind.* Hove: The Psychology Press.

FREEMAN, N. H. y HABERMANN, G. M. (1996): "Linguistic socialization: a chinese perspective". En: M. H. BOND (Ed.) *The handbook of Chinese psychology.* Oxford: Oxford University Press.

FREEMAN, W. J. (1995): *Societies of brains: a study un the neuroscience of love and hate.* Hillsdale, N.J.: Erlbaum.

FRENCH, R. M. y CLEEREMANS, A. (Eds.) (2002): *Implicit learning and consciousness.* Hove: The Psychology Press.

FRENSCH, P. A. (1998): "Cne concept, multiple meanings". En: M. A. STADLER y P. A. FRENSCH (Eds.) *Handbook of implicit learning.* Thousand Oaks, Ca.: Sage.

FRIEDMAN, W. (1993): "Memory for the time of past events". *Psychological Bulletin,* 113 (1), páginas 44-66.

FROUFE, M. (1996): *El inconsciente cognitivo.* Madrid: Ediciones de la UAM.

GAGNÉ, E. D. (1985): *The cognitive psychology of school learning.* Trad. cast. de P. Linares: *La psicología del aprendizaje escolar.* Madrid: Visor, 1991.

GAGNÉ, R. (1977): *The conditions of learning and instruction. 3.ª ed.* Nueva York: Holt.

— y GLASER, R. (1987): "Foundations in learning research". En: R. GAGNÉ (Ed.) *Instructional technology: foundations.* Hillsdale, N.J.: Erlbaum.

GALLESE, V. y GOLDMAN, A. (1999): "Mirror neurons and the simulation of theory of mind-reading". *Trends in Cognitive Sciences,* 2, págs. 493-500.

GALLISTEL, C. R. (1989): "Animal cognition: the representation of space, time and number". *Annual Review of Psychology,* 40, págs. 155-190.

— (2000): "The replacement of general-purpose learning models with adaptively specialized learning modules". En: M. S. GAZZANIGA (Ed.) *The new cognitive neurosciences. 2.ª ed.* Cambridge, Mass.: The MIT Press.

— y GELMAN, R. (1992): "Preverbal and verbal counting and computation". *Cognition,* 44, páginas 43-74.

GARCÍA, J. y KOELLING, R. A. (1966): "Relation of cue to consequence in avoidance learning". *Psychonomic Science,* 4, págs. 123-124. Trad. cast. de L. Aguado (Ed.) *Lecturas sobre el aprendizaje animal.* Madrid: Debate, 1984.

GÄRDENFORS, P. (1997): "The role of memory in planning and pretense". *Behavioral and Brain Sciences,* 20 (1), págs. 24-25.

GARDNER, H. (1985): *The mind's new science.* Nueva York: Basic Books. Trad. cast.: *La nueva ciencia de la mente.* Barcelona: Paidos.

GEARY, D. y HUFFMAN, K. J (2002): "Brain and cognitive evolution: forms of modularity and functions of mind". *Psychological Bulletin,* 128 (5), págs. 667-698.

GELLATLY, A. (1997): "Why the young child has neither a theory of mind nor a theory of anything else". *Human Development,* 40, págs. 32-50.

GELMAN, R.; DURGIN, F. y KAUFMAN, L. (1995): "Distinguishing between animates and inanimates: not by motion alone". En D. SPERBER; D. PREMACK y A. J. PREMACK (Eds.) *Causal cognition. A multidisciplinary debate.* Oxford: Clarendon Press.

— y WILLIAMS, E. (1997): "Enabling constraints for cognitive development and learning: domain specificity and epigenesis". En: D. KUHN y R. SIEGLER (Eds.) *Handbook of child psychology. Vol 2.* Nueva York: Wiley.

GENTNER, D. y WOLF, P. (2000): "Metaphor and knowledge change". En: E. DIETRICH y A. MARKMAN (Eds.) *Cognitive dynamics. Conceptual and representational change in humans and machines.* Mahwah, N.J.: Erlbaum.

GERNET, J. (1972): *Le mond chinoise.* París: Colin. Trad. cast. de D. Folch: *El mundo chino.* Barcelona: Crítica, 1991.

GIERE, R. N. (1988): *Explaining science. A cognitive approach.* Chicago: Chicago Univ. Press.

GLASER, R. (1965): *Training research and education.* Nueva York: Wiley.

© Ediciones Morata, S. L.

GLASER, R. (1992): "Expert knowledge and processes of thinking". En: D. F. HALPERN (Ed.) *Enhancing thinking skills in the sciences and mathematics.* Hillsdale, N.J.: Erlbaum.
— (2001): "Progress then and now". En: S. M. CARVER y D. KLAHR (eds.) *Cognition and Instruction. Twenty-five years.* Mahwah, N.J.: Erlbaum.
— y BASSOK, M. (1989): "Learning theory and the study of instruction". *Annual Review of Psychology,* 40, págs. 631-666.
GLENBERG, A. (1997): "What memory is for". *Behavioral and Brain Sciences,* 20, págs. 1-55.
GOLDBERG, E. (2001): *The executive brain.* Oxford: Oxford Univ. Press. Trad. cast. de J. García Sanz : *El cerebro ejecutivo.* Barcelona: Crítica. 2002.
GOLDMAN, A. (2000): "The mentalizing folk". En D. SPERBER (Ed.) (2000): *Metarepresentations. A multidisciplinary perspective.* Nueva York: Oxford University Press.
GÓMEZ, J. C. (1998): "Some thoughts about the evolution of LADS, with especial reference to TOM and SAM". En: P. CARRUTHERS y J. BOUCHER (Eds.) *Language and Thought.* Cambridge, Ma: Cambridge University Press.
— y NÚÑEZ, M. (1998): "Introducción: La mente social y la mente física: desarrollo y dominios de conocimiento". *Infancia y Aprendizaje, 84,* págs. 5-32.
GÓMEZ CRESPO, M. A. y POZO, J. I. (2000): "La comprensión de la estructura de la materia: discontinuidad y vacío". *Tarbiya,* 26, págs. 117-139.
— y POZO, J. I. (2001): "La consistencia de las teorías sobre la naturaleza de la materia: Una comparación entre las teorías científicas y las teorías implícitas". *Infancia y Aprendizaje,* 24 (4), págs. 441-459.
— y POZO, J. I. (2002): "Discontinuidad de la materia: más allá de nuestros sentidos". En: *Aspectos didácticos de Física y Química (Anímica).* Zaragoza: I.C.E. de la Universidad.
—; POZO, J. I. y SANZ, A. (1995): "Students' ideas on conservation of matter: effects of expertise and context variables". *Science Education,* 79 (1), págs. 77-93.
GOPNIK, A. y MELTZOFF, A. N. (1997): *Words, thoughts and theories.* Cambridge Mass.: The MIT Press. Trad. cast. de M. Sotillo e I. S. Wildschiitz: *Palabras, pensamientos y teorías.* Madrid: Visor, 1999.
—; MELTZOFF, A. y KUHL, P. (1999): *The scientist in the crib.* Nueva York: William Morton.
GOTTLIEB, G. (2002): "Developmental-behavioral initiation and evolutionary change". *Psychological Review,* 109 (2), págs. 211-218.
GOULD, S. J. (1995): "'¿Qué es la vida?' como problema histórico". En: M. P. MURPHY y L. O'NEILL (Eds.) *La biología del futuro.* Barcelona: Tusquets, 1999.
GUIRAUD, P. (1955): *La sémantique.* París: P.U.F. Trad. cast. de J. A. Halser: *La semántica.* México: F.C.E., 1960.
GUZMÁN, M. (2000): "El pensamiento matemático". En: P. GARCÍA BARREDO (Ed.) *La ciencia en tus manos.* Madrid: Espasa-Calpe.
HALLDÉN, O. (1999): "Conceptual change and conceptualization". En: W. SCHNOTZ; S. VOSNIADOU y M. CARRETERO (Eds.) *New perspectives on conceptual change.* Londres: Elsevier.
HARRIS, R. (1995): *Signs of writing.* Londres: Routledge. Trad. cast. de P. Wilson: *Signos de escritura.* Barcelona: Paidos.
HAUSER, M. C. (2000): *Wild minds.* Nueva York: Holt and co. Trad. cast. de A. Herrera: *Mentes salvajes.* Barcelona: Granica, 2002.
HEWITT, P. G. (1992): *Conceptual Physics.* Menlo Park., California: Addison-Wesley. Trad. cast. de S. de Régules: *Física conceptual.* Wilmington, Delaware.: Addison-Wesley, 1995.
HIKOSAKA, O.; SAKAI, K.; NAKAHARA, H.; LU, X.; MIYACHI, S.; NAKAMURA, K. y RAND, M. K. (2000): "Neural mechanisms for learning of sequential procedures". En: M. S. GAZZANIGA (Ed.): *The new cognitive neurosciences. 2.ª ed.* Cambridge, Mass.: The MIT Press.
HIRSCHFELD, L. y GELMAN, S. (Eds.) (1994): *Mapping the mind.* Cambridge, Mass.: Cambridge University Press. Trad. cast. de A. Ruiz: *Cartografía de la mente.* Barcelona: Paidos, 2002.

HOFER, B. y PINTRICH, P. R. (1997): "The development of epistemological theories: beliefs about knowledge and knowing and their relation to learning". *Review of Educational Research.* 67, págs. 88-140.

— y PINTRICH, P. R. (Eds.) (2002): *Personal epistemology: the psychology of beliefs about knowledge and knowing.* Mahwah, N.J.: Erlbaum.

HOGARTH, R. M. (2001): *Educating intuition.* Chicago: Chicago University Press. Trad. cast. de R. Filella: *Educar la intuición.* Barcelona: Paidos, 2002.

HOLDING, D. H. (1985): *The psychology of chess skill.* Hillsdale, N.J.: Erlbaum.

HOOD, B. M ; HAUSER, M. D.; ANDERSON, L. y SANTOS, L. (1999): "Gravity biases in a nonhuman primate?" *Developmental Science,* 2, págs. 35-41.

HUERTAS, E. (1992): *El aprendizaje no verbal en humanos.* Madrid: Pirámide

HUERTAS, J. A. (Ed) (1997): *Motivación. Querer aprender.* Buenos Aires: Aique.

— y AGUDO, R. (2003): "Concepciones de los estudiantes universitarios sobre la motivación". En: C. MONEREO y J. I. POZO (Eds.) *La universidad ante la nueva cultura educativa: enseñar y aprender para la autonomía.* Madrid: Síntesis.

HULL, D. L.; LANGMAN, R. E. y GLENN (2001): "A general account of selection: biology, immunology and behavior". *Behavioral and Brain Sciences,* 24, págs. 511-573.

HUMPHREY, N. (1983): *Consciousness regained.* Oxford: Oxford University Press. Trad. cast. de J. J. Utrilla: *La reconquista de la conciencia.* México, D.F.: F.C.E., 1987.

— (1986): *The inner eye.* Oxford: Faber and Faber. Trad. cast. de M. V. Laa: *La mirada interior.* Madrid: Alianza, 1995.

HUTCHINS, E. (1995): *Cognition in the wild.* Cambridge, Mass: The MIT. Press

HUTCHINSON, W. D.; DAVIS, K. D.; LOZANO, A. M.; TASKER, R. R. y DOSTROVSKI, J. O. (1999): "Pain- related neurons in the human cingulated cortex". *Nature Neuroscience,* 2, págs. 403-405.

HUXLEY, T. (1901): *Methods and results: Essays.* Nueva York: Appleton.

IFRAH, G. (1985): *Les chiffres ou l'histoire d'une grande invention.* París: Robert Laffont. Trad. cast. de Drakman Traducciones: *Las cifras. Historia de una gran invención.* Madrid: Alianza, 1987.

INAGAKI, K. y HATANO, G. (2002): *Young children's naive thinking about the biological world.* Nueva York: The Psychology Press.

IVARSSON, J.; SCHCULTZ, J. y SALJÖ, R. (2002): "Map reading versus mind reading: revisiting children's understanding of the shape of the earth". En: M. LIMÓN y L. MASON (Eds.) *Reconsidering conceptual change.* Dordrecht, Holanda: Kluwer.

JACKENDOFF, R. (1994): *Patterns in the mind.* Nueva York: Basic Books.

JAMES, W. (1890): *The Principles of Psychology.* Nueva York: Holt.

JOHNSTON, T. y EDWARDS, L. (2002): "Genes, interactions and the development of behavior". *Psychological Bulletin,* 109 (1), págs. 26-34.

JONES, D. (1999): "Evolutionary psychology". *Annual Review of Anthropology,* 28, págs. 553-575.

JOVÉ, J. J. (2001): *Iniciación al arte.* Madrid: Antonio Machado.

— (2002): *Arte, psicología y educación.* Madrid: Antonio Machado.

KAMIN, L. J. (1969): "Predictibility, surprise, attention and conditioning". En. B. A CAMPBELL y R. M. CHURCH (Eds.) *Punishment and aversive behavior.* Nueva York: Appletton-Centuly-Crofts.

KARMILOFF-SMITH, A. (1992): *Beyond modularity.* Cambridge, Ma.: Cambridge University Press. Trad. cast. de J. C. Gómez y M. Núñez: *Más allá de la modularidad,* Madrid: Alianza, 1994.

KEATING, D. (1996): "Habits of mind for a learning society: educating for human development". En: D. OLSON y N. TORRANCE (Eds.) *The Handbook of Education and Human Development.* Oxford: Blackwell.

KEIL, F. C. (1989): *Concepts, kinds and cognitive development.* Cambridge, Mass.: The MIT Press.

KEIL, F. C. (1995): "The growth of causal understandings of natural kinds". En D. SPERBER; D. PREMACK y A. J. PREMACK (Eds.) *Causal cognition. A multidisciplinary debate.* Oxford: Clarendon Press.

— y SILBERSTEIN, C. S. (1996): "Schooling and the acquisition of theoretical knowledge". En: D. OLSON y N. TORRANCE (Eds.) *The Handbook of Education and Human Development.* Oxford: Blackwell.

KELLY, G. (1995): *A theory of personality: the psychology of personal constructs.* Nueva York: Norton.

KEMBER, D. (1997): "A reconceptualization of the research into university academic conceptions of learning". *Learning and instruction, 7(3),* págs. 225-275.

KILLEEN, P. R. (1992): "Mechanics of the animate". *Journal of Experimental Analysis of Behavior,* 57, págs. 429-463.

KING, P. M. y KITCHENER, K. S. (1994): *Developing reflective judgment: Understanding and promoting intellectual growth and critical thinking in adolescents and adults.* S. Francisco: Jossey.

KINTSCH, W. (1998): *Comprehension. A paradigm for cognition.* Cambridge Mass.: Cambridge University Press.

KIRSH, D. y MAGLIO, P. (1994): "On distinguishing epistemic from pragmatic action". *Cognitive Science, 18,* págs. 513-549.

KIRSNER, K.; SPEELMAN, C.; MAYBERY, M.; O'BRIEN-MALONE, A.; ANDERSON, M. y MACLEOD, C. (Eds.) (1998): *Implicit and explicit mental processes.* Mahwah, N.J.: Erlbaum.

KLEIN, S. B.; COSMIDES, L.; TOOBY, J. y CHANCE, S. (2002): "Decisions and the evolution of memory: multiple systems, multiple functions". *Psychological Review,* 109 (2), páginas 306-329.

KUMMER, H. (1995): "Causal knowledge in animals". En D. SPERBER; D. PREMACK y A. J. PREMACK (Eds.) *Causal cognition. A multidisciplinary debate.* Oxford: Clarendon Press.

LAKATOS, I. (1978): *The methodology of scientific research programmes-philosophical papers.* Vol. I. Ed. de J. WORALL y G. CURRIE, Cambridge University Press. Trad. cast. de J. C. Zapatero: *La metodología de los programas de investigación científica.* Madrid: Alianza, 1983.

LAKOFF, G. y JOHNSON, M. (1980): *Metaphors we live by.* Chicago: University of Chicago Press. Trad. cast. de C. González: *Metáforas de la vida cotidiana.* Madrid: Cátedra, 1986.

— y JOHNSON, M. (1999): *Philosophy in the flesh. The embodied mind and its challenge to western thought.* Nueva York: Basic Books.

LANCY, D. F. (1983): *Cross-cultural studies in cognition and mathematics.* Nueva York: Academic Press.

LANGACKER, R. (1998): "Conceptualization, symbolization and grammar". En: M. TOMASELLO (Ed.) *The new psychology of language. Cognitive and functional approaches to language structure.* Mahwah, N.J.: Erlbaum.

LARKIN, J. H. (1985): "Understanding, problem solving and skill in physics". En: S. F. CHIPMAN; J. W. SEGAL y R. GLASER (Eds.) *Thinking and learning skills. Vol 2.* Hillsdale, N.J.: Erlbaum.

LAVE, J. y WENGER, E. (1991): *Situated learning.* Cambridge, Mass.: Cambridge University Press.

LEDOUX, G. (2002): "El aprendizaje del miedo: de los sistemas a las sinapsis". En: I. MORGADO (Ed.) *Emoción y conocimiento. La evolución del cerebro y la inteligencia.* Barcelona: Tusquets.

LESLIE, A. (1987): "Pretense and representation: the origins of 'theory of mind'". *Psychological Review,* 94, págs. 412-426.

— (1994): "ToMM, ToBY and agency: core architecture and domain specificity". En: En: L. HIRSCHFELD y S. GELMAN (Eds.) *Mapping the mind.* Cambridge, Mass.: Cambridge University Press. Trad. cast. de A. Ruiz: *Cartografía de la mente*. Barcelona: Paidos, 2002.

LESLIE, A. (1995): "A theory of agency". En: D. SPERBER; D. PREMACK y A. J. PREMACK (Eds.) *Causal cognition. A multidisciplinary debate*. Oxford: Clarendon Press.

— (2000): "How to acquire a representational theory of mind". En D. SPERBER (Ed.) *Meta-representations. A multidisciplinary perspective*. Nueva York: Oxford University Press.

LEVINAS, M. L. (1998): *Conflictos del conocimiento y dilemas de la educación*. Buenos Aires: Aique.

LÉVI-STRAUSS, C. (1971): *Mythologiques 4*. París: Plon.

LEWONTIN, M. (2000): *It isn't necessarily so: The dream of human genome and other illusions*. Nueva York: The New Work Review of Books. Trad. cast. de R. Ibero: *El sueño del genoma humano y otras ilusiones*. Barcelona: Paidos, 2001.

LIEBERMAN, M. D. (2000): "Intuition: a social cognitive neuroscience approach". *Psychological Bulletin*, 126 (1), págs. 109-137.

LIMÓN, M. y MASON, L. (Eds.) (2002): *Reconsidering conceptual change*. Dordrecht, Holanda: Kluwer.

LOGUE, A. (1985): "The growth of behaviorism: controversy and diversity". En C. E. BUXTON (Ed.) *Points of view in the modern history of psychology*. Orlando: Academic Press.

LÓPEZ MANJÓN, A. (1996): "Las teorías intuitivas en Medicina". *Revista de Psicología General y Aplicada.49, (1)*, págs. 111-125.

LORENZ, K. (1965): *Evolution and modification of behavior*. Chicago University Press. Trad. cast. de C. Gerharc: *Evolución y modificación de conducta*. Madrid: Siglo XXI, 1971.

— (1996): "Innate bases of learning". En: K. H. PRIBRAM y J. KING (Eds.) *Learning as self-organization*. Mahwah, N.J.: Erlbaum.

LURIA, R. (1974): *Ob istoreichescom rasbitii poznabatelnyj processov*. Moscú: Nauka. Trad. cast. de Javioskaya: *Los procesos cognitivos. Análisis sociohistórico*. Barcelona: Fontanella, 1980.

LUTZ, T. (1999): *Crying. The natural and cultural history of tears*. Trad. cast. de E. Cortés: *El llanto*. Madrid: Taurus, 2001.

LYONS, J. (1977): *Semantics*. Cambridge, Mass.: Cambridge University Press. Trad. cast. de R. Cerdá: *Semántica*. Barcelona: Teide, 1980.

MACKINTOSH, N. J. (1983): *Conditioning and associative learning*. Nueva York: Oxford University Press. Trad. cast de M. V. Chamizo. *Condicionamiento y aprendizaje asociativo*. Madrid: Alhambra, 1987.

MACLEOD, C. (1998): "Implicit perception: perceptual processing without awareness". En K. KIRSNER y cols. (Eds.) *Implicit and explicit mental processes*. Mahwah, N.J.: Erlbaum.

MÁIQUEZ, M. L; RODRIGO, M. J.; CAPOTE, C. y VERMAES, I. (2000): *Aprender en la vida cotidiana. Un programa experiencial*. Madrid: Visor.

MANGUEL, A. (1996): *A History of reading*. Toronto: Knopf. Trad. cast. de J. L. López Muñoz: *Una historia de la lectura*. Madrid: Alianza, 1998.

MARGOLIS, E. (1998): *How to acquire a concept. Mind & Language*, 13 (3), págs. 347-369.

MARLER, P. (1991): "The instinct to learn". En: S. CAREY y R. GELMAN (Eds.) *The epigenesis of mind: essays on biology and cognition*. Hillsdale, N.J.: Erlbaum.

MARTÍ, E. (1995): "Metacognición: entre la fascinación y el desencanto". *Infancia y Aprendizaje*, 72, págs. 9-32.

— (1997): "Les débuts de la capacité notationnelle. Implications didactiques". *Skhole. Cahiers de la recherche et du développement, 7*, págs. 218-237.

— (1999): "Metacognición y estrategias de aprendizaje". En: J. I. POZO y C. MONEREO (Eds.) *El aprendizaje estratégico*. Madrid: Santillana.

— (2003): *Representar el mundo externamente. La adquisición infantil de los sistemas externos de representación*. Madrid: Antonio Machado.

— y POZO, J. I. (2000): "Más allá de las representaciones mentales: la adquis ción de los sistemas externos de representación". *Infancia y Aprendizaje*, 90, págs. 11-30.

MARTÍNEZ, I. y ARSUAGA, J. L. (2002): *Amalur. Del átomo a la mente*. Madrid: Temas de Hoy.
MARTÍNEZ, F.; FERNÁNDEZ-ABASCAL, E. G. y PALMERO, F. (2002): "Teorías emocionales". En:
   F. PALMERO; E. G. FERNÁNDEZ-ABASCAL; F. MARTÍNEZ y M. CHÓLIZ (Eds.) *Psicología de la
   motivación y de la emoción*. Madrid: McGraw Hill.
MARTY, G. (1999): *Psicología del arte*. Madrid: Pirámide.
MATEOS, M. (1995): *Mente y computación*. Madrid: Ediciones de la UAM.
— (1999): "Metacognición en expertos y novatos". En J. I. POZO y C. MONEREO (Eds.): *El
   aprendizaje estratégico*. Madrid: Santillana/Aula XXI.
— (2001): *Metacognición y educación*. Buenos Aires: Aique.
MAYNARD-SMITH, J. y SZATHMARY, E. (1999): *The origins of life. From the birth of life to the
   origins of language*. Trad. cast. de J. Ros: *Ocho hitos de la evolución*. Barcelona: Tus-
   quets, 2001.
McCAULEY, R. N. (2000): "The naturalness of religion and the unnaturalness of science".
   En: F. C. KEIL y R. A. WILSON (Eds. ) *Explanation and cognition*. Cambridge, Mass.:
   The MIT Press.
McCLOSKEY, M. (1983): "Naïve theories of motion". En: D. GENTNER y A. L. STEVENS (Eds.)
   *Mental models*. Hillsdale, N.J.: Erlbaum.
McINTYRE, J.; ZAGO, M.; BERTHOZ, A. y LACQUANITI, F. (2001): "Does the brain model New-
   ton's laws?" *Nature Neuroscience*, 4 (7), págs. 693-694.
MEHLER, J. y DUPOUX, E. (1990): *Naître humain*. París: Odile Jacob. Trad. cast. de N. Se-
   bastián: *Nacer sabiendo*. Madrid: Alianza, 1992.
MESAROVIC, M. D.; MACKO, D. y TAKAHARA, G. (1980): *Theory of hierarchical multilevel sys-
   tems*. Nueva York: Academic Press.
MICHOTTE, A. (1946): *La perception de la causalité*. Lovaina: Publications Universitaires.
MILLÁS, J. J. (2000): *Cuerpo y prótesis*. Madrid: Ediciones El País.
MILLER, G. A. (1966): "Grammarama Project". En: G. A. MILLER: *The Psychology of Com-
   munication*. Nueva York : Basic Books. Trad. cast. de M. I. Dates: *La psicología de la
   comunicación*. Buenos Aires: Paidos, 1980.
MITHEN, S. (1996): *The prehistory of mind*. Londres: Thames and Houdson. Trad. cast. de
   M. J. Aubet: *Arqueología de la mente*. Barcelona: Crítica, 1998.
— (2000): "Brain, mind and material culture". En: P. CARRUTHERS y A. CHAMBERLAIN (Eds.)
   *Evolution and the human mind*. Cambridge: Cambridge University Press.
MONEREO, C.; BARBERÁ, E.; CASTELLÓ, M. y PÉREZ CABANÍ, M. L. (2000): *Tomar apuntes: un
   enfoque estratégico*. Madrid: Visor.
— y POZO, J. I. (2001): "¿En qué siglo vive la escuela?: el reto de la nueva cultura educativa". *Cuadernos de Pegagogía*, 298, págs. 50-55.
— y POZO, J. I. (Eds.) (2003): *La universidad ante la nueva cultura educativa: enseñar y
   aprender para la autonomía*. Madrid: Síntesis.
MORENO, A. (1989): *Perspectivas psicológicas sobre la conciencia*. Madrid: Ediciones de la
   Universidad Autónoma de Madrid.
MORTIMER, E. (1998): "Multivoiceness and univocality in classroom discourse: an example
   from theory of matter". *International Journal of Science Education*, 20 (1), págs. 67-82.
— (2001): "Perfiles conceptuales: modos de pensar y modos de hablar en las clases de
   ciencias". *Infancia y Aprendizaje*, 24 (4).
MOSCOVICI, S. (1976): *Le psychanalyse, son image et son public*. Paris: P.U.F. Trad. cast.:
   *El psiconálisis, su imagen y su público*. Buenos Aires: Huemul, 1979.
MOTOKAWA, T. (1989): "Sushi science and hamburgher science". *Perspectives in Biology
   and Medicine*, 32 (4), págs. 489-504.
MOWRER, R. R. y KLEIN, D. B. (eds.) (2001): *Handbook of contemporary learning theories*.
   Mahwah, N.J.: Erlbaum.
MURPHY, M. P. y O'NEILL, L. (Eds.) (1995): *What's life. The next fifty years*. Cambridge Univ.
   Press. Trad. cast. de A. García Leal: *La biología del futuro*. Barcelona: Tusquets, 1999.

MURPHY, D. y STICH, S. (2000): "Darwin in the madhouse: evolutionary psychology and the classification of mental disorders". En: P. CARRUTHERS y A. CHAMBERLAIN (Eds.) Evolution and the human mind. Cambridge: Cambridge University Press.

NABOKOV, V. (1966): Speak, memory. Nueva York: Putnam's Sons. Trad. cast. de E. Murillo: Habla, memoria. Barcelona: Anagrama, 1986.

NEAL, A. y HESKETH, B. (1997): "Episodic knowledge and implicit learning". Psychonomic Bulletin & Review, 4 (1), págs. 24-37.

NELSON, K. (1996): Language in cognitive development. The emergence of the mediated mind. Cambridge: Cambridge Univ. Press.

NEWELL, A. y SIMON, H. A. (1972): Human problem solving. Englewood, N. J. Prentice-Hall.

NISBET, T. R. E. y WILSON, T. D. (1977): "Telling more than we can know: Verbal reports on mental processes". Psychological Review, 84; págs. 231-259.

NISBETT, R. E.; PENG, K.; CHOI, I. y NORENZAYAN, A. (2001): "Culture and systems of thought: holistic versus analytic cognition". Psychological Review, 108 (2), págs. 291-310.

NOICE, T. y NOICE, H. (1997): The nature of expertise in professional acting. A cognitive view. Hillsdale, N.J.: Erlbaum.

NORENZAYAN, A.; CHOI, I. y NISBETT, R. E. (1999): "Eastern and western perceptions of causality for social behavior: lay theories about personalities and social situations". En: D. PRENTICE y D. MILLER (Eds.) Cultural divides: understanding and overcoming group conflict. Nueva York: Sage.

—; SMITH, E. E.; KIM, B. J. y NISBETT, R. E. (2002): "Cultural preferences for formal versus intuitive reasoning". Cognitive Science, 26, págs. 653-684.

NUCCI, L. P.; SAXE, G. B. y TURIEL, E. (Eds.) (2000): Culture, thought and development. Mahwah, N.J.: Erlbaum.

NUNES, T. (1999): "Systems of signs and conceptual change". En: W. SCHNOTZ; S. VOSNIADOU y M. CARRETERO (Eds.) New perspectives on conceptual change. Londres: Elsevier.

— y BRYANT, P. (Eds.) (1997): Learning and Teaching Mathematics. An international perspective. Londres: Guilford Press.

NÚÑEZ, R. (2000): "Could the future taste purple? Reclaiming mind, body and cognition". En R. NÚÑEZ y W. FREEMAN (Eds.) Reclaiming cognition. The primacy of action, intention and emotion. Thorverton: Imprinting Academic.

— y FREEMAN, W. (Eds.) (2000): Reclaiming cognition. The primacy of action, intention and emotion. Thorverton: Imprinting Academic.

O'BRIEN, G. y OPIE, J. (1999): "A connectionist theory of phenomenal experience". Behavioral and Brain Sciences, 22, págs. 127-196.

O'BRIEN-MALONE, A. y MAYBERY, M. (1998): "Implicit learning". En: K. KIRSNER; C. SPEELMAN; M. MAYBERY; A. O'BRIEN-MALONE; M. ANDERSON y C. MACLEOD (Eds.) Implicit and explicit mental processes. Mahwah, N.J.: Erlbaum.

OLSON, D. (1994): The world on paper. Cambridge: Cambridge University Press. Trad. cast. de P. Wilson: El mundo sobre el papel. Barcelona: Gedisa, 1999.

ORTEGA Y GASSET, J. (1940): Ideas y creencias. Madrid: Alianza Editorial, 1999.

OYAMA, S. (1985): The ontogeny of information. Cambridge, Mass.: Cambridge University Press.

PALMERO, F. y FERNÁNDEZ-ABASCAL, E. G. (Eds.) (1998): "Procesos emocionales". En: F. PALMERO y E. G. FERNÁNDEZ-ABASCAL (Eds.) Emociones y adaptación. Barcelona: Ariel.

PAPINI, M. R. (2002): "Pattern and process in the evolution of learning". Psychological Review, 109 (1), págs. 186-201.

PAULOS, J. A. (1988): Innumeracy. Mathematical illiteracy and its consequences. Trad. cast. de J. M. Llosa: El hombre anumérico. Barcelona: Tusquets, 1990.

PEARCE, J. M. y BOLTON, M. E. (2001): "Theories of associative learning in animals". Annual Review of Psychology, 52, págs. 111-139.

PECHARROMÁN, I. (2003): Teorías epistemológicas implícitas en diferentes dominios. Tesis Doctoral inédita. Facultad de Psicología. Unviersidad Autónoma de Madrid.

PEDRINACI, E. (1998): "Procesos geológicos internos: entre el fijismo y la Tierra como sistema". *Alambique*, 18, págs. 7-17.

PEIRCE, Ch. (1931): *Collected papers*. Cambridge, Mass.: Harvard University Press.

PENG, K. y NISBETT, R. E. (1999): "Culture, dialectics and reasoning about contradiction". *American Psychologist*, 54, págs. 741-754.

PENROSE, R. (1989): *The Emperor's new mind*. Oxford: Oxford University Press. Trad. cast. de J. García: *La nueva mente del emperador*. Madrid: Mondadori, 1991.

PÉREZ DELGADO, E. y MESTRE, M. V. (Eds.) (1999): *Psicología moral y crecimiento personal*. Barcelona: Ariel.

PÉREZ ECHEVERRÍA, M. P. (1990): *Psicología del razonamiento probabilístico*. Madrid: Ediciones de la U.A..M.

— (2000): "Sólo sé que no sé nada: algunas consideraciones acerca de las creencias sobre el conocimiento y el aprendizaje". *Ensayos y experiencias*, 33, págs. 26-37.

—; MATEOS, M.; POZO, J. I. y SCHEUER, N. (2001): "En busca del constructivismo perdido: concepciones implícitas sobre el aprendizaje". *Estudios de Psicología*, 22 (2), páginas 155-173.

— y POZO, J. I. (1994): "Aprender a resolver problemas y resolver problemas para aprender". En: J. I. POZO (Ed.) *Solución de problemas*. Madrid: Santillana.

—; POZO, J. I. y RODRÍGUEZ, B. (2003): "Concepciones del aprendizaje en los estudiantes universitarios: el aprendizaje como producto o como proceso". En: C. MONEREO y J. I. POZO (Eds.) *La universidad ante la nueva cultura educativa: enseñar y aprender para la autonomía*. Madrid: Síntesis.

PERNER, J. (1991): *Understanding the representational mind*. Cambridge, Mass: The MIT Press. Trad. cast: *Comprender la mente representacional*. Barcelona: Paidós, 1994.

PERRUCHET, P. y VINTER, A. (1998): "Learning and development". En: M. A. STADLER y P. A. FRENSCH (Eds.) *Handbook of implicit learning*. Thousand Oaks, Ca.: Sage.

— y VINTER, A. (2002): "The self-organizing consciousness: a framework for implicit learning". En: R. M. FRENCH y A. CLEEREMANS (Eds.) *Implicit learning and consciousness*. Hove: The Psychology Press.

PIAGET, J. (1926): *La representation du monde chez l'enfant*. Neuchâtel: Delaclaux et Niestlé. Trad. cast. de M. Riani: *La representación del mundo en el niño*. Madrid: Morata, 1973.

— (1936): *La naissance de l'intelligence chez l'enfant*. París: Delaclaux et Niestlé. Trad. cast. de L. Fernández: *El nacimiento de la inteligencia en el niño*. Madrid: Aguilar, 1972.

— (1937): *La construction de réal chez l'enfant*. Neuchâtel: Delaclaux et Niestlé. Trad. cast. de M. Arruñada: *La construcción de lo real en el niño*. Buenos Aires: Proteo, 1965.

— (1967): *Biologie et connaissance*. París, Gallimard. Trad. cast. de F. González: *Biología y conocimiento*. México D.F.: Siglo XXI, 1969.

— (1974): *Réussir et comprendre*. París : P.U.F.

— (1979): "La psychogenese de la connaissance et leur signification epistemologique". En M. PIATELLI-PALMARINI (Ed.) *Theories du langage. Theories de l'apprentissage*. París. Ed. du Seuil. Trad. cast. de S. Furió: *Teorías del lenguaje: Teorías del Aprendizaje*. Barcelona: Crítica, 1983.

PINKER, S. (1997*): How the mind works*. Nueva York: Norton. Trad. cast.: *Cómo funciona la mente*. Madrid: Debate, 2001.

PLACE, U. T. (2000): "Consciousness and the zombi within: a functional analysis of the blindsight evidence". En: Y. ROSETTI y A. REVONSUO (Eds.) *Beyond dissociation: interaction between dissociated implicit and explicit processing*. John Benjamins.

POSTIGO, Y. y POZO, J. I. (1998): "The learning of a geographical map by experts and novices". *Educational Psychology*, vol.18 (1): págs. 65-80.

— y POZO, J. I. (1999): "Hacia una nueva alfabetización: el aprendizaje de información gráfica". En: J. I. POZO y C. MONEREO (Eds.) *El aprendizaje estratégico: enseñar a aprender desde el currículo*. Madrid: Santillana.

Postigo, Y. y Pozo, J. I. (2000): "Cuando una gráfica vale más que 1000 datos: interpretación de gráficas por alumnos adolescentes". *Infancia y Aprendizaje*, 90, págs. 89-110.
— y Pozo, J. I. (en prensa) "La representación mental de los mapas geográficos: niveles de procesamiento". *Cognitiva*.
Povinelli, D. J.; Bering, J. M. y Giambrone, S. (2000): "Toward a science of other minds: escaping the argument by analogy". *Cognitive Science*, 24 (3), págs. 509-541.
Pozo, J. I. (1987): *Aprendizaje de la ciencia y pensamiento causal*. Madrid: Visor.
— (1989): *Teorías cognitivas del aprendizaje*. Madrid. Morata.
— (1994): "El cambio conceptual en el conocimiento físico y social: del desarrollo a la instrucción". En: M. J. Rodrigo (Ed.) *Contexto y Desarrollo Social*. Madrid: Síntesis.
— (1996a): *Aprendices y maestros*. Madrid: Alianza.
— (1996b): "No es oro todo lo que reluce, ni se construye (igual) todo lo que se aprende: contra el reduccionismo constructivista". *Anuario de Psicología*, 69 (2), págs. 127-139.
— (2000): "¿Por qué los alumnos no aprenden la ciencia que les enseñamos? El caso de las Ciencias de la Tierra". *Enseñanza de las Ciencias de la Tierra*, 8 (1), págs. 13-19.
— (2001): *Humana mente: el mundo, la conciencia y la carne*. Madrid: Morata.
— (2002): "La adquisición de conocimiento científico como un proceso de cambio representacional". *Investigaçoes em ensino de ciencias*, 7 (3).
— (2003a): "Aprendizaje implícito y explícito en la adquisición de conocimiento". Informe no publicado. Facultad de Psicología, Universidad Autónoma de Madrid.
— (2003b): "Buscando a Hal desesperadamente: de la psicología cognitiva a la psicología del conocimiento". *Anuario de Psicología*, 34 (1), págs. 3-28.
— (en prensa): "Las culturas de la lectura: hacia una nueva forma de leer". En: E. Repetto y J. A. Téllez (Eds.) *La lectura en la educación primaria y secundaria*. Madrid: UNED.
— y Carretero, M. (1987): "Del pensamiento formal a las concepciones espontáneas ¿qué cambia en la enseñanza de la ciencia?" *Infancia y Aprendizaje*, 38, págs. 35-52.
— y Carretero, M. (1992): "Causal theories and reasoning strategies by experts and novices in Mechanics". En: A. Demetriou, M. Shayer y A. Efklides (Eds.) *Neopiagetian theories of cognitive development: implications and applications*, Londres: Routledge Kegan Paul.
— y Gómez Crespo, M. A. (1998): *Aprender y enseñar ciencia. Del conocimiento cotidiano al conocimiento científico*. Madrid: Morata.
— y Gómez Crespo, M. A. (2002): "Más allá del 'equipamiento cognitivo de serie': la comprensión de la naturaleza de la materia". En: M. Benlloch (Ed.) *La educación en ciencias: ideas para mejorar su práctica*. Barcelona: Paidos.
—; Gómez Crespo, M. A. y Sanz, A. (1999): "When conceptual change does not mean replacement: different representations for different contexts". En: W. Schnotz; S. Vosniadou y M. Carretero (Eds.) *New perspectives on conceptual change*. Londres: Elsevier.
—; Martin, E. y Pérez Echeverría, M. P. (2002): "La educación secundaria para todos: una nueva frontera educativa". En: *¿Qué educación secundaria para el siglo xxi?* Santiago de Chile, UNESCO.
—; Mateos, M. y Pérez Echeverría, M. P. (2002): *Aprender para comprender y construir conocimiento*. Madrid: Santillana (ed. multimedia).
— y Monereo, C. (Eds.) (1999a): *El aprendizaje estratégico. Enseñar a aprender desde el curriculo*. Madrid: Santillana.
— y Monereo, C. (1999b): "Un currículo para aprender. Profesores, alumnos y contenidos ante el aprendizaje estratégico". En: J. I. Pozo y C. Monereo (Eds.) *El aprendizaje estratégico: enseñar a aprender desde el currículo*. Madrid: Santillana.
—; Monereo, C. y Castelló, M. (2001): "El uso estratégico del conocimiento". En: C. Coll; J. Palacios y A. Marchesi (Eds.) *Psicología de la Educación escolar*. Madrid: Alianza.

Pozo, J. I.; Pérez Echeverría, M. P.; Sanz, A. y Limón, M. (1992): "Las ideas de los alumnos sobre la ciencia como teorías implícitas". *Infancia y Aprendizaje, 57,* págs. 3-22.
— y Postigo, Y. (2000): *Los procedimientos como contenidos escolares. Uso estratégico de la información.* Barcelona: Edebé.
— y Rodrigo, M. J. (2001): "Del cambio de contenido al cambio representacional en el conocimiento conceptual". *Infancia y Aprendizaje,* 24 (4), págs. 407-423.
— y Scheuer, N. (1999): "Las concepciones sobre el aprendizaje como teorías implícitas". En J. I. Pozo y C. Monereo (Eds.) *El aprendizaje estratégico. Enseñar a aprender desde el curriculum.* Madrid: Santillana.
—; Scheuer, N.; Pérez Echeverría, M. P. y Mateos, M. (1999): "El cambio de las concepciones de los profesores sobre el aprendizaje". En: J. M. Sánchez, A. Oñorbe e I. Bustamante (Eds.) *Educación Científica.* Madrid: Ediciones de la Universidad de Alcalá.
Premack, D. (1995): Cause/induced motion: intention/spontaneous motion. En: J. P. Changeux y J. Chavaillon (Eds.) *The origins of human brain.* Oxford: Clarendon Press.
— y Premack, A. (1983): *The mind of an ape.* Trad. cast. de J. C. Gómez y P. Linares: *La mente de un simio.* Madrid: Debate, 1988.
Prinz, J. J. y Barsalou, L. (2000): "Steering a course for embodied representations". En: E. Dietrich y A. Markman (Eds.) *Cognitive dynamics. Conceptual and representational change in humans and machines.* Mahwah, N.J.: Erlbaum.
Pylyshyn, Z. (1984): *Computation and cognition.* Cambridge, Ma.: Bradford Books. Trad. cast. *Computación y cognición.* Madrid: Debate, 1988.
Ramírez, J. D. (2000): "Sobre escritura y alfabetización". *Anuario de Psicología,* 31 (4), páginas 59-77.
—. y Cubero, M. (1995): "Modes of discourse, ways of thinking. Actual debates in Socio-Cultural studies". *Philosophica,* 55, págs. 69-87.
—; Cubero, M. y Santamaría, A. (1990): "Cambio sociocognitivo y organización de las acciones: una aproximación sociocultural a la educación de adultos". *Infancia y Aprendizaje,* 51-52, págs. 169-190.
Ratcliff, M. J. (2002): "An epistemological history of time: from technology to representations". *Estudios de Psicología,* 23 (1), págs. 17-27.
Reber, A. S. (1967): "Implicit learning of artificial grammars". *Journal of Verbal Learning and Verbal Behavior,* 6, págs. 317-327.
— (1993): *Implicit learning and tacit knowledge.* Nueva York: Oxford University Press.
— (1995): *Dictionary of Psychology.* Oxford: Penguin Books.
Reed, E. S.; Turiel, E. y Brown, T. (Eds.) (1996): *Values and knowledge.* Mahwah, N.J.: Erlbaum.
Reeves, H. (1996): "L'universe". En: H. Reeves; J. de Rosnay; Y. Coppens y D. Simonnet: *Le plus belle histoire du monde.* París: Editions du Seuil. Trad. cast. de O. L. Molina: *La más bella historia del mundo.* Barcelona: Anagrama.
Reigeluth, Ch. M. (Ed.) (1999): *Instructional-design theories and models. A new paradigm of instructional theory.* Mahwah, N.J.: Erlbaum. Trad. cast. de E. Llanori y E. Alberola: *Diseño de la instrucción. Teorías y modelos (2 vols.).* Madrid: Santillana, 2000.
Reiner, M.; Slotta, J.; Chi, M. T. H. y Resnick, L. (2000): "Naïve physics reasoning : a commitment to substance-based conceptions". *Cognition and Instruction,* 18 (1), págs. 1-16.
Rescorla, R. A. (1968): "Probability of shock in the presence and absence of CS in fear conditioning". *Journal of Comparative and Phisiological psychology.* Trad. cast en L. Aguado (Ed.) *Lecturas sobre aprendizaje animal.* Madrid: Debate, 1984.
— (1980): *Pavlovian second-order conditioning: studies in associative learning.* Hillsdale, N.J. Erlbaum.
— (1985): "Associationism in animal learning". En: L. G. Nilsson y T. Archer (Eds.) *Perspectives on learning and memory.* Hillsdale, N.J.: Erlbaum.

RESCORLA, R. A. y WAGNER, A. R. (1972): "A theory of pavlovian conditioning: variations in the effectiveness of rei-forcement and nonreinforcement". En: A. BLACK y W. PROKASY (Eds.) *Classical conditioning: current research and theory*. Nueva York: Appleton.

RIDLEY, M. (1999): *Genome*. Fourth Estate Lted. Trad. cast. de I. Cifuentes: *Genoma*. Madrid: Taurus, 2000.

RIEDL, R. (1981): *Biologie der erkenntnis*. Berlín: Verlag. Trad. cast. de J. P. Acordagoicoechea: *Biología del conocimiento. Los fundamentos filogenéticos de la razón*. Barcelona: Lábor, 1983.

RIVIÈRE, A. (1986): *Razonamiento y representación*. Madrid: Siglo XXI.

— (1987): *El sujeto de la psicología cognitiva*. Madrid: Alianza.

— (1991): *Objetos con mente*. Madrid: Alianza.

— (1997a): "Tratamiento y definición del espectro autista". En: A. RIVIÈRE y J. MARTOS (Eds.) *El tratamiento del autismo. Nuevas perspectivas*. Madrid: APNA-IMSERSO.

— (1997b): "Teoria della mente e metarappresentazione". En: F. BRAGA ILLA (Ed.) *Livelli di rappresentazione*. Urbino: Quattro Venti.

— y ESPAÑOL, S. (2002): "La sospensione come meccanismo di creazione semiótica'. En: G. PADOVANI y F. BRAGA ILLA (Eds.) *Rappresentazione e teorie della mente*. Parma: Monte Università Parma Editori.

— y NÚÑEZ, M. (1996): *La mirada mental*. Buenos Aires: Aique.

ROBERTS, W. A. (2002): '.Are animals stuck in time?" *Psychological Bulletin*, 128 (3), páginas 473-489.

RODRIGO, M. J. (1993): "Representaciones y procesos en las teorías implícitas". En M. J. RODRIGO; A. RODRÍGUEZ y J. MARRERO (Eds.) *Las teorías implícitas: una aproximación al conocimiento cotidiano*. Madrid: Visor.

— (1997): "Del escenario sociocultural al constructivismo episódico: un viaje al conocimiento escolar de la mano de las teorías implícitas". En M. J. RODRIGO y J. ARNAY (Eds.) *La construcción del conocimiento escolar*. Barcelona: Paidos.

— y CORREA, N. (1999): "Teorías implícitas, modelos mentales y cambio educativo". En: J. I. POZO y C. MONEREO (Eds.) *El aprendizaje estratégico*. Madrid: Santillana.

— y CORREA, N. (2001): "Representación y procesos cognitivos: esquemas y modelos mentales". En: C. COLL; J. PALACIOS y A. MARCHESI (Eds.) *Desarrollo psicológico y educación. Vol II. 2.ª ed. Psicología de la Educación escolar*. Madrid: Alianza.

—; RODRÍGUEZ, A. y MARRERO, J. (Eds.) (1993): *Las teorías implícitas: una aproximación al conocimiento cotidiano*. Madrid: Visor.

—; TRIANA, B. y SIMÓN, M. I. (2002): "Cognitive variability in the development of the concept of family: a contextualist or a gradualist view". En: M. LIMÓN y L. MASON (Eds.) *Reconsidering conceptual change*. Dordrecht, Holanda: Kluwer.

RODRÍGUEZ MONEO, M. (1999): *Conocimiento previo y cambio conceptual*. Buenos Aires: Aique.

ROITBLAT, H. L. (1995): "Comparative approaches to cognitive science". En: H. L. ROITBLAT y J.-A. MEYER (Eds.) *Comparative approaches to cognitive science*. Cambridge, Ma.: The MIT Press.

— y MEYER, J.-A. (Eds.) (1995): *Comparative approaches to cognitive science*. Cambridge, Ma.: The MIT Press.

— y VON FERSEN, L. (1992): "Comparative cognition: representations and processes in learning and memory". *Annual Review of Psychology*, 43, págs. 671-710.

ROSA, A. (2000): "¿Qué añade a la Psicología el adjetivo cultural?" *Anuario de Psicología*, 31 (4), págs. 27-57.

—; BELLELLI, G. y BAKHURST, D. (Eds.) (2000a): *Memoria colectiva e identidad nacional*. Madrid: Biblioteca Nueva.

—; BELLELLI, G. y BAKHURST, D. (2000b): "Representaciones del pasado, cultura personal e identidad nacional". En: A. ROSA; G. BELLELLI y D. BAKHURST (Eds.) *Memoria colectiva e identidad nacional*. Madrid: Biblioteca Nueva.

Rosa, A.; Huertas, J. A. y Blanco, F. (1993): "Psicología de la ceguera y psicología general". En: A. Rosa y E. Ochaita (Eds.) *Psicología de la ceguera*. Madrid: Alianza.

—; Huertas, J. A. y Simón, C (1993): "La lectura en deficientes visuales". En: A. Rosa y E. Ochaita (Eds.) *Psicología de la ceguera*. Madrid: Alianza.

Rosas, R. (Ed.) (2001): *La mente reconsiderada. En homenaje a Ángel Rivière*. Santiago de Chile, Ed. Psykhe.

Rosch, E. (2000): "Reclaiming concepts". En R. Núñez y W. Freeman (Eds.) *Reclaiming cognition. The primacy of action, intention and emotion*. Thorverton: Imprinting Academic.

Rosetti, Y. y Revonsuo, A. (Eds.) (2000a): *Beyond dissociation: interaction between dissociated implicit and explicit processing*. John Benjamins.

— y Revonsuo, A. (2000b): "Beyond dissociation: reassembling the mind-brain after all?" En: Y. Rosetti y A. Revonsuo (Eds.) *Beyond dissociation: interaction between dissociated implicit and explicit processing*. John Benjamins.

Ross, L. y Ward, A. (1996): "Naïve realism in everyday life: implications for social conflict and misundesrtanding". En E. S. Reed, E. Turiel y T. Brown, (Eds.) *Values and knowledge*. Mahwah, N.J.: Erlbaum.

Rozenblit, L. y Keil, F. C. (2002): "The misunderstood limits of folk science: an illusion of explanatory depth". *Cognitive Science*, 26, págs. 521-562.

Rumelhart, D.; McClelland, J. L. y Grupo P.D.P. (1986): *Parallel distributed processing. Explorations in the microstructure of cognition*. Cambridge, Mass: Bradford Books.

— y Norman, D. (1978): "Accretion, tuning and restructuring: three modes of learning". En: J. W. Cotton y R. Klatzky (Eds.) *Semantic factors in cognition*. Hillsdale, N.J.: Erlbaum.

Russell, J (1984): *Explaining mental life. Some philosophical issues in psychology*. Londres: Macmillan.

Saariluoma, P. (1996): *Chess players' thinking. A cognitive psychological approach*. Nueva York: Routledge.

Sacks, O. (1985): *The man who mistook his wife for a hat*. Nueva York: Summit Books. Trad. cast. de J. M. Álvarez: *El hombre que confundió a su mujer con un sombrero*. Barcelona: Muchnick Editores.

— (1995): *An anthropologist on Mars*. Nueva York: Knopf. Trad. cast. de D. Alou: *Un antropólogo en Marte*. Barcelona: Anagrama, 1997.

— (2001): Prefacio a E. Goldberg: *The executive brain*. Oxford: Oxford Univ. Press. Trad. cast. de J. García Sanz : *El cerebro ejecutivo*. Barcelona: Crítica. 2002.

Saljö, R. (1999): "Concepts, cognition and discourse: from mental structures to discursive tools". En: W. Schnotz; S. Vosniadou y M. Carretero (Eds.) *New perspectives on conceptual change*. Londres: Elsevier.

Salomon, G. (1992): "Las diversas influencias de la tecnología en el desarrollo de la mente". *Infancia y Aprendizaje*, 58, págs. 143-159.

— (Ed.) (1993): *Distributed cognitions*. Cambridge: Cambridge University Press.

Salthouse, T. (1991): "Expertise as the circunvenction of human processing limitations". En: K. A. Ericsson y J. Smith (Eds.) *Toward a theory of expertise*. Cambridge, Mass.: Cambridge University Press.

Samarapungavan, A. y Wiers, R. W. (1997): "Children's thought on the origin of species: a study of explanatory coherence". *Cognitive Science*, 21 (2), págs. 147-177.

Samuels, R. (2000): "Massively modular minds: evolutionary psychology and cognitive architecture". En: P. Carruthers y A. Chamberlain (Eds.) *Evolution and the human mind*. Cambridge: Cambridge University Press.

Sánchez, E. (en prensa): "¿Realmente somos conscientes de lo que supone alfabetizar a toda la población?" En: E. Repetto y J. A. Téllez (Eds.) *La lectura en la educación primaria y secundaria*. Madrid: UNED.

SANTOS, L. R. y CARAMAZZA, A. (2002): "The domain-specific hypothesis: a developmental and comparative perspective on category-speficic deficits". En E. FORDE y G. W. HUMPHREYS (Eds.) *Category specificity in brain and mind*. Hove: The Psychology Press.

SCHACTER, D. L. (1996): *Searching for memory*. Nueva York: Basic Books. Trad. cast.: *En busca de la memoria*. Barcelona: Ediciones B, 1998.

SCHEUER, N.; SINCLAIR, A.; MEFLO DE RIVAS, S. y TIÈCHE-CHRISTINAT, C. (2000): 'Cuando ciento setenta y uno se escribe 10071: niños de 5-8 años produciendo numerales". *Infancia y Aprendizaje*, 90, págs. 31-50.

—; DE LA CRUZ, M., HUARTE, M. F., CAINO, G. y POZO, J. I. (2001a): "Escribir en casa, aprender a escribir: la perspectiva de los niños". *Cultura y Educación*, 13 (4), págs. 425-440.

—; DE LA CRUZ, M. y POZO J. I. (2002): "Children talk about learning to draw". *European Journal of Educational Psychology*. Vol. XVII, 2, págs. 101-114.

—; POZO, J. I.; DE LA CRUZ, M. y BACCALA, N. (2001b): "¿Cómo aprendí a dibujar? Las teorías de los niños sobre el aprendizaje". *Estudios de Psicología*, 22 (2), págs. 185-205.

SCHNEIDER, E. y KAY, J. J (1995): "Orden a partir del desorden: la termodinámica de la complejidad en biología". En: M. P. MURPHY y L. O'NEILL (Eds.) *La biología del futuro*. Barcelona: Tusquets, 1999.

SCHRÖNDINGER, E. (1944): *What's life? The physical aspect of living cell*. Cambridge University Press. Trad. cast. de R. Guerrero: *¿Qué es la vida?* Barcelona: Tusquets, 1983.

SCHNOTZ, W. y PREUB, A. (1999): "Task-dependent construction of mental models as a basis for conceptual change". En: W. SCHNOTZ; S. VOSNIADOU y M. CARRETERO (Eds.) *New perspectives on conceptual change*. Londres: Elsevier.

—; VOSNIADOU, S. y CARRETERO, M. (Eds.) (1999): *New perspectives on conceptual change*. Londres: Elsevier.

SCHWARTZ, R. (2001): "Evolutionary internalized regularities". *Behavioral and Brain Sciences*, 24, págs. 626-628.

SEARLE, J. (1984): *Minds, brains and science*. Trad. cast. de L. Valdés: *Mentes. cerebros y ciencia*. Madrid: Cátedra, 1985.

SEBASTIÁ, J. M. (1984): "Fuerza y movimiento: la interpretación de los estudiantes". *Enseñanza de las Ciencias*, 2 (3), págs. 161-169.

SEGER, C. A. (1998): "Multiple forms of implicit learning". En: M. A. STADLER y P A. FRENSCH (Eds.) *Handbook of implicit learning*. Thousand Oaks, Ca.: Sage.

SELIGMAN, M. (1970): "On the generality of the laws of learning". *Psychological Review*, 77, páginas 406-418. Trad. cast. en L. Aguado (Ed.) *Lecturas de aprendizaje animal*. Madrid: Debate, 1984.

SERPELL, R. y HATANO, G. (1997): "Education, schooling and literacy". En: J. W. BERRY; P. DASEN y T. S. SARASWATHI (Eds.) *Handbook of cross-cultural psychology*. Volumen 2. 2ª ed. Boston: Allyn & Bacon.

SHANKS, D. y ST. JOHN, M. (1994): "Characteristics of dissociable learning systems". *Behavioral and Brain Sciences*, 17, págs. 367-395.

SHANNON, C. (1948): 'A mathematical theory of communication". *Bell System Technical Journal*, 28, págs. 379-432. Trad. cast. parcial en *Lenguaje y Psiquiatría*, Madrid: Fundamentos, 1973.

SHANON, B. (1993): *The representational and the presentational*. Hertfordshire, UK: Harvester.

SHEPARD, R. N. (1994): "Perceptual-cognitive universals as reflections of the world". *Psychonomic Bulletin and Review*, 1 (1), págs. 2-28.

SIMON, D. P. y SIMON. H. A. (1978): "Individual differences in solving physics problems". En: R. SIEGLER (Ed.) *Children's thinking: what develops?* Hillsdale, N. Jersey: Erlbaum.

SIMON, H. A. (1962): 'The architecture of complexity". Trad. cast. en H. SIMON: *Las ciencias de lo artificial*. Barcelona: A.T.E., 1979.

SIMON, H. A. (1972): "On the development of the processor". En: S. FARNHAM-DIGGORY (Ed.) *Information processing in children*. Nueva York: Academic Press.

SKINNER, B. F (1938): *The behavior of organisms. An experimental analysis*. Nueva York: Apple-Century.

— (1953): *Science and human behavior*. Trad. cast. de M. J. Gallofre: *Ciencia y Conducta humana*. Barcelona: Fontanella, 1969.

— (1974): *About behaviorism*. Trad. cast. de F. Barrera: *Sobre el conductismo*. Barcelona: Fontanella, 1975.

SLOBODA, J. A. (1999): *The musical mind. The cognitive psychology of music*. Oxford: Oxford Univ. Press.

SMITH, L. B. (2001): "How domain-general proceses may create domain specific biases". En: M. BOWERMAN y M. LEVINSON (Eds.) *Language acquisition and conceptual development*. Cambridge, UK: Cambridge University Press.

SOPHIAN, C. (2000): "Perceptions of proportionality in young children: matching spatial ratios". *Cognition, 75*, págs. 145-170.

SOTILLO, M. y RIVIÈRE, A. (2001): "La mentira como un instrumento mentalista: el lenguaje al servicio del engaño". *Infancia y Aprendizaje*, 24 (3), págs. 291-305.

SPELKE, E. (1994): "Initial knowledge: six suggestions". *Cognition*, 30, págs. 431-445.

—; PHILLIPS, A. y WOODWARD, A. L. (1995): "Infant's knowledge of object motion and human action". En: D. SPERBER; D. PREMACK y A. J. PREMACK (Eds.) *Causal cognition. A multidisciplinary debate*. Oxford: Clarendon Press.

— y TSIVKIN, S. (2001): "Initial konowledge and conceptual change: space and number". En: M. BOWERMAN y M. LEVINSON (Eds.) *Language acquisition and conceptual development*. Cambridge, G.B.: Cambridge University Press.

SPENCER, J. y KARMILOFF-SMITH, A. (1997): "Are we misconstruing children or scientists?" *Human Development, 40*, págs. 51-54.

SPERBER, D. (1996): *Explaining culture: a naturalistic approach*. Oxford: Blackwell.

— (Ed.) (2000): *Metarepresentations. A multidisciplinary perspective*. Nueva York: Oxford University Press.

—; PREMACK, D. y PREMACK, A. J. (Eds.) (1995): *Causal cognition. A multidisciplinary debate*. Oxford: Clarendon Press.

SQUIRE, L. R. y FRAMBACH, M. (1990): "Cognitive skill learning in amnesia". *Psychobiology*, 18, págs. 109-117.

STADLER, M. A. (1997): "Distinguishing implicit and explicit learning". *Psychonomic Bulletin & Review*, 4 (1), págs. 56-62.

— y FRENSCH, P. A. (Eds.) (1998): *Handbook of implicit learning*. Thousand Oaks, Ca.: Sage.

STERNBERG, R. (Ed.) (2001): *Understanding and teaching the intuitive mind*. Mahwah, N.J.: Erlbaum.

STRAUSS, S. y SHILONY, T. (1994): "Teachers' models of children's minds and learning". En: L. HIRSCHFELD y S. GELMAN (Eds.). *Mapping the mind*. Cambridge, Ma.: Cambridge University Press. Trad. cast. de A. Ruiz: *Cartografía de la mente. Vol. 2*. Barcelona: Paidos.

TARPY, R. M. (1985): *Principles of animal learning and motivation*. Scott, Foreman & Cia. Trad. cast. de L. Aguado: *Aprendizaje y motivación animal*. Madrid: Debate, 1986.

THAGARD, P. R. (1992): *Conceptual revolutions*. Princeton, N.J.: Princeton University Press.

THELEN, E.; SCHÖNER, G.; SÉLLER, C. y SMITH, L. (2001): "The dynamics of embodiment: a field theory of infant perseverative reaching". *Behavioral and Brain Sciences*, 24, págs. 1-86.

THOMPSON, R. K. H. (1995): "Natural and relational concepts in animals". En: H. L. ROITBLAT y J.-A. MEYER (Eds.) *Comparative approaches to cognitive science*. Cambridge, Mass.: The MIT Press.

TOMASELLO, M. (Ed.) (1998): *The new psychology of language. Cognitive and functional approaches to language structure*. Mahwah, N.J.: Erlbaum.

Tomasello, M. (1999): *The cultural origins of human cognition*. Cambridge, Mass.: Harvard University Press.

— (2000): "Primate cognition: Introduction to the Issue". *Cognitive Science*, 24 (3), págs. 351-361.

—; Kruger, A. C. y Ratner H. H. (1993): "Cultural learning". *Behavioral and Brain Sciences*, 16, págs. 195-552.

Tononi, G. (2002): "Conciencia y complejidad". En: I. Morgado (Ed.) *Emoción y conocimiento. La evolución del cerebro y la inteligencia*. Barcelona: Tusquets.

Tooby, J. y DeVore, I. (1937): "The reconstruction of hominid evolution through strategic modelling". En: W. G. Kinzey (ed.) *The evolution of human behavior. Primate models*. Albany, N.Y. Suny Press.

Tubau, E. y Moliner, J. L. (1999): "Aprendizaje implícito y explícito: ¿dos procesos diferentes o dos niveles de abstracción?" *Anuario de Psicología*, 30 (1), págs. 3-23.

Tudela, P. (1986): "Problemática de la conciencia en la psicología experimental'. En F. Valle-Inclán (dir.) *La conciencia en la psicología actual*. Bilbao: UPV.

Tulving, E. (1972): "Episodic and semantic memory". En E. Tulving y W. Donaldson (Eds.) *Organization of Memory*. Nueva York: Academic Press.

— (1989): "Memory: performance, knowledge, and experience". *European Journal of Cognitive Psychology, 1 (1)*, págs. 3-26.

— (2002): "Episodic memory: from mind to brain". *Annual Review of Psychology*, 53 (1), páginas 1-25.

Tulviste, P. (1991): *The cultural-historical development of verbal thinking*. Nueva York: Nova Science.

Turvey, M. T. y Shaw, R. E. (2000): "Ecological foundations of cognition". En R. Núñez y W. Freeman (Eds.) *Reclaiming cognition. The primacy of action, intention and emotion*. Thorverton: Imprint ng Academic.

Tversky, A y Kahneman, D. (1974): "Judgements under uncertainty: heuristics and biases". *Science*. 185, págs. 1124-1131. Trad. cast. de J. I. Pozo en: M. Carretero y J. A. García Madruga (Eds.): *Lecturas de psicología del pensamiento*. Madrid: Alianza, 1984.

Tweed, R. G. y Lehman, D. R. (2002): "Learning considered within a cultural context: Confucian and Socratic approaches". *American Psychologist*, 57 (2), págs. 89-99.

Underwood, G. (Ed.) (1996): *Implicit cognition*. Oxford, Oxford University Press.

UNESCO (1996): *Informe de la Comisión Delors: La educación encierra un tesoro*. Madrid: Santillana, 1997.

Valsiner, J. (1996): "Co-constructionism and development: a sociohistoric tradition". *Anuario de Psicología* 69 págs. 63-82.

— (2001): *Comparative study of human cultural development*. Madrid: Fundación Infancia y Aprendizaje.

Van Gelder, T. (1998): "The dynamical hypothesis in cognitive science". *Behavioral and Brain Sciences*, 21, págs. 615-665.

Vélez de Olmos, G. (2000): *Epistemologías de la lectura*. Río Cuarto, Argentina: UNRC.

Viennot, L. (1996): *Raisonner en physique*. Bruselas : DeBoeck & Larcier. Trad. cast. de M. J. Pozo: *Razonar en física*. Madrid: Antonio Machado.

Vosniadou, S. (1994a): "Capturing and modelling the process of conceptual change". *Learning and Instruction*, 4 (1.), págs. 45-69.

— (1994b): "Universal and culture-specific properties of children's mental models of the earth". En: L. Hirschfeld y S. Gelman (Eds.). *Mapping the mind*. Cambridge, Ma.: Cambridge University Press. Trad. cast. de A. Ruiz: *Cartografía de la mente. Vol 2*. Barcelona: Paidos.

— (2002): "On the nature of naïve physics". En: M. Limón y L. Mason (Eds.) *Reconsidering conceptual change*. Dordrecht, Holanda: Kluwer.

Voss, J. F. y Carretero, M. (Eds.) (1998): *Learning and reasoning in history*. Londres: Woburn Press.

—; Wiley, J. y Carretero, M. (1995): "Acquiring intellectual skills". *Annual Review of Psychology*, 46, págs. 155-181. Trad. cast. de M. Limón en M. Carretero (Ed.): *Construir y enseñar: las ciencias experimentales*. Buenos Aires: Aique.

Vygotski, L.S. (1931): *Istorija razvitija vysshikh psikhicheskikh funkcij*. Obra originalmente inédita, publicada en L. S. Vygotski: *Sobranie sochinenij. Tom Tretii*. Moscú: Pedagógica, 1983. Trad. cast. de L. Kuper: *Obras escogidas III*. Madrid: Visor, 1995.

— (1978): *Mind and society. The development of higher psychological processes*. Cambridge, Ma.: Harvard University Press. Trad. cast. de S. Furió: *El desarrollo de los procesos psicológicos superiores*. Barcelona: Crítica, 1979.

Watson, J. D. (1968): *The double helix*. Oxford: Weindenfeld. Trad. cast. de M. L. Rodríguez: *La doble hélice*. Madrid: Alianza, 2000.

Wehner, R. y Menzel, R. (1990): "Do insects have cognitive maps?" *Annual Review of Neuroscience*, 13, págs. 403-414.

Wellman, H. M. (1990): *The child's theory of mind*. Cambridge, Mass.: The MIT Press. Trad. cast: *Desarrollo de la teoría del pensamiento en los niños*. Bilbao: Desclée de Bouwer.

Wellman, H. y Gelman, S. (1997): "Knowledge acquisition in foundational domains". En: D. Kuhn y R. Siegler (Eds.) *Handbook of child psychology. Vol 2*. Nueva York: Wiley.

Wells, G. (2000): "From action to writing: models of representation and knowing". En: J. W. Astington (Ed.) *Minds in the making*. Malden, Ma.: Blackwell

Wenzlaff, R. M. y Wenger, D. M. (2000): "Thought suppression". *Annual Review of Psychology*, 51, págs. 59-91.

Wertsch, J. (1991): *Voices of the mind*. Cambridge, Mass.: Harvard University Press. Trad. cast. de A. Silvestri: *Voces de la mente*. Madrid: Visor, 1993.

Wertsch, J. V. y Ramírez, J. D. (eds.) (1994): *Literacy and other forms of mediated action*.(Explorations in socio-cultural studies, vol. 2). Madrid: Fundación Aprendizaje.

Wheeler, M. y Clark, A. (1999): "Genic representation: reconciling content and causal complexity". *British Journal of Philosophy of Science*, 50, págs. 103-135.

—; Stuss, D. T. y Tulving, E. (1997): "Toward a theory of episodic memory: the frontal lobes and autonoetic consciousness". *Psychological Bulletin*, 121 (3), págs. 331-354

White, R. (1994): "Conceptual and conceptional change". *Learning and Instruction*, 4 (1), págs. 117-121.

Wiener, N. (1948): *Cybernetics*. Nueva York: Wiley.

Wilson, F. R. (1998): *The hand: how its use shapes the brain, language and human culture*. Trad. cast. de J. Gavaldá: *La mano*. Barcelona: Tusquets, 2002.

Wilson, R. A. (2000): "The mind beyond itself". En D. Sperber (Ed.) (2000): *Metarepresentations. A multidisciplinary perspective*. Nueva York: Oxford University Press.

Wiser, M. y Amin, T. (2001): "'Is heat hot?' Inducing conceptual change by integrating everyday and scientific perspectives on thermal phenomena". *Learning and Instruction*, 36 (4-5), págs. 331-355.

Wolpert, L. (1995): "Desarrollo: ¿es el huevo computable?, ¿podríamos generar un ángel o un dinosaurio?" En: M. P. Murphy y L. O'Neill (Eds.) *La biología del futuro*. Barcelona: Tusquets, 1999.

Wynn, T. (2000): "Symmetry and the evolution of the modular linguistic mind". En: P. Carruthers y A. Chamberlain (Eds.) *Evolution and the human mind*. Cambridge: Cambridge Univ. Press.

Yela, M.(1980): "La evolución del conductismo". *Análisis y Modificación de conducta*, 6 (11-12) págs. 179-197.

# Índice onomástico

# Índice temático

# Otras obras de Ediciones Morata de interés

**Adorno, Th. W.:** *Educación para la emancipación,* 1998.
**Álvarez Méndez, J. M.:** *Evaluar para conocer, examinar para excluir,* 2001.
**Apple, M. W.:** *Política cultural y educación,* (2.ª ed.), 2001.
— — — **y Beane, J. A.:** *Escuelas democráticas,* (3.ª ed.), 2000.
**Arnold, P. J.:** *Educación física, movimiento y* curriculum, (3.ª ed.), 2000.
**Astington, J. W.:** *El descubrimiento infantil de la mente,* 1997.
**Bale, J.:** *Didáctica de la geografía en la escuela primaria,* (3.ª ed.), 1999.
**Ball, S.:** *Foucault y la educación,* (4.ª ed.), 2001.
**Bernstein, B.:** *La estructura del discurso pedagógico,* (4.ª ed.), 2001.
— — — *Pedagogía, control simbólico e identidad,* 1998.
**Bowlby, J.:** *Vínculos afectivos,* (4.ª ed.), 2003.
**Brockbank, A. y McGill, I.:** *Aprendizaje reflexivo en la educación superior,* 2002.
**Browne, N. y France, P.:** *Hacia una educación infantil no sexista,* (2.ª ed.), 2001.
**Bruner, J.:** *Desarrollo cognitivo y educación,* (4.ª ed.), 2001.
**Buckingham, D.:** *Crecer en la era de los medios electrónicos,* 2002.
**Carbonell, J.:** *La aventura de innovar,* (2.ª ed.), 2002.
**Carr, W.:** *Una teoría para la educación,* (3.ª ed.), 2002.
**Connell, R. W.:** *Escuelas y justicia social,* (2.ª ed.), 1999.
**Cole, M.:** *Psicología cultural,* (2.ª ed.), 2003.
**Coleman, J. C. y L. B. Hendry:** *Psicología de la adolescencia,* 2003.
**Condorcet, M. de:** *Cinco memorias sobre la instrucción pública,* 2001.
**Contreras, J.:** *La autonomía del profesorado,* (3.ª ed.), 2001.
**Cook, T. D. y Reichardt, Ch.:** *Métodos cualitativos y cuantitativos en investigación evaluativa,* (4.ª ed.), 2000.
**Cooper, H.:** *Didáctica de la historia en la educación infantil y primaria,* 2002.
**Cummins, J.:** *Lenguaje, poder y pedagogía,* 2002.
**Decroly, O.:** *El juego educativo,* (4.ª ed.), 2002.
**Dewey, J.:** *Democracia y educación,* (5.ª ed.), 2002.
**Donaldson, M.:** *La mente de los niños,* (5.ª ed.), 2003.
— — — *Una exploración de la mente humana,* 1996.

**Driver, R., Guesne, E. y Tiberghien, A.:** *Ideas científicas en la infancia y la adolescencia,* (4.ª ed.), 1999.

**Durkheim, E.:** *La educación moral,* 2002.

**Egan, K.:** *Fantasía e imaginación: su poder en la enseñanza,* (2.ª ed.), 1999.

**Elliott, J.:** *El cambio educativo desde la investigación-acción,* (3.ª ed.), 2000.

—— —— *Investigación-acción en educación,* (4.ª ed.), 2000.

**Escuelas infantiles de Reggio Emilia:** *La inteligencia se construye usándola,* (3.ª ed.), 2002.

**Fernández Enguita, M.:** *Educar en tiempos inciertos,* 2001.

**Fernández Pérez, M.:** *Evaluación y cambio educativo: el fracaso escolar,* (5.ª ed.), 1999.

**Freinet, C.:** *La escuela moderna francesa. Una pedagogía moderna de sentido común. Las invariantes pedagógicas,* (2.ª ed.), 1996.

**Freire, P.:** *Pedagogía de la indignación,* 2001.

**Freyd, J. J.:** *Abusos sexuales en la infancia,* 2003.

**Gardner, H.; Feldman, D. H. y Krechevsky, M. (Comps.):** *El Proyecto Spectrum (3 vols.),* 2001.

**Gimeno Sacristán, J.:** *El alumno como invención,* 2003.

—— —— *El* curriculum: *una reflexión sobre la práctica,* (8.ª ed.), 2002.

—— —— *La educación obligatoria: Su sentido educativo y social,* (2.ª ed.), 2001.

—— —— *Educar y convivir en la cultura global,* (2.ª ed.), 2002.

—— —— *La pedagogía por objetivos: obsesión por la eficiencia,* (11.ª ed.), 2002.

—— —— *Poderes inestables en educación,* (2.ª ed.), 1999.

—— —— *La transición a la educación secundaria,* (2.ª ed.), 1997.

—— —— **y Pérez Gómez, A. I.:** *Comprender y transformar la enseñanza,* (10.ª ed.), 2002.

**Goetz, J. P. y LeCompte, M. D.:** *Etnografía y diseño cualitativo en investigación educativa,* 1988.

**González Portal, M. D.:** *Conducta prosocial: evaluación e intervención,* (3.ª ed.), 2000.

—— —— *Dificultades en el aprendizaje de la lectura,* (6.ª ed.), 2000.

**Gore, J.:** *Controversias entre las pedagogías,* 1996.

**Graves, D. H.:** *Didáctica de la escritura,* (3.ª ed.), 2002.

**Grundy, S.:** *Producto o praxis del* curriculum, (3.ª ed.), 1998.

**Halliday, J.:** *Educación, gerencialismo y mercado,* 1995.

**Hargreaves, A.:** *Profesorado, cultura y postmodernidad,* (4.ª ed.), 2003.

**Harlen, W.:** *Enseñanza y aprendizaje de las ciencias,* (5.ª ed.), 2003.

**Healy, K.:** *Trabajo social,* 2001.

**Hegarty, S.:** *Aprender juntos: la integración escolar,* (3.ª ed.), 1998.

**Hicks, D.:** *Educación para la paz,* (2.ª ed.), 1999.

**House, E.:** *Evaluación, ética y poder,* (3.ª ed.), 2000.

—— —— **y Howe, K. R.:** *Valores en evaluación e investigación social,* 2001.

**Hyde, J.:** *Psicología de la mujer,* 1995.

**Inhelder, B.:** *Aprendizaje y estructuras del conocimiento,* (3.ª ed.), 2002.

**Jackson, Ph. W.:** *La vida en las aulas,* (6.ª ed.), 2001.

**Kemmis, S.:** *El* curriculum: *más allá de la teoría de la reproducción,* (3.ª ed.), 1998.

**Kushner, S.:** *Personalizar la evaluación,* 2002.

**Liston, D. P. y Zeichner, K. M.:** *Formación del profesorado y condiciones sociales de la escolarización,* (3.ª ed.), 2003.

**Loughlin, C. E. y Suina, J. H.:** *El ambiente de aprendizaje: diseño y organización,* (5.ª ed.), 2002.

**Lundgren, U. P.:** *Teoría del* curriculum *y escolarización,* (2.ª ed.), 1997.

**Martínez Bonafé, J.:** *Políticas del libro de texto escolar,* 2002.

**McCarthy, C.:** *Racismo y curriculum,* 1994.
**McCormick, R. y James, M.:** *Evaluación del* curriculum *en los centros escolares,* (2.ª ed.), 1997.
**Oléron, P.:** *El niño: su saber y su saber hacer,* (2.ª ed.), 1998.
**Olweus, D.:** *Conductas de acoso y amenaza entre escolares,* (2.ª ed.), 2003.
**Orton, A.:** *Didáctica de las matemáticas,* (4.ª ed.), 2003.
**Pavlov, I. P.:** *Los reflejos condicionados,* 1997.
**Pérez Gómez, A. I.:** *La cultura escolar en la sociedad neoliberal,* (3.ª ed.), 2000.
**Perrenoud, Ph.:** *La construcción del éxito y del fracaso escolar,* (3.ª ed.), 2001.
**Piaget, J.:** *La composición de las fuerzas y el problema de los vectores,* 1975.
— — — *Psicología del niño,* (16.ª ed.), 2002.
— — — *La representación del mundo en el niño,* (9.ª ed.), 2001.
— — — *La toma de conciencia,* (3.ª ed.), 1985.
**Pimm, D.:** *El lenguaje matemático en el aula,* (3.ª ed.), 2002.
**Popkewitz, Th. S.:** *Sociología política de las reformas educativas,* (3.ª ed.), 2000.
**Pozo, J. I.:** *Humana mente,* 2001.
— — — *Teorías cognitivas del aprendizaje,* (7.ª ed.), 2002.
— — — **y Gómez Crespo, M. A.:** *Aprender y enseñar ciencia,* (3.ª ed.), 2001.
**Rivas, F.:** *Psicología vocacional: enfoques del asesoramiento,* (3.ª ed.), 1998.
**Saunders, R. y Bingham-Newman, A. M.:** *Perspectivas piagetianas en la educación infantil,* (2.ª ed.), 2000.
**Scraton, Sh.:** *Educación física de las niñas,* (2.ª ed.), 2000.
**Selmi, L. y Turrini, A.:** *La escuela infantil a los tres años,* (4.ª ed.), 1999.
— — — y — — — *La escuela infantil a los cuatro años,* (3.ª ed.), 1997.
— — — y — — — *La escuela infantil a los cinco años,* (3.ª ed.), 1997.
**Smale, G.; Tuson, G. y Statham, D.:** *Problemas sociales y trabajo social,* 2003.
**Squires, D. y McDougall, A.:** *Cómo elegir y utilizar software educativo,* (2.ª ed.), 2001.
**Stake, R.:** *Investigación con estudio de casos,* (2.ª ed.), 1999.
**Stenhouse, L.:** *Investigación y desarrollo del* curriculum, (5.ª ed.), 2003.
— — — *La investigación como base de la enseñanza,* (4.ª ed.), 1998.
**Suárez-Orozco, C. y M. M.:** *La infancia de la inmigración,* 2003.
**Tann, C. S.:** *Diseño y desarrollo de unidades didácticas en la escuela primaria,* (2.ª ed.), 1993.
**Thornton, S.:** *La resolución infantil de problemas,* (2.ª ed.), 2000.
**Torres, J.:** *Globalización e interdisciplinariedad,* (4.ª ed.), 2000.
— — — *El* curriculum *oculto,* (7.ª ed.), 2003.
— — — *Educar en tiempos de neoliberalismo,* 2001.
**Turner, J.:** *Redescubrir el grupo social,* 1990.
**Tyler, J.:** *Organización escolar,* (2.ª ed.), 1996.
**Usher, R. y Bryant, I.:** *La educación de adultos como teoría, práctica e investigación. El triángulo cautivo,* (2.ª ed.), 1997.
**VV.AA.:** *Volver a pensar la educación* (2 vols.), (2.ª ed.), 1999.
**Walker, R.:** *Métodos de investigación para el profesorado,* (3.ª ed.), 2002.
**Willis, A. y Ricciuti, H.:** *Orientaciones para la escuela infantil de cero a dos años,* (3.ª ed.), 2000.
**Zambrano, M.:** *Horizonte del liberalismo,* 1996.